경찰공무원

실전모의고사

형법

www.**goseowon**.co.kr

PREACE

공무원은 날이 갈수록 많은 젊은이들 사이에서 안정적인 직업으로 각광받고 있다. 특히 경찰공무원은 최근 크고 작은 범죄들이 기승을 부림으로 국민들의 불안감과 경찰에 대한 기대가 커지고, 국가에서도 안보와 보안의 중요성을 강조하며 꾸준히 많은 인원의 경찰공무원을 채용하고, 채용인원을 늘려감에 따라 많은 수험생들의 관심을 받고 있다.

본서는 경찰공무원을 준비하는 수험생들을 위해 발행된 경찰공무원시험의 경찰행정학과 특채 과목인 형법 실전 모의고사로 총 20회의 모의고사와 함께 기출문제분석을 상세한 해설과 함께 수록하였다.

국민의 안전과 질서유지를 위해 경찰공무원을 준비하는 많은 수험생들이 본서와 함께 합격의 달콤한 꿈을 이룰 수 있게 되길 기원한다.

경찰공무원 소개

① **경찰공무원이란** : 공공의 안녕과 질서유지를 주 임무로 하는 국가공무원을 말한다. 일반 공무원과는 달리 특수한 임무를 수행하기 때문에 경찰공무원법에 따라 임용, 교육, 훈련, 신분보장, 복무규율 등이 이루어지고 있다. 일반적으로 경찰관으로 통칭한다.

② **경찰공무원시험의 종류**

　㉠ 순경(일반남녀, 101경비단)

　㉡ **간부후보생** : 경찰간부가 되기 위하여 선발되어 경찰교육기관에서 교육훈련을 받는 교육생을 말한다.

③ **응시자격**

• 공통자격 : 운전면허 1종 보통 또는 대형면허 소지자(원서접수 마감일까지)

• 공채

모집분야	순경(일반남녀, 101경비단)	간부후보생
응시연령	18세 이상 40세 이하	21세 이상 40세 이하

• 특채

구분	선발 분야 및 자격요건
경찰행정학과	− 연령 : 20세 이상 40세 이하 −2년제 이상의 대학의 경찰행정 관련 학과를 졸업했거나 4년제 대학의 경찰행정 관련학과에 재학 중이거나 재학했던 사람으로서 경찰행정학전공 이수로 인정될 수 있는 과목을 45학점 이수
전의경특채	− 연령 : 21세 이상 30세 이하 − 경찰청 소속 '전투경찰순경'으로 임용되어 소정의 복무를 마치고 전역한자 또는 전역예정인자(해당시험 면접시험 전일까지 전역예정자) − 군복무시 모범대원 우대

④ **채용절차** : 시험공고 및 원서접수 > 필기 · 실기시험 > 신체검사 > 체력 · 적성검사 > 면접시험 > 최종합격(가산점 적용)

　㉠ **필기시험**

• 공채

− 간부후보생

구분	객관식	주관식	
		필수	선택
일반	경찰학개론, 한국사, 영어, 형법, 행정학	형사소송법	행정법, 경제학, 민법총칙, 형사정책 중 1과목
세무 · 회계	한국사, 영어, 형법, 형사소송법, 세법개론	회계학	상법총칙, 경제학, 통계학, 재정학 중 1과목

외사	필수	한국사, 형법, 형사소송법, 국제법	영어, 일어, 중국어, 불어, 독어, 러시아어, 스페인어, 아랍어, 중 1과목(쓰기, 말하기)	
	선택	영어, 일어, 중국어, 불어, 독어, 러시아어, 스페인어, 아랍어 중 1과목(읽기, 듣기)		
전산통신	한국사, 영어, 형법, 형사소송법, 디지털공학	통신이론	데이터베이스론, 자료구조론, 소프트웨어공학 중 1과목

- 순경(일반남녀, 101단) : 필수(한국사, 영어) 2과목, 선택(형법, 형사소송법, 경찰학개론, 국어, 수학, 사회, 과학 중) 3과목
- 특채
- 경찰행정학과 : 경찰학개론, 수사, 행정법, 형법, 형사소송법
- 전의경특채 · 학교전담경찰관 · 경찰특공대 : 한국사, 영어, 형법, 형사소송법, 경찰학개론

ⓛ **신체검사**
- 체격, 시력, 색신(色神), 청력, 혈압, 사시(斜視), 문신을 검사한다.

ⓒ **체력 · 적성검사**
- 체력검사 : 총 5종목 측정(100m달리기, 1,000m달리기, 팔굽혀펴기, 윗몸일으키기, 좌 · 우악력)
- 적성검사 : 경찰공무원으로서의 적성을 종합적으로 검정한다.
- 경찰종합인성 · 적성검사 : 인성검사 · 적성검사 5항목(UK검사, 일반능력검사, 성격검사, 흥미검사, 범인성 검사)
- PMAT 직무적성검사(공직윤리, 정보추론, 상황판단)

※ 적성검사는 점수화하지 않으며, 면접 자료로 활용된다.

ⓔ **면접시험**
- 집단면접과 개별면접으로 나뉘며 집단면접에서는 의사발표의 정확성 · 논리성 · 전문지식을, 개별면접에서는 품행 · 예의 · 봉사성 · 정직성 · 도덕성 · 준법성을 본다.

⑤ **합격자결정방법**
ⓛ 필기 또는 실기시험(50%) + 체력검사(25%) + 면접시험(20%) + 가산점(5%)를 합산한 성적의 고득점 순으로 선발예정인원을 최종합격자로 결정한다.
ⓒ 경찰특공대는 실기(45%) + 필기(30%) + 면접(20%) + 가산점(5%)로 결정한다.

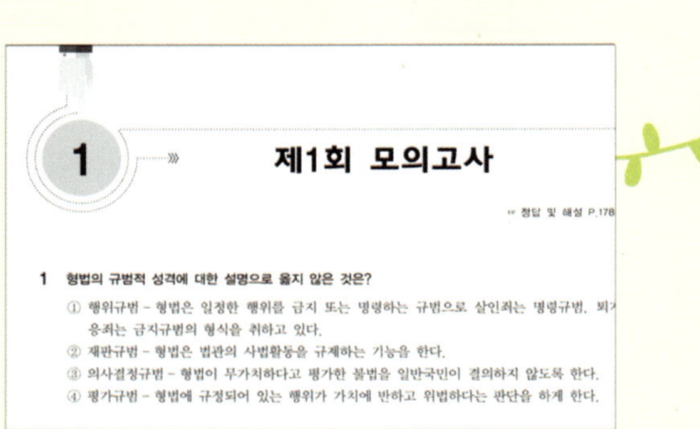

실전 모의고사

출제경향을 철저히 분석하여 실제 시험과 유사한 문항으로 구성된 실전 모의고사를 총 20회 수록하였습니다.

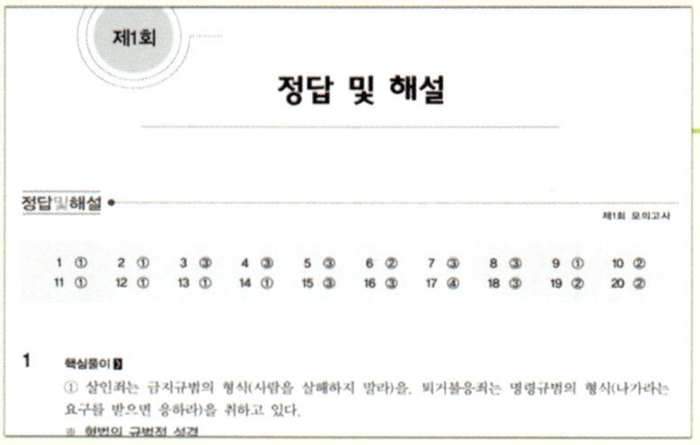

정답 및 해설

상세하고 꼼꼼하게 알려주는 정답 및 해설로 효율적인 학습을 도왔습니다.

2015년 제1차 경찰간부후보생 공개경쟁채용시험

1 죄형법정주의에 관한 아래의 판례 중 옳은 것은 모두 몇 개인가?

⊙ 음란표현과 저속표현의 헌법적 평가와 관련하여 '음란'은 언론·출판의 자유어 장을 받지 않는 반면, '저속'은 이러한 정도에 이르지 않는 성표현 등을 의미 로서 헌법적인 보호영역 안에 있다.
ⓒ '공악'을 해할 목적으로 전기통신설비에 의하여 공연히 허위의 통신을 한 자를 하는 전기통신기본법 제47조 제1항은 죄형법정주의의 명확성원칙에 위배되지

CONTENTS

03 기출문제분석

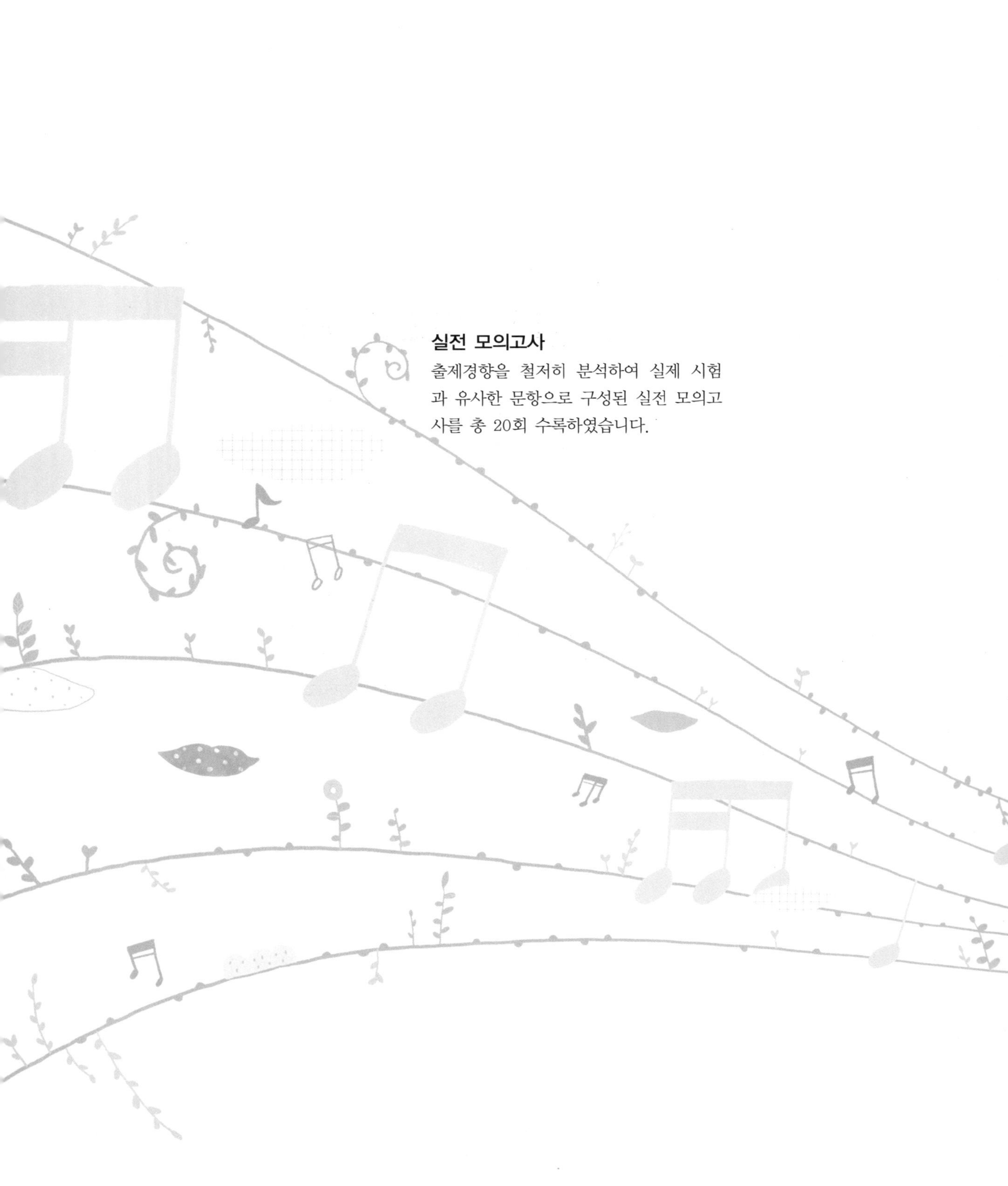

실전 모의고사

출제경향을 철저히 분석하여 실제 시험
과 유사한 문항으로 구성된 실전 모의고
사를 총 20회 수록하였습니다.

01 실전 모의고사

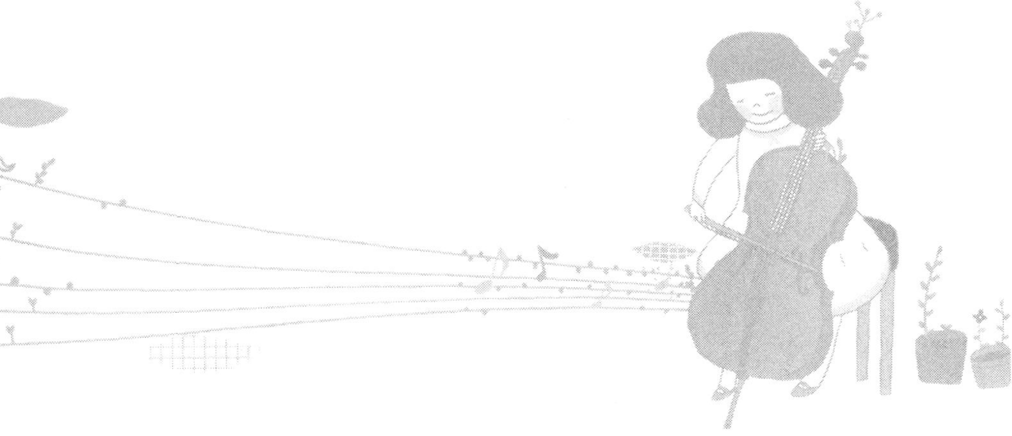

제1회 모의고사

☞ 정답 및 해설 P.178

1 형법의 규범적 성격에 대한 설명으로 옳지 않은 것은?

① 행위규범 – 형법은 일정한 행위를 금지 또는 명령하는 규범으로 살인죄는 명령규범, 퇴거불응죄는 금지규범의 형식을 취하고 있다.

② 재판규범 – 형법은 법관의 사법활동을 규제하는 기능을 한다.

③ 의사결정규범 – 형법이 무가치하다고 평가한 불법을 일반국민이 결의하지 않도록 한다.

④ 평가규범 – 형법에 규정되어 있는 행위가 가치에 반하고 위법하다는 판단을 하게 한다.

2 형법의 적용범위에 관한 설명 중 가장 옳지 않은 것은?

① 외국인 甲이 외국에서 대한민국의 화폐를 위조한 경우, 甲의 화폐위조행위는 대한민국 형법상의 통화위조죄로 처벌할 수 없다.

② 형의 경중의 비교는 원칙적으로 법정형을 표준으로 할 것이고, 처단형이나 선고형에 의할 것이 아니다.

③ 누설한 군사기밀사항이 누설행위 이후 명문으로 저하되었거나 군사기밀이 해제되었다고 하더라도 이를 형법 제1조 제2항의 '범죄 후 법률의 변경'으로 볼 수 없다.

④ 무단반출한 물품 중 칼라인화지에 대한 세율이 범행 당시는 100퍼센트였으나 그 후 관세법의 개정으로 40퍼센트로 변경된 경우, 포탈세액을 종전의 세율에 따라 산정한 것은 적법하다.

3 다음 중 위법성이 조각되는 경우와 가장 관련이 없는 것은? (다툼이 있는 경우 판례에 의함)

① 甲이 경찰관의 불심검문을 받아 운전면허증을 교부한 후 경찰관에게 불심검문에 항의하면서 큰 소리로 욕설을 하였는데, 경찰관이 甲을 모욕죄의 현행범으로 체포하려고 甲의 오른쪽 어깨를 붙잡자 반항하면서 경찰관에게 상해를 가한 경우

② 차량통행 문제로 자신의 아버지와 피해자가 다툴시 피해자의 차량전진으로 아버지가 위험에 처하자 피해자의 머리털을 잡아당겨 상처를 입힌 경우

③ 피해자로부터 지갑을 잠시 건네받아 임의로 지갑에서 현금카드를 꺼내어 현금자동인출기에서 현금을 인출하고 곧바로 피해자에게 현금카드를 반환한 경우

④ 전국교직원노동조합 소속 교사가 작성·배포한 보도 자료의 일부에 사실과 다른 기재가 있으나 전체적으로 그 기재 내용이 진실하고 공공의 이익을 위한 것이라고 볼 수 있는 경우

4 부작위범에 관한 다음 설명 중 적절하지 않은 것으로만 묶인 것은? (다툼이 있는 경우 판례에 의함)

> ㉠ 진정부작위범의 미수는 불가능하나 형법상 예외적으로 처벌규정이 있으며, 부진정부작위범의 경우는 미수가 인정된다.
>
> ㉡ 부작위범에서의 작위의무는 법적인 의무이어야 하므로 신의성실의 원칙이나 사회상규 혹은 조리상 작위의무는 여기에 포함되지 않는다.
>
> ㉢ 매매에 있어서 제3자가 매도인을 상대로 대지 및 지상건물에 대한 명도소송을 제기하여 계속 중이고 점유이전금지가처분까지 되어 있는 사실을 매수인이 알았다면 거래의 경험칙상 이 대지를 매수하지 아니하였을 것이 명백한 경우, 매도인은 이와 같은 소송관계를 매수인에게 고지할 법률상 의무가 있다.
>
> ㉣ 의사가 중환자실에서 인공호흡기를 부착하고 치료를 받던 환자의 처의 요청에 따라 치료를 중단하고 퇴원조치를 하여 그 환자가 집에서 사망한 경우, 그 의사의 행위는 부작위에 의한 살인죄의 방조범이 성립한다.

① ㉠㉢

② ㉡㉢

③ ㉡㉣

④ ㉢㉣

5 도로교통에 있어서 주의의무에 관한 다음 설명 중 가장 옳지 않은 것은? (다툼이 있는 경우 판례에 의함)

① 앞차를 뒤따라 진행하는 차량의 운전사는 앞차에 의하여 전방의 시야가 가리는 관계상 앞차의 어떠한 돌발적인 운전 또는 사고에 의하여서라도 자기 차량에 연쇄적인 사고가 일어나지 않도록 앞차와의 충분한 안전거리를 유지하고 진로 전방 좌우를 잘 살펴 진로의 안전을 확인하면서 진행할 주의의무가 있다.

② 교차로에서 진행신호에 따라 진행하는 운전자는 맞은편에서 다른 차량이 신호를 무시하고 자기 앞을 가로질러 좌회전할 경우를 예상하여 사고의 발생을 방지해야 할 주의의무가 없다.

③ 자동차 전용도로를 운전 중인 자동차운전자에게는 진행차량 사이를 뚫고 횡단하는 보행자가 있을 것을 예상하여 전방주시를 할 의무가 있다.

④ 차량의 운전자는 횡단보도의 신호가 적색인 상태에서 반대 차선 상에 정지하여 있는 차량의 뒤로 보행자가 건너오는 사태를 예상하여야 할 주의의무가 없다.

6 인과관계에 관한 설명 중 가장 적절하지 않은 것은? (다툼이 있는 경우 판례에 의함)

① 4일 가량 물조차 제대로 마시지 못하고 잠도 자지 아니하여 거의 탈진 상태에 이른 피해자의 손과 발을 17시간 이상 묶어 두고 좁은 차량 속에서 움직이지 못하게 감금한 행위와 묶인 부위의 혈액 순환에 장애가 발생하여 혈전이 형성되고 그 혈전이 폐동맥을 막아 사망에 이르게 된 결과 사이에는 상당인과관계가 있다.

② 살인의 실행행위가 피해자의 사망이라는 결과를 발생하게 한 유일한 원인이어야 하는 것은 아니나 직접적인 원인일 것을 요하므로 살인의 실행행위와 피해자의 사망과의 사이에 통상 예견할 수 있는 다른 사실이 개재되어 그 사실이 치사의 직접적인 원인이 되었다면 살인의 실행행위와 피해자의 사망과의 사이에 인과관계가 있는 것으로 볼 수 없다.

③ 선행차량에 이어 피고인 운전 차량이 피해자를 연속하여 역과하는 과정에서 피해자가 사망한 경우 피고인 운전 차량의 역과와 피해자의 사망 사이의 인과관계가 인정된다.

④ 선행 교통사고와 후행 교통사고 중 어느 쪽이 원인이 되어 피해자가 사망에 이르게 되었는지 밝혀지지 않은 경우 후행 교통사고를 일으킨 사람의 과실과 피해자의 사망 사이에 인과관계가 인정되기 위해서는 후행 교통사고를 일으킨 사람이 주의의무를 게을리 하지 않았다면 피해자가 사망에 이르지 않았을 것이라는 사실이 증명되어야 한다.

7 실행의 착수시기 또는 기수시기에 관한 설명 중 가장 적절하지 않은 것은? (다툼이 있는 경우 판례에 의함)

① 사기도박에서 사기적인 방법으로 도금을 편취하려고 하는 자가 상대방에게 도박에 참가할 것을 권유하는 등 기망행위를 개시한 때에 실행의 착수가 있는 것으로 보아야 한다.
② 소송사기의 고의로 소를 제기한 경우 아직 그 소장이 피고에게 송달되지 않아도 사기죄의 실행의 착수가 인정된다.
③ 금융기관 직원이 전산단말기를 이용하여 다른 공범들이 지정한 특정 계좌에 돈이 입금된 것처럼 허위의 정보를 입력하는 방법으로 위 계좌로 돈이 입금되도록 하였으나 그 후 그러한 입금이 취소되어 현실적으로 인출되지 못하였다면 컴퓨터 등 사용사기죄의 미수에 해당한다.
④ 피고인이 지하철 환승 에스컬레이터 내에서 카메라폰으로 성적 수치심을 느낄 수 있는 치마 속 신체부위를 피해자 의사에 반하여 동영상 촬영 중 경찰관에게 발각되어 저장버튼을 누르지 않고 촬영을 종료하였더라도 구 성폭력범죄의 처벌 및 피해자보호 등에 관한 법률에서 정한 '카메라 등 이용촬영죄'의 기수에 해당한다.

8 형의 집행유예에 관한 다음 설명 중 가장 옳은 것은?

① 집행유예의 선고를 받은 후 그 선고의 실효 또는 취소됨이 없이 유예기간을 경과한 때에는 형의 집행이 면제된다.
② 형의 집행을 유예하면서 보호관찰이나 사회봉사명령, 수강명령 또는 원상회복을 명할 수 있다.
③ 형을 병과할 경우에 그 형의 일부에 대해서도 집행을 유예할 수 있다.
④ 집행유예 선고를 받은 자가 유예기간 중 고의로 범한 죄로 금고 이상의 실형을 선고받아 그 판결이 확정된 때에는 집행유예의 선고를 취소할 수 있다.

9 죄수에 관한 설명 중 가장 적절하지 않은 것은? (다툼이 있는 경우 판례에 의함)

① 범죄 피해신고를 받고 출동한 두 명의 경찰관에게 욕설을 하면서 순차로 폭행을 하여 신고 처리 및 수사 업무에 관한 정당한 직무집행을 방해한 경우 두 경찰관에 대한 공무집행방해 죄는 실체적 경합관계에 있다.
② 직계존속인 피해자를 폭행하고 상해를 가한 것이 존속에 대한 동일한 폭력 습벽의 발현에 의한 것으로 인정되는 경우 중한 상습존속상해죄에 나머지 행위들을 포괄시켜 하나의 죄만 이 성립한다.
③ 동일 죄명에 해당하는 수 개의 행위를 단일하고 계속된 범의 하에 일정기간 계속하여 행하고 그 피해법익도 동일한 경우에는 이들 각 행위를 통틀어 포괄일죄로 처단하여야 할 것이나 범의의 단일성과 계속성이 인정되지 아니하거나 범행방법이 동일하지 않은 경우에는 각 범행은 실체적 경합범에 해당한다.
④ 감금행위가 단순히 강도상해 범행의 수단이 되는데 그치지 아니하고 강도상해의 범행이 끝난 뒤에도 계속되는 경우에는 감금죄와 강도상해죄는 실체적 경합범의 관계에 있다.

10 다음 형법상 형의 감경 · 면제사유 중 임의적 감면사유는 모두 몇 개인가?

> ㉠ 장애미수(제25조 제2항)　　　　　㉡ 농아자(제11조)
> ㉢ 외국에서 받은 형의 집행(제7조)　　㉣ 중지미수(제26조)
> ㉤ 심신미약자(제10조 제2항)　　　　　㉥ 과잉자구행위(제23조 제2항)

① 1개　　　　　　　　　　　　② 2개
③ 3개　　　　　　　　　　　　④ 4개

11 살인의 죄에 관한 설명 중 가장 적절한 것은? (다툼이 있는 경우 판례에 의함)

① 제왕절개 수술의 경우 '의학적으로 제왕절개 수술이 가능하였고 규범적으로 수술이 필요하였던 시기(時期)'를 분만의 시기(始期)로 볼 수 없다.

② 사람을 살해한 자가 그 사체를 다른 장소로 옮겨 유기하였을 때에는 이와 같은 사체유기는 불가벌적 사후행위에 해당하므로 별도로 사체유기죄가 성립하지 아니한다.

③ 강도가 베개로 피해자의 머리부분을 약 3분간 누르던 중 피해자가 저항을 멈추고 사지가 늘어졌음에도 계속 눌러 사망하게 한 경우 살인죄의 고의가 인정되지 않는다.

④ 피고인이 인터넷 사이트 내 자살관련 카페 게시판에 자살용 유독물의 판매광고를 한 행위가 단지 금원편취 목적의 사기행각의 일환으로 이루어졌더라도 피고인의 행위는 자살방조죄에 해당한다.

12 강간과 추행의 죄에 관한 다음 설명 중 옳은 것(O)과 틀린 것(X)을 올바르게 조합한 것은? (다툼이 있는 경우 판례에 의함)

> ㉠ 강제추행죄에서의 추행이란 일반인에게 성적 수치심이나 혐오감을 일으키고 선량한 성적 도덕관념에 반하는 행위로는 부족하고 행위의 상대방의 성적 자기결정의 자유를 침해하는 것이어야 한다.
>
> ㉡ 피해자를 따라가다가 바지를 벗어 자신의 성기를 꺼내어 일정한 거리를 두고 보여준 것만으로는 폭행 또는 협박으로 추행을 한 것이라 볼 수 없다.
>
> ㉢ 강간할 목적으로 피해자를 따라 피해자가 거주하는 아파트 내부의 엘리베이터에 탄 다음 그 안에서 폭행을 가하여 반항을 억압한 후 계단으로 끌고 가 피해자를 강간하고 상해를 입힌 경우, 강간상해죄만 성립한다.
>
> ㉣ 미성년자의제강제추행죄의 성립에 필요한 주관적 구성요건요소는 고의만으로 충분하고, 그 외에 성욕을 자극 · 흥분 · 만족시키려는 주관적 동기나 목적까지 있어야 하는 것은 아니다.

① ㉠(O), ㉡(O), ㉢(X), ㉣(O)
② ㉠(X), ㉡(X), ㉢(X), ㉣(X)
③ ㉠(X), ㉡(O), ㉢(O), ㉣(O)
④ ㉠(O), ㉡(O), ㉢(X), ㉣(X)

13 뇌물죄에 관한 다음 설명 중 가장 적절하지 않은 것은? (다툼이 있는 경우 판례에 의함)

① 공무원이 직무집행의 의사 없이 타인을 공갈하여 재물을 교부하게 한 경우에도 재물의 교부자는 뇌물공여죄로 처벌된다.

② 뇌물약속죄에 있어서 뇌물의 목적물인 이익은 약속 당시에 현존할 필요는 없고 약속 당시에 예견할 수 있는 것이라도 무방하며, 뇌물의 목적물이 이익인 경우에는 그 가액이 확정되어 있지 않아도 뇌물약속죄가 성립하는 데는 영향이 없다.

③ 뇌물을 수수한 자가 공동수수자가 아닌 교사범 또는 종범에게 뇌물 중 일부를 사례금 등의 명목으로 교부하였다면 이는 뇌물을 수수하는 데 따르는 부수적 비용의 지출 또는 뇌물의 소비행위에 지나지 아니하므로, 뇌물수수자에게서 수뢰액 전부를 추징하여야 한다.

④ 공무원이 직무에 관하여 금전을 무이자로 차용한 경우에는 차용 당시에 금융이익 상당의 뇌물을 수수한 것으로 보아야 하므로, 공소시효는 금전을 무이자로 차용한 때로부터 기산한다.

14 다음 설명 중 가장 적절한 것은? (다툼이 있는 경우 판례에 의함)

① 공동정범의 주관적 요건에 해당되는 공동가공의 의사는 타인의 범행을 인식하면서도 그것을 제지하지 않고 용인하는 것만으로는 부족하고 공동의 의사로 특정한 범죄행위를 하기 위해 일체가 되어 서로 다른 사람의 행위를 이용해서 자기의 의사를 실행에 옮기는 것이어야 한다.

② 3인이 합동절도의 범행을 공모한 후 그 가운데 2인이 범행 현장에서 시간적·장소적으로 협동관계를 이루어 절도의 실행행위를 분담해서 절도 범행을 한 경우에, 절도의 실행행위를 직접 분담하지 않은 1인은 단순절도의 공동정범이 될 수 있을 뿐이고 합동절도의 공동정범이 될 수는 없다.

③ 공모에 주도적으로 참여해서 다른 공모자의 실행에 영향을 미친 공모자라도 다른 공모자가 실행행위에 이르기 전에 그 공모관계에서 이탈한 때에는 그 이후의 다른 공모자의 행위에 관해서는 공동정범으로서의 책임을 질 여지는 없다.

④ 결과적 가중범의 공동정범이 인정되기 위해서는 행위를 공동으로 할 의사 외에 결과를 공동으로 할 의사도 필요하다.

15 다음 중 권리행사방해죄에 관한 설명 중 옳지 않은 것은?

① 권리행사방해죄의 구성요건 중 권리에는 점유를 수반하지 않는 채권도 포함된다.

② 형법 제322조의 취거, 은닉 또는 손괴의 물건이 자기의 물건이 아니라면 권리행사방해죄가 성립되지 않는다.

③ 타인의 권리목적이 된 자기소유토지(저당권이 설정되어 있음)를 제3자에게 매도하고 소유권이전등기를 한 경우 권리행사방해죄가 성립된다.

④ 피고인이 피해자에게 담보로 제공한 자동차는 피고인 명의가 아니라 제3자명의였는데 이를 피고인이 피해자의 승낙 없이 미리 소지하고 있던 위 차량의 보조키를 이용하여 운전하여 간 경우 권리행사방해죄가 성립하지 않는다.

16 다음 중 적절하지 않은 것으로만 묶인 것은? (다툼이 있는 경우 판례에 의함)

> ㉠ 피해자로부터 신용카드를 강취하고 비밀번호를 알아내는 과정에서 피해자에게 입힌 상처가 일상생활에 지장을 초래하지 않았고, 그 회복을 위하여 치료행위가 특별히 필요하지 않은 경우에는 강도상해죄의 상해에 해당하지 않는다.
>
> ㉡ 폭행죄는 피해자의 명시한 의사에 반하여 공소를 제기할 수 없는 반의사불벌죄로써 피해자가 사망한 후에는 그 상속인이 피해자를 대신하여 처벌불원의 의사표시를 할 수 없다.
>
> ㉢ 자기 또는 배우자의 직계존속의 신체에 대하여 폭행을 가할 때에는 존속폭행죄가 성립하며, 이 경우 피해자의 명시한 의사에 반하여 공소를 제기할 수 있다.
>
> ㉣ 甲과 乙이 독립하여 A를 살해하고자 총을 쏘아 탄환 하나가 A의 다리에 적중하여 A가 상해를 입었을 경우, 甲과 乙은 형법 제263조의 소위 동시범이 성립한다.
>
> ㉤ 형법 제260조에 규정된 폭행죄의 폭행이란 소위 사람의 신체에 대한 유형력의 행사를 가리키며, 그 유형력의 행사는 신체적 고통을 주는 물리력의 작용을 의미하므로 신체의 청각기관을 직접적으로 자극하는 음향도 경우에 따라서는 유형력에 포함될 수 있다.

① ㉠㉡㉤ ② ㉠㉢

③ ㉢㉣ ④ ㉣㉤

17 명예훼손에 관한 죄에 대한 다음 설명 중 가장 적절하지 않은 것은? (다툼이 있는 경우 판례에 의함)

① 명예훼손죄의 보호법익은 외부적 명예, 즉 사람의 사회적 명예라는 것이 통설의 입장이다.

② 정부 또는 국가기관은 형법상 명예훼손죄의 피해자가 될 수 없으므로, 정부 또는 국가기관의 정책결정 또는 업무수행과 관련된 사항을 주된 내용으로 하는 언론보도로 인하여 그 정책결정이나 업무수행에 관여한 공직자에 대한 사회적 평가가 다소 저하될 수 있더라도, 그 보도의 내용이 공직자 개인에 대한 악의적이거나 심히 경솔한 공격으로서 현저히 상당성을 잃은 것으로 평가되지 않는 한, 그 보도로 인하여 곧바로 공직자 개인에 대한 명예훼손이 된다고 할 수 없다.

③ 개인 블로그의 비공개 대화방에서 상대방으로부터 비밀을 지키겠다는 말을 듣고 일대일로 대화하였다고 하더라도, 그 사정만으로 대화 상대방이 대화내용을 불특정 또는 다수에게 전파할 가능성이 없다고 할 수 없다.

④ 피고인들의 소행에 피해자를 비방할 목적이 함께 숨어 있었다면 소행의 주요한 동기가 공공의 이익을 위한 것일지라도 형법 제310조는 적용이 배제된다.

18 상해와 폭행의 죄에 관한 설명 중 상해죄와 폭행죄의 공통사항에 해당되는 것은 모두 몇 개인가?

> ㉠ 존속에 대하여 가중 처벌된다.
> ㉡ 상습범인 경우에 형을 가중 처벌한다.
> ㉢ 피해자의 명시한 의사에 반하여 공소를 제기할 수 없다.
> ㉣ 자기 또는 타인의 형사사건의 수사 또는 재판과 관련하여 고소·고발 등 수사단서의 제공, 진술, 증언 또는 자료 제출에 대한 보복의 목적인 때에는 가중 처벌한다.
> ㉤ 미수범을 처벌하는 규정이 있다.

① 1개   ② 2개

③ 3개   ④ 없음

19 유가증권에 관한 죄에 대한 설명 중 옳은 것(O)과 틀린 것(×)을 올바르게 표시한 것은? (다툼이 있는 경우 판례에 의함)

> ㉠ 유가증권은 유통성을 가지고 있어야 한다.
> ㉡ 약속어음 액면란에 보충권의 범위를 초월하는 금액을 기입하는 행위는 변조에 해당한다.
> ㉢ 변조는 진정하게 성립된 유가증권을 전제로 한다.
> ㉣ 타인이 소유하는 자기명의의 유가증권에 대하여 소유자의 동의 없이 내용상의 변경을 가한 행위는 변조가 아니다.

① ㉠(×), ㉡(O), ㉢(O), ㉣(O)
② ㉠(×), ㉡(×), ㉢(O), ㉣(O)
③ ㉠(O), ㉡(×), ㉢(O), ㉣(×)
④ ㉠(×), ㉡(O), ㉢(×), ㉣(O)

20 무고죄에 관한 다음 설명 중 가장 적절하지 않은 것은? (다툼이 있는 경우 판례에 의함)

① 신고자가 그 신고내용을 허위라고 믿었다 하더라도 그것이 객관적으로 진실한 사실에 부합할 때에는 무고죄는 성립하지 않으며, 위 신고한 사실의 허위 여부는 그 범죄의 구성요건과 관련하여 신고사실의 핵심 또는 중요내용이 허위인가에 따라 판단하여야 한다.

② 위증으로 고소, 고발한 사실 중 위증한 당해사건의 요증사항이 아니고 재판결과에 영향을 미친 바 없는 사실만이 허위라고 인정되는 경우, 무고죄는 성립하지 않는다.

③ 무고죄에 있어서의 신고는 자발적인 것이어야 하고 수사기관 등의 추문에 대하여 허위의 진술을 하는 것은 무고죄를 구성하지 않는 것이지만, 당초 고소장에 기재하지 않는 사실을 수사기관에서 고소보충조서를 받을 때 자진하여 진술하였다면 이 진술부분까지 신고한 것으로 보아야 한다.

④ 고소당한 범죄가 유죄로 인정되는 경우, 고소를 당한 사람이 자신을 고소한 사람에 대하여 "고소당한 죄의 혐의가 없는 것으로 인정된다면 고소인이 자신을 무고한 것에 해당하므로 고소인을 처벌해 달라"는 내용의 고소장을 수사기관에 제출하였다면 자신의 결백을 주장하기 위한 것이라고 하더라도 무고죄의 범의를 인정할 수 있다.

제2회 모의고사

☞ 정답 및 해설 P.187

1 죄형법정주의에 관한 설명 중 옳은 것은 모두 몇 개인가? (다툼이 있는 경우 판례에 의함)

> ㉠ 구성요건에 대한 확장적 유추해석은 금지되지만 위법성 및 책임의 조각사유나 소추조건 또는 처벌조각사유인 형면제 사유를 제한적으로 해석하는 것은 유추해석금지원칙에 반하지 아니한다.
> ㉡ 사고피해자를 유기한 도주차량 운전자에게 살인죄보다 무거운 법정형을 규정하였다 하여 그것만으로 적정성의 원칙에 반한다고 할 수 없다.
> ㉢ 공공기관의 운영에 관한 법률 제53조가 공기업의 임직원으로서 공무원이 아닌 사람은 형법 제129조의 적용에서는 이를 공무원으로 본다고 규정하고 있을 뿐 구체적인 공기업의 지정에 관하여는 하위규범인 기획재정부장관의 고시에 의하도록 규정하였더라도 죄형법정주의에 위배되거나 위임입법의 한계를 일탈한 것으로 볼 수 없다.
> ㉣ 대법원 양형위원회가 설정한 '양형기준'이 발효하기 전에 공소가 제기된 범죄에 대하여 위 '양형기준'을 참고하여 형을 양정한 경우 소급적용금지의 원칙을 위반한 것은 아니다.

① 1개
③ 3개
② 2개
④ 4개

2 다음 설명 중 틀린 것은? (다툼이 있는 경우 판례에 의함)

① 형을 종전보다 가볍게 형벌규정을 개정하면서 그 부칙으로 개정된 법의 시행 전의 범죄에 대하여 종전의 형벌법규를 적용하도록 규정한다 하여 헌법상의 형벌불소급 원칙이나 신법우선주의에 반한다고 할 수 없다.

② 주점의 종업원이 자신이 제공하는 술을 청소년도 마실 것이라는 점을 예상하면서 그와 동행한 청소년 아닌 자에게 술을 판매한 경우, 청소년보호법 소정의 청소년에 대한 술 판매금지 위반행위에 직접 해당하지 않는다.

③ 약국을 관리하는 약사 또는 한약사는 보건복지부령으로 정하는 약국관리에 필요한 사항을 준수하여야 한다는 약사법은 명확성에 원리에 위배된다.

④ 운전면허취소처분을 받은 후 자동차를 운전한 경우 위 면허취소처분이 행정쟁송절차에 의하여 취소되었다고 하더라도 그 운전행위가 무면허운전임에는 변함이 없다.

3 다음 설명 중 인과관계가 인정되지 않은 경우는 모두 몇 개인가? (다툼이 있는 경우 판례에 의함)

○ 피고인의 택시가 차량 신호등이 적색 등화임에도 횡단보도 앞 정지선 직전에 정지하지 않고 상당한 속도로 정지선을 넘어 횡단보도에 진입하였고, 횡단보도에 들어선 이후 차량 신호등이 녹색 등화로 바뀌자 교차로로 계속 직진하여 교차로에 진입하자마자 교차로를 거의 통과하였던 피해자의 승용차 오른쪽 뒤 문짝 부분을 피고인 택시 앞 범퍼 부분으로 충돌하여 피해자에게 상해를 입게 한 경우, 피고인의 신호위반행위와 피해자의 상해와의 관계

○ 한의사인 피고인이 피해자에게 문진할 때 과거 봉침을 맞고도 별다른 이상 반응이 없다는 답변을 듣고 알레르기 반응검사를 생략한 채 환부에 봉침시술을 하였는데, 피해자가 위 시술 직후 쇼크반응을 나타내는 등 상해를 입은 경우, 피고인이 알레르기 반응검사를 하지 않은 과실과 피해자의 상해와의 관계

○ 승용차로 피해자를 가로막아 승차하게 한 후 피해자의 하차 요구를 무시한 채 시속 약 60km 내지 70km의 속도로 진행하자, 피해자가 감금상태를 벗어날 목적으로 차량을 빠져나오려다가 길바닥에 떨어져 상해를 입고 그 결과 사망한 경우, 감금행위와 피해자의 사망과의 관계

○ 피고인이 제왕절개수술 후 대량출혈이 있었던 피해자를 전원 조치하였으나 전원 받은 병원 의료진의 조치가 다소 미흡하여 도착 후 약 1시간 20분이 지나 수혈이 시작된 사안에서, 피고인의 전원지체 등의 과실로 신속한 수혈 등의 조치가 지연되어 피해자가 사망한 경우, 전원지체의 과실로 인한 수혈지연과 사망과의 관계

① 1개

② 2개

③ 3개

④ 4개

4 공범과 신분에 관한 다음 설명 중 가장 적절하지 않은 것은? (다툼이 있는 경우 판례에 의함)

① 의사 甲이 의사가 아닌 乙의 병원 개설행위에 공모하여 가공한 경우, 의료법위반죄의 공동정범에 해당된다.

② 공직선거법 제257조 제1항 제1호에서 규정하는 각 기부행위제한위반의 죄와 관련하여, 각 기부행위의 주체로 인정되지 아니하는 자가 기부행위의 주체자 등과 공모하여 기부행위를 한 경우, 기부행위 주체자에 해당하는 법조 위반의 공동정범으로 처벌할 수 있다.

③ 비신분자가 신분자와 공동으로 업무상 배임행위를 한 경우, 비신분자에게도 업무상배임죄가 성립하고 처벌에 있어 단순배임죄로 처벌한다는 것이 판례의 입장이다.

④ 형법 제33조 소정의 이른바 신분관계라 함은 남녀의 성별, 내·외국인의 구별, 친족관계, 공무원인 자격과 같은 관계뿐만 아니라 널리 일정한 범죄행위에 관련된 범인의 인적관계인 특수한 지위 또는 상태를 지칭하는 것이다.

5 강요된 행위(제12조)와 관련된 설명으로 옳은 것은? (다툼이 있는 경우에는 판례에 의함)

① 저항할 수 없는 폭력에는 절대적 폭력 외에 강제적 폭력 내지 심리적 폭력도 포함된다.

② 방어할 방법이 없는 협박의 내용이 생명·신체 이외의 법익에 대한 위해일 경우에는 초법규적 책임조각사유의 문제가 될 수 있다.

③ 자의로 북한으로 탈출하였더라도 그 구성원과 회합한 행위는 강요된 행위에 해당한다.

④ 강요된 행위에 대하여는 정당방위가 인정되지 않는다.

6 결과적 가중범과 관련하여 옳은 것(O)과 틀린 것(X)을 올바르게 조합한 것은? (다툼이 있는 경우 판례에 의함)

> ㉠ 우리 형법은 결과적 가중범의 미수를 처벌하는 규정을 두고 있다.
> ㉡ 결과적가중범에 대한 교사 또는 방조는 불가능하다.
> ㉢ 부진정결과적 가중범은 중한 결과를 과실로 야기한 경우뿐만 아니라 고의에 의한 경우에도 성립한다.

① ㉠(O), ㉡(O), ㉢(O)
② ㉠(O), ㉡(X), ㉢(O)
③ ㉠(X), ㉡(X), ㉢(O)
④ ㉠(O), ㉡(X), ㉢(X)

7 다음 설명 중 법률의 착오에 정당한 이유가 없는 것은 모두 몇 개인가? (다툼이 있는 경우 판례에 의함)

> ㉠ 장례식장의 식당(접객실) 부분을 증축함에 있어 홍성군과 증축부분이 장례식장이 아닌 병원의 부속 건물임을 전제로 그 증축에 관한 협의과정을 거쳤고 건설교통부의 질의·회신도 종합병원의 경우 일반적으로 장례식장의 설치나 운영이 그 부속시설로서 허용된 다는 취지가 아니라 종합병원에 입원한 환자가 사망한 경우 그 장례의식을 위한 시설의 설치는 부속용도로 볼 수 있다는 취지에 불과한 경우에 장례식장의 설치·운영에 관하여 죄가 되지 아니하는 것으로 오인한 경우
> ㉡ 공무원이 그 직무에 관하여 실시한 봉인 등의 표시를 손상 또는 은닉 기타의 방법으로 그 효용을 해함에 있어서 그 봉인 등의 표시가 법률상 효력이 없다고 믿은 경우
> ㉢ 중국 국적 선박을 구입한 피고인이 외환은행 담당자의 안내에 따라 매도인인 중국 해운 회사에 선박을 임대하여 받기로 한 용선료를 재정경제부장관에게 미리 신고하지 아니하고 선박 매매대금과 상계함으로써 구 외국환거래법을 위반한 사안에서, 자신의 행위가 죄가 되지 아니하는 것으로 오인한 경우
> ㉣ 교통부장관의 허가를 얻어 설립된 사단법인 한국교통사고상담센터의 하부직원이 목적사 업인 교통사고 피해자의 위임을 받아 사고 회사와의 사이에 화해의 중재나 알선을 하고 피해자로부터 교통부장관이 승인한 조정수수료를 받은 경우

① 1개   ② 2개
③ 3개   ④ 4개

8 다음 중 판례에 의할 때 틀린 것은?

① 부동산소유권이전등기 등에 관한 특별조치법에 의거하여 임야의 사실상의 양수자가 확인서 발급 신청을 하자 피고인이 위조된 계약서사본을 첨부하여 위 임야의 소유자라고 허위주장 하여 이의신청을 한 결과 위 확인서발급신청이 기각된 경우, 사기죄의 실행에 착수한 것이다.

② 건설산업기본법 제96조 제4호, 제21조에 규정된 건설업자가 다른 사람에게 자기 성명 또는 상호를 사용하여 건설공사를 수급 또는 시공하게 하는 행위는 다른 사람에게 자기의 성면 또는 상호를 사용하여 건설공사를 수급하게 하거나 공사에 착수하게 한 때에 완성되어 기수 가 된다.

③ 장애보상지급청구권자에게 보상금을 찾아주겠다고 거짓말을 하여 동인을 보상금지급기관까 지 유인한 경우, 아직 사기죄의 실행에 착수한 것이 아니다.

④ 일본으로 밀항하고자 밀항에 필요한 밀항비용을 주기로 약속한 바 있었으나 그 후 이 밀항 을 포기하였다면, 이는 밀항의 음모에 지나지 않는 것으로 밀항의 예비 정도에는 이르지 아 니한 것이다.

9 불능미수에 대한 설명이다. 가장 옳은 것은? (다툼이 있는 경우 판례에 의함)

① 불능미수와 불능범을 구별하는 기준은 결과발생의 가능성이다.
② 불능미수의 경우, 형을 감경 또는 면제하여야 한다.
③ 불능미수의 위험성판단에 관한 학설 중 객관설은 주관설보다 미수범인정의 범위가 좁다.
④ 히로뽕 제조를 시도하였으나 그 약품배합 미숙으로 완제품을 만들지 못한 경우에는 불가벌적 불능범이 성립한다.

10 죄수에 관한 다음 설명 중 옳은 것(O)과 틀린 것(X)을 올바르게 조합한 것은? (다툼이 있으면 판례에 의함)

> ㉠ 상상적 경합은 1개의 행위가 실질적으로 수개의 구성요건을 충족하는 경우를 말하고, 법조경합은 1개의 행위가 외관상 수개의 죄의 구성요건에 해당하는 것처럼 보이나 실질적으로 1죄만을 구성하는 경우를 말하며, 실질적으로 1죄인가 수죄인가는 보호법익과는 관계없이 구성요건적 평가의 측면을 고찰하여 판단하여야 한다.
> ㉡ 상습성이 있는 자가 같은 종류의 죄를 반복하여 저질렀다 하더라도 상습범을 별도의 범죄유형으로 처벌하는 규정이 없는 한, 각 죄는 원칙적으로 별개의 범죄로서 경합범으로 처단하여야 한다.
> ㉢ 단일하고 계속된 범의 아래 같은 장소에서 반복하여 여러 사람으로부터 계 불입금을 편취한 경우, 피해자의 수에 관계없이 사기죄의 포괄일죄가 성립한다.
> ㉣ 피고인이 여관에서 종업원을 칼로 찔러 상해를 가하고 객실로 끌고 들어가는 등 폭행·협박을 하고 있던 중, 마침 다른 방에서 나오던 여관의 주인도 같은 방에 밀어 넣은 후, 주인으로부터 금품을 강취하고 1층 안내실에서 종업원 소유의 현금을 꺼내 갔다면, 여관종업원과 주인에 대한 각 강도행위는 실체적 경합범의 관계에 있다.

① ㉠(O), ㉡(X), ㉢(X), ㉣(O)
② ㉠(O), ㉡(O), ㉢(O), ㉣(X)
③ ㉠(X), ㉡(O), ㉢(X), ㉣(O)
④ ㉠(X), ㉡(O), ㉢(X), ㉣(X)

11 다음 설명 중 가장 적절하지 않은 것은? (다툼이 있는 경우 판례에 의함)

① 피고인이 격분하여 피해자를 살해할 것을 마음먹고 밖으로 나가 낫을 들고 피해자에게 다가서려고 하였으나 제3자가 이를 제지하여 그 틈을 타서 피해자가 도망함으로써 살인의 목적을 이루지 못한 경우, 피고인이 낫을 들고 피해자에게 접근함으로써 살인의 실행행위에 착수하였다고 할 것이므로 이는 살인미수에 해당한다.

② 살해의 목적으로 동일인에게 일시·장소를 달리하고 수 차에 걸쳐 공격을 하였으나 미수에 그치다가 그 목적을 달성한 경우, 살해의 목적을 달성할 때까지의 행위는 모두 실행행위의 일부로서 이를 포괄적으로 보고 단순한 한 개의 살인기수죄로 처단할 것이지 살인예비 내지 미수죄와 동 기수죄의 경합범으로 처단할 수 없는 것이다.

③ 혼인 외의 출생자가 인지하지 않은 생모를 살해하면 존속살해죄가 성립한다.

④ 제왕절개 수술의 경우 임산부의 상태변화, 의료진의 처치경과 등 제반 사정을 토대로 '의학적으로 제왕절개수술이 가능하였고 규범적으로 수술이 필요하였던 시기'를 사후적으로 판단하여 분만의 시기로 볼 수 있다.

12 다음 설명 중 틀린 것은 모두 몇 개인가? (다툼이 있는 경우 판례에 의함)

> ㉠ 자신의 아들 등에게 폭행을 당하여 입원한 피해자의 병실로 찾아가 피해자의 모, 이웃, 행위자 일행 등 4명이 있는 자리에서 "학교에 알아보니 피해자에게 원래 정신병이 있었다고 하더라."라고 허위사실을 말한 경우 공연성이 인정되지 않아 명예훼손죄가 부정된다.
>
> ㉡ 피고인이 자신의 인터넷 블로그에 '듣보잡', '함량미달', '함량이 모자라도 창피한 줄 모를 정도로 멍청하게 충성할 사람', '싼 맛에 갖다 쓰는 거죠' 등이라고 한 부분은 피해자를 비하하여 사회적 평가를 저하시킬만한 추상적 판단이나 경멸적 감정을 표현한 것으로 모욕죄에 해당한다.
>
> ㉢ 갑 운영의 산후조리원을 이용한 피고인이 인터넷 카페나 자신의 블로그 등에 자신이 직접 겪은 불편사항 등을 후기 형태로 게시한 경우, 정보통신망이용촉진 및 정보보호 등에 관한 법률 제70조 제1항에서 정한 명예훼손죄 구성요건 요소인 '사람을 비방할 목적'이 인정된다.
>
> ㉣ 타인을 비방할 목적으로 허위사실인 기사의 재료를 신문기자에게 제공하여 이를 편집인이 신문지상에 게재한 경우 기사재료를 제공한 자는 출판물에 의한 명예훼손죄의 죄책을 면할 수 없다.

① 1개   ② 2개

③ 3개   ④ 4개

13 다음 중 옳지 않은 것은?

① 형사처분을 받게 할 목적으로 허위사실이라고 믿고 신고하였으나 객관적으로 진실에 합치하는 경우에는 무고죄가 성립하지 않는다.

② 국세청장에 대하여 탈세혐의사실에 관한 허위의 진정서를 제출하였다면 무고죄가 성립한다.

③ 무고죄에서의 타인은 실재인임을 요하지 않으므로 사자에 대한 무고도 무고죄를 구성한다.

④ 허위 내용의 고소장을 경찰서에 제출한 후 다시 되돌려 받은 경우도 무고죄가 성립한다.

14 유가증권에 관한 죄에 대한 다음 설명 중 적절하지 않은 것은 모두 몇 개인가? (다툼이 있는 경우 판례에 의함)

> ㉠ 은행을 통하여 지급이 이루어지는 약속어음의 발행인이 그 발행을 위하여 은행에 신고된 것이 아닌 발행인의 다른 인장을 날인하였다면 허위유가증권작성죄가 성립한다.
>
> ㉡ 약속어음 배서인의 주소를 허위로 기재하였다고 하더라도 그것이 배서인의 인적 동일성을 해하는 경우가 아닌 한 허위유가증권작성죄에 해당하지 않는다.
>
> ㉢ 액면이 백지로 된 약속어음이 이미 타인에 의하여 위조된 것임을 알고 이를 구입하여 행사의 목적으로 백지인 액면란에 금액을 기입하여 그 위조어음을 완성하였더라도 이러한 행위는 별개의 유가증권위조죄를 구성하지 않는다.
>
> ㉣ 위조유가증권의 교부자와 피교부자가 서로 유가증권위조를 공모하였거나 위조유가증권을 타에 행사하여 그 이익을 나누어 가질 것을 공모한 공범의 관계에 있다면, 그들 사이의 위조유가증권 교부행위는 그들 이외의 자에게 행사함으로써 범죄를 실현하기 위한 전 단계의 행위에 불과한 것으로서 위조유가증권은 아직 범인들의 수중에 있다고 볼 것이지 행사되었다고 볼 수는 없다.
>
> ㉤ 이미 타인에 의하여 위조된 약속어음의 기재사항을 권한없이 변경한 경우 유가증권변조죄가 성립한다.

① 1개　　　　　　　　　　② 2개

③ 3개　　　　　　　　　　④ 4개

15 사기죄가 인정되는 경우는 모두 몇 개인가? (다툼이 있는 경우 판례에 의함)

> ㉠ 중고자동차 매매에 있어서 매도인이 할부금융회사 또는 보증보험에 대한 할부금 채무의 존재를 매수인에게 고지하지 않은 경우
> ㉡ 자신이 진정한 토지의 소유자가 아닌 사실을 알면서도 그 사실을 고지하지 아니한 채 수용보상금으로 공탁된 공탁금의 출급을 신청하여 이를 수령한 경우
> ㉢ 변제의 의사나 능력이 없음에도 이를 숨긴 채 피해자에게 금원 대여를 요청하여 이에 속은 피해자로부터 동인의 배서가 된 약속어음을 교부받아 이를 금융기관에서 할인한 후 그 할인금을 사용하였으나 그 후 위 약속어음이 지급기일에 거절되고 피고인이 금융기관에 대하여 그 상환채무를 지게 된 경우

① 없음　　　　　　　　　　　　② 1개
③ 2개　　　　　　　　　　　　④ 3개

16 다음 설명 중 옳고 그름의 표시(O, X)가 옳게 된 것은? (다툼이 있는 경우 판례에 의함)

> ㉠ 피고인이 지하철 환승 에스컬레이터 내에서 카메라폰으로 성적 수치심을 느낄 수 있는 치마 속 신체 부위를 피해자 의사에 반하여 동영상 촬영 중 경찰관에게 발각되어 저장 버튼을 누르지 않고 촬영을 종료하였다면, 영상정보가 기계장치 내 임시저장된 데 불과하므로 구 성폭력 범죄의 처벌 및 피해자 보호 등에 관한 법률에서 정한 '카메라 등 이용촬영죄'의 미수이다.
> ㉡ 신용카드를 절취하여 대금을 결제하기 위하여 신용카드를 제시하고 카드회사의 승인을 받았지만 매출전표에 서명한 사실이 없고 도난카드임이 밝혀져 최종적으로 매출취소로 거래가 종결되었을지라도, 여신전문금융업법상 신용카드 부정사용의 기수가 된다.
> ㉢ 갑이 을을 살해하기 위하여 병, 정 등을 고용하면서 그들에게 대가의 지급을 약속한 경우, 갑에게는 살인죄를 범할 목적 및 살인에 관한 고의가 인정되며 객관적으로 살인죄의 실현을 위한 준비행위를 완료하였으므로 살인죄의 미수로 처벌된다.
> ㉣ 금융기관 직원이 전산단말기를 이용하여 다른 공범들이 지정한 특정계좌에 돈이 입금된 것처럼 허위의 정보를 입력하는 방법으로 위 계좌로 입금되도록 하고, 이러한 입금절차를 완료하였지만 입금이 취소되어 현실적으로 인출되지 못하였다면 컴퓨터 등 사용사기죄의 미수범이다.

① ㉠(X), ㉡(O), ㉢(O), ㉣(O)　　　② ㉠(X), ㉡(X), ㉢(O), ㉣(X)
③ ㉠(O), ㉡(O), ㉢(X), ㉣(O)　　　④ ㉠(X), ㉡(X), ㉢(X), ㉣(X)

17 다음 설명 중 가장 적절하지 않은 것은? (다툼이 있는 경우 판례에 의함)

① 횡령범인과 피해물건의 소유자 및 위탁자 쌍방 사이에 친족관계가 있는 경우에만 친족상도례가 적용되고, 단지 횡령범인과 피해물건의 소유자간에만 친족관계가 있거나 횡령범인과 피해물건의 위탁자간에만 친족관계가 있는 경우에는 적용되지 않는다.

② 친족상도례가 적용되기 위한 친족관계는 원칙적으로 범행 당시에 존재하여야 하는 것이지만, 부의 인지가 범행 후에 이루어진 경우에는 그 소급효에 따라 형성되는 친족관계를 기초로 하여 친족상도례의 규정이 적용된다.

③ 손자가 할아버지 소유 농업협동조합 예금통장을 절취하여 이를 현금자동지급기에 넣고 조작하는 방법으로 예금 잔고를 자신의 거래 은행 계좌로 이체한 경우에는 농업협동조합이 컴퓨터 등 사용사기 범행 부분의 피해자이므로 친족상도례를 적용할 수 없다.

④ 법원을 기망하여 제3자로부터 재물을 편취한 경우에는 피해자인 제3자와 사기죄를 범한 자가 직계혈족의 관계에 있더라도 친족상도례를 적용할 수 없다.

18 위증과 증거인멸의 죄에 관한 설명 중 가장 적절한 것은? (다툼이 있는 경우 판례에 의함)

① 증인이 1회 또는 수회의 기일에 걸쳐 이루어진 1개의 증인신문절차에서 허위의 진술을 하고 그 진술이 철회·시정된 바 없이 그대로 증인신문절차가 종료된 경우 그로써 위증죄는 기수에 달하고 그 후 별도의 증인 신청 및 채택 절차를 거쳐 그 증인이 다시 신문을 받는 과정에서 종전 신문절차에서의 진술을 철회·시정한다 하더라도 이미 종결된 종전 증인신문 절차에서 행한 위증죄의 성립에 어떤 영향을 주는 것은 아니다.

② 증언거부사유가 있음에도 증언거부권을 고지받지 못함으로 인하여 그 증언거부권을 행사하는데 사실상 장애가 초래되었다고 볼 수 있는 경우 위증죄가 성립한다.

③ 형법 제155조 제1항에서 말하는 '징계사건'이란 국가의 징계사건에 한정되는 것이 아니라 사인간의 징계사건도 포함한다.

④ 자기의 형사사건에 관한 증거를 인멸하기 위하여 타인을 교사하여 죄를 범하게 한 자에 대하여는 증거인멸죄의 교사범이 성립하지 아니한다.

19 갑이 병으로부터 배당금의 수령을 위임받은 후, 을을 기망하여 병을 상대로 한 배당이의 소송의 제1심 패소판결에 대한 항소를 취하하게 한 경우 갑의 죄책은? (다툼이 있는 경우 판례에 의함)

① 사기죄 　　　　　　　　　　② 강제집행면탈죄
③ 권리행사방해죄 　　　　　　 ④ 무죄

20 다음 사례 중 위계에 의한 공무집행방해죄가 성립하는 것은 모두 몇 개인가?

> ⊙ 자가용차를 운전하다가 교통사고를 낸 자가 경찰관서에 영업용 택시를 운전하다 사고를 내었다고 허위신고를 한 경우
> ⓒ 건물점유자로서 명도집행을 저지할 수 있는 정당한 권능이 있는 자가 실효된 임대차계약서 사본을 제시하면서 자신이 정당한 임차인인 것처럼 주장한 경우
> ⓒ 지방자치단체의 공사입찰에 있어서 허위서류를 제출하여 입찰참가자격을 얻고 낙찰자로 결정되어 계약을 체결한 경우
> ⓔ 구 병역법상 지정업체에서 전문연구원으로 근무할 의사가 없음에도 허위내용의 편입신청서를 제출하여 관할관청으로부터 전문연구요원 편입을 승인받고, 관할지방병무청장에게 허위의 공동연구 협약서를 작성·제출하여 파견근무를 신청하여 승인을 받은 경우

① 1개 　　　　　　　　　　　② 2개
③ 3개 　　　　　　　　　　　④ 4개

제3회 모의고사

☞ 정답 및 해설 P.196

1 다음 설명 중 가장 적절하지 않은 것은? (다툼이 있는 경우 판례에 의함)

① 형사처벌에 관한 위임입법은 특히 긴급한 필요가 있거나 미리 법률로써 자세히 정할 수 없는 부득이한 사정이 있는 경우에 한하여 허용된다.

② 포괄일죄로 되는 개개의 범죄행위가 법 개정의 전후에 걸쳐서 행하여진 경우에는 신·구법의 법정형에 대한 경중을 비교하여 법정형이 가벼운 법을 적용하여 포괄일죄로 처단하여야 한다.

③ 구 의료법이 약효에 관한 광고를 허용하고 그에 대한 벌칙조항을 삭제한 것은 종전의 조치가 부당하다는 반성적 고려에 의한 것이어서 형법 제1조 제2항에 따라 신법을 적용하여야 한다.

④ 부실의 사실이 기재된 공정증서의 정본을 그 정을 모르는 법원직원에게 교부한 행위를 부실기재공정증서원본행사죄에 해당하는 것으로 해석하는 것은 형법상 금지된 유추해석에 해당한다.

2 다음은 죄형법정주의에 대한 설명이다. 가장 적절하지 않은 것은? (다툼이 있는 경우 판례에 의함)

① 교육감 선거에 공직선거법의 시, 도지사 선거에 관한 규정을 준용한 구 지방교육자치에 관한 법률 제22조 제3항은 죄형법정주의에 위배되지 아니한다.

② 일반음식점 영업자인 피고인이 주로 술과 안주를 판매함으로써 구 식품위생법상 준수사항을 위반하였다는 내용으로 기소된 사안에서 위 준수사항 중 '주류만을 판매하는 행위'에 안주류와 함께 주로 주류를 판매하는 행위도 포함된다고 해석하는 것은 죄형법정주의에 위배되지 아니한다.

③ 정비사업 시행에 관한 서류와 관련 자료에 대한 열람, 등사 요청에 즉시 응할 의무를 규정하고 이를 위반하는 행위를 처벌하는 구 도시 및 주거환경정비법 제86조 제6호, 제81조 제1항은 죄형법정주의에 위배되지 아니한다.

④ '약국 개설자가 아니면 의약품을 판매하거나 판매 목적으로 취득할 수 없다'고 규정한 구 약사법 제44조 제1항의 '판매'에 무상으로 의약품을 양도하는 '수여'를 포함시키는 해석은 죄형법정주의에 위배되지 아니한다.

3 과실범에 관한 설명 중 가장 적절하지 않은 것은?(다툼이 있는 경우 판례에 의함)

① 공동정범은 고의범이나 과실범을 불문하고 의사의 연결이 있는 경우이면 그 성립을 인정 할 수 있다.

② 고속국도를 주행하는 차량의 운전자는 도로 양측에 휴게소가 있다하더라도 동 도로상에 보행자가 있을 것을 예상하여 감속 등 조치를 할 주의의무는 없다.

③ 술을 마시고 찜질방에 들어온 甲이 찜질방 직원 몰래 후문으로 나가 술을 더 마신 다음 후문으로 다시 들어와 발한실(發汗室)에서 잠을 자다가 사망한 경우 찜질방 직원 및 영업주에게 몰래 후문으로 출입하는 모든 자를 통제·관리하여야 할 업무상 주의의무가 있다고 보기 어렵다.

④ 과실일수죄는 형법상 처벌규정이 있으나 과실교통방해죄는 형법상 처벌규정이 없다.

4 형의 선고유예, 집행유예에 대한 설명 중 가장 옳지 않은 것은? (다툼이 있는 경우 판례에 의함)

① 형의 집행유예를 선고받은 사람이 그 선고가 실효 또는 취소됨이 없이 정해진 유예기간을 무사히 경과하여 형선고의 효력이 없어졌다고 하더라도 선고유예 결격사유인 "자격정지 이상의 형을 받은 전과가 있는 자"에 해당한다고 보아야 한다.

② 현역 군인인 성폭력범죄 피고인에게 집행유예를 선고하는 경우 위치추적전자장치의 부착을 명령할 수 없다.

③ 피고인이 별개의 사건에서 징역형의 집행유예 등을 선고받고 상고하였으나 대법원이 결정으로 상고를 기각하였는데, 그 결정일을 전후하여 피고인이 유사석유제품을 판매 및 보관하였다고 하여 구 석유 및 석유대체연료사업법 위반으로 기소된 사안에서, 위 상고기각결정이 피고인의 유사 석유제품 판매 및 보관 행위 시 이후에 피고인에게 고지되어 그때 위 판결이 확정되었다면 피고인의 범죄는 판결이 확정된 위 죄와 형법 제37조 후단 경합범에 해당한다.

④ 형법 제37조 후단 경합범 중 판결을 받지 아니한 죄에 대하여 형을 선고하는 경우에, 형법 제37조 후단에 규정된 '금고 이상의 형에 처한 판결이 확정된 죄'의 형도 형법 제59조 제1항 단서에서 정한 선고유예의 예외사유인 '자격정지 이상의 형을 받은 전과'에 포함되지 않는다.

5 범죄의 성립과 처벌에 대한 설명으로 옳지 않은 것은? (다툼이 있는 경우 판례에 의함)

① 비상계엄이 해제되었다 하더라도 계엄실시 중의 계엄포고령 위반행위에 대한 형이 범죄 후 법령의 개폐로 폐지된 것에 해당한다고 볼 수 없으므로 계엄법위반죄로 처벌된다.

② 종전보다 가볍게 형벌법규를 개정하면서 그 부칙으로 개정 전의 범죄에 대하여는 종전의 형벌법규를 적용하도록 규정한다 하여 이를 죄형법정주의에 반한다고 할 수 없다.

③ 형법 제1조 제2항 및 제8조에 의하면 범죄 후 법률의 변경에 의하여 그 행위가 범죄를 구성하지 아니하는 경우 신법에 의한다고 규정하고 있으므로 신법에 경과규정을 두어 이러한 재판시법주의의 적용을 배제하는 것은 허용되지 않는다.

④ 형의 경중의 비교는 원칙적으로 법정형을 표준으로 할 것이고 처단형이나 선고형에 의할 것이 아니며, 법정형의 경중을 비교함에 있어서 법정형 중 병과형 또는 선택형이 있을 때에는 이 중 가장 중한 형을 기준으로 하여 비교함이 원칙이다.

6 다음 중 판례가 인정하지 않는 범죄 가담형태는?

① 과실범의 공동정범 　② 편면적 공동정범
③ 편면적 종범 　④ 공모공동정범

7 교사범에 관한 다음 설명 중 옳은 것으로만 묶인 것은? (다툼이 있는 경우 판례에 의함)

> ㉠ 형법은 '교사'를 실패한 교사와 효과 없는 교사로 나누고 전자의 경우에만 처벌한다.
> ㉡ 실패한 교사는 교사자만 예비·음모에 준하여 처벌한다.
> ㉢ 피교사자가 이미 범죄의 결의를 가지고 있을 때에는 교사범이 성립할 여지가 없다.
> ㉣ 자기의 형사사건에 관한 증거를 인멸하기 위하여 타인을 교사하여 죄를 범하게 한 경우 증거인멸교사죄가 성립한다.

① ㉠㉡㉢㉣ 　② ㉠㉢㉣
③ ㉠㉡㉣ 　④ ㉡㉢㉣

8 다음 설명 중 가장 적절하지 않은 것은? (다툼이 있는 경우 판례에 의함)

① 살인죄의 성립에 필요한 고의는 살해의 목적이나 계획적인 살해의 의도가 있었던 경우뿐만 아니라 자기의 행위로 인해 타인의 사망의 결과를 발생시킬 만한 가능 또는 위험이 있음을 인식했거나 예견한 경우에도 인정된다.

② 방조범의 고의는 정범의 실행을 방조하는 것에 대한 인식으로써 족하며 정범의 행위가 구성요건에 해당하는 행위인 점에 대한 인식까지 필요로 하지는 않는다.

③ 미필적 고의가 인정되기 위해서는 범죄사실의 발생가능성에 대한 인식과 더불어 범죄사실이 발생할 위험을 용인하는 내심의 의사가 있어야 한다.

④ 협박죄에 있어서의 고의는 일반적으로 보아 사람으로 하여금 공포심을 일으킬 수 있는 정도의 해악을 고지하는 것에 대한 인식 내지 인용을 말하며, 고지한 해악을 실제로 실현할 의도나 욕구는 필요로 하지 않는다.

9 법률의 변경에 의해 구법과 신법의 형의 경중에 차이가 있는 경우에 관한 다음 설명 중 가장 옳은 것은? (다툼이 있는 경우 판례에 의함)

① 사람을 불법하게 감금하고 있는 중에 감금죄의 법정형을 무겁게 하는 법개정이 행해져서 시행된 경우에는 구법이 적용된다.

② 강도죄를 범한 후 강도죄의 법정형을 가볍게 하는 법개정이 행해져서 시행된 후에 다시 그 법정형을 무겁게 하는 법개정이 행해져서 시행된 경우, 두 번째 법개정에 의한 법정형이 행위시의 법정형보다도 가벼운 때에는 최신법인 두 번째 개정법이 적용된다.

③ 강간죄를 범한 후 강간죄에 관해서 징역형 자체는 변경되지 않고 벌금형이 선택형으로 추가되는 법개정이 행해져서 시행된 경우에는 신법이 적용된다.

④ 甲과 乙이 피해자 A로부터 금원을 사취할 것을 공모한 다음 우선 甲이 A를 기망한 후에 사기죄의 법정형을 가볍게 하는 법개정이 행해져서 시행되었고, 그 후에 계속해서 乙이 甲의 기망행위에 의해 착오에 빠진 A로부터 금원을 교부받은 경우에 甲에게는 구법이 적용되고 乙에게는 신법이 적용된다.

10 강간과 추행의 죄에 관한 다음 설명 중 옳지 않은 것끼리 묶인 것은? (다툼이 있는 경우 판례에 의함)

> ㉠ 야간에 강간을 목적으로 피해자의 집에 담을 넘어 침입한 후, 안방에서 자고 있던 피해자의 가슴과 엉덩이를 만지면서 강간하려고 하였으나 피해자가 '야 하고 비명을 지르는 바람에 도망한 경우라면 강간죄의 장애미수에 해당한다.
>
> ㉡ 여종업원들이 거부의사를 밝혔음에도 사장과의 친분관계를 내세워 함께 술을 마시지 않을 경우 신분상 불이익을 가할 것처럼 협박하여 이른바 '러브샷'의 방법으로 술을 마시게 한 것은 강제추행죄에 해당한다.
>
> ㉢ 당사자 사이에 혼인관계가 파탄되었을 뿐만 아니라 더 이상 혼인관계를 지속할 의사가 없고 이혼의사의 합치가 있어 실질적인 부부관계가 인정될 수 없는 상태에 이르렀다 하더라도 법률상의 배우자인 처는 강간죄의 객체가 되지 않는다.
>
> ㉣ 형법 제305조에 규정된 13세 미만 부녀에 대한 의제강간·추행죄는 그 성립에 있어 위계 또는 위력이나 폭행 또는 협박의 방법에 의함을 요하지 아니하며 피해자의 동의가 있었다고 하여도 성립하는 것이다.
>
> ㉤ 13세 미만 부녀에 대한 의제강간·추행죄의 성립에 필요한 주관적 구성요건요소는 고의만으로 충분하고, 그 외에 성욕을 자극·흥분·만족시키려는 주관적 동기나 목적까지 있어야 하는 것은 아니다.

① ㉠㉡㉢ 　　　　　　　② ㉠㉢

③ ㉡㉢㉣ 　　　　　　　④ ㉢㉤

11 다음 중 죄명과 행위태양의 연결이 가장 적절하지 않은 것은?

① 신용훼손죄 : 허위사실유포, 기타 위계, 위력

② 업무방해죄 : 허위사실유포, 기타 위계, 위력

③ 컴퓨터 등 업무방해죄 : 손괴, 허위정보 · 부정명령 입력, 기타 방법

④ 경매방해죄 : 위계, 위력, 기타 방법

12 문서에 관한 죄에 관한 설명 중 가장 적절하지 않은 것은? (다툼이 있는 경우 판례에 의함)

① 주식회사의 지배인은 회사의 영업에 관하여 재판상 또는 재판 외의 모든 행위를 할 권한이 있으므로 지배인이 직접 주식회사 명의의 문서를 작성하는 행위는 위조나 자격모용사문서작성에 해당하지 않는 것이 원칙이고 이는 그 문서의 내용이 진실에 반하는 허위이거나 권한을 남용하여 자기 또는 제3자의 이익을 도모할 목적으로 작성된 경우에도 마찬가지이다.

② 사문서의 작성명의자의 인장이 압날되지 아니하고 주민등록번호의 기재가 없더라도 일반인으로 하여금 작성명의자가 진정하게 작성한 사문서로 믿기에 충분할 정도의 형식과 외관을 갖추었으면 사문서위조죄의 객체가 된다고 보아야 한다.

③ 이혼신고서를 가정법원에 제출한 甲은 가정법원의 서기관이 교부한 이혼의사확인서등본과 간인으로 연결된 이혼신고서를 떼어내고 원래 이혼신고서의 내용과는 다른 이혼신고서를 작성하여 이혼의사확인서등본과 함께 호적관서에 제출한 경우 공문서인 이혼의사확인서등본을 변조하였다거나 변조된 이혼의사확인서등본을 행사하였다고 할 수 있다.

④ 십지지문 지문대조표는 수사기관이 피의자의 신원을 특정하고 지문대조조회를 하기 위하여 직무상 작성하는 서류로서 비록 자서란에 피의자로 하여금 스스로 성명 등의 인적 사항을 기재하도록 하고 있다 하더라도 이를 사문서로 볼 수는 없다.

13 뇌물죄에 관한 다음 설명 중 가장 적절하지 않은 것은? (다툼이 있는 경우 판례에 의함)

① 뇌물공여죄의 성립에 반드시 상대방 측의 뇌물수수죄가 성립하여야만 하는 것은 아니다.

② 뇌물죄에서 뇌물의 내용인 이익이라 함은 금전, 물품 기타의 재산적 이익뿐만 아니라 사람의 수요 · 욕망을 충족시키기에 족한 일체의 유형 · 무형의 이익을 포함한다고 해석되고, 투기적 사업에 참여할 기회를 얻는 것도 이에 해당한다.

③ 공무원이 직접 뇌물을 받지 아니하고 증뢰자로 하여금 다른 사람에게 뇌물을 공여하도록 한 경우라도 다른 사람이 공무원의 사자 또는 대리인으로서 뇌물을 받은 경우 등과 같이 사회통념상 다른 사람이 뇌물을 받은 것을 공무원이 직접 받은 것과 같이 평가할 수 있는 관계가 있는 경우에는 형법 제129조 제1항의 뇌물수수죄가 성립한다.

④ 뇌물을 수수한 자가 공동수수자가 아닌 교사범 또는 종범에게 뇌물 중 일부를 사례금 등의 명목으로 교부한 경우, 사례금 상당액을 공제한 금액을 뇌물수수자에게서 추징하여야 한다.

14 주거침입죄에 관한 다음 설명 중 가장 적절하지 않은 것은? (다툼이 있는 경우 판례에 의함)

① 다가구용 단독주택이나 다세대주택·연립주택·아파트 중 공동주택의 내부에 있는 엘리베이터, 공용계단과 복도는 특별한 사정이 없는 한 주거침입죄의 객체인 '사람의 주거'에 해당하지 않는다.

② 형법 제330조는 야간에 이루어지는 주거침입행위의 위험성에 주목하여 그러한 행위를 수반한 절도를 야간주거침입절도죄로 중하게 처벌하고 있는 것으로 보아야 하므로, 주간에 타인의 주거에 침입하여 야간에 절취행위를 한 경우에는 야간주거침입절도죄가 성립하지 않는다.

③ 건조물의 이용에 기여하는 인접의 부속 토지라고 하더라도 인적 또는 물적 설비 등에 의한 구획 내지 통제가 없어 통상의 보행으로 그 경계를 쉽사리 넘을 수 있는 정도라고 한다면 일반적으로 외부인 출입이 제한된다는 사정이 객관적으로 명확하게 드러났다고 보기 어려우므로, 이는 다른 특별한 사정이 없는 한 주거침입죄의 객체에 속하지 아니한다.

④ 출입문이 열려 있으면 안으로 들어가겠다는 의사 아래 출입문을 당겨보는 행위는 바로 주거의 사실상의 평온을 침해할 객관적인 위험성을 포함하는 행위를 한 것으로 볼 수 있어 그것으로 주거침입의 실행에 착수한 것으로 보아야 한다.

15 다음 중 절도죄에 해당하지 않는 경우는? (판례에 의함)

① 다른 사람이 피씨방에 두고 간 핸드폰을 취하여 간 경우

② 금방에서 마치 귀금속을 구입할 것처럼 가장하여 순금목걸이 등을 건네받은 다음 화장실에 갔다 오겠다는 핑계를 대고 도주한 경우

③ 예식장 축의금 접수대에서 접수인인 것처럼 행세하여 축의금을 교부받아 가로챈 경우

④ 피해자 소유의 오토바이를 타고 심부름을 가다가 마음이 변하여 그대로 타고 가버린 경우

16 사기죄에 대한 다음 설명 중 옳은 것은 모두 몇 개인가? (다툼이 있는 경우 판례에 의함)

> ㉠ 재물편취를 내용으로 하는 사기죄에 있어서는 기망으로 인한 재물교부가 있으면 그 자체로써 피해자의 재산침해가 되어 이로써 곧 사기죄가 성립하는 것이고, 상당한 대가가 지급되었다거나 피해자의 전체 재산상에 손해가 없다 하여도 사기죄의 성립에는 그 영향이 없으므로 사기죄에 있어서 그 대가가 일부 지급된 경우에도 그 편취액은 피해자로부터 교부된 재물의 가치로부터 그 대가를 공제한 차액이 아니라 교부받은 재물 전부이다.
> ㉡ 피고인이 보험사고에 해당할 수 있는 사고로 인하여 경미한 상해를 입었다고 하더라도 이를 기화로 보험금을 편취할 의사로 그 상해를 과장하여 병원에 장기간 입원하고 이를 이유로 실제 피해에 비하여 과다한 보험금을 지급받는 경우에는 그 보험금 전체에 대해 사기죄가 성립한다.
> ㉢ 사기죄는 타인을 기망하여 착오에 빠뜨리고 처분행위를 유발하여 재물을 교부받거나 재산상 이익을 얻음으로써 성립하는 것으로서, 기망 – 착오 – 재산적 처분행위 사이에 인과관계가 있어야 한다.
> ㉣ 민법 제746조의 불법원인급여에 해당하여 급여자가 수익자에 대한 반환청구권을 행사할 수 없다고 하더라도, 수익자가 기망을 통하여 급여자로 하여금 불법원인급여에 해당하는 재물을 제공하도록 하였다면 사기죄가 성립한다.

① 1개   ② 2개
③ 3개   ④ 4개

17 체포와 감금의 죄에 관한 설명 중 가장 적절하지 않은 것은? (다툼이 있는 경우 판례에 의함)

① 감금의 방법은 물리적·유형적 장애뿐만 아니라 심리적·무형적 장애에 의해서도 가능하고 행동의 자유의 박탈은 반드시 전면적이어야 할 필요가 없다.
② 감금행위가 강간미수죄의 수단이 된 경우 감금행위는 강간미수죄에 흡수되어 따로 범죄를 구성하지 않는다.
③ 피고인들이 대한상이군경회원 80여명과 공동으로 호텔출입문을 봉쇄하며 피해자들의 출입을 방해하였다면 감금죄에 해당한다.
④ 미성년자를 유인한 자가 계속하여 미성년자를 불법하게 감금하였을 때에는 미성년자유인죄 이외에 감금죄가 별도로 성립한다.

18 약취와 유인의 죄에 관한 설명 중 가장 적절하지 않은 것은? (다툼이 있는 경우 판례에 의함)

① 미성년의 자녀를 부모가 함께 동거하면서 보호·양육하여 오던 중 부모의 일방이 그 자녀에게 어떠한 폭행, 협박이나 불법적인 사실상의 힘을 행사함이 없이 그 자녀를 데리고 종전의 거소를 벗어나 다른 곳으로 옮겨 자녀에 대한 보호·양육을 계속하였다면 형법상 미성년자에 대한 약취죄의 성립이 인정된다.

② 미성년자유인죄라 함은 기망 또는 유혹을 수단으로 하여 미성년자를 꾀어 현재의 보호상태로부터 이탈하게 하여 자기 또는 제3자의 사실적 지배하로 옮기는 행위를 말한다.

③ 미성년자를 보호감독하는 자라 하더라도 다른 보호감독자의 감호권을 침해하거나 자신의 감호권을 남용하여 미성년자 본인의 이익을 침해하는 경우 미성년자 약취·유인죄의 주체가 될 수 있다.

④ 미성년자 혼자 머무는 주거에 침입하여 강도 범행을 하는 과정에서 미성년자와 그 부모에게 폭행·협박을 가하여 일시적으로 부모와의 보호관계가 사실상 침해·배제된 경우 형법상 미성년자약취죄가 성립하지 않는다.

19 다음 중 옳지 않은 것은? (다툼이 있는 경우 판례에 의함)

① 예금주인 현금카드 소유자로부터 일정액의 현금을 인출해 오라는 부탁과 함께 현금카드를 건네받아 그 위임받은 금액을 초과한 현금을 인출한 행위는 형법 제347조의2에 규정된 컴퓨터 등 사용사기죄에 해당된다.

② 절취한 타인의 신용카드를 이용하여 현금지급기에서 자신의 예금계좌로 돈을 이체시킨 후 현금을 인출한 행위는 절도죄를 구성하지 아니한다.

③ 절취한 신용카드를 사용하여 현금자동인출기에서 현금을 인출하고 그 현금을 취득하는 행위는 절도죄를 구성하지 아니한다.

④ 소송사기는 법원을 기망하여 자기에게 유리한 판결을 얻음으로써 상대방의 재물 또는 재산상 이익을 취득하는 것을 내용으로 하는 범죄로서, 소송사기가 성립하기 위하여서는 제소 당시에 그 주장과 같은 채권이 존재하지 아니한다는 것만으로는 부족하고, 그 주장의 채권이 존재하지 아니하는 사실을 잘 알면서도 허위의 주장과 입증으로써 법원을 기망한다는 인식을 하고 있어야만 한다.

20 간첩죄에 대한 다음 설명 중 옳은 것은? (판례에 의함)

① 국가기밀은 군사비밀뿐만 아니라 사회·경제·정치 등에 대한 기밀도 포함되므로 수배자 명단도 해당된다는 것이 판례이다.

② 대법원은 국가기밀과 관련해 국내에서 공지에 속하거나 국민에게 널리 알려진 사실도 국가기밀이 될 수 있다는 입장이다.

③ 편면적으로 지득하였던 군사상의 기밀사항을 제보한 행위도 간첩죄에 해당한다.

④ 지령에 의하여 해외교포 사회의 민심동향을 파악·수집하는 것은 간첩죄에 해당하지 않는다.

제4회 모의고사

☞ 정답 및 해설 P.203

1 다음 중 죄형법정주의에 대한 설명으로 틀린 것은?

① 형벌법규인 축산물가공처리법 소정의 '수축' 중의 하나인 '양'의 개념 속에 '염소'가 포함되는 것으로 해석하여도 죄형법정주의의 원칙에 위반되지 아니한다.

② 행위 당시의 판례에 의하면 처벌대상이 아니었던 행위를 판례의 변경에 따라 처벌하는 것은 형벌불소급의 원칙에 반하지 않는다.

③ 형을 종전보다 가볍게 형벌법규를 개정하면서 그 부칙으로 개정된 법의 시행 전의 범죄에 대하여 종전의 형벌법규를 적용하도록 규정한다고 하더라도 헌법상의 형벌불소급의 원칙이나 신법우선주의의 원칙에 반하지 아니한다.

④ 위법성조각사유 등과 같이 피고인에게 유리한 규정을 제한적으로 유추적용하는 것은 유추해석금지원칙에 반한다.

2 구성요건적 착오에 관한 〈구체적 부합설〉과 〈법정적 부합설〉 중 어느 학설에 의하더라도 동일한 결과에 이르는 사례는 모두 몇 개인가?

> ㉠ 甲은 乙을 향하여 돌을 던졌는데 옆에 지나가던 행인 丙이 맞아 머리에 상처를 입었다.
>
> ㉡ 甲은 乙을 향하여 돌을 던졌는데 丙의 자동차에 맞아 유리창이 깨졌다.
>
> ㉢ 乙을 살해하고자 하는 甲은 어둠 속에서 丙을 乙로 알고 총을 쏘아 살해하였다.
>
> ㉣ 甲은 乙을 살해할 고의로 총을 발사하였는데 乙에게 상해를 입히고 옆에 있던 丙이 맞아 사망하였다.
>
> ㉤ 사냥을 나온 甲은 어둠 속에서 움직이는 물체를 동료 乙로 알고 乙을 살해하기 위해 총을 쏘았으나 사실은 乙의 사냥개였다.

① 1개　　　　　　　　　　② 2개

③ 3개　　　　　　　　　　④ 4개

3 다음 중 연결이 잘못되어 있는 것은?

① 실패한 교사 – 교사자를 예비·음모에 준하여 처벌한다.
② 효과 없는 교사 – 교사자와 피교사자를 예비·음모에 준하여 처벌한다.
③ 특수한 교사 – 정범에 정한 형의 장기 또는 다액에 그 1/2까지 가중하여 처벌한다.
④ 특수한 방조 – 정범에 정한 형의 장기 또는 다액에 그 1/2까지 가중하여 처벌한다.

4 다음 설명 중 위법성이 조각되는 경우는 모두 몇 개인가? (다툼이 있는 경우 판례에 의함)

> ㉠ 아파트 입주자대표회의 회장이 다수 입주민들의 민원에 따라 위성방송 수신을 방해하는
>   케이블TV방송의 시험방송 송출을 중단시키기 위하여 위 케이블TV방송의 방송안테나를
>   절단하도록 지시한 경우
> ㉡ 전교조 소속 교사들이 학교운영의 공공성, 투명성의 보장을 요구하며 학교법인 이사장 및
>   교장의 거주지 앞에서 그들의 주소까지 명시하여 명예를 훼손한 경우
> ㉢ 사채업자인 피고인이 피해자에게 채무를 변제하지 않으면 피해자가 숨기고 싶어 하는 과
>   거의 행적과 사채를 쓴 사실 등을 남편과 시댁에 알리겠다는 등의 문자메세지를 발송한
>   경우
> ㉣ 피고인이 피해자와 공모하여 교통사고를 가장하여 보험금을 편취할 목적으로 피해자에
>   게 상해를 가한 경우
> ㉤ 특정 상가건물관리회의 회장이 위 관리회의 결산보고를 하면서 전 관리회장이 체납관리
>   비 등을 둘러싼 분쟁으로 자신을 폭행하여 유죄판결을 받은 사실을 알린 경우

① 1개   ② 2개
③ 3개   ④ 4개

5 방조범에 대한 설명 중 가장 옳지 않은 것은? (다툼이 있는 경우에는 판례에 의함)

① 정범이 범행을 한다는 점을 알면서 그 실행행위를 용이하게 한 이상 그 행위가 간접적이거
  나 직접적이거나를 가리지 않으며 이 경우 정범이 누구에 의하여 실행되어지는가를 확지할
  필요는 없다.
② 방조범에 있어서 정범의 고의는 정범에 의하여 실현되는 범죄의 구체적 내용을 인식할 것을
  요하는 것은 아니고 미필적 인식 또는 예견으로 충분하다.

③ 방조자의 인식과 정범의 실행간에 착오가 있고 양자의 구성요건을 달리한 경우에는 원칙적으로 방조자의 고의는 조각되는 것이나, 그 구성요건이 중첩되는 부분이 있는 경우에는 그 중복되는 한도 내에서는 방조자의 죄책을 인정하여야 할 것이다.

④ 정범이 실행에 착수하기 전에 장래의 실행행위를 예상하고 이를 용이하게 하는 행위를 하여 방조한 경우에는, 그 이후 정범이 실행에 착수하였다 하더라도 방조범이 성립할 수 없다.

6 다음 중 소급효금지에 대한 설명으로 가장 옳지 않은 것은? (다툼이 있는 경우 판례에 의함)

① 행위 당시의 판례에 의하면 처벌대상이 되지 아니하는 것으로 해석되었던 행위를 판례의 변경에 따라 확인된 내용의 법률조항에 근거하여 처벌하는 것은 형벌불소급의 원칙에 반한다.

② 형법이 개정되어 추행, 간음, 결혼, 영리 목적으로 사람을 약취 또는 유인한 사람을 1년 이상 10년 이하의 징역에 처하도록 변경한 것은 이미 삭제된 특별법의 '무기 또는 5년 이상의 징역'으로 가중처벌하도록 한 것에 비할 때에 형법 제1조 제2항의 '범죄 후 법률의 변경에 의하여 그 행위가 범죄를 구성하지 아니하거나 형이 구법보다 경한 때'에 해당한다.

③ 공소시효가 도과된 이후에 해당 사안에 대한 시효를 연장하는 법률을 제정하여 처리하는 방식은 진정소급효, 공소시효 도과 이전에 시효를 연장하여 처리하는 방법은 부진정소급효이다.

④ 게임산업진흥에 관한 법률 신설 이전에 게임머니의 환전, 환전 알선 등 행위를 한 자를 처벌하는 것은 소급효금지원칙에 반한다.

7 공동정범에 관한 다음 설명 중 가장 적절하지 않은 것은? (다툼이 있는 경우 판례에 의함)

① 공동정범은 고의범이나 과실범을 불문하고 의사의 연결이 있는 경우이면 그 성립을 인정할 수 있다.

② 공동정범이 성립하기 위하여는 반드시 공범자 전원이 범죄의 실행행위에 가담할 필요는 없고 적어도 공범자들 사이에 범죄에 대한 공동가공의 의사가 있는 경우, 즉 상호간에 범의의 연락이 있고 그 공범자 일부가 범죄의 실행에 당한 경우에는 결국 전원이 공동일체로서 범죄를 실행한 것이 되고, 스스로 직접 그 실행행위를 분담하지 아니한 자도 그 범죄 전체에 관하여 공동정범으로서 책임을 진다.

③ 甲 주식회사의 협력업체 소속 근로자인 피고인들을 비롯한 10인이 甲 주식회사 정문 앞 등에서 1인은 고용보장 등의 주장 내용이 담긴 피켓을 들고 다른 2~4인은 그 옆에 서 있는 방법으로 6일간 총 17회에 걸쳐 미신고 옥외시위를 한 경우, 공모공동정범에 의한 시위주최자로서 책임을 물을 수 있다.

④ 우연히 만난 자리에서 서로 협력하여 공동의 범의를 실현하려는 의사가 암묵적으로 상통하여 범행에 공동가공한 것이라면 공동정범은 성립하지 않는다.

8 죄수에 관한 다음 설명 중 옳은 것은? (판례에 의함)

① 컴퓨터로 음란 동영상을 제공하는 행위를 하였다가 서버컴퓨터 2대를 압수당한 후 새로운 장비와 프로그램을 갖추어 다시 동일한 행위를 저지른 경우 정보통신망 이용촉진 및 정보보호 등에 관한 법률 위반죄의 포괄일죄가 성립한다.

② 범죄 피해 신고를 받고 출동한 두 명의 경찰관에게 욕설을 하면서 차례로 폭행을 하여 신고 처리 및 수사 업무에 관한 정당한 직무집행을 방해한 경우, 두 경찰관에 대한 공무집행방해죄는 실체적 경합관계에 있다.

③ 훈련병이 상관으로부터 집총을 하고 군사교육을 받으라는 명령을 수회 받고도 그때마다 이를 거부한 경우에는 집총거부의 의사가 단일하고 계속된 것이며 피해법익이 동일하므로 항명죄의 포괄일죄가 성립한다.

④ 다수의 계(契)를 조직하여 수인의 계원들을 개별적으로 기망하여 계불임금을 편취한 경우, 각 피해자별로 독립하여 사기죄가 성립하고 그 사기죄 상호간은 실체적 경합범 관계에 있다.

9 다음 중 법정형의 최고가 사형이 아닌 범죄는?

① 간첩죄
② 강간살인죄
③ 현주건조물방화치사죄
④ 현주건조물일수치사죄

10 甲은 처 乙과 자녀문제, 고부갈등, 경제적 어려움 등으로 인하여 말다툼을 하다가 乙이 '죽고 싶다' 또는 '같이 죽자'하며 甲에게 기름을 사오라는 말을 하자 이에 따라 甲은 乙에게 휘발유 1병을 사다 주었고, 그 직후 乙은 몸에 그 휘발유를 뿌리고 불을 붙여 자살하였다. 甲의 죄책은?

① 무죄
② 자살방조죄
③ 승낙살인죄
④ 촉탁살인죄

11 다음 설명 중 옳지 않은 것은 모두 몇 개인가? (다툼이 있는 경우 판례에 의함)

> ㉠ 피해자를 살해한 후 상당한 시간이 지나 살인의 범죄행위가 이미 완료된 후 별도의 범의에 터잡아 재물 취거행위를 하였다면 강도살인죄가 성립한다.
>
> ㉡ 피해자의 택시를 무임승차하고 택시요금을 요구하는 피해자의 추급을 벗어나고자 동인을 살해한 직후 피해자의 주머니에서 택시 열쇠와 돈 8,000원을 꺼내어 피해자의 택시를 운전하고 현장을 벗어난 경우 강도살인죄가 성립한다.
>
> ㉢ 갑이 강도범행 직후 신고를 받고 출동한 경찰관이 범행현장에서 갑을 파출소로 연행하려고 하자 체포를 면탈할 목적으로 경찰관을 찔러 살해한 경우 강도살인죄가 성립한다.
>
> ㉣ 술집에 피고인과 술집 주인 두 사람밖에 없는 상황에서 술값의 지급을 요구하는 술집 주인을 살해하고 곧바로 피해자가 소지하던 현금을 탈취한 경우 강도살인죄가 성립한다.

① 없음
② 1개
③ 2개
④ 3개

12 다음 설명 중 가장 적절하지 않은 것은? (다툼이 있는 경우 판례에 의함)

① 검사 갑이 참고인 조사를 받는 줄 알고 검찰청에 자진출석한 변호사 사무실 사무장을 합리적 근거 없이 긴급체포 하려고 하자 그의 변호사 을이 이를 제지하는 과정에서 갑에게 상해를 가하였다. 이 경우 을에게 공무집행방해죄는 성립하지 않는다.

② 변호사가 접견을 핑계로 수용자를 위하여 휴대전화와 증권거래용 단말기를 구치소 내에 사실상 적발하기 어려운 방법으로 반입하여 이용하게 한 행위는 위계에 의한 공무집행방해죄에 해당한다.

③ 국립대학교의 전임교원 공채심사위원인 학과장이 지원자의 부탁을 받고 이미 논문접수가 마감된 학회지에 지원자의 논문이 게재되도록 돕고, 그 후 연구실적심사의 기준을 강화하자고 제안한 경우, 위계에 의한 공무집행방해죄가 성립한다.

④ 피고인이 노조원들과 함께 경찰관인 피해자들이 파업투쟁 중인 공장에 진입할 경우에 대비하여 그들의 부재 중에 미리 윤활유나 철판조각을 바닥에 뿌려 놓은 것에 불과하고, 위 피해자들이 이에 미끄러져 넘어지거나 철판조각에 찔려 다쳤다는 것에 지나지 않는다면 폭행에 해당하는 것으로 볼 수 없다.

13 다음 중 가장 옳은 것은? (다툼이 있는 경우 판례에 의함)

① 형법 제124조의 불법체포·감금죄를 진정신분범으로 보는 견해에 의하면 본죄에 신분없는 자가 가담한 경우 형법 제276조의 체포·감금죄로 처벌된다.

② 집행관이 채무자를 집행관실에 감금하고 몸을 수색하여 소지 중인 수표를 빼앗은 경우 빔행관이 채무자를 감금하는 것은 집행관의 일반적 직무권한의 범위에 속한다고 할 수 없으므로 불법감금죄가 성립하지 아니한다.

③ 피해자가 경찰서 안에서 직장동료인 피의자들과 같이 식사도 하고 사무실 안팎을 내왕하였다 하여도 피해자를 경찰서 밖으로 나가지 못하도록 한 경우는 불법감금에 해당한다.

④ 형법상 불법체포·감금죄와 폭행·가혹행위죄는 모두 미수범 처벌규정이 있다.

14 다음 중 절도죄의 실행의 착수가 인정되지 않는 것은? (다툼이 있는 경우 판례에 의함)

① 소매치기의 경우 피해자의 양복상의 주머니로부터 금품을 절취하려고 그 호주머니에 손을 뻗쳐 그 겉을 더듬은 때

② 피해자 소유 자동차 안에 들어 있는 밍크코트를 발견하고 이를 절취할 생각으로 공범이 위 차 옆에서 망을 보는 사이, 위 차 오른쪽 앞문을 열려고 앞문 손잡이를 잡아당긴 때

③ 소를 흥정하고 있는 피해자의 뒤에 접근하여 그가 들고 있던 가방으로 돈이 들어 있는 피해자의 하의 왼쪽 주머니를 스치면서 지나간 때

④ 야간에 손전등과 박스 포장용 노끈을 이용하여 도로에 주차된 차량의 문을 열고 현금 등을 훔치기로 마음먹고, 차량의 문이 잠겨 있는지 확인하기 위해 양손으로 운전석 문의 손잡이를 잡고 열려고 한 때

15 다음 중 옳은 것은?

> ㉠ 위조된 약속어음을 복사한 후 사본을 첨부하여 법원에 제출한 경우 – 위조유가증권행사죄
> ㉡ 이미 타인에 의하여 위조된 약속어음의 기재사항을 권한 없이 변경한 경우 – 유가증권변조죄
> ㉢ 자기앞 수표 발행인이 수표의로인으로부터 수표대금을 입금 받지 아니한 채 자기앞 수표를 발행한 경우 – 허위유가증권작성죄
> ㉣ 약속어음의 배서인의 주소를 허위로 기재한 경우 – 허위유가증권작성죄
> ㉤ 사자나 허무인명의의 위조된 유가증권을 행사한 경우 – 위조유가증권행사죄

① 없음 　　　　　　　　　　② 1개

③ 2개 　　　　　　　　　　④ 3개

16 뇌물죄에 관하여 가장 옳지 않은 설명은? (다툼이 있는 경우 판례에 의함)

① 형법 제132조에서 "다른 공무원의 직무에 속한 사항의 알선에 관하여 뇌물을 수수한다"고 함은 다른 공무원의 직무에 속한 사항을 알선한다는 명목으로 뇌물을 수수하는 행위이므로, 알선의 상대방인 다른 공무원이나 그 직무의 내용이 구체적으로 특정되어야 한다.

② 알선수뢰죄에서 '알선'행위는 장래의 것이라도 무방하고 알선뇌물수수죄가 성립하기 위하여는 뇌물을 수수할 당시 반드시 상대방에게 알선에 의하여 해결을 도모하여야 할 현안이 존재하여야 할 필요는 없다.

③ 공무원이 수수한 이익에 직무행위에 대한 대가로서의 성질과 직무 외의 행위에 대한 사례로서의 성질이 불가분적으로 결합되어 있는 경우에는 그 전부가 직무행위에 대한 대가로서의 성질을 가진다.

④ 형법 제129조의 구성요건인 뇌물의 '약속'은 양 당사자의 뇌물수수의 합의를 말하고, 여기에서 '합의'란 장래 공무원의 직무와 관련하여 뇌물을 주고받겠다는 양 당사자의 의사표시가 확정적으로 합치하여야 한다.

17 무고죄에 관한 설명 중 가장 적절하지 않은 것은? (다툼이 있는 경우 판례에 의함)

① 무고죄에 있어서 허위사실 적시의 정도는 수사관서 또는 감독관서에 대하여 수사권 또는 징계권의 발동을 촉구하는 정도의 것이면 충분하고 반드시 범죄구성요건 사실이나 징계요건 사실을 구체적으로 명시하여야 하는 것은 아니다.

② 고소당한 범죄가 유죄로 인정되는 경우 고소를 당한 사람이 고소인에 대하여 '고소당한 죄의 혐의가 없는 것으로 인정된다면 고소인이 자신을 무고한 것에 해당하므로 고소인을 처벌해 달라'는 내용의 고소장을 제출하였다면 무고죄의 고의를 인정할 수 있다.

③ 피고인이 돈을 갚지 않는 甲을 차용금 사기로 고소하면서 대여금의 용도에 관하여 '도박자금'으로 빌려준 사실을 감추고 '내비게이션 구입에 필요한 자금'이라고 허위 기재하고 대여의 일시·장소도 사실과 달리 기재한 경우 무고죄가 성립한다.

④ 피무고자의 승낙을 받아 허위사실을 기재한 고소장을 제출한 경우 무고죄가 성립한다.

18 다음 설명 중 가장 적절하지 않은 것은? (다툼이 있는 경우 판례에 의함)

① 내국인의 출입을 허용하는 폐광지역 카지노에 출입하는 것은 법령에 의한 행위로 위법성이 조각되지만, 도박죄를 처벌하지 않는 외국 카지노에서의 도박은 위법성이 조각되지 아니한다.

② 인터넷 고스톱게임 사이트를 유료화하는 과정에서 사이트를 홍보하기 위하여 고스톱대회를 개최하면서 참가자들로부터 참가비를 받고 입상자들에게 상금을 지급한 경우에는 도박개장죄가 성립한다.

③ 피고인이 가맹점을 모집하여 인터넷 도박게임이 가능하도록 시설 등을 설치하고 도박게임 프로그램을 가동하던 중 문제가 발생하여 더 이상의 영업으로 나아가지 못한 경우, 실제로 이용자들이 도박게임 사이트에 접속하여 도박을 한 사실이 없다면 도박개장죄는 기수에 이르렀다고 볼 수 없다.

④ 인터넷 게임사이트의 온라인 게임에서 통용되는 사이버 머니를 구입하고자 하는 사람을 유인하여 돈을 받고 위 게임사이트에 접속하여 일부러 패하는 방법으로 사이버머니를 판매한 사람에 대하여, 정범인 위 게임사이트 개설자의 도박 개장행위를 인정할 수 없는 이상 종범인 도박개장방조죄도 성립하지 않는다.

19 약취와 유인의 죄에 관한 다음 설명 중 가장 적절하지 않은 것은? (다툼이 있는 경우 판례에 의함)

① 약취의 경우에 폭행·협박의 정도는 상대방의 반항을 억압할 정도의 것임을 요한다.

② 유인의 수단으로서 유혹이라 함은 기망의 정도에는 이르지 아니하나 감언이설로써 상대방을 현혹시켜 판단의 적정을 그르치게 하는 것이므로 반드시 그 유혹의 내용이 허위일 것을 요하지는 않는다.

③ 미성년자를 유인한 자가 계속하여 미성년자를 불법하게 감금하였을 때에는 미성년자유인죄 이외에 감금죄가 별도로 성립한다.

④ 친권자가 외조부가 맡아서 양육해 오던 미성년인 자(子)를 자(子)의 의사에 반하여 사실상 자신의 지배하에 옮긴 경우, 미성년자 약취·유인죄가 성립한다.

20 다음 설명 중 가장 적절하지 않은 것은? (다툼이 있는 경우 판례에 의함)

① 타인의 형사사건과 관련하여 수사기관이나 법원에 제출하거나 현출되게 할 의도로 법률행위 당시에는 존재하지 아니하였던 처분문서를 사후에 그 작성일을 소급하여 작성하는 것은 그 작성자에게 해당 문서의 작성권한이 있고, 또 그와 같은 법률행위가 당시에 존재하였다거나 그 법률행위의 내용이 위 문서에 기재된 것과 큰 차이가 없다면 증거위조죄에 해당하지 않는다.

② 증거은닉죄에 있어서 타인의 형사사건 또는 징계사건이란 은닉 행위시에 아직 수사 또는 징계절차가 개시되기 전이라도 장차 형사 또는 징계사건이 될 수 있는 것까지를 포함한다.

③ 범죄현장을 목격하지도 않은 선서무능력자에게 형사법정에서 현장을 목격한 것처럼 허위증언 하도록 하는 경우는 증거위조죄를 구성하지 아니한다.

④ 친족 또는 동거의 가족이 본인을 위하여 증거인멸죄를 범한 때에는 처벌하지 아니한다.

제5회 모의고사

☞ 정답 및 해설 P.211

1 甲의 행위에 대하여 위법성조각이 인정되지 않는 것은? (다툼이 있는 경우 판례에 의함)

① 甲이 강간목적으로 부녀 A에게 손을 뻗는 순간에 A가 놀라서 손을 깨물은 경우 甲이 깨물린 손가락을 빼기 위하여 손을 비틀다가 A의 이빨을 손상시킨 행위

② 선장 甲은 피조개 양식장 앞의 해상에 허가 없이 선박을 정박시켜 놓고 있다가 태풍이 내습하자 선원들과 선박의 안전을 위하여 닻줄을 늘여 정박하였는데, 태풍이 도래하여 풍랑이 심하게 이는 바람에 늘어진 닻줄이 피조개 양식장 바다 밑을 쓸고 지나가면서 A의 양식장에 상당한 피해를 입힌 행위

③ 산부인과 의사 甲은 임신의 지속이 임산부인 A의 건강에 위험을 초래할 우려가 현저할 뿐만 아니라 기형아 또는 불구아를 출산할 가능성이 있다고 판단하여 부득이 낙태수술을 한 행위

④ 자신의 남편과 불륜관계를 맺은 것으로 의심되는 이웃집 여자 甲의 아파트로 자신의 아들들과 함께 찾아간 A녀가 아들들과 함께 甲을 폭행하기 시작하자 甲이 이를 벗어나기 위하여 손을 휘저으며 발버둥치는 과정에서 A녀에게 상해를 가하게 된 행위

2 법률의 착오에 관한 다음 설명 중 가장 적절하지 않은 것은? (다툼이 있는 경우 판례에 의함)

① 우리 형법은 법률의 착오를 명문으로 규정하고 있으며, 판례는 단순한 법률의 부지를 법률의 착오로 인정하고 있지 않다.

② 남편이 부인을 구타하면서 징계권이 있다고 오인한 경우는 위법성 조각사유의 한계에 대한 착오이다.

③ 초등학교 교장이 도교육위원회의 지시에 따라 교과내용으로 되어 있는 꽃양귀비를 교과식물로 비치하기 위하여 양귀비 종자를 사서 교무실 앞 화단에 심은 행위는 법률의 착오에 해당된다.

④ 허가를 담당하는 공무원이 허가를 요하지 않는다고 잘못 알려 준 것을 믿은 경우, 자기의 행위가 죄가 되지 않는 것으로 오인한 데 정당한 이유가 있다.

3 법인의 형사책임에 대한 설명이다. 이 중 가장 옳지 않은 것은? (다툼이 있는 경우 판례에 의함)

① 양벌규정에 의한 영업주의 처벌은 금지위반행위자인 종업원의 처벌에 종속하는 것이 아니라 독립하여 그 자신의 종업원에 대한 선임감독상의 과실로 인하여 처벌되는 것이므로 종업원의 범죄성립이나 처벌이 영업주 처벌의 전제조건이 될 필요는 없다.

② 법인의 직원 또는 사용인이 위반행위를 하여 양벌규정에 의하여 법인이 처벌받을 경우, 그 위반행위를 한 직원 또는 사용인이 자수하였다면 자수감경에 관한 형법 제52조 제1항의 규정을 법인에게 적용하여 형을 감경할 수 있다.

③ 헌법재판소는 양벌규정의 처벌근거를 과실책임설에서 구하고 있다.

④ 법인이 아닌 약국을 실질적으로 경영하는 약사가 다른 약사를 고용하여 그 고용된 약사를 명의상의 개설약사로 등록하게 해두고 약사 아닌 종업원을 직접고용하여 영업하던 중 그 종업원이 약사법 위반 행위를 한 경우에 형사책임은 그 실질적 경영자가 진다.

4 부작위범에 관한 설명 중 가장 적절하지 않은 것은? (다툼이 있는 경우 판례에 의함)

① 부작위범에서 말하는 작위의무는 법령상 규정되어 있는 경우에 한하여 성립한다.

② 작위의무는 법적인 의무이어야 하므로 단순한 도덕상 또는 종교상의 의무는 포함되지 않는다.

③ 형법상 방조행위는 부작위에 의해서도 성립할 수 있다.

④ 부진정부작위범에 있어서 그 부작위가 작위에 의한 법익침해와 동등한 형법적 가치가 있는 것이어서 그 범죄의 실행행위로 평가될 만한 것이라면 작위에 의한 실행행위와 동일하게 처벌할 수 있다.

5 책임능력에 관한 다음 설명 중 옳은 것은? (다툼이 있으면 판례에 의함)

① 사물변별능력 또는 의사결정능력이 없으면 심신상실자로서 책임이 조각된다.

② 농아자는 귀머거리인 동시에 벙어리로서 선천적이든 후천적이든 불문한다.

③ 원칙적으로 충동조절장애와 같은 성격적 결함은 형의 감면사유인 심신장애에 해당한다.

④ 심신장애의 유무 및 정도의 판단은 특별한 사정이 없는 한 법원은 전문 감정인의 의견에 기속되어야 한다.

6 미필적 고의에 대한 설명으로 옳지 않은 것은? (다툼이 있는 경우 판례에 의함)

① 피고인이 경영하던 기업이 과다한 금융채무부담, 덤핑판매로 인한 재무구조악화 등으로 특별한 금융혜택을 받지 않는 한 도산이 불가피한 상황에 이르렀는데 피고인이 특별한 금융혜택을 받을 수 없음에도 위 상황을 숨기고 대금지급이 불가능하게 될 가능성을 충분히 인식하면서 피해자로부터 생산자재용 물품을 납품받은 경우 사기죄에 대한 미필적 고의가 있다.

② 피해자의 양 손목과 발목을 노끈으로 묶고, 입에는 반창고를 두 겹으로 붙인 다음, 얼굴에는 모포를 씌워 포박, 감금한 후 수차례 그 방을 출입하던 중 어느 시점에서 이미 피해자가 탈진항태에 피로회복제를 먹여 보려 해도 입에서 흘러버릴 뿐 마시지 못하기에 얼굴에 모포를 다시 덮어씌워 놓고 그대로 위 아파트에서 나와 버린 경우 살인죄에 대한 미필적 고의가 있다.

③ 새로 목사로 부임한 자가 전임목사에 관한 교회 내의 불미스러운 소문의 진위를 확인하기 위하여 이를 교회집사들에게 물어본 경우 명예훼손에 대한 미필적 고의가 있다.

④ 유흥업소 업주가 고용대상자가 성인이라는 말만 믿고, 타인의 건강진단결과서만 확인한 채 청소년을 청소년유해업소에 고용한 경우 청소년 고용에 대한 미필적 고의가 있다.

7 사실의 착오에 대한 설명으로 옳지 않은 것은?

① 甲을 살해하려고 총을 발사하였으나 甲의 팔을 스치고 뜻하지 않게 지나가던 乙이 맞아 사망한 경우 구체적 부합설에 따르면 甲에 대한 살인미수와 乙에 대한 과실치사의 상상적 경합이 된다.

② 아이를 등에 업고 있는 어머니를 살해할 고의로 몽둥이로 내리쳤으나 뜻하지 않게 아이가 머리에 맞아 사망한 경우 법정적 부합설에 따르면 살인죄가 성립한다.

③ 甲을 乙로 오인하여 살해한 경우 구체적 부합설과 법정적 부합설에 따르면 甲에 대한 과실치사와 乙에 대한 살인미수의 상상적 경합이 된다.

④ 캄캄한 밤중에 자신의 장모를 처로 오인하고 살해한 경우 판례에 따르면 형법 제15조 제1항에 의하여 보통살인죄로 처벌된다.

8 형법 제12조의 강요된 행위와 관련하여 적절하지 않은 것으로만 묶인 것은? (다툼이 있는 경우 판례에 의함)

> ㉠ 형법 제12조는 '저항할 수 없는 폭력이나 자기 또는 타인의 생명, 신체에 대한 위해를 방어할 방법이 없는 협박에 의하여 강요된 행위는 벌하지 아니한다'라고 규정하고 있다.
> ㉡ 자의로 북한에 탈출한 이상 그 구성원과의 회합은 예측하였던 행위이므로 강요된 행위라고 인정될 수 없다.
> ㉢ 저항할 수 없는 폭력은 심리적 의미에 있어서 육체적으로 어떤 행위를 절대적으로 하지 아니할 수 없게 하는 경우와 윤리적 의미에 있어서 강압된 경우를 말한다.

① ㉠

② ㉠㉡

③ ㉠㉢

④ ㉢

9 결과적 가중범에 관한 설명 중 옳은 것은? (다툼이 있는 경우에는 판례에 의함)

① 결과적 가중범은 기본범죄에 내포된 위험이 중한 결과로 실현된 범죄를 말하며 과실치사상죄가 이에 해당한다.

② 결과적 가중범은 행위자가 행위시에 중한 결과의 발생을 예견할 수 없을 때에도 그 행위와 중한 결과 사이에 상당인과관계가 있다고 하면 중한 죄로 벌하여야 한다.

③ 성폭력범죄의 처벌 등에 관한 특례법에는 결과적 가중범의 미수를 처벌하는 규정을 두고 있으나 현행 형법전에는 이에 대한 규정이 없다.

④ 기본행위를 공동으로 할 의사만 있고 결과를 공동으로 할 의사는 없더라도 중한 결과에 대한 예견가능성이 있다면 결과적 가중범의 공동정범이 인정된다.

10 예비·음모에 관한 다음 설명 중 가장 적절하지 않은 것은? (다툼이 있는 경우 판례에 의함)

① 음모란 2인 이상의 자 사이에 성립한 범죄실행의 합의를 말하는 것으로, 객관적으로 보아 특정한 범죄의 실행을 위한 준비행위라는 것이 명백히 인식되고 그 합의에 실질적인 위험성이 인정될 때에 비로소 음모죄가 성립한다.

② 예비의 궁극적 목적은 기본범죄의 실현을 통해 달성될 수 있으므로 예비죄의 성립에는 기본범죄에 대한 확실한 인식이 있어야 하며 단순한 미필적 인식으로는 부족하다.

③ 통화위조·변조죄와 인지·우표위조·변조죄는 예비·음모를 처벌하는 범죄이다.

④ 도주원조죄와 간수자도주원조죄는 예비·음모의 처벌규정이 있으나, 도주죄와 특수도주죄는 예비·음모의 처벌 규정이 없다.

11 상해와 폭행의 죄에 관한 설명 중 가장 적절하지 않은 것은? (다툼이 있는 경우 판례에 의함)

① 피해자에게 근접하여 욕설을 하면서 때릴 듯이 손발이나 물건을 휘두르거나 던지는 행위를 한 경우 직접 피해자의 신체에 접촉하지 않았다고 하여도 피해자에 대한 유형력의 행사로서 폭행에 해당한다.

② 상해죄의 성립에는 상해의 원인인 폭행에 대한 인식만으로는 부족하고 상해를 가할 의사의 존재까지 필요하다.

③ 1~2개월간 입원할 정도로 다리가 부러진 상해 또는 3주간의 치료를 요하는 우측흉부자상은 중상해에 해당하지 않는다.

④ 피고인의 구타행위로 상해를 입은 피해자가 정신을 잃고 빈사상태에 빠지자 사망한 것으로 오인하고 자신의 행위를 은폐하고 피해자가 자살한 것처럼 가장하기 위하여 피해자를 베란다 아래의 바닥으로 떨어뜨려 사망케 한 경우 포괄하여 단일의 상해치사죄에 해당한다.

12 甲은 파출소 책상 위에 있는 권총을 절취하려고 파출소에 들어간 후 그 권총에 손을 대었다. 그때 안에서 경찰관이 나오므로 체포를 면하기 위하여 경찰관을 구타하고 도주하였다. 甲의 죄책은?

① 절도미수와 폭행죄의 상상적 경합
② 절도미수와 공무집행방해죄의 상상적 경합
③ 준강도미수와 공무집행방해죄의 상상적 경합
④ 준강도기수와 공무집행방해죄의 실체적 경합

13 다음 중 甲에게 절도죄가 성립하지 않는 것은 모두 몇 개인가? (다툼이 있는 경우 판례에 의함)

> ㉠ 甲은 타인의 토지에 권원없이 식재한 감나무에서 감을 수확해갔다.
> ㉡ 甲은 타인의 예금통장을 몰래 가지고 나와 예금 1,000만원을 인출한 후 바로 예금통장을 제자리에 가져다 놓았다.
> ㉢ 甲은 경리담당직원의 요청으로 은행에 동행하여 찾은 현금 일부를 그의 부탁으로 소지하게 되었는데 사무실에 당도하여 그 금액의 일부를 현금처럼 가장한 돈뭉치와 바꿔치기 하여서 이를 절취하였다.
> ㉣ 甲은 발행인이 회수하여 세 조각으로 찢어버림으로써 폐지로 되어 쓸모없는 것처럼 보이는 약속어음의 소지를 침해하여 가져갔다.

① 없음
③ 2개

② 1개
④ 3개

14 준강도에 관한 다음 설명 중 적절하지 않은 것은 모두 몇 개인가? (다툼이 있는 경우 판례에 의함)

> ㉠ 준강도죄는 신분범이며 목적범이다.
> ㉡ 절도범이 체포를 면탈할 목적으로 경찰관에게 폭행, 협박을 가한 때에는 준강도죄와 공무집행방해죄를 구성하고, 양죄는 실체적 경합관계에 있다.
> ㉢ 준강도죄의 성립에 필요한 수단으로서의 폭행이나 협박의 정도는 상대방의 반항을 억압하는 수단으로서 일반적·객관적으로 가능하다고 인정되는 정도의 것이면 되고 반드시 현실적으로 반항을 억압하였음을 필요로 하는 것은 아니다.
> ㉣ 준강도죄의 기수 여부는 절도행위의 기수 여부를 기준으로 판단하여야 한다.

① 없음   ② 1개
③ 2개   ④ 3개

15 장물죄에 관한 다음 설명 중 가장 적절하지 않은 것은? (다툼이 있는 경우 판례에 의함)

① 장물인 현금을 금융기관에 예금의 형태로 보관하였다가 이를 반환받기 위하여 동일한 액수의 현금을 인출한 경우, 예금계약의 성질상 인출된 현금은 당초의 현금과 물리적인 동일성은 상실되었지만 액수에 의하여 표시되는 금전적 가치에는 아무런 변동이 없으므로 장물로서의 성질은 그대로 유지된다.

② 장물인 정을 모르고 보관하던 중 장물인 정을 알게 되었다면, 위 장물을 반환하는 것이 불가능하지 않음에도 불구하고 계속 보관한 경우, 장물보관죄에 해당하지 않는다.

③ 장물범과 본범 간에 형법 제328조 제1항의 신분관계가 있는 때에는 형을 감경 또는 면제한다.

④ 대한민국 국민 또는 외국인이 미국 캘리포니아주에서 미국 리스회사와 미국 캘리포니아주의 법에 따라 차량 이용에 관한 리스계약을 체결하였는데, 이후 자동차수입업자인 피고인이 리스기간 중 위 리스이용자들이 임의로 처분한 위 차량들을 수입한 경우, 장물취득죄가 성립한다.

16 다음 판례에 따를 때 사기죄에 해당하는 것은 몇 개인가?

> ㉠ 채권자에게 채권을 추심하여 줄 것처럼 속여 채권의 추심승낙을 받아 그 채권을 추심하여 금전을 취득한 경우
> ㉡ 민사소송에서 허위내용의 서류를 작성하여 이를 증거로 제출하거나 위증을 시키는 등 적극적인 방법으로 법원을 기망하여 승소판결을 받은 경우
> ㉢ 위조된 수표인 줄 알면서도 정을 모르는 다른 사람에게 전매하여 전전유통되다가 부도가 난 경우 그 최종소지인에 대한 관계에서의 위조전매자의 행위
> ㉣ 어음이 지급기일에 지급되지 않으리라는 점을 예견하였거나 지급기일에 지급될 수 있다는 확신이 없으면서도 그러한 내용을 수취인에게 고지하지 아니하고 할인을 받은 경우

① 없다.　　　　　　　　　　　　② 1개
③ 2개　　　　　　　　　　　　　④ 3개

17 방화와 실화의 죄에 관한 다음 설명 중 가장 적절하지 않은 것은? (다툼이 있는 경우 판례에 의함)

① 방화의 의사로 뿌린 휘발유가 인화성이 강한 상태로 주택주변과 피해자의 몸에 적지 않게 살포되어 있는 사정을 알면서도 라이터를 켜 불꽃을 일으킴으로써 피해자의 몸에 불이 붙은 경우, 현존건조물방화죄의 실행의 착수가 인정된다.
② 노상에서 전봇대 주변에 놓인 재활용품과 쓰레기 등에 불을 놓아 소훼한 경우, 재활용품과 쓰레기 등은 무주물로서 형법 제167조 제2항에 정한 '자기 소유의 물건'이 아니므로, 여기에 불을 붙인 후 불상의 가연물을 집어넣어 그 화염을 키움으로써 전선을 비롯한 주변의 가연물에 손상을 입히거나 바람에 의하여 다른 곳으로 불이 옮아붙을 수 있는 공공의 위험을 발생하게 하였다면 타인소유일반물건방화죄가 성립한다.
③ 동거인과 가정불화가 악화되어 홧김에 죽은 동생의 유품으로 보관하던 서적 등을 뒷마당에 내어놓고 불태워 버리려 했던 점이 인정될 뿐 동거인 소유의 가옥을 불태워 버리겠다고 결정하여 불을 놓았다고 볼 수 없다면 현주건조물방화의 범의가 있었다고 할 수 없다.
④ 현주건조물방화죄는 미수범을 처벌하나 현주건조물방화치사상죄, 타인소유일반물건방화죄는 미수범을 처벌하지 않는다.

18 공갈죄에 관한 설명이다. 가장 옳지 않은 것은? (판례에 의함)

① 공무원이 직무집행의 의사 없이 또는 직무처리와 대가적 관계없이 타인을 공갈하여 재물을 교부하게 한 경우에는 공갈죄만 성립하고, 이러한 경우 재물의 교부자에게는 뇌물공여죄가 성립하지 아니한다.

② 피고인이 교통사고로 2주일간의 표를 요하는 상해를 당하여 그로 인한 손해배상청구권이 있음을 기화로 사고차량의 운전사가 바뀐 것을 알고서 그 운전사의 사용자에게 과다한 금원을 요구하면서 이에 응하지 않으면 수사기관에 신고할 듯한 태도를 보여 이에 겁을 먹은 동인으로부터 3,500,000원을 교부받았다면 피고인의 행위는 공갈죄에 해당한다.

③ 부동산에 대한 공갈죄는 그 부동산에 관하여 소유권이전등기에 필요한 서류를 교부받은 때에 기수가 된다.

④ 흉기 기타 위험한 물건을 휴대하고 공갈죄를 범하여 폭력행위 등 처벌에 관한 법률 제3조 제1항에 의해 가중처벌되는 경우에도 친족상도례 규정이 적용된다.

19 다음 중 옳은 것은? (판례에 의함)

① 피고인이 종중의 회장으로부터 담보 대출을 받아달라는 부탁과 함께 종중 소유의 임야를 이전받은 다음 임야를 담보로 금원을 대출받아 임의로 사용하고 자신의 개인적인 대출금 채무를 담보하기 위하여 임야에 근저당권을 설정한 행위가 종중에 대한 관계에서 배임죄를 구성한다.

② 동업자 사이에 손익분배의 정산이 되지 아니하였다면 동업자의 한사람이 임의로 동업들의 합유에 속하는 동업재산을 처분할 권한이 없는 것이므로, 동업자의 한사람이 동업재산을 보관 중 임의로 횡령하였다면 지분비율에 관계없이 임의로 횡령한 금액 전부에 대하여 횡령죄의 죄책을 부담한다.

③ 자기가 점유하는 타인의 재물을 횡령하기 위하여 기망 수단을 쓴 경우에는 횡령죄와 사기죄가 성립한다.

④ 포주가 윤락녀와 사이에 윤락녀가 받은 화대를 포주가 보관하였다가 분배하기로 약정하고도 보관 중인 화대를 임의로 소비한 경우 횡령죄가 성립하지 않는다.

20 도주와 범인은닉의 죄에 관한 다음 설명 중 가장 옳은 것은? (다툼이 있는 경우 판례에 의함)

① 형법 제151조 제2항은 친족 또는 동거의 가족이 본인을 위하여 전항의 죄를 범한 때에는 처벌하지 아니한다고 규정하고 있는데 여기서 말하는 친족에는 사실혼관계에 있는 자도 포함된다.

② 범인도피죄에 있어서 '죄를 범한 자'라 함은 범죄의 혐의를 받아 수사 대상이 되어 있는 자도 포함되므로 그가 나중에 혐의없음 처분을 받거나 무죄판결을 선고받은 경우에도 성립에 영향이 없으나 아직 수사기관에 포착되지 않아 수사대상이 되어 있지 않은 자는 포함되지 아니한다.

③ 참고인이 수사기관에서 범인에 관하여 조사를 받으면서 그가 알고 있는 사실을 묵비하거나 허위로 진술하였다고 하더라도, 그것이 적극적으로 수사기관을 기만하여 착오에 빠지게 함으로써 범인의 발견 또는 체포를 곤란 내지 불가능하게 할 정도의 것이 아니라면 범인도피죄를 구성하지 않는다.

④ 도주죄의 범인이 도주행위를 하여 기수에 이르른 이후에 범인의 도피를 도와주는 행위는 도주원조죄에 해당할 수 있을 뿐 범인도피죄에는 해당하지 않는다.

제6회 모의고사

☞ 정답 및 해설 P.218

1 다음 설명 중 가장 잘못된 것은?

① 형법은 대한민국 영역 내에서 죄를 범한 내국인뿐만 아니라 외국인에게도 적용된다.

② 형법은 대한민국 영역 외에 있는 대한민국의 선박 또는 항공기 내에서 죄를 범한 외국인에게는 적용될 수 없다.

③ 형법은 대한민국 영역 외에서 죄를 범한 내국인에게 적용된다.

④ 범죄에 의하여 외국에서 형의 전부 또는 일부의 집행을 받은 자에 대하여는 형을 감경 또는 면제할 수 있다.

2 법인의 범죄능력과 양벌규정에 관한 다음 설명 중 가장 적절하지 않은 것은? (다툼이 있으면 판례에 의함)

① 형사법에 대해서는 법인의 범죄능력을 부정하고, 행정범에 대해서는 법인의 범죄능력을 긍정하는 견해는 법인의 범죄능력에 관한 부분적 긍정설(절충설)의 입장이다.

② 법인이 처리할 의무를 지는 타인의 사무에 관하여는 법인이 배임죄의 주체가 될 수 없고 그 법인을 대표하여 사무를 처리하는 자연인인 대표기관이 바로 타인의 사무를 처리하는 자 즉 배임죄의 주체가 된다.

③ 양벌규정이 있는 경우에는 당해 양벌규정에 법인격 없는 사단이나 재단이 명시되어 있지 않더라도 그 법인격 없는 사단이나 재단에 양벌규정을 적용할 수 있다.

④ 지방자치단체가 그 고유의 자치사무를 처리하는 경우 지방자치단체는 국가기관의 일부가 아니라 국가기관과는 별도의 독립한 공법인으로서 양벌규정에 의한 처벌대상이 되는 법인에 해당한다.

3 교사·방조에 관한 설명 중 가장 적절하지 않은 것은? (다툼이 있는 경우 판례에 의함)

① 교사범이 성립하기 위해서는 교사자의 교사행위와 정범의 실행행위가 있어야 하는 것이므로 정범의 성립은 교사범의 구성요건의 일부를 형성하고 교사범이 성립함에는 정범의 범죄행위가 인정되는 것이 그 전제요건이 된다.

② 교사를 받은 자가 범죄의 실행을 승낙하지 아니한 때에는 교사한 자는 교사한 범죄의 미수범으로 처벌한다.

③ 방조범에 있어서 정범의 고의는 정범에 의하여 실현되는 범죄의 구체적인 내용을 인식할 것을 요하는 것은 아니고 미필적 인식 또는 예견으로 충분하다.

④ 방조자의 인식과 정범의 실행 간에 착오가 있고 양자의 구성요건을 달리한 경우에는 원칙적으로 방조자의 고의는 조각되는 것이나 그 구성요건이 중첩되는 부분이 있는 경우에는 그 중복되는 한도 내에서는 방조자의 죄책을 인정하여야 할 것이다.

4 부작위범에 관한 설명 중 가장 적절한 것은? (다툼이 있으면 판례에 의함)

① 법무사가 아닌 사람이 법무사로 소개되거나 호칭되는 데에도 자신이 법무사가 아니라는 사실을 밝히지 않은 채 법무사 행세를 계속하면서 근저당권설정계약서를 작성한 경우, 작위에 의한 법무사법 제3조 제2항 위반죄가 성립한다.

② 형법상 방조행위는 정범의 실행행위를 용이하게 하는 직접, 간접의 모든 행위를 가리키는 것으로서 성질상 부작위에 의하여는 성립되지는 않는다.

③ 형법상 부작위범이 인정되기 위한 작위의무는 법적인 의무이어야 하므로 사회상규 또는 조리상 작위의무가 기대되는 경우는 이에 포함되지 않는다.

④ 부작위범 사이의 공동정범은 다수의 부작위범에게 공통된 의무가 부여되어 있고 그 의무를 공통으로 이행할 수 있을 때에만 성립한다.

5 다음 중 가장 옳지 않은 것은? (다툼이 있는 경우 판례에 의함)

① 고속도로 양쪽에 휴게소가 있는 경우에도 고속도로를 무단 횡단하는 보행자가 있을 것을 예상하여 감속 등의 조치를 취할 주의의무는 없다.

② 연탄아궁이로부터 80cm떨어진 곳에 비닐로 포장한 스펀지요, 솜 등을 쉽게 넘어지기는 어려운 상태로 쌓아둔 채 방치하다가 위 솜 등이 연탄아궁이 쪽으로 넘어지면서 불이 난 경우 중과실이 부정된다.

③ 연탄보일러로부터 5내지 10cm의 거리에 가연물질이 있음을 알면서도 신문지를 구겨서 보일러의 공기조절구를 살짝 막아놓은 채 그 자리를 떠나버렸기 때문에 화재가 발생한 경우 중과실이 인정된다.

④ 업무상과실장물취득죄는 업무상과실에 의하여 단순과실장물취득죄보다 형이 가중되는 가중적 구성요건이다.

6 형법 제21조(정당방위)에 관한 다음 설명 중 가장 적절하지 않은 것은? (다툼이 있는 경우 판례에 의함)

① 국유토지가 공개입찰에 의해 매매되고 그 인도집행이 완료되었다고 하더라도 그 토지의 종전 경작자인 피고인이 파종한 보리가 30cm 이상 성장하였다면 그 보리는 피고인의 소유로서 그가 수확할 권한이 있다 할 것이어서 토지매수자가 토지를 경작하기 위해 소를 이용하여 쟁기질을 하고 성장한 보리를 갈아엎는 행위는 피고인의 재산에 대한 현재의 부당한 침해라 할 것이므로 이를 막기 위해 그 경작을 못하도록 소 앞을 가로막고 쟁기를 잡아당기는 등의 피고인의 행위는 정당방위에 해당한다.

② 임차인이 임대차기간이 만료된 방을 비워주지 못하겠다고 억지를 쓰며 폭언을 하자 임대인의 며느리가 홧김에 그 방의 창문을 쇠스랑으로 부수자, 이에 격분하여 임차인이 배척(속칭 빠루)을 들고 휘둘러 구경꾼인 마을주민에게 상해를 입힌 행위는 정당방위에 해당하지 않는다.

③ 거주지 연립주택 내 도로의 차량통행 문제로 시비가 되어 차량의 진행을 제지하려고 길을 막은 아버지 앞으로 운전자가 차를 그대로 진행시키자, 이를 막으려고 운전자의 머리털을 잡아당겨 상해를 입힌 아들의 행위는 정당방위에 해당한다.

④ 치한이 심야에 혼자 귀가 중인 부녀자에게 달려들어 양팔을 붙잡고 어두운 골목길로 끌로 들어가 하체를 더듬으며 억지로 키스를 하려 하자, 그 부녀자가 치한의 혀를 깨물어 0.5cm 절단한 경우에는 과잉방위에 해당한다.

7 피해자의 승낙에 관한 설명으로 가장 옳지 않은 것은? (다툼이 있는 경우 판례에 의함)

① 추정적 승낙이란 피해자의 현실적인 승낙이 없었다고 하더라도 행위 당시의 모든 객관적 사정에 비추어 볼 때 만일 피해자가 행위의 내용을 알았더라면 당연히 승낙하였을 것으로 예견되는 경우를 말하는 것으로, 피해자에 대한 물품대금 채권을 다른 채권자들보다 우선적으로 확보할 목적으로 피해자의 현실적인 승낙을 받지 아니한 채 피해자의 가구점의 시정 장치를 쇠톱으로 절단하고 침입하여 가구들을 화물차에 싣고 갔다면 피해자의 추정적 승낙이 있다고 볼 수 없다.

② 피고인이 피해자가 사용 중인 공중화장실의 용변 칸에 노크하여 남편으로 오인한 피해자가 용변 칸 문을 열자 강간할 의도로 용변 칸에 들어간 것이라면 피해자가 명시적 또는 묵시적으로 이를 승낙하였다고 볼 수 없어 주거침입죄에 해당한다.

③ 피해자의 승낙은 승낙의 의미와 내용을 이해할 수 있는 자의 자유로운 의사에 의한 진지한 것이어야 하며, 행위 전이나 행위시에 있어야 한다.

④ 피무고인이 무고사실에 대하여 승낙한 경우 무고인을 처벌할 수 없다.

8 공범에 관한 설명 중 가장 적절하지 않은 것은? (다툼이 있는 경우 판례에 의함)

① 전국노점상연합회가 주관한 도로행진시위 단순참가자 甲이 다른 시위 참가자들과 시위 중 경찰관 등에 대한 특수공무집행방해 행위로 체포된 경우 체포된 이후에 이루어진 다른 시위 참가자들의 범행에 대해서는 공모공동정범의 죄책을 인정할 수 없다.

② 甲은 어느 행위로 인하여 처벌되지 아니하는 乙의 행위를 적극적으로 유발하였으나 그 과정에서 乙의 의사를 부당하게 억압한 것은 아니었던 경우 甲이 乙의 행위를 이용하여 자신의 범죄를 실현하였다고 하더라도 형법 제34조 제1항이 정하는 간접정범의 죄책을 지는 것은 아니다.

③ 공모자가 공모에 주도적으로 참여하여 다른 공모자의 실행에 영향을 미친 때에는 범행을 저지하기 위하여 적극적으로 노력하는 등 실행에 미친 영향력을 제거하지 아니하는 한 공모관계에서 이탈하였다고 할 수 없다.

④ 공범자의 범인도피행위 도중에 그 범행을 인식하면서 그와 공동의 범의를 가지고 기왕의 범인도피상태를 이용하여 스스로 범인도피행위를 계속한 자는 범인도피죄의 공동정범이 성립한다.

9 위법성조각사유에 관한 설명 중 가장 옳은 것은? (다툼이 있는 경우 다수설, 판례에 의함)

① 제3자의 개인적 법익을 위한 긴급피난은 허용되지 않는다.

② 자구행위에 의해 보호되는 청구권에 생명, 신체, 명예 등의 권리와 같이 한 번 침해되면 원상회복이 어려운 권리도 포함시킬 수 있다.

③ 형법은 피해자의 승낙에 의한 행위가 상당한 이유가 있는 경우에 벌하지 아니한다고 명시하고 있다.

④ 피고인의 차를 손괴하고 도망하려는 피해자를 도망하지 못하게 멱살을 잡고 흔들어 피해자에게 전치 14일의 흉부찰과상을 가한 경우는 정당행위에 해당한다.

10 협박죄에 관한 설명 중 가장 적절하지 않은 것은? (다툼이 있는 경우 판례에 의함)

① 일반적으로 사람으로 하여금 공포심을 일으킬 수 있는 정도의 해악을 고지함으로써 상대방이 그 의미를 인식한 이상 상대방이 현실적으로 공포심을 일으켰는지 여부와 관계없이 협박죄의 기수에 이르는 것으로 보아야 한다.

② 협박죄가 성립하기 위해서는 행위자가 해악의 내용을 실현할 수 있는 위치에 있어야 하고 고지한 해악을 실제로 실현할 의도나 욕구가 필요하다.

③ 피고인이 피해자인 누나의 집에서 온 몸에 연소성이 높은 고무놀을 바르고 라이타 불을 켜는 동작을 하면서 이를 말리려는 피해자 등에게 가위, 송곳을 휘두르면서 '방에 불을 지르겠다', '가족 전부를 죽여 버리겠다'고 소리친 경우 피고인에게 협박의 고의가 있다.

④ 甲은 乙녀에게 '자동차에 타라. 타지 않으면 가만있지 않겠다'고 협박하면서 乙녀를 자동차 뒷좌석에 강제로 밀어 넣고 자동차를 운전한 경우 감금죄 외에 협박죄는 성립되지 아니한다.

11 다음 설명 중 틀린 것은 모두 몇 개인가? (다툼이 있는 경우 판례에 의함)

> ㉠ 강간상해죄를 1회 범한 것 외에 과거에 성폭력범죄로 소년보호처분을 받은 사실이 있는 경우는 특정 범죄자에 대한 보호관찰 및 전자장치 부착 등에 관한 법률 제5조 제1항 제3호에서 정한 성폭력범죄를 2회 이상 범한 경우에 해당한다.
>
> ㉡ 구 전자금융거래법에서 말하는 양도에는 단순히 접근매체를 빌려 주거나 일시적으로 사용하게 하는 행위는 포함되지 아니한다.
>
> ㉢ 보호관찰은 형벌이 아니라 보안처분의 성격을 가지는 것이 사실이나, 실질적으로는 형벌과 마찬가지의 형사제재에 해당하므로 원칙적으로 형벌불소급의 원칙에 따라 행위시법을 적용함이 상당하다.
>
> ㉣ 구 청소년의 성보호에 관한 법률 제16조에 규정된 반의사불벌죄에서 피해자인 청소년에게 의사능력이 있음에도 그 처벌을 희망하지 않는다는 의사표시 또는 처벌희망 의사표시의 철회에 명문의 근거 없이 법정대리인의 동의가 필요하다고 보는 것은 죄형법정주의 내지 유추해석금지의 원칙에 위배된다.

① 0개   ② 1개
③ 2개   ④ 3개

12 다음 설명 중 틀린 것은 모두 몇 개인가? (다툼이 있는 경우 판례에 의함)

> ㉠ 갑이 을의 돈을 절취한 다음 다른 금전과 섞거나 교환하지 않고 쇼핑백 등에 넣어 자신의 집에 숨겨두었는데, 피고인이 을의 지시로 병과 함께 갑에게 겁을 주어 위 돈을 교부받아 갈취한 경우 공갈죄가 성립된다.
>
> ㉡ 피고인이 갑과 특정 토지를 매수하여 전매한 후 전매이익금을 정산하기로 약정한 다음 갑이 조달한 돈 등을 합하여 토지를 매수하고 소유권이전등기는 피고인 등의 명의로 마쳐 두었는데, 위 토지를 제3자에게 임의로 매도한 후 갑에게 전매이익금 반환을 거부한 경우 피고인에게 횡령죄가 성립하지 않는다. (단, 갑은 토지의 매수 및 전매를 피고인에게 전적으로 일임하고 그 과정에 전혀 관여하지 않았음.)
>
> ㉢ 피고인이 자신의 모(母) 명의를 빌려 자동차를 매수하면서 피해자 갑 주식회사에서 필요한 자금을 대출받고 자동차에 저당권을 설정하였는데, 저당권자인 갑 회사의 동의 없이 이를 성명불상의 제3자에게 양도담보로 제공하였다면 피고인의 행위는 갑 회사의 담보가치를 실질적으로 상실시키는 것으로서 배임죄가 성립한다.
>
> ㉣ 피고인이 내연관계에 있는 갑과 아파트에서 동거하다가, 갑의 사망으로 갑의 상속인인 을 및 병 소유에 속하게 된 부동산 등기권리증 등 서류들이 들어있는 가방을 위 아파트에서 가지고 간 것은 을 등에 대한 점유를 침해하여 절도죄를 구성한다. (단, 을 및 병은 동 아파트엔 전혀 거주한 일이 없고, 해당 가방 등의 인도 등을 요구한 일이 전혀 없다.)

① 1개 ② 2개
③ 3개 ④ 4개

13 뇌물죄에 대한 설명 중 가장 적절하지 않은 것은? (다툼이 있는 경우 판례에 의함)

① 증뢰물전달죄는 제3자가 증뢰자로부터 교부받은 금품을 수뢰할 사람에게 전달하였는지 여부에 관계없이 제3자가 그 정을 알면서 금품을 교부받음으로써 성립한다.

② 불우이웃돕기 성금이나 연극제에 전달할 의사로 금원을 받은 것에 불과하고 자신이 영득할 의사로 수수하였다고 보기는 어려운 경우 뇌물수수죄는 성립하지 아니한다.

③ 뇌물의 내용인 '이익'이라 함은, 금전, 물품 기타의 재산적 이익을 말하는 것이지, 사람의 수요 욕망을 충족시키기에 족한 일체의 유형·무형의 이익까지 포함하는 것은 아니다.

④ 뇌물죄에서 말하는 '직무'에는 법령에 정하여진 직무뿐만 아니라 그와 관련있는 직무, 과게에 담당하였거나 장래에 담당할 직무 외에 사무분장에 따라 현실적으로 담당하지 않는 직무라도 법령상 일반적인 직무권한에 속하는 직무 등 공무원이 그 직위에 따라 공무로 잠당할 일체의 직무를 포함한다.

14 다음 중 갑에 대하여 (업무상) 배임죄가 성립하지 않는 것은 모두 몇 개인가? (다툼이 있는 경우 판례에 의함)

> ㉠ 대표이사 갑이 회사에 필요한 물품을 할인된 가격으로 납품받을 수 있었음에도 자신이 이익을 취득할 의도로 납품업자에게 가공의 납품업체를 만들게 한 뒤, 그 납품업체로부터 할인되지 않은 가격으로 납품을 받은 경우
>
> ㉡ 갑은 을에게서 부동산을 매수하면서 계약금을 지급하는 즉시 자신(갑) 앞으로 소유권을 이전받되 매매잔금은 일정기간 내에 이를 담보로 대출을 받아 지급하기로 약정하였는데, 소유권을 이전받은 직후 당해 부동산에 다른 용도로 근저당권을 설정하고 자금을 융통한 후 이를 임의로 소비하였으며, 융통한 자금을 을에게 매매대금으로 지급하지도 않은 경우
>
> ㉢ 회사의 대표이사 갑은 대표권을 남용하여 회사 명의의 약속어음을 발행하였는데, 상대방은 그 남용의 사실을 알았거나 중대한 과실로 알지 못하였으며, 상대방이 위 약속어음을 제3자에게 유통시키지 아니할 것이라고 볼 만한 특별한 사정이 있지 않은 경우
>
> ㉣ 갑은 을에게 만원을 차용하면서 자신의 3000만원짜리 승용차에 근저당권을 설정해 주었으나 이후 당해 자동차를 다른 사람에게 매도한 경우

① 1개 ② 2개
③ 3개 ④ 4개

15 강간과 추행의 죄에 관한 설명 중 가장 적절하지 않은 것은? (다툼이 있는 경우 판례에 의함)

① 초등학교 4학년 남자 담임교사가 교실에서 자기반 남학생의 성기를 만진 행위는 미성년자의 제강제추행죄에서 말하는 '추행'에 해당한다.

② 실질적인 혼인관계가 유지되고 있는 경우에도 남편이 반항을 불가능하게 하거나 현저히 곤란하게 할 정도의 폭행이나 협박을 가하여 아내를 간음한 경우 강간죄가 성립한다.

③ 피고인이 아파트 엘리베이터 내에 11세의 乙녀와 단둘이 탄 다음 乙녀를 향하여 성기를 꺼내어 잡고 여러 방향으로 움직이다가 이를 보고 놀란 乙쪽으로 가까이 다가갔으나 乙녀의 신체에 대한 접촉은 하지 않은 경우 성폭력범죄의 처벌 등에 관한 특례법상 위력에 의한 추행에 해당한다.

④ 피해자가 성경험을 가진 여자로서 특이체질로 인해 새로 형성된 처녀막이 파열되었다 하더라도 강간치상죄를 구성하는 상처에 해당하지 않는다.

16 다음은 절도죄에 대한 설명이다. 가장 적절하지 않은 것은? (다툼이 있으면 판례에 의함)

① 타인의 명의를 모용하여 발급받은 신용카드를 사용하여 현금자동지급기에서 현금대출을 받은 경우 현금대출을 받은 부분에 대해서 절도죄가 성립한다.

② 일시사용의 목적으로 소유자의 승낙 없이 오토바이를 타고 가다가 원래 있던 장소로부터 3km 정도 떨어진 장소에 버린 경우 절도죄가 성립하지 않는다.

③ 법원으로부터 송달된 심문기일소환장은 재산적 가치가 있는 물건으로서 절도죄의 재물에 해당한다.

④ 타인의 토지상에 권원 없이 감나무를 식재한 자가 감을 수확한 것은 절도죄에 해당한다.

17 다음 중 공정증서원본부실기재죄가 성립하지 않는 것은 모두 몇 개인가? (다툼이 있는 경우 판례에 의함)

> ㉠ 적법하게 취득된 토지인 것으로 알고 실체관계에 부합하게 하기 위하여 소유권보존등기를 경료한 경우
>
> ㉡ 공증인에게 허위의 채권을 양도한다는 취지의 공정증서를 작성하게 한 경우
>
> ㉢ 토지거래 허가구역 안의 토지에 관하여 실제로는 매매계약을 체결하고서도 처음부터 토지거래허가를 잠탈하려는 목적으로 등기원인을 '증여'로 하여 소유권이전등기를 경료한 경우
>
> ㉣ 등기명의인이 부동산의 진실한 소유자가 아니어서 그 명의의 등기가 원인무효임을 알면서 그로부터 가장매수하고 이를 원인으로 소유권이전등기를 경료한 경우

① 1개 　　　　　　　　　　② 2개

③ 3개 　　　　　　　　　　④ 4개

18 권리행사를 방해하는 죄에 관한 설명 중 가장 적절하지 않은 것은? (다툼이 있는 경우 판례에 의함)

① 피고인이 피해자에게 담보로 제공한 차량이 그 자동차등록원부에 타인명의로 등록되어 있는 경우 그 차량은 피고인의 소유가 아니므로 피고인이 피해자의 승낙 없이 미리 소지하고 있던 위 차량의 보조키를 이용하여 이를 운전하여 간 행위가 권리행사방해죄를 구성하지 않는다.

② 렌트카회사의 공동대표이사 중 1인이 회사나 피고인 명의로 신규등록을 하지 않은 회사보유 차량을 자신의 개인적인 채무담보 명목으로 피해자에게 넘겨주었는데 다른 공동대표이사가 위 차량을 몰래 회수하도록 한 경우 권리행사방해죄를 구성하지 않는다.

③ 채권자에 의하여 압류된 채무자 소유의 유체동산을 채무자의 모(母)소유인 것으로 사칭하면서 모(母)의 명의로 제3자이의의 소를 제기하고 집행정지결정을 받아 그 집행을 저지하였다면 이는 재산을 은닉한 경우에 해당하여 강제집행면탈죄가 성립한다.

④ 채권자들에 의한 복수의 강제집행이 예상되는 경우 재산을 은닉 또는 허위양도함으로써 채권자들을 해하였다면 채권자별로 각각 강제집행면탈죄가 성립하고 상호 실체적 경합범의 관계에 있다.

19 명예에 관한 죄에 관한 설명 중 가장 적절하지 않은 것은? (다툼이 있는 경우 판례에 의함)

① 개인 블로그의 비공개 대화방에서 일대일 비밀대화로 사실을 적시한 경우 공연성을 인정할 수 있다.

② 골프클럽 경기보조원들의 구직편의를 위해 제작된 인터넷 사이트 내 회원 게시판에 특정 골프클럽의 운영상 불합리성을 비난하는 글을 게시하면서 위 클럽담당자에 대하여 '한심하고 불쌍한 인간'이라는 등 경멸적 표현을 한 경우 모욕죄를 구성한다.

③ 甲운영의 산후조리원을 이용한 피고인이 인터넷 카페나 자신의 블로그 등에 자신이 직접 겪은 불편사항 등을 후기 형태로 게시한 경우 정보통신망 이용촉진 및 정보보호 등에 관한 법률 제70조 제1항에서 정한 명예훼손죄 구성요건 요소인 '사람을 비방할 목적'이 있었다고 보기 어렵다.

④ 형법 제310조 소정의 '공공의 이익'이라 함은 널리 국가·사회 기타 일반 다수인의 이익에 관한 것뿐만 아니라 특정한 사회집단이나 그 구성원의 관심과 이익에 관한 것도 포함한다.

20 친족상도례에 관한 설명 중 가장 적절하지 않은 것은? (다툼이 있는 경우 판례에 의함)

① 횡령범인이 위탁자가 소유자를 위해 보관하고 있는 물건을 위탁자로부터 보관받아 이를 횡령한 경우 횡령범인이 피해물건의 소유자와는 친족관계가 있으나 피해물건의 위탁자와는 친족관계가 없다면 친족상도례 규정이 적용되지 않는다.

② 형법 제354조에 의하여 준용되는 제328조 제1항에서 '직계혈족, 배우자, 동거친족, 동거가족 또는 그 배우자 간의 제323조의 죄는 그 형을 면제한다.'고 규정하고 있는바 여기서 '그 배우자'는 동거가족의 배우자만을 의미하는 것이 아니라 직계혈족, 동거친족, 동거가족 모두의 배우자를 의미하는 것으로 볼 것이다.

③ 흉기 기타 위험한 물건을 휴대하고 공갈죄를 범하여 폭력행위 등 처벌에 관한 법률 제3조 제1항에 의해 가중 처벌되는 경우에도 친족상도례의 규정이 적용된다.

④ 손자가 할아버지 소유의 농업협동조합 예금통장을 절취하여 이를 현금자동지급기에 넣고 조작하는 방법으로 예금 잔고를 자신의 거래 은행계좌로 이체한 경우 컴퓨터 등 사용사기죄는 친족간의 범행에 해당하여 친족상도례가 적용된다.

제7회 모의고사

☞ 정답 및 해설 P.226

1 다음 설명 중 가장 적절하지 않은 것은? (다툼이 있으면 판례에 의함)

① 미필적 고의라 함은 결과의 발생이 불확실한 경우, 즉 행위자에 있어서 그 결과발생에 대한 확실한 예견은 없으나 그 가능성은 인정하는 것으로, 이러한 미필적 고의가 있었다고 하려면 결과발생의 가능성에 대한 인식이 있음은 물론 나아가 결과발생을 용인하는 내심의 의사가 있음을 요한다.

② 피고인의 구타행위로 상해를 입은 피해자가 정신을 잃고 빈사상태에 빠지자 사망한 것으로 오인하고, 자신의 행위를 은폐하고 피해자가 자살한 것처럼 가장하기 위하여 피해자를 베란다 아래의 바닥으로 떨어뜨려 사망케 하였다면, 피고인의 행위는 포괄하여 단일의 상해치사죄에 해당한다.

③ 甲이 乙 등 3명과 싸우다가 힘이 달리자 식칼을 가지고 이들 3명을 상대로 휘두르다가 이를 말리면서 식칼을 뺏으려던 피해자 丙에게 상해를 입혔다면, 상해를 입은 사람이 목적한 사람이 아닌 다른 사람이므로 과실치상죄에 해당한다.

④ 행정상의 단속을 주안으로 하는 법규라 하더라도 '명문규정이 있거나 해석상 과실범도 벌할 뜻이 명확한 경우'를 제외하고는 형법의 원칙에 따라 '고의'가 있어야 벌할 수 있다.

2 고의(범의)에 관한 설명 중 가장 적절하지 않은 것은? (다툼이 있는 경우 판례에 의함)

① 야간에 신체의 일부만이 집 안으로 들어간다는 인식 하에 타인의 집의 창문을 열고 집 안으로 얼굴을 들이미는 행위를 하였다면 주거침입죄의 범의는 인정되지 않는다.

② 행정상의 단속을 주안으로 하는 법규라 하더라도 '명문규정이 있거나 해석상 과실범도 벌할 뜻이 명확한 경우'를 제외하고는 형법의 원칙에 따라 '고의'가 있어야 벌할 수 있다.

③ 채무자가 차용원리금을 변제공탁한 것을 채권자가 아무런 이의 없이 이를 수령하고서도 담보물에 대한 경매 절차에 대하여 손을 쓰지 아니하는 바람에 타인에게 경락되게 하고 그 부동산의 경락잔금까지 받아간 경우 배임죄의 미필적 고의가 인정된다.

④ 여관업을 하는 자가 신분증을 소지하지 않았다는 말을 듣고 단지 구두로만 연령을 확인하여 이성혼숙을 허용하였다면 청소년 이성혼숙에 대한 미필적 고의가 인정된다.

3 다음 중 판례의 태도로 틀린 것은?

① 형의 경중의 비교는 원칙적으로 법정형을 표준으로 할 것이고 처단형에 의할 것이 아니며, 법정형의 경중을 비교함에 있어서 법정형 중 병과형 또는 선택형이 있을 때에는 이 중 가장 중한 형을 기준으로 하여 다른 형과 경중을 정하는 것이 원칙이다.

② 범죄 후 여러 차례 법률이 변경되어 행위시법과 재판시법 사이에 중간시법이 있는 경우 그 중 가장 형이 경한 법률을 적용해야 한다.

③ 포괄일죄로 되는 개개의 범죄행위가 법 개정의 전후에 걸쳐서 행하여진 경우에는 신, 구법의 법정형에 대한 경중을 비교하여 신법과 구법 중 경한 법률을 적용하여야 한다.

④ 형벌불소급의 원칙은 "행위의 가벌성" 즉 형사소추가 "언제부터 어떠한 조건하에서" 가능한가의 문제에 관한 것이고, "얼마 동안" 가능한가의 문제에 관한 것은 아니다.

4 위법성 조각사유에 관한 설명 중 가장 적절하지 않은 것은? (다툼이 있는 경우 판례에 의함)

① 자신의 배우자가 상간자의 방에서 간통을 할 것이라고 추측하고 이혼소송에 사용할 증거자료 수집을 목적으로 그들의 간통현장을 직접 목격하고 그 사진을 촬영하기 위하여 상간자의 주거에 침입한 경우 정당행위에 해당하지 않는다.

② 현직 군수로서 전국동시지방선거 지방자치단체장 선거에 특정 정당 후보로 출마가 확실시되는 피고인이 같은 정당 지역청년위원장 등 선거구민 20명에게 약 36만원 상당의 식사를 제공하여 기부행위를 한 경우 위법성이 인정된다.

③ 형법 제24조는 '처분할 수 있는 자의 승낙에 의하여 그 법익을 훼손한 행위는 법률에 특별한 규정이 있는 경우에 한하여 벌하지 아니한다'라고 규정하고 있다.

④ 검사가 참고인 조사를 받는 줄 알고 검찰청에 자진출석한 변호사사무실 사무장을 합리적 근거 없이 긴급체포하자 그 변호사가 이를 제지하는 과정에서 위 검사에게 상해를 가한 것은 정당방위에 해당한다.

5 법률의 착오에 관한 설명 중 가장 적절하지 않은 것은? (다툼이 있는 경우 판례에 의함)

① 일본 영주권을 가진 재일교포가 영리를 목적으로 관세물품을 구입한 것이 아니라거나 국내 입국시 관세신고를 하지 않아도 되는 것으로 착오한 경우 정당한 이유가 있다.

② 수사처리의 관례상 일부 상치된 내용을 일치시키기 위하여 적법하게 작성된 참고인진술조서를 찢어버리고 진술인의 진술도 듣지 아니하고 그 내용을 일치시킨 새로운 진술조서를 작성한 경우 정당한 이유가 있다고 볼 수 없다.

③ 자기의 행위가 법령에 의하여 죄가 되지 아니하는 것으로 오인한 행위는 그 오인에 정당한 이유가 있는 때에 한하여 벌하지 아니한다.

④ 20여 년간 사법경찰관으로 근무한 자가 검사의 수사지휘를 받았으니 허위로 수사기록을 작성해도 된다고 생각하고 수사기록에 허위의 내용을 수록한 경우 정당한 이유가 있다고 볼 수 없다.

6 미수에 관한 설명으로 가장 적절하지 않은 것은? (다툼이 있는 경우 판례에 의함)

① 원료불량으로 인한 제조상의 애로, 제품의 판로문제, 범행 탄로시의 처벌공포, 원심 상피고인의 포악성 등으로 인하여 히로뽕 제조를 단념한 경우, 그와 같은 사정이 있었다는 것만으로서는 이를 중지미수라 할 수 없다.

② 가압류는 강제집행의 보전방법에 불과한 것이어서 허위의 채권을 피보전권리로 삼아 가압류를 하였다고 하더라도 그 채권에 관하여 현실적으로 청구의 의사표시를 한 것이라고 볼 수 없으므로, 본안소송을 제기하지 아니한 채 가압류를 한 것만으로는 사기죄의 실행에 착수하였다고 할 수 없다.

③ 불능미수의 위험성 판단과 관련하여 행위자가 인식한 사정과 일반인이 인식할 수 있었던 사정이 일치하지 않는 경우에 어느 사정을 기초로 판단할 것인지가 명확하지 않다는 비판을 받고 있는 견해에 의하면, 명백히 사정거리 밖에 있는 자에 대해 사정거리 안에 있는 것으로 오인하고 총격한 경우에 위험성이 부정된다.

④ 히로뽕 제조를 공모하고 그 제조원료인 염산에페트린과 파라디움, 에테르 등 수종의 하공약품을 사용하여 히로뽕 제조를 시도하였으나 그 제조기술의 부족으로 히로뽕 완제품을 제조하지 못하였고 미완성품에서도 히로뽕 성분이 검출되지 아니하였다면 향정신성의약품제조미수죄가 성립한다고 할 수 없다.

7 다음 중 형법상 예비·음모를 처벌하는 범죄로만 조합된 것은?

① 도주원조죄, 간수자도주원조죄
② 폭발물사용죄, 특수도주죄
③ 체포·감금죄, 외국에 대한 사전죄
④ 간첩죄, 무고죄

8 공동정범에 관한 설명으로 옳지 않은 것은? (다툼이 있는 경우에는 판례에 의함)

① 다른 3명의 공모자들과 강도 모의를 주도한 甲이, 다른 공모자들이 피해자를 뒤쫓아 가자 단지 '어?'라고만 하고 더 이상 만류하지 아니하여 공모자들이 강도상해의 범행을 한 경우, 甲은 그 공모관계에서 이탈하였다고 볼 수 없다.

② 운전병이 운전하던 짚차의 선임 탑승자가 운전병을 데리고 주점에 들어가서 같이 음주한 다음 운전하게 한 결과 위 운전병이 음주로 인하여 취한 탓으로 사고가 발생한 경우에는 위 선임탑승자에게도 과실범의 공동정범이 성립한다.

③ 부하들이 흉기를 들고 싸움을 하고 있는 도중에 폭력단체의 두목급 수괴 甲이 사건 현장에서 '전부 죽여 버리라'고 고함을 치자, 그 부하들이 피해자들을 난자하여 사망케 한 경우에 甲도 살인죄의 공동정범의 죄책을 진다.

④ 포괄일죄의 범행 도중에 공동정범으로 범행에 가담한 자는 그가 그 범행에 가담할 때에 이미 이루어진 종전의 범행을 알았다면 그 가담 이후는 물론 가담 이전의 범행에 대하여도 공동정범으로서 책임을 진다.

9 죄수에 대한 설명 중 가장 옳지 않은 것은? (판례에 의함)

① 같은 기회에 하나의 행위로 여러 갱의 영업비밀을 취득한 경우 구 부정경쟁방지 및 영업비밀보호에 관한 법률 제18조 제2항 위반죄의 일죄로 평가되어야 한다.

② 무면허운전으로 인한 도로교통법위반죄에 있어서는 특별한 경우를 제외하고는 운전한 날마다 무면허운전으로 인한 도로교통법위반의 1죄가 성립하고 비록 계속적으로 무면허운전을 할 의사를 가지고 여러 날에 걸쳐 무면허운전행위를 반복하였다 하더라도 이를 포괄하여 일죄로 볼 수 없다.

③ 적국에 전달할 목적으로 국가기밀을 탐지·수집한 후 이를 적국에 누설한 경우 간첩죄와 국가기밀누설죄 양죄를 포괄하여 일죄를 범한 것으로 볼 수 없다.

④ 선서한 증인이 같은 기일에 여러 가지 사실에 관하여 기억에 반하는 허위의 진술을 한 경우 포괄하여 1개의 위증죄를 구성한다.

10 형법 제132조의 알선수뢰죄에 관한 다음 설명 중 가장 옳지 않은 것은? (다툼이 있는 경우 판례에 의함)

① 본죄의 주체는 공무원 또는 중재인이다.

② 공무원이 친구, 친족관계 등 사적인 관계를 이용하는 경우에는 '그 지위를 이용한 경우'에 해당한다고 할 수 없다.

③ 다른 공무원이 취급하는 사무의 처리에 법률상이거나 사실상으로 영향을 줄 수 있는 관계에 있는 공무원이 그 지위를 이용하는 경우에는 이에 해당한다.

④ 본죄에서 말하는 알선행위는 장래의 것이라도 무방하므로, 알선수뢰죄가 성립하기 위하여는 뇌물을 수수할 당시 반드시 상대방에게 알선에 의하여 해결을 도모하여야 할 현안이 존재하여야 할 필요는 없다.

11 다음 중 횡령죄(업무상횡령 포함)가 성립하지 않는 것은? (다툼이 있는 경우 판례에 의함)

① 회사의 대표이사가 근로자의 임금에서 국민연금 보험료 중 근로자가 부담하는 기여금을 원천공제한 뒤 국민연금관리공단에 납부하지 않고 개인적 용도로 사용한 경우
② 피고인이 주식회사의 경영권을 인수한 후 회사 소유의 예금을 인출하여 피고인의 위 회사 인수를 위한 대출금 변제에 사용한 경우
③ 타인에 대한 채무변제를 위탁받은 돈을 자신의 위탁자에 대한 채권에 충당한 경우
④ 구분소유자 전원의 공유에 속하는 공용부분인 지하주차장 일부를 그 중 1인이 독점 임대하고 수령한 임차료를 임의로 소비한 경우

12 소송사기에 있어 실행의 착수시기 및 기수시기에 관한 연결이 옳은 것은? (소송을 제기하는 원고를 기준으로 한다)(판례에 의함)

① 실행의 착수시기 – 소제기시, 기수시기 – 판결선고시
② 실행의 착수시기 – 소제기시, 기수시기 – 판결확정시
③ 실행의 착수시기 – 소제기시, 기수시기 – 등기경료시(부동산) 또는 인도시(동산)
④ 실행의 착수시기 – 가압류 신청시기, 기수시기 – 판결선고시

13 강제집행면탈죄에 관한 다음 설명 중 가장 적절하지 않은 것은? (다툼이 있는 경우 판례에 의함)

① 강제집행면탈죄는 현실적으로 민사소송법에 의한 강제집행 또는 가압류·가처분의 집행을 받을 우려가 있는 객관적인 상태에서 주관적으로 강제집행을 면탈하려는 목적으로 재산을 은닉, 손괴, 허위양도하거나 허위의 채무를 부담하여 채권자를 해할 위험이 있으면 성립하고, 반드시 채권자를 해하는 결과가 야기되거나 행위자가 어떤 이득을 취하여야 성립하는 것은 아니다.
② 채무자가 채권자의 가압류집행을 면탈할 목적으로 제3채무자에 대한 채권을 타인에게 허위양도한 경우, 가압류결정 정본이 제3채무자에게 송달되기 전에 채권을 허위로 양도하였다면 강제집행면탈죄가 성립한다.
③ 계약명의신탁 방식으로 명의수탁자가 당사자가 되어 소유자와 부동산에 관한 매매계약을 체결하고 그 명의로 소유권이전등기를 마친 경우, 그 부동산은 명의신탁자에 대한 강제집행이나 보전처분의 대상이 될 수 있다.
④ 채권자의 채권이 토지 소유자로서 그 지상 건물의 소유자에 대하여 가지는 건물철거 및 토지인도청구권인 경우, 채무자인 건물 소유자가 제3자에게 허위의 금전채무를 부담하면서 이를 피담보채무로 하여 건물에 관하여 근저당권설정등기를 경료하였다는 것만으로는 강제집행면탈죄가 성립하지 않는다.

14 甲의 죄책에 관한 다음 설명 중 가장 적절하지 않은 것은? (다툼이 있는 경우 판례에 의함)

① 甲이 고속버스에 다른 손님이 놓고 내린 타인의 핸드백을 가져간 경우, 고속버스의 운전사는 고속버스의 관수자로서 유실물을 교부받을 권능을 가지므로 운전사가 유실물을 현실적으로 발견하지 않는 한 점유이탈물횡령의 죄책을 지지 않고 절도의 죄책을 진다.

② 甲이 乙로부터 공무원에게 뇌물로 전달하여 달라고 금원을 교부받은 것은 불법원인으로 인하여 지급받은 것으로서 이를 뇌물로 전달하지 않고 임의로 소비하였다고 하더라도 甲은 횡령죄의 죄책을 지지 않는다.

③ 甲이 기자행세를 하면서 주점 객실에서 나체쇼를 한 주점 접대부 乙을 고발할 것처럼 데리고 나와 여관으로 유인한 다음 겁에 질려있는 乙의 상태를 이용하여 동침하면서 1회 성교한 것은 매음대가의 지급을 면하였다고 볼 수 없어 공갈죄의 죄책을 지지 않는다.

④ 포주인 甲이 다방종업원으로 일하던 乙에게 윤락을 권유하여 고용한 후 乙이 받은 화대를 甲이 일단 보관하다가 절반씩 분배하기로 약정하고도 甲이 보관 중인 화대를 임의로 소비한 경우, 그 화대는 불법원인급여에 해당하지만 甲은 횡령죄의 죄책을 진다.

15 다음 중 업무방해죄가 성립하는 것은 모두 몇 개인가? (다툼이 있는 경우 판례에 의함)

> ㉠ 특정회사가 제공하는 게임사이트에서 정상적인 포커게임을 하고 있는 것처럼 가장하면서 통상적인 업무처리 과정하에서 적발해 내기 어려운 사설 프로그램을 이용하여 약관상 양도가 금지되는 포커머니를 약속된 상대방에게 이전해 준 경우
> ㉡ 신규 직원 채용권한을 가지고 있는 지방공사 사장이 시험업무 담당자에게 지시하여 상호 공모 내지 양해하에 시험성적조작 등의 부정한 행위를 한 경우
> ㉢ 도급인의 공사계약해제가 적법하고 수급인이 스스로 공사를 중단한 상태에서 도급인이 공사현장에 남아 있는 수급인 소유의 공사자재 등을 다른 곳으로 옮긴 경우
> ㉣ 주식회사 대표이사가 직원들을 동원하여 주주총회에서 위력으로 개인주주들이 발언권·의결권을 행사하지 못하도록 방해한 경우

① 없음   ② 1개
③ 2개   ④ 3개

16 출판물 등에 의한 명예훼손죄에 관한 기술 중 틀린 것은? (판례에 의함)

① 형법 제310조(위법성조각사유)가 본죄의 행위에는 적용되지 않는다.

② 출판물에 의한 명예훼손죄는 피해자가 특정되지 아니한 경우에도 성립될 수 있다.

③ 출판물에 의한 명예훼손죄는 간접정범에 의하여도 가능한 바, 정을 모르는 기자에게 허위의 기사를 제공하여 신문에 보도케 한 경우에도 본죄가 성립한다.

④ 개인의 사적인 신상에 관하여 방송·잡지 등에 적시된 사실도 그 적시의 주요한 동기가 공공의 이익을 위한 것이라면 형법 제310조 소정의 공공의 이익에 관한 것으로 볼 수 있다.

17 경매·입찰방해죄에 관한 다음 설명 중 가장 적절하지 않은 것은? (다툼이 있는 경우 판례에 의함)

① 담합행위가 입찰방해죄로 되기 위해서는 반드시 입찰참가자 전원과의 사이에 담합이 이루어져야 하는 것은 아니고, 입찰참가자들 중 일부와의 사이에만 담합이 이루어진 경우에도 성립할 수 있다.

② 유찰방지를 위한 수단에 불과하여 이익을 해치지 않았더라도 실질적으로 단독입찰하면서 경쟁입찰인 것처럼 가장하였다면, 그 입찰 가격으로 낙찰하게 한 점에서 경쟁입찰 방법을 해한 것이므로 입찰의 공정을 해친 것이다.

③ 입찰자 일부와 담합이 있고 담합금이 수수되었다 하더라도 타입찰자와는 담합이 이루어지지 않아, 입찰시행자의 이익을 해함이 없이 자유로운 경쟁을 한 것과 동일한 결과로 되는 경우 입찰의 공정을 해할 위험성이 없다.

④ 법원경매업무를 담당하는 집행관의 구체적인 직무집행을 저지하거나 현실적으로 곤란하게 하는 데까지는 이르지 않고 입찰의 공정을 해하는 정도의 범죄행위라면 위계에 의한공무집행방해죄에만 해당될 뿐 경매·입찰방해죄에는 해당되지 않는다.

18 장물죄에 대한 설명으로 옳은 것만 모아 놓은 것은? (다툼이 있는 경우 판례에 의함)

> ㉠ 장물이라 함은 재산죄인 범죄행위에 의하여 영득된 물건을 말하는 것으로서, 본범의 행위에 관한 법적평가는 그 행위에 대하여 우리 형법이 적용되지 아니하는 경우에도 우리 형법을 기준으로 하여야 하고 또한 이로써 충분하다.
>
> ㉡ 갑이 을을 기망하여 을이 갑의 계좌로 현금 1천만 원을 송금한 경우 갑이 사기죄로 취득한 것은 예금채권으로서 재물이 아니라 재산상 이익이어서 당해 현금 1천만 원은 장물에 해당하지 않는다.
>
> ㉢ 장물임을 알면서 이를 인도받아 보관하고 있다가 임의 처분한 경우에는 그 후의 횡령행위는 불가벌적 사후행위에 불과하여 별도로 횡령죄가 성립하지 않지만, 업무상 과실로 장물을 보관하고 있다가 임의처분한 경우에는 업무상과실장물보관죄 이외에 별도로 횡령죄가 성립한다.
>
> ㉣ 장물죄는 타인(본범)이 불법하게 영득한 재물의 처분에 관여하는 범죄이므로 자기의 범죄에 의하여 영득한 물건에 대하여는 성립되지 아니하고 이는 불가벌적 사후행위에 해당한다고 할 것이지만, 여기에서 자기의 범죄라 함은 정범자(공동정범과 합동범을 포함한다)에 한정된다.

① ㉠㉢ ② ㉡㉢
③ ㉠㉣ ④ ㉡㉣

19 방화와 실화의 죄에 대한 설명으로 가장 옳지 않은 것은? (다툼이 있는 경우 판례에 의함)

① 방화죄의 주된 보호법익은 공공의 안전으로서 방화죄의 기본적 성격은 공공위험죄이지만, 부차적으로는 개인의 재산도 보호법익에 포함된다.

② 현주건조물방화죄·공용건조물방화죄는 추상적 위험범이고, 타인소유 일반건조물방화죄·일반물건방화죄는 구체적 위험범이다.

③ 매개물에 발화된 때에는 아직 목적물인 건조물에 불이 옮겨 붙지 아니하였더라도 방화죄의 미수범이 성립한다.

④ 불이 매개물을 떠나 목적물에 옮겨 붙어 독립하여 연소할 수 있는 상태에 이르렀을 때 방화죄는 기수가 된다.

20 다음 중 공무집행방해에 관한 죄에 대해서 판례의 입장과 다른 것은?

① 음주운전을 하다가 교통사고를 야기한 후 그 형사처벌을 면하기 위하여 타인의 혈액을 자신의 혈액인 것처럼 교통사고 조사 경찰관에게 제출하여 감정하도록 한 경우, 위계에 의한 공무집행방해죄가 성립한다.

② 위계에 의한 공무집행방해죄에 있어서 공무원의 직무집행에는 공권의 행사를 내용으로 하는 권력적 작용만 해당하고 사경제 주체로서의 활동을 비롯한 비권력적 작용은 제외된다.

③ 적법한 소집절차를 밟아 소집된 지방의회 회의의 의결사항 중에 지방의회에 속하지 아니하는 사항이 포함되어 있었다 하더라도, 위원들이 그 회의에 참석하고 그 회의에서 의사진행을 하는 직무행위를 적법한 것으로 볼 수 있다.

④ 경찰관이 공무를 집행하고 있는 파출소 사무실의 바닥에 인분이 들어있는 물통을 집어 던지고 책상 위에 있던 재떨이에 인분을 퍼 담아 사무실 바닥에 뿌린 행위는 동 경찰관에 대한 폭행이다.

제8회 모의고사

☞ 정답 및 해설 P.233

1 다음 중 판례에 의할 때 죄형법정주의에 위배되는 것은?

① 국가보안법 제6조 제2항의 잠입죄에 있어 '지령을 받는다'는 것에 '반국가 단체 또는 그 구성원으로부터 다시 지령을 받는 것'도 포함된다고 해석하는 경우

② 집행유예를 선고하면서 형법 제62조의2 제1항에 의하여 보호관찰과 사회봉사를 동시에 명할 수 있다고 해석하는 경우

③ 구 공식선거 및 선거부정 방지법 제262조의 '자수'를 '범행발각 전에 자수한 경우'로 한정하여 해석하는 경우

④ '권한 없는 장에 의한 명령입력 행위'를 컴퓨터 등 사용사기죄의 구성요건인 '부정한 명령을 입력하는 행위'에 포함된다고 해석하는 경우

2 다음 중 판례의 태도를 옮긴 것으로 가장 옳지 않은 것은?

① 외국 시민권자인 피고인이 그 외국에서 위조사문서를 행사하였다면 위조사문서행사는 대한민국 또는 대한민국 국민의 법익을 직접적으로 침해하는 행위라고 볼 수 없으므로 우리나라에 재판권이 없다.

② 예외적으로 내국인의 출입이 허용되는 도박장에 출입하는 것은 법령에 의한 행위로 위법성이 조각되나, 도박죄를 처벌하지 않는 외국 도박장에서 한 도박이라는 사정으로 그 위법성이 조각되지 않는다.

③ 외국인이 대한민국 공무원에게 알선하기 위해 금품을 수수한 행위가 대한민국 영역 내에서 이루어졌으나, 그 명목이 된 알선행위 장소가 대한민국 영역 밖인 경우 대한민국의 변호사법에 의하여 처벌될 수 없다.

④ 영국인이 한국 내에서 한국인과 공모만 하고 홍콩에서 중국인으로부터 히로뽕을 매수한 경우, 그 영국인에게는 대한민국의 마약류관리에 관한법률이 적용된다.

3 다음은 인과관계에 대한 설명이다. 바르지 못한 것은? (판례에 의함)

① 어떤 행위라도 죄의 요소되는 위험발생에 연결되지 아니한 때에는 그 결과로 인하여 벌하지 아니한다.

② 소아외과 의사가 5세의 급성 림프구성 백혈별 환자의 항암치료를 위하여 쇄골하 정맥에 중심정맥도관을 삽입하는 수술을 하는 과정에서 환자의 우측 쇄골하 부위를 주사바늘로 10여 차례 찔러 환자가 우측 쇄골하 혈관 및 흉막 관통상에 기인한 외상성 혈흉으로 인한 순환혈액량 감소성 쇼크로 사망한 경우, 담당 소아외과 의사에게 형법 제268조의 업무상 과실이 인정된다.

③ 피해자가 피고인의 범행으로 자상을 입고, 자상이 급성신부전증으로 발전하였는데, 급성신부전증을 치료할 때에는 음식과 수분의 섭취를 억제하여야 함에도, 이와 같은 사실을 모르고 콜라와 김밥 등을 함부로 먹은 탓으로 체내에 수분저류가 발생하여 합병증이 유발됨으로써 사망하게 된 경우에도 피고인의 범행과 피해자의 사망과의 사이에는 인과관계가 있다.

④ 한의사인 피고인이 피해자에게 문진하여 과거 봉침(蜂針)을 맞고도 별다른 이상반응이 없었다는 답변을 듣고 알레르기 반응검사를 생략한 채 환부에 봉침시술을 하였는데, 피해자가 위 시술 직후 쇼크반응을 나타내는 등 상해를 입은 경우, 피고인이 알레르기 반응검사를 하지 않은 과실과 피해자의 상해 사이에 상당인과관계를 인정하기 어렵다.

4 판례가 신뢰의 원칙을 인정한 경우가 아닌 것은?

① 우선통행권을 가진 자동차의 운전자가 상대방 차가 대기할 것이라고 신뢰한 경우

② 횡단보도의 신호가 적색인 상태에서 반대차선상에 정지하여 있던 차량의 뒤로 보행자가 건너오지 않을 것이라고 신뢰하고 자동차를 운행한 경우

③ 무모하게 앞지르기를 하는 차를 위해 서행하지 않아 사고가 발생한 경우

④ 반대방향에서 오는 차량이 이미 중앙선을 침범하여 비정상적인 운행을 하고 있음을 목적한 경우

5 형벌에 관한 설명 중 가장 적절하지 않은 것은?

① 징역 또는 금고는 무기 또는 유기로 하고 유기는 1개월 이상 30년 이하로 한다. 단, 유기징역 또는 유기금고에 대하여 형을 가중하는 때에는 50년까지로 한다.

② 법정형으로서 사형을 규정하고 있는 범죄로는 현주건조물방화치사죄, 해상강도치사죄 등이 있다.

③ 형의 경중은 사형 → 징역 → 금고 → 자격상실 → 자격정지 → 벌금 → 구류 → 과료 → 몰수의 순서에 의한다.

④ 소년법 제59조는 판결 당시 18세 미만인 소년에 대하여 사형 또는 무기형으로 처할 경우에는 15년의 유기징역으로 한다고 규정하고 있다.

6 누범에 대한 설명 중 옳지 않은 것은?

① 형법 제35조 제1항의 '금고 이상에 해당하는 죄'는 법정형을 의미한다.
② 가석방기간 중의 재범에 대하여는 누범가중처벌되지 아니한다.
③ 특별사면으로 출소한 후 3년 내에 다시 죄를 범한 자에 대한 누범가중은 적법하다.
④ 일반사면이 있었을 때에는 해당 전과는 누범가중사유가 되지 않는다.

7 다음의 판례 사안 중 틀린 것은 모두 몇 개인가? (다툼이 있는 경우에는 판례에 의함)

> ㉠ 甲은 乙 등과 특수강도의 범행을 공모한 후, 甲은 범행의 실행에 가담하지 아니하고 乙 등이 강취해온 장물의 처분을 알선만 한 경우, 甲에게는 특수강도의 종범과 장물알선죄의 경합범이 성립한다.
> ㉡ 甲이 乙에게 "너희들이 오토바이를 훔쳐라. 그러면 그 장물은 내가 사 주겠다."고 말하고, 그 말을 들은 乙이 오토바이를 훔친 뒤 그것을 甲에게 넘기고 그 대가를 취득한 경우, 甲은 오토바이 절도죄에 대한 공동정범의 책임을 진다.
> ㉢ 보조공무원이 허위로 공문서를 기안하여 그 정을 모르는 작성권자의 결재를 받아 공문서를 완성한 때에는 공문서위조죄가 성립한다.
> ㉣ 운전병이 운전하던 짚차의 선임탑승자와 같이 음주한 후 음주로 인하여 취한 탓으로 사고가 발생한 경우 선임 탑승자에게도 과실범의 공동정범이 성립한다.
> ㉤ 의료인일지라도 의료인이 아닌 자의 의료행위에 공모하여 가공하면 의료법이 규정하는 무면허의료 행위의 공동정범으로서의 책임을 진다.

① 2개 ② 3개
③ 4개 ④ 5개

8 다음 중 판례의 태도로 틀린 것은?

① 부작위범 사이의 공동정범은 다수의 부작위범에게 공통된 의무가 부여되어 있고 그 의무를 공통으로 이행할 수 있을 때에만 성립한다.
② 공모공동정범에 있어서 공모자가 공모에 주도적으로 참여하여 다른 공모자의 실행에 영향을 미친 때에는 범행을 저지하기 위하여 적극적으로 노력하는 등 실현하려는 의사가 암묵적으로 상통하여 범행에 공동 가공한 것이라면 공동정범이 성립하지 않는다.
③ 우연히 만난 자리에서 서로 협력하여 공동의 범의를 실현하려는 의사가 암묵적으로 상통하여 범행에 공동 가공한 것이라면 공동정범이 성립하지 않는다.
④ 공모에 의한 범죄의 공동실행은 모든 공범자가 스스로 범죄의 구성요건을 실현하는 것을 전제로 하지 아니하고, 그 실현행위를 하는 공범자에게 그 행위결정을 강화하도록 협력하는 것으로도 가능하다.

9 고의에 대한 설명으로 옳지 않은 것은? (다툼이 있는 경우 판례에 의함)

① 고의 또는 범의는 반드시 어떤 목적이나 의도를 지녀야 인정되는 것은 아니고 자기 행위로 인하여 구성요건적 결과가 발생할 가능성 또는 위험이 있음을 인식하거나 예견하면 족하다.

② 미필적 고의가 인정하려면 결과발생의 가능성에 대한 인식이 있음은 물론 결과발생을 용인하는 내심의 의사가 있어야 한다.

③ 건장한 체격의 군인이 왜소한 체격인 피해자의 목을 15초 내지 20초 동안 세게 졸라 설골이 부러질 정도로 폭력을 행사하였다면. 피해자가 실신하자 피해자에게 인공호흡을 실시하였다 하여도 살인의 미필적 고의가 인정된다.

④ 야간에 신체의 일부만이 집 안으로 들어간다는 인식 하에 타인의 집의 창문을 열고 집안으로 얼굴을 들이미는 행위를 하였다면 주거침입죄의 범의는 인정되지 않는다.

10 다음 중 판례가 뇌물죄에 있어 직무관련성을 인정하지 않는 것은?

① 구청 위생계장인 피고인이 유흥업소를 경영하는 사람으로부터 건물용도변경허가와 관련하여 금품을 수수한 경우

② 경찰서 교통계에 근무하는 경찰관(피고인)이 도박장개설 및 도박범행을 묵인하고 편의를 봐주는 데 대한 사례비 명목으로 금품을 수수한 경우

③ 군(郡)의원들인 피고인들이 군의회 의장선거와 관련하여 금품 등을 수수한 경우

④ 법원의 참여주사인 피고인이 형량을 감경하게 하여 달라는 청탁과 함께 금품을 수수한 경우

11 다음 중 손괴죄가 성립하지 않는 경우는? (판례에 의함)

① 해고노동자 등이 복직을 요구하는 집회를 개최하던 중 계란 30여 개를 회사 건물에 투척한 경우

② 해고노동자 등이 복직을 요구하는 집회를 개최하던 중 래커 스프레이를 이용하여 회사 건물 외벽과 1층 벽면 등에 낙서한 경우

③ 재건축사업으로 철거예정이고 그 입주자들이 모두 이사하여 아무도 거주하지 않은 채 비어있는 아파트를 손괴한 경우

④ 우물에 연결하고 땅속에 묻어서 수도관적인 역할을 하고 있는 고무호스 중 약 1.5m를 발굴하여 우물가에 제쳐 놓음으로써 물이 통하지 못하게 한 경우

12 甲은 그의 아버지 A와 동생 B를 살해하기 위하여 화장지를 말아 장롱 안으로 집어넣은 다음 라이터로 불을 붙여 장롱으로 불이 번지자 그 곳을 빠져 나왔고, 이후 A, B는 연기로 인하여 질식사하였다. 甲의 죄책은? (판례에 의함)

① A에 대한 현주건조물방화치사죄의 포괄일죄
② A에 대한 현주건조물방화치사죄, B에 대한 현주건조물방화치사죄
③ A에 대한 존속살해죄 및 현주건조물방화죄의 상상적 경합, B에 대한 현주건조물방화치사죄
④ A에 대한 존속살해죄 및 현주건조물방화치사죄의 상상적 경합, B에 대한 현주건조물방화치사죄

13 자살교사·방조죄에 관한 다음의 설명 중 가장 옳지 않은 것은? (다툼이 있는 경우 판례에 의함)

① 피고인이 7세, 3세 남짓된 어린자식들에 대하여 함께 죽자고 권유하여 물속에 따라 들어오게 하여 결국 익사하게 하였다면, 비록 피해자들을 물속에 직접 밀어서 빠뜨리지는 않았다고 하더라도 자살의 의미를 이해할 능력이 없고 피고인의 말이라면 무엇이나 복종하는 어린 자식들을 권유하여 익사하게 한 이상 자살교사죄에 해당한다.
② 피고인과 말다툼을 하다가 죽고 싶다 또는 같이 죽자고 하며 피고인에게 기름을 사오라는 말을 하였고, 이에 따라 피고인이 피해자에게 휘발유 1병을 사다주었는데 그 직후에 피해자가 몸에 휘발유를 뿌리고 불을 붙여 자살하였고 피해자의 자살경위가 피고인과 피해자 사이의 가정불화 등이었다면, 피고인이 휘발유를 이용하여 자살할 수도 있다는 것을 충분히 예상할 수 있었으므로 자살방조죄가 성립한다.
③ 자살방조죄가 성립하기 위해서는 그 방조 상대방의 구체적인 자살의 실행을 원조하여 이를 용이하게 하는 행위의 존재 및 그 점에 대한 행위자의 인식이 요구된다.
④ 피고인이 인터넷 사이트 내 자살 관련 카페 게시판에 청산염 등 자살용 유독물의 판매광고를 하였더라도 그것이 단지 금원 편취 목적의 사기행각의 일환으로 이루어졌고, 변사자들이 다른 경로로 입수한 청산염을 이용하여 자살하였다면, 피고인의 행위는 자살방조에 해당하지 않는다.

14 협박죄에 관한 설명으로 가장 옳지 않은 것은? (다툼이 있는 경우 판례에 의함)

① 협박죄에 있어서의 협박이라 함은 일반적으로 보아 사람으로 하여금 공포심을 일으킬 수 있는 정도의 해악을 고지하는 것을 의미한다.

② 협박죄가 성립하기 위하여는 적어도 발생 가능한 것으로 생각될 수 있는 정도의 구체적인 해악의 고지가 있어야 한다.

③ 협박에 의하여 상대방이 현실적으로 공포심을 일으킨 경우에 비로소 구성요건이 충족되어 협박죄는 기수에 이른다.

④ 해악의 고지가 있다 하더라도 그것이 사회의 관습이나 윤리관념 등에 비추어 볼 때에 사회통념상 용인할 수 있을 정도의 것이라면 협박죄는 성립하지 아니한다.

15 업무방해죄의 보호대상이 되지 않는 업무를 모두 고른 것은? (다툼이 있는 경우 판례에 의함)

> ㉠ 공인중개사가 아닌 사람이 영위하는 부동산중개업
> ㉡ 9시 이전에 출근하여 9시에 업무를 시작할 수 있도록 준비하는 행위
> ㉢ 학생들이 학교에 등교하여 교실에서 수업을 듣는 것
> ㉣ 서울시장이 매년 직무상 행하는 년초의 기자회견
> ㉤ 주식회사의 주주가 주주총회에서 의결권을 행사하는 행위

① ㉠㉡   ② ㉡㉢㉤
③ ㉢㉣   ④ ㉠㉢㉣㉤

16 시장(市長)인 피고인 갑이 자신의 인사업무를 보좌하는 행정과장 피고인 을과 공동하여, 관련 법령에서 정한 절차에 따라 평정대상 공무원에 대한 평정단위별 서열명부 및 평정순위가 정해졌는데도 평정권자나 실무 담당자 등에게 특정 공무원들에 대한 평정순위 변경을 구체적으로 지시하여 평정단위별 서열명부를 새로 작성하도록 하였다. 갑, 을의 죄책은? (다툼이 있는 경우 판례에 의하며, 공문서 변조는 논외로 한다.)

① 직권남용권리행사방해죄   ② 위계에 의한 공무집행방해죄
③ 직무유기죄   ④ 공무집행방해죄

17 갑은 피씨방에 게임을 하러 온 을로부터 농업협동조합 지점에서 을 소유의 농협현금카드로 20,000원을 인출해 오라는 부탁과 함께 현금카드를 건네받게 되자 이를 기화로, 위 지점에 설치되어 있는 현금자동인출기에 위 현금카드를 넣고 인출금액을 50,000원으로 입력하여 그 금액을 인출한 후 그 중 20,000원만 을에게 건네주고 나머지 30,000원은 자신이 취득하였다. 이 경우 갑의 죄책은? (다툼이 있는 경우 판례에 의함)

① 절도죄 　　　　　　　　　　② 컴퓨터 등 사용사기죄
③ 사기죄 　　　　　　　　　　④ 무죄

18 다음의 업무상 과실치사상죄에 관한 설명 중 가장 옳지 않은 것은? (다툼이 있는 경우 판례에 의함)

① 호텔을 경영하는 주식회사에 대표이사가 별도로 있고 실질적인 책임자로서 업무전반을 총괄하는 전무 등 임직원이 각 소관업무를 분담처리하면서, 소방법 소정의 방화관리자까지 선정, 당국에 신고하여 소방훈련 및 화기사용 또는 취급에 관한 지도감독 등을 하고 있었다면, 위 회사의 업무에 전혀 관여하지 않고 있던 소위 회장에게는 호텔 종업원의 부주의와 호텔구조상의 결함으로 발생, 확대된 화재에 대한 구체적이고도 직접적인 주의의무가 인정되지 않는다.

② 상무이사인 현장소장이 현장에서의 공사감독을 전담하였다면, 사장에게 자신의 직접적인 지휘·감독을 받지 않는 회사직원 혹은 고용한 노무자들이 저지른 안전수칙 위반사고에 대하여 일일이 세부적인 안전대책을 강구하여야 하는 구체적이고 직접적인 주의의무는 인정되지 않는다.

③ 병원에서 인턴의 수가 부족하여 수혈함에 있어 두 번째 이후의 혈액봉지는 인턴 대신 간호사가 교체하는 관행이 확립되어 있는 경우, 담당의사의 지시를 받은 인턴이 피해자에게 수혈할 두 번째 혈액봉지를 직접 교체한 후 간호사에게 다음 혈액봉지를 교체할 것을 맡겼다면, 인턴에게 혈액봉지가 바뀐 것에 대한 과실책임을 물을 수 없다.

④ 안전배려 내지 안전관리 사무에 계속적으로 종사하여 사람의 사회생활면에 있어서의 하나의 지위로서의 계속성을 가지지 아니한 채, 단지 건물의 소유자로서 건물을 비정기적으로 수리하거나 건물의 일부분을 임대하였다는 사정만으로 업무상 과실치사상죄의 '업무'에 해당한다고 보기는 어렵다.

19 다음 중 공정증서원본부실기재죄가 성립하는 것은 몇 개인가?

> ㉠ 해외이주목적으로 가장이혼 후 이혼신고를 한 경우
> ㉡ 법원을 기망하여 확정판결을 받아 그 내용의 허위임을 알면서 이를 제출하여 등기신청을 한 경우
> ㉢ 후임 이사가 유효히 선임되었는데도 그 선임의 효력을 둘러싼 다툼 중 선임된 후임이사가 이사등기를 한 경우
> ㉣ 법원의 촉탁에 의해 부실등기를 한 경우
> ㉤ 공동상속인 중의 1인이 다른 공동상속인들과의 합의 없이 법정상속분에 따른 공동상속등기를 마친 경우

① 없음
② 1개
③ 2개
④ 3개

20 일반교통방해죄에 대한 설명 중 판례의 태도가 아닌 것은?

① 피고인 등 약 600명의 노동조합원들이 보도가 따로 마련되어 있지 아니한 도로 우측의 편도 2차선의 대부분을 차지하면서 행진하는 방법으로 시위를 함으로써 나머지 편도 2차선으로 상, 하행 차량이 통행하느라 차량의 소통이 방해되었다 하더라도 그 시위행위에 대하여 일반교통방해죄를 적용할 수 없다.

② 주민들에 의하여 공로로 통하는 유일한 통행로로 오랫동안 이용되어 온 폭 2m의 골목길을 자신의 소유라는 이유로 폭 50 내지 75cm 가량만 남겨두고 담장을 설치하여 주민들의 통행을 현저히 곤란하게 하였다면 일반교통방해죄를 구성한다.

③ 불특정 다수인의 통행로로 이용되어 오던 도로의 토지 일분의 소유자가 그 도로의 중간에 바위를 놓아두거나 이를 파헤침으로써 차량의 통행을 못하게 한 경우 본죄가 성립한다.

④ 법률에 따라 옥외집회신고를 마쳤어도, 신고의 범위와 법률상의 제한을 현저히 일탈하여 주요도로 전차선을 점거하여 행진 등을 함으로써 교통소통에 현저한 장애를 일으켰다면, 일반교통방해죄를 구성한다.

제9회 모의고사

☞ 정답 및 해설 P.240

1 다음 죄형법정주의에 관한 설명 중 옳은 것은 모두 몇 개인가? (다툼이 있는 경우 판례에 의함)

> ㉠ 중개사무소 개설등록을 하지 아니하고 부동산 거래를 중개하면서 그에 대한 수수료를 약속하였으나 현실적으로 수령하지 아니한 경우, 공인중개사법의 처벌대상이 된다.
>
> ㉡ 게임산업진흥에 관한 법률과 동법 시행령의 개정으로 게임머니의 환전, 환전 알선, 재매입 영업행위를 처벌하게 되었던 바, 그 시행일 이전의 행해졌던 환전, 환전 알선, 재매입한 영업행위를 처벌하는 것은 형벌법규의 소급효금지원칙에 위배된다.
>
> ㉢ 가정폭력범죄의 처벌 등에 관한 특례법이 정한 보호처분 중 하나인 사회봉사명령은 가정폭력범죄행위에 대하여 형사처벌 대신 부과되는 것으로서 실질적으로는 신체적 자유를 제한하는 것이지만, 형벌 그 자체가 아니라 보안처분의 성격을 가지는 것이기 때문에 원칙적으로 소급적용이 허용된다.
>
> ㉣ 화물자동차 운수사업법 제48조 제4호, 제39조의 처벌대상이 되는 '자가용화물자동차를 유상으로 화물운송용에 제공하거나 임대하는 행위'라 함은 자가용화물자동차를 '유상으로 화물운송용에 제공하는 행위'와 '임대하는 행위'를 의미한다고 보아야 할 것이다.

① 1개
② 2개
③ 3개
④ 4개

2 위법성조각사유에 대한 설명으로 옳지 않는 것은?

① 타인의 청구권을 보전하기 위한 자구행위는 인정되지 않는다.
② 과거의 침해에 대해서 정당방위가 허용되지 않는다.
③ 부작위에 의한 현재의 부당한 침해에 대해서 정당방위가 인정된다.
④ 법익침해를 승낙하면 법익침해 이전에 승낙을 철회하더라도 철회의 효과가 발생하지 않는다.

3 다음 중 정당행위로서 위법성이 조각되는 것은? (판례에 의함)

① 주위토지통행권을 방해하는 옹벽부분에 관한 철거를 명하는 판결과 그 강제집행을 따르지 않고 임의로 옹벽을 철거한 경우

② 회사의 직원이 회사의 이익을 빼돌린다는 소문을 확인할 목적으로 비밀번호를 설정하여 피해자가 사용하던 개인용 컴퓨터의 하드디스크를 떼어내어 다른 컴퓨터에 연결한 다음 의심이 드는 단어로 파일을 검색하여 메신저 대화내용, 이메일 등을 출력하여 그 내용을 알아낸 경우

③ 술에 취한 피해자가 피고인을 때렸다가 피고인이 반항하는 기세에 겁을 먹고 주춤주춤 피하는 것을 피고인이 밀어서 넘어뜨린 경우

④ 사단법인 진주민속예술보존회의 이사장이 이사회 또는 임시총회의 의장으로서 의안에 관하여 발언하다가 타인의 명예를 훼손하는 내용의 말을 한 경우

4 고의(범의)에 관한 설명 중 가장 적절하지 않은 것은? (다툼이 있으면 판례에 의함)

① 어부인 피고인들이 어로저지선을 넘어 어업을 하였다고 하더라도 북괴경비정이 출현하는 경우 납치되어 가더라도 좋다고 생각하면서 어로저지선을 넘어서 어로작업을 한 것이 아니라면 북괴집단의 구성원들과 회합이 있을 것이라는 미필적 고의가 있었다고 단정할 수 없다.

② 전당포영업자가 보석들을 전당잡으면서 인도받을 당시 장물인 정을 몰랐다가 그 후 장물일지도 모른다고 의심하면서 소유권포기각서를 받은 경우 장물취득죄에 해당하지 않는다.

③ 공무집행방해죄에 있어서의 범의는 상대방이 직무를 집행하는 공무원이라는 사실, 그리고 이에 대하여 폭행 또는 협박을 한다는 사실을 인식하는 것을 그 내용으로 하며, 그 직무집행을 방해할 의사를 필요로 하지 아니한다.

④ 이미 적성검사 미필로 면허가 취소된 전력이 있는데도 면허증에 기재된 유효기간이 5년 이상 지나도록 적성검사를 받지 아니한 채 자동차를 운전하였다 하더라도 적성검사 미필로 인한 운전면허 취소사실이 통지되지 아니하고 공고되었다면 운전자가 면허취소 사실을 알고 있었다고 보기 어려우므로 무면허운전죄가 성립하지 않는다.

5 과실범에 관한 설명으로 옳지 않은 것은?

① 의료사고에 있어서 의사의 과실 유무 판단은 같은 업무와 직무에 종사하는 일반적 보통인의 주의정도를 표준으로 하여야 한다.

② 행정상의 단속을 주안으로 하는 법규라 하더라도 과실범을 처벌하는 명문규정이 있거나 해석상 과실범도 벌할 뜻이 명확한 경우를 제외하고는 형법의 원칙에 따라 고의가 있어야 벌할 수 있다.

③ 시계점을 경영하면서 중고시계의 매매도 하고 있는 甲은, 후에 장물로 판정된 시계를 매입함에 있어 매도인에게 그 시계의 구입장소, 구입시기, 매각이유 등을 묻고 비치된 장부에 매입가격 및 주민등록증에 의해 확인된 위 매도인의 인적사항 일체를 사실대로 기재하는 것 이외에도 위 매도인의 신분이나 시계 출처 및 소지 경위에 대한 매도인의 설명의 진부에 대하여까지 확인하여야 할 주의의무가 있다.

④ 행위자의 행위와 결과 사이에는 인과관계가 있음을 요한다.

6 위법성조각사유에 관한 설명 중 옳지 않은 것은? (다툼이 있는 경우에는 판례에 의함)

① 인근 상가의 통행로로 이용되고 있는 토지의 사실상 지배권자가 위 토지에 철주와 철망을 설치하고 포장된 아스팔트를 걷어냄으로써 통행로로 이용하지 못하게 한 경우 자구행위에 해당하지 않는다.

② 甲이 자신의 父 乙에게서 乙소유의 부동산 매매에 관한 권한 일체를 위임받아 이를 매도하였는데, 그 후 乙이 갑자기 사망하자 소유권 이전에 사용할 목적으로 乙이 甲에게 인감증명서 발급을 위임한다는 취지의 인감증명 위임장을 작성한 경우 乙의 추정적 승낙이 인정되므로 사문서위조죄가 성립되지 않는다.

③ 자신과 남편과 甲이 불륜을 저지른 것으로 의심한 乙이 이를 따지기 위해 乙의 아들 등과 함께 甲의 집안으로 들어와 서로 합세하여 甲을 구타하자, 그로부터 벗어나기 위해 손을 휘저으며 발버둥치는 과정에서 乙에게 상해를 가한 甲의 행위는 위법성이 조각된다.

④ 가해자의 행위가 피해자의 부당한 공격을 방위하기 위한 것 이라기보다는 서로 공격할 의사로 싸우다가 먼저 공격을 받고 이에 대항하여 가해하게 된 경우, 그 가해행위는 방어행위인 동시에 공격행위의 성격을 가지므로 정당방위라고 볼 수 없다.

7 다음 설명 중 가장 적절한 것은? (다툼이 있는 경우 판례에 의함)

① 진정부작위범의 경우 다수의 부작위범에게 부여된 작위의무가 각각 다르더라도 각각의 작위의무에 위반되는 행위를 공동으로 하였다면 부작위범의 공동정범이 성립할 수 있다.

② 일정한 기간 내에 잘못된 상태를 바로잡으라는 행정청의 지시를 이행하지 않았다는 것을 구성요건으로 하는 범죄는 이른바 진정부작위범으로서 그 의무이행기간의 경과에 의하여 범행이 기수에 이른다.

③ 공무원이 어떠한 위법사실을 발견하고도 직무상 의무에 따른 적절한 조치를 취하지 아니하고 위법사실을 적극적으로 은폐할 목적으로 허위공문서를 작성·행사한 경우에는 허위공문서작성죄와 허위작성공문서행사죄 외에 부작위범인 직무유기죄가 성립한다.

④ 부진정부작위범의 작위의무는 법적인 의무로서 법령, 법률행위 또는 선행행위로 인한 경우에 인정될 수 있으나, 단순한 도덕적 의무라든가 사회상규 혹은 조리에 의하여서는 인정될 수 없다.

8 협박죄에 관한 다음 설명 중 가장 적절하지 않은 것은? (다툼이 있는 경우 판례에 의함)

① 조상천도제를 지내지 아니하면 좋지 않은 일이 생긴다는 취지의 해악의 고지는 길흉화복이나 천재지변의 예고로서 행위자에 의하여 직접, 간접적으로 좌우될 수 없는 것이고 가해자가 현실적으로 특정되어 있지도 않으며 해악의 발생가능성이 합리적으로 예견될 수 있는 것이 아니므로 협박으로 평가될 수 없다.

② 협박죄의 성립에 요구되는 협박은 일반적으로 그 상대방이 된 사람으로 하여금 공포심을 일으키기에 충분한 정도의 해악을 고지하는 것을 말한다.

③ 해악의 고지가 상대방에게 도달하였다면 상대방이 지각하지 못하거나 그 의미를 인식하지 못한 경우에도 협박죄의 기수를 인정할 수 있다.

④ 피해자와 언쟁 중 "입을 찢어 버릴라"라고 한 말은 당시의 주위 사정 등에 비추어 단순한 감정적인 욕설에 불과하고 피해자에게 해악을 가할 것을 고지한 행위라고 볼 수 없어 협박에 해당하지 않는다.

9 다음의 옳고 그름을 바르게 표시한 것은? (다툼이 있는 경우 판례에 의함)

> ㉠ 임차인이 임대계약 종료 후 식당건물에서 퇴거하면서 종전부터 사용하던 냉장고의 전원을 켜둔 채 그대로 두었다가 약 1개월 후 철거해 가는 바람에 그 기간 동안 전기가 소비된 경우 임차인의 행위는 전기에 대한 절도죄가 성립한다.
>
> ㉡ 갑이 피해자의 현장소장으로 근무하던 중 월급 등을 제대로 지급받지 못할 것을 염려하여 피해자의 사무실에서 피해자 명의의 통장을 몰래 가지고 나와 예금 1,000만원을 인출한 후 다시 통장을 제자리에 갖다 놓은 경우 갑에게는 통장에 대한 영득의 의사를 인정할 수 없어 절도죄가 성립하지 않는다.

① ㉠ - O, ㉡ - O   ② ㉠ - O, ㉡ - X

③ ㉠ - X, ㉡ - O   ④ ㉠ - X, ㉡ - X

10 형법상 배임수재죄 및 배임증재죄에 관한 다음 설명 중 옳은 것(O)과 옳지 않은 것(×)을 올바르게 조합한 것은? (다툼이 있는 경우 판례에 의함)

> ㉠ 배임수증죄에 있어서 '부정한 청탁'이라 함은 청탁이 사회상규와 신의성실의 원칙에 반하는 것을 말하고 이를 판단함에 있어서는 청탁의 내용과 이와 관련되어 교부받거나 공여한 재물의 액수, 형식, 보호법익인 사무처리자의 청렴성 등을 종합적으로 고찰하여야 하며 그 청탁이 반드시 명시적임을 요하는 것은 아니다.
>
> ㉡ 배임수재죄에서 말하는 '재산상 이익의 취득'이라 함은 현실적인 취득만을 의미하므로 단순한 요구 또는 약속만을 한 경우에는 배임수재죄의 기수로 처벌하지 못한다.
>
> ㉢ 배임수재죄는 타인의 사무를 처리하는 자가 그 임무에 관하여 부정한 청탁을 받고 재물 또는 재산상의 이익을 취득함으로써 성립되고 청탁에 따른 일정한 행위가 현실적으로 행하여질 것을 요하지 않는다.
>
> ㉣ 규정이 허용하는 범위 내에서 최대한의 선처를 바란다는 청탁을 받고 그 사례로 금품을 수수한 경우 배임수재죄의 '부정한 청탁'에 해당된다.

① ㉠(O), ㉡(O), ㉢(O), ㉣(O)

② ㉠(O), ㉡(X), ㉢(O), ㉣(X)

③ ㉠(X), ㉡(O), ㉢(O), ㉣(O)

④ ㉠(O), ㉡(O), ㉢(O), ㉣(X)

11 공갈죄에 관한 다음 설명 중 가장 옳은 것은? (다툼이 있는 경우 판례에 의함)

① 협박죄에 있어서의 해악을 가할 것을 고지하는 행위는 통상 언어에 의하는 것이나 경우에 따라서는 한마디 말도 없이 거동에 의하여서도 고지할 수도 있다.

② 토지매도인이 그 매매대금을 지급받기 위하여 매수인을 상대로 하여 당해 토지에 관한 소유권이전등기말소청구소송을 제기하고 위 대금을 변제받지 못하면 위 소송을 취하하지 아니하고 예고등기도 말소하지 않겠다는 취지를 알린 경우, 공갈행위에 해당한다고 단정할 수 있다.

③ 공갈죄는 폭행 또는 협박과 같은 공갈행위로 인하여 피공갈자가 재산상 이익을 공여하는 처분행위가 있어야 성립하며, 처분행위는 반드시 작위에 한하지 아니하고, 피공갈자가 외포심을 일으켜 묵인하고 있는 동안에 공갈자가 직접 재산상의 이익을 탈취하는 부작위로도 가능하다.

④ 부동산에 대한 공갈죄는 그 부동산의 소유권이전등기에 필요한 서류를 교부받은 때에 기수가 된다.

12 유가증권에 관한 죄에 대한 다음 설명 중 가장 적절하지 않은 것은? (다툼이 있는 경우 판례에 의함)

① 위조유가증권임을 알고 있는 자에게 교부하였더라도 피교부자가 이를 유통시킬 것임을 인식하고 교부하였다면 그 교부행위 자체가 유가증권의 유통질서를 해할 우려가 있어 위조유가증권행사죄가 성립한다.

② 타인이 위조한 액면과 지급기일이 백지로 된 약속어음을 구입하여 행사의 목적으로 백지인 액면란에 금액을 기입하여 그 위조어음을 완성하는 행위는 백지어음 형태의 위조행위와는 별개의 유가증권위조죄를 구성한다.

③ 수표의 외관이 일반인으로 하여금 진정한 수표라고 신용하게 할 정도의 것이라면 동 수표가 수표요건을 결하여 실체법상 무효의 것이라 해도 위조죄는 성립한다.

④ 배서인이 약속어음 배서인의 주소를 허위로 기재한 경우, 배서인의 인적 동일성을 해하여 배서인이 누구인지를 알 수 없는 경우가 아니라고 하더라도 형법 제216조 소정의 허위유가증권작성죄가 성립한다.

13 주거침입의 죄에 관한 다음 설명 중 옳은 것은 모두 몇 개인가? (다툼이 있는 경우 판례에 의함)

> ㉠ 다가구용 단독주택이나 다세대 주택·연립주택·아파트 등 공동주택 안에서 공용으로 사용하는 엘리베이터, 계단과 복도는 특별한 사정이 없는 한 주거침입죄의 객체인 '사람의 주거'에 해당한다.
>
> ㉡ 출입문이 열려 있으면 안으로 들어가겠다는 의사 아래 출입문을 당겨보는 행위는 바로 주거의 사실상의 평온을 침해할 객관적인 위험성을 포함하는 행위를 한 것으로 볼 수 있어 그것으로 주거침입의 실행에 착수한 것으로 보아야 한다.
>
> ㉢ 퇴거불응죄에 있어서 '건조물'이라 함은 단순히 건조물 그 자체만을 말하는 것이 아니고 위요지를 포함하고, '위요지'가 되기 위하여는 건조물에 인접한 그 주변 토지로서 관리자가 외부와의 경계에 문과 담 등을 설치하여 그 토지가 건조물의 이용을 위하여 제공되었다는 것이 명확히 드러나야 할 것인데, 화단의 설치, 수목의 식재 등으로 담장의 설치를 대체하는 경우에도 건조물에 인접한 그 주변 토지가 건물, 화단, 수목 등으로 둘러싸여 건조물의 이용에 제공되었다는 것이 명확히 드러난다면 위요지가 될 수 있다.
>
> ㉣ 형법 제321조(주거·신체수색)는 미수범을 처벌한다.

① 1개

② 2개

③ 3개

④ 4개

14 교통방해의 죄에 관한 다음 설명 중 가장 적절하지 않은 것은? (다툼이 있는 경우 판례에 의함)

① 우리 형법에는 업무상과실, 중과실에 의한 일반교통방해를 처벌하는 조항이 있다.

② 사람이 현존하는 선박에 대해 매몰행위의 실행을 개시하고 그로 인하여 선박을 매몰시켰더라도 매몰의 결과 발생시 사람이 현존하지 않았거나 범인이 선박에 있는 사람을 안전하게 대피시켰다면 선박매몰죄의 미수가 성립한다.

③ 불특정 다수인의 통행로로 이용되어 오던 도로의 토지 일부의 소유자라 하더라도 그 도로의 중간에 바위를 놓아두거나 이를 파헤침으로써 차량의 통행을 못하게 한 행위는 일반교통방해죄가 성립한다.

④ 집회 또는 시위가 당초 신고된 범위를 현저히 일탈하거나 구 집회 및 시위에 관한 법률 제12조에 의한 조건을 중대하게 위반하여 도로 교통을 방해함으로써 통행을 불가능하게 하거나 현저하게 곤란하게 하는 경우에는 일반교통방해죄가 성립한다.

15 다음은 뇌물죄에 대한 설명이다. 옳지 않은 것은 모두 몇 개인가? (다툼이 있으면 판례에 의함)

> ㉠ 공무원이 직무집행의 의사 없이 타인을 공갈하여 재물을 교부하게 한 경우에도 재물의 교부자는 뇌물공여죄로 처벌된다.
>
> ㉡ 뇌물죄에서 말하는 '직무'에는 사무분장에 따라 현실적으로 담당하지 않는 직무라도 법령상 일반적인 직무권한에 속하는 직무 등 공무원이 그 직위에 따라 공무로 담당할 일체의 직무를 포함한다.
>
> ㉢ 수의계약을 체결하는 공무원이 해당 공사업자와 적정한 금액 이상으로 계약금액을 부풀려서 계약하고 부풀린 금액을 자신이 되돌려 받기로 사전에 약정한 다음 그에 따라 돈을 수수하였다면 수뢰죄가 성립한다.
>
> ㉣ 수수된 금품의 뇌물성을 인정하는 데 특별히 의무위반행위나 청탁의 유무 등을 고려할 필요가 없으므로, 뇌물은 직무에 관하여 수수된 것으로 족하여 개개의 직무행위와 대가적 관계에 있을 필요는 없으며, 그 직무행위가 특정된 것일 필요도 없다.

① 1개

② 2개

③ 3개

④ 4개

16 약취와 유인의 죄에 관한 다음 설명 중 가장 적절하지 않은 것은? (다툼이 있는 경우 판례에 의함)

① 약취행위는 피해자를 그 의사에 반하여 자유로운 생활관계 또는 보호관계로부터 범인이나 제3자의 사실상 지배하에 옮기는 행위를 말하는 것으로서 폭행 또는 협박을 수단으로 사용하는 경우에 그 폭행 또는 협박의 정도는 상대방을 실력적 지배하에 둘 수 있을 정도면 족하고 반드시 상대방의 저항을 억압할 정도의 것임을 요하지 않는다.

② 미성년자를 유인한 자가 계속하여 미성년자를 불법하게 감금하였을 때에는 미성년자유인죄 이외에 감금죄가 별도로 성립한다.

③ 약취와 유인의 죄, 인질강요죄, 인질강도죄에는 약취·유인·매매·이송된 자나 인질을 안전한 장소로 풀어준 때에는 형을 감경하는 규정이 있다.

④ 미성년자가 혼자 머무는 주거에 침입하여 그를 감금한 뒤 폭행 또는 협박에 의하여 부모의 출입을 봉쇄하거나 미성년자와 부모가 거주하는 주거에 침입하여 부모만을 강제로 퇴거시키고 독자적인 생활관계를 형성하기에 이르렀다면, 비록 장소적 이전이 없었다 할지라도 미성년자약취죄에 해당한다.

17 위증과 증거인멸의 죄에 관한 다음 설명 중 가장 옳은 것은? (다툼이 있는 경우 판례에 의함)

① 민사소송에서의 당사자인 법인의 대표가 증인으로 선서하고 증언한 경우, 위증죄의 주체가 될 수 있다.
② 하나의 사건에 관하여 한 번 선서한 증인이 같은 기일에 여러 가지 사실에 관하여 기억에 반하는 허위의 공술을 한 경우, 각 진술마다 수개의 위증죄를 구성한다.
③ 법률에 의하여 선서한 증인의 허위의 공술의 내용이 당해 사건의 요증사실에 관한 것인지의 여부나 판결에 영향을 미친 것인지의 여부는 위증죄의 성립과 아무런 관계가 없다.
④ 위증죄를 범한 자가 그 공술한 사건의 재판이 확정되기 전에 자수한 경우 그 형을 필요적으로 감경한다.

18 합동범에 대한 설명으로 옳지 않은 것은? (다툼이 있는 경우 판례에 의함)

① 합동범의 법정형은 형법에 별도로 규정되어 있다.
② 합동범의 주관적 요건으로서의 공모는 범행현장에서 암묵리에 의사상통하는 것도 포함된다.
③ 합동범에 대한 교사·방조는 불가능하다.
④ 합동범의 공동정범은 가능하다.

19 강도죄에 관한 다음 설명 중 옳지 않은 것은 모두 몇 개인가? (다툼이 있으면 판례에 의함)

> ㉠ 강도범인이 체포를 면탈할 목적으로 경찰관에게 폭행을 가한 때에는 강도죄와 공무집행방해죄는 상상적 경합관계에 있게 된다.
> ㉡ 강도죄에 있어서의 재산상의 이익이란 재물 이외의 재산상의 이익을 말하는 것으로서, 그 재산상의 이익은 반드시 사법상 유효한 재산상의 이득만을 의미하는 것이 아니고 외견상 재산상의 이득을 얻을 것이라고 인정할 수 있는 사실관계만 있으면 여기에 해당된다.
> ㉢ 강도죄에 있어서 폭행과 협박의 정도는 사회통념상 객관적으로 상대방의 반항을 억압하거나 항거불능하게 할 정도의 것이라야 한다.
> ㉣ 날치기 수법으로 피해자가 들고 있던 가방을 탈취하면서 가방을 놓지 않고 버티는 피해자를 5m 가량 끌고 감으로써 피해자의 무릎 등에 상해를 입힌 경우에는 강도치상죄가 성립한다.
> ㉤ 강간범인이 부녀를 강간할 목적으로 폭행, 협박에 의하여 반항을 억압한 후 반항억압 상태가 계속 중임을 이용하여 재물을 탈취하는 경우에는 재물탈취를 위한 새로운 폭행, 협박이 없더라도 강도죄가 성립한다.

① 1개 ② 2개
③ 3개 ④ 4개

20 장물죄에 대한 설명으로 옳지 않은 것은? (다툼이 있는 경우 판례에 의함)

① 장물취득죄는 재물에 대한 점유의 이전 이외에 그 재물에 대한 사실상 처분권의 획득이 있어야 인정될 수 있다.

② 자전거를 인도받은 후 비로소 장물이 아닌가 하는 의구심을 가졌더라도 장물취득죄가 성립한다.

③ 신용카드를 절취한 본범으로부터 보수를 줄 테니 대신 물건을 구입하여 달라는 부탁을 받고 절취한 것이라는 점을 알면서 신용카드를 건네받은 경우 장물취득죄는 성립하지 않는다.

④ 권한 없이 인터넷뱅킹으로 타인의 예금계좌에서 자신의 예금계좌로 돈을 이체한 자가 그 돈을 인출하여 그 정을 아는 A에게 교부한 경우 A에게는 장물취득죄가 성립하지 않는다.

10

제10회 모의고사

☞ 정답 및 해설 P.248

1 실행의 착수에 대한 설명으로 옳지 않은 것은?

① 제1차 매수인으로부터 계약금 및 중도금 명목의 금원을 교부 받은 후 제2차 매수인에게 부동산을 매도하기로 하고 계약금만을 지급받은 뒤 더 이상의 계약 이행에 나아가지 않았다면 배임죄의 실행의 착수가 있었다고 볼 수 없다.

② 강간할 목적으로 피해자의 집에 침입하여 안방에 들어가 자고 있는 피해자의 가슴과 엉덩이를 만지면서 간음을 기도하였다는 사실만으로 강간죄의 실행에 착수한 것으로 볼 수 없다.

③ 야간에 아파트에 침입하여 물건을 훔칠 의도로 아파트의 베란다 철제난간까지 올라가 유리창문을 열려고 시도하였다면 야간주거침입절도죄의 실행에 착수한 것으로 보아야 한다.

④ 출입문이 열려 있는 집에 들어가 재물을 절취하기로 마음먹고 다세대주택에 들어가 그 중 한 가구의 출입문을 당겨보는 행위만으로는 야간주거침입절도죄의 실행에 착수한 것으로 볼 수 없다.

2 간접정범에 관한 다음 설명 중 틀린 것은? (판례에 의함)

① 범죄사실의 인식없는 타인을 이용하여 범죄를 실행하게 한 자는 법률상 원인으로 직접정범이 될 수 없는 경우를 제외하고 간접정범으로서 단독으로 그 죄책을 부담함이 당연하다.

② 튀김용 기름의 제조허가도 없이 튀김용기름을 제조할 범의하에 식용유 제조의 범의없는 자를 이용하여 튀김용 기름을 제조하게 한 자는 보건범죄단속에 관한특별조치법의 간접정범에 해당한다.

③ 범죄는 '어느 행위로 인하여 처벌되지 아니하는 자'를 이용하여서도 이를 실행할 수 있으므로 내란죄의 경우에도 '국헌문란의 목적'을 가진 자가 그러한 목적이 없는 자를 이용하여 이를 실행할 수 있다.

④ 수표의 발행인 아닌 자는 부정수표단속법상 허위신고죄의 주체가 될 수 없지만, 허위신고의 고의없는 발행인을 이용하여 간접정범의 형태로는 허위신고죄를 범할 수 있다.

3 다음 법률문언 의미에 대한 판례의 해석을 잘못 옮긴 것은?

① 피해자의 나체가 나오는 컴퓨터 모니터 채팅 화면을 촬영한 것은 성폭력특별법상 '다른 사람의 신체'를 촬영한 행위에 해당하지 아니한다.

② 도로교통법 제43조 '운전면허를 받지 아니하고'라는 법률문언의 의미에 '운전면허를 받았으나 그 후 운전면허의 효력이 정지된 경우'가 포함된다고 해석할 수 없다.

③ '기업구매전용카드'를 이용하여 물품의 판매 등 방법으로 자금을 융통한 경우에 여신전문금융업법상 '신용카드'의 이용에 해당한다.

④ '블로그', '미니홈페이지', '카페' 등의 이름으로 개설된 인터넷 게시공간의 운영자가 게시된 타인의 글을 삭제할 권한이 있는데도 이를 삭제하지 아니한 경우를 국가보안법 제7조 제5항의 '소지'행위로 보는 것은 유추해석금지원칙에 반한다.

4 정당방위에 관한 다음 설명 중 가장 적절하지 않은 것은? (다툼이 있는 경우 판례에 의함)

① 검사가 검찰청에 자진출석한 변호사사무실 사무장을 합리적 근거 없이 긴급체포하자 그 변호사가 이를 제지하는 과정에서 위 검사에게 상해를 가한 것은 정당방위에 해당한다.

② 공직선거 후보자 합동연설회장에서 후보자 甲이 적시한 연설 내용이 다른 후보자 乙에 대한 명예훼손 또는 후보자비방의 요건에 해당되나 그 위법성이 조각되는 경우, 甲의 연설 도중에 乙이 마이크를 빼앗고 욕설을 하는 등 물리적으로 甲의 연설을 방해한 행위는 甲의 위법하지 않은 정당한 침해에 대하여 이루어진 것일 뿐만 아니라 상당성을 결여하여 정당방위의 요건을 갖추지 못하였다.

③ 자기 또는 타인의 법익에 대한 현재의 적법한 침해에 대해서는 정당방위가 불가능하다.

④ 이혼소송 중인 남편이 찾아와 가위로 폭행하고 변태적 성행위를 강요하는 데에 격분하여 처가 칼로 남편의 복부를 찔러 사망에 이르게 한 경우, 그 행위는 과잉방위에 해당한다.

5 형의 집행유예를 선고받은 자의 집행유예가 취소 또는 실효됨이 없이 그 유예기간을 경과하면 그 효과는?

① 형의 선고는 효력을 잃는다.

② 형 집행을 종료한 것으로 간주한다.

③ 면소된 것으로 간주한다.

④ 형의 집행이 면제된다.

6 미수범에 관한 다음 설명 중 가장 적절하지 않은 것은? (다툼이 있는 경우 판례에 의함)

① 부동산에 관한 공갈죄에서 부동산에 관하여 소유권이전등기에 필요한 서류를 교부받았다면 미수에 해당한다.

② 법원을 기망하여 유리한 판결을 얻어내고 상대방으로부터 재물이나 재산상 이익을 취득하려고 소송을 제기하였다가 법원으로부터 유리한 판결을 받지 못하고 소송이 종료됨으로써 미수에 그친 경우, 소송사기미수죄에 있어서 범죄행위의 종료 시기는 소송이 종료된 때이다.

③ 향정신성의약품인 메스암페타민(속칭 히로뽕)의 제조를 위해 그 원료인 염산에페트린 및 수종의 약품을 교반하여 그 제조를 시도하였으나 약품배합 미숙으로 그 완제품을 제조하지 못하였다면 그 행위는 성질상 결과발생의 위험성이 인정되어 습관성의약품제조죄의 미수범으로 처벌된다.

④ 피해자를 살해할 것을 마음먹고 밖으로 나가 낫을 들고 피해자에게 다가서려고 하였으나 제3자가 이를 제지하여 그 틈을 타서 피해자가 도망함으로써 살인의 목적을 이루지 못한 경우, 살인의 실행행위에 착수하였다고 볼 수 없다.

7 정범개념에 대한 입장과 그것에 대한 설명으로 연결이 옳은 것은?

① 확장적 정범개념 – 정범의 개념은 구성요건에 의거해야 한다.
② 확장적 정범개념 – 형법의 보호기능을 소홀히 할 위험이 있다.
③ 제한적 정범개념 – 공범의 처벌은 정범의 처벌범위를 축소하는 처벌축소사유가 된다.
④ 제한적 정범개념 – 간접정범의 정범성을 설명하는 데 어려움이 있다.

8 다음 중 부작위범에 대한 설명으로 틀린 것은?

① 다중불해산죄는 진정부작위범이다.
② 입찰업무를 담당하는 공무원이 입찰보증금 횡령사실을 알면서도 계속 방치하면 횡령죄의 종범이 성립한다.
③ 사회상규, 조리상에 의한 작위의무는 인정되지 않는다.
④ 부진정부작위범은 미수범을 처벌할 수 있다고 해석하는 것이 통설이다.

9 위법성조각사유의 전제사실에 관한 착오에 관한 설명 중 옳지 않은 것은?

① 소극적 구성요건표지이론의 경우 소극적 구성요건요소의 부존재에 관한 인식이 없으므로 고의가 조각되어 과실범의 처벌만이 문제된다.

② 엄격고의설의 경우 고의가 조각되고 과실범의 처벌만이 문제된다.

③ 유추 적용 제한책임설의 경우 고의가 조각되고 과실범의 처벌만이 문제된다.

④ 법효과제한적 책임설의 경우 이러한 착오를 일으킨 자에게 가담한 경우 공범이 성립되지 않는다.

10 직무유기죄에 관한 다음 설명 중 가장 옳지 않은 것은? (다툼이 있는 경우 판례에 의함)

① 경찰관이 직무와 관련하여 증거물로 압수한 오락기의 변조 기판을 범죄 혐의의 입증에 사용하기 위한 적절한 조치를 취하지 않고 피압수자에게 돌려준 경우, 증거인멸죄 및 직무유기죄가 모두 성립하고 위 각 죄는 상상적 경합관계에 있다.

② 통고처분이나 고발을 할 권한이 없는 세무공무원이 그 권한자에게 범칙사건 조사 결과에 따라 큰 통고처분이나 고발조치를 건의하는 등의 조치를 취하지 않았다고 하더라도, 직무유기죄의 성립을 인정할 것은 아니다.

③ 공무원이 어떠한 형태로든 직무집행의 의사로 자신의 직무를 수행한 경우에는 그 직무집행의 내용이 위법한 것으로 평가된다는 점만으로 직무유기죄의 성립을 인정할 것은 아니다.

④ 공무원이 병가 중인 경우에는 구체적인 작위의무 내지 국가기능의 저해에 대한 구체적인 위험성이 있다고 할 수 없어 직무유기죄의 주체로 될 수는 없다.

11 다음 중 갑에 대하여 친족상도례가 적용될 수 있는 경우는 모두 몇 개인가? (다툼이 있는 경우 판례에 의함)

> ㉠ '갑'은 자기 딸의 배우자의 아버지인 '을'을 백화점 내 점포에 입점시켜 주겠다고 속여 '을'로부터 입점비 명목으로 돈을 편취하였다(갑과 을은 사돈관계).
>
> ㉡ '갑'은 친척 '을' 소유 예금통장을 절취한 후 '을'의 거래 은행에 설치된 현금자동지급기에 예금통장을 넣고 조작하는 방법으로 '을' 명의 계좌의 예금잔고를 자신이 거래하는 다른 금융기관에 개설된 자기 계좌로 이체하였다.
>
> ㉢ '갑'은 자신의 사실상의 아버지인 '을'이 은행으로부터 임차 사용해 오던 대여금고의 문을 열고 그 대여금고의 안에 보관 중이던 양도성예금증서를 다른 형제들 몰래 처분하기 위하여 꺼내어 갔고, 그 후 '을'은 '갑'을 친생자로 인지하였다.
>
> ㉣ '갑'과 '을'은 공동하여 '을'의 외사촌 동생 '병'의 손목시계를 절취하였다.

① 없음 　　　　　　　　　　　② 1개

③ 2개 　　　　　　　　　　　④ 3개

12 유기와 학대의 죄에 관한 다음 설명 중 가장 적절하지 않은 것은? (다툼이 있는 경우 판례에 의함)

① 형법 제271조 제1항에서 말하는 법률상 보호의무 가운데는 민법 제826조 제1항에 근거한 부부간의 부양의무도 포함되며, 당사자 사이에 주관적으로 혼인의 의사가 있고 객관적으로도 사회 관념상 가족질서적인 면에서 부부공동생활을 인정할 만한 혼인생활의 실체가 존재한다면 사실혼 관계에서도 보호의무가 인정된다.

② 요부조자가 안전하게 구조된 것을 확인하고 돌아갔다고 해도 유기죄가 성립한다고 보는 입장은 유기죄를 추상적 위험범으로 보는 견해이다.

③ 유기죄는 행위자가 요부조자에 대한 보호책임의 발생 원인이 된 사실이 존재한다는 것을 인식하고 이에 기한 부조의무를 해태한다는 의식이 있음을 요한다.

④ 형법 제271조 제1항의 죄를 범하여 사람의 생명·신체에 대한 위험을 발생하게 한 때에는 중유기죄로써 가중처벌 된다.

13 사기죄의 죄에 관한 다음 설명에 대해 옳은 것(O)과 틀린 것(X)을 올바르게 조합한 것은? (다툼이 있는 경우 판례에 의함)

> ㉠ 피고인이 보험사고에 해당할 수 있는 사고로 경미한 상해를 입었다고 하더라도 이를 기화로 보험금을 편취할 의사로 상해를 과장하여 병원에 장기간 입원하고 이를 이유로 실제 피해에 비하여 과다한 보험금을 지급받은 경우에는 보험금 전체에 대해 사기죄가 성립한다.
>
> ㉡ 사기죄는 타인을 기망하여 착오에 빠뜨리고 처분행위를 유발하여 재물을 교부받거나 재산상 이익을 얻음으로써 성립하는 것으로서, 기망, 착오, 재산적 처분행위 사이에 인과관계가 있어야 한다.
>
> ㉢ 중고 자동차 매매에 있어서 매도인의 할부금융회사 또는 보증보험에 대한 할부금 채무는 매수인에게 당연히 승계되는 것이 아니므로 그 할부금 채무의 존재를 매수인에게 고지하지 아니한 것은 부작위에 의한 기망에 해당하지 아니한다.
>
> ㉣ 사돈은 민법상 친족으로 볼 수 없어 사돈지간의 사기죄는 친족상도례가 적용되지 않는다.

① ㉠(O), ㉡(O), ㉢(O), ㉣(O)

② ㉠(X), ㉡(O), ㉢(O), ㉣(O)

③ ㉠(O), ㉡(O), ㉢(X), ㉣(O)

④ ㉠(O), ㉡(O), ㉢(O), ㉣(X)

14 장물죄에 관한 다음 설명 중 가장 옳은 것은? (다툼이 있는 경우 판례에 의함)

① 뇌물로 받은 시계는 장물에 해당한다.

② 가입권자가 전화관서로부터 전화역무를 제공받을 권리인 전화가입권이 강취된 것이라는 정을 알면서 이를 매수한 경우 장물취득죄가 성립하지 아니한다.

③ 장물죄는 재산범인 본범이 영득한 재물에 사후적으로 관여하는 사후종범적 성격을 가지고 있으므로, 형법은 실제로 장물죄를 절도죄보다 가볍게 처벌하고 있다.

④ 양도담보로 제공한 후 다시 타에 양도한 물건은 배임행위로 인하여 영득한 물건이므로 장물이 될 수 있다.

15 甲은 이층방에서 자고 있는 A를 강간하기 위해 침입하려고 하였다. 甲이 창문으로 머리를 들이밀었을 때 마침 잠에서 깨어난 A가 이를 발견하고 '불이야'하고 소리를 질렀다. 이에 놀란 甲은 그대로 도주하였다. 판례에 의할 경우 甲의 죄책은?

① 주거침입죄의 미수

② 주거침입죄의 기수

③ 주거침입죄의 미수와 강간죄의 미수

④ 주거침입죄의 기수와 강간죄의 미수

16 다음 기술 중 횡령죄(업무상횡령죄 포함)가 성립하는 것을 모두 고른 것은? (판례에 의함)

> ㉠ 회사에 대하여 개인적인 채권을 가지고 있는 대표이사가 회사를 위하여 보관하고 있는 회사 소유의 금전으로 이사회의 승인 등의 절차 없이 자신의 채권 변제에 충당한 경우
> ㉡ 물건 납품의 선매대금을 매수인으로부터 받은 매도인이 물건 납품 전에 선매대금을 임의로 소비한 경우
> ㉢ 액면 보충, 할인하여 달라는 의뢰를 받고 액면백지인 약속어음을 교부받은 자가 보충권의 한도를 넘어 보충하여 임의로 사용한 경우
> ㉣ 채권양도인이 양도 통지 전에 채무자로부터 채권을 추심하여 수령한 금전을 채권양수인의 승낙없이 자신의 동생에게 빌려준 경우

① ㉠㉣

② ㉡㉣

③ ㉠㉢

④ ㉣

17 유가증권에 관한 죄에 대한 다음 설명 중 가장 적절하지 않은 것은? (다툼이 있는 경우 판례에 의함)

① 유가증권에 관한 죄는 외국인의 국외범도 처벌대상으로 한다.

② 유가증권이 되기 위해서는 재산권이 증권에 화체된다는 것과 그 권리의 행사와 처분에 증권의 점유를 필요로 한다는 두 가지 요소와 증권의 유통성을 필요로 한다.

③ 한국외환은행 소비조합 발행의 신용카드는 유가증권에 해당한다.

④ 유가증권의 명의인의 실재 여부는 유가증권위조죄의 성립 여부에 장애를 주지 않는다.

18 뇌물죄에 관한 설명으로 옳지 않은 것은? (다툼이 있는 경우 판례에 의함)

① 뇌물을 개인용도로 사용하지 않고 회식비나 홍보비 등으로 소비한 경우에도 뇌물성에는 영향이 없다.

② 금원의 수수가 어느 직무행위와 대가관계가 있는 것인지 특정할 수 없다고 하더라도 뇌물죄는 성립한다.

③ 수뢰죄와 증뢰죄는 필요적 공범관계이다.

④ 대가관계가 인정되더라도 금액이 근소하거나 규모가 작으면 뇌물성이 부정된다.

19 다음 설명 중 가장 적절하지 않은 것은? (다툼이 있는 경우 판례에 의함)

① 신용장에 날인된 시중은행의 접수일부인은 사실증명에 관한 사문서에 해당되므로 위탁된 권한을 넘어서 신용장에 허위의 접수일부인을 날인한 것은 사문서위조죄에 해당한다.

② 토지거래 허가구역 안의 토지에 관하여 실제로는 매매계약을 체결하고서도 처음부터 토지거래허가를 잠탈하려는 목적으로 등기원인을 '증여'로 하여 소유권이전등기를 경료한 경우 공정증서원본불실기재죄에 해당한다.

③ 어떤 선박이 사고를 낸 것처럼 허위로 사고신고를 하면서 그 선박의 선박국적증서와 선박검사증서를 함께 제출하였다면, 그 본래의 용도를 벗어나 행사된 것으로 이와 같은 행위는 공문서부정행사죄에 해당한다.

④ 갑 교회 목사인 피고인이 자신을 지지하는 일부 교인들과 갑 교회를 탈퇴함으로써 대표자의 지위를 상실하였으나, 그 후 갑 교회 명의로 갑 교회 소유 부동산을 자신에게 매도하는 내용의 매매계약서를 작성하고 이를 행사한 행위는 사문서위조죄 및 위조사문서행사죄에 해당한다.

20 다음 설명 중 판례의 태도와 다른 것은?

㉠ 피해자의 머리를 한번 받고 경찰봉으로 구타하자 피해자는 출항시부터 머리가 아프다고 배에 누워있다 입항할 즈음 외상성 뇌경막하 출혈로 사망하였다는 것이니, 범행시간과 피해자의 사망시간 간에 20여시간 경과하였다 하더라도 그 사이에 사망의 중간원인을 발견할 자료가 없는 이상 위 시간적 간격이 있었던 사실만으로 피고인의 구타와 피해자의 사망 사이에 인과관계가 없다고 할 수 없다.

㉡ 피고인이 자동차를 운전하다 횡단보도를 걷던 보행자 甲을 들이받아 그 충격으로 횡단보도 밖에서 甲과 동행하던 피해자 乙이 밀려 넘어져 상해를 입었다면 그 상해에 대해서까지 피고인은 책임이 없다.

㉢ 피고인이 야간에 오토바이를 운전하다가 도로를 무단횡단하던 피해자를 충격하여 피해자로 하여금 위 도로상에 전도케 하고, 그로부터 약 40초 내지 60초 후에 다른 사람이 운전하던 타이탄 트럭이 도로 위에 전도되어 있던 피해자를 역과하여 사망케 하였다면 그 사망에 책임이 있다.

㉣ 승용차로 피해자를 가로막아 승차하게 한 후 피해자의 하차 요구를 무시한 채 당초 목적지가 아닌 다른 장소를 향하여 시속 약 60km 내지 70km의 속도로 진행하여 피해자를 차량에서 내리지 못하게 한 행위는 감금죄에 해당하고, 피해자가 그와 같은 감금상태를 벗어날 목적으로 차량을 빠져 나오려다가 길바닥에 떨어져 상해를 입고 그 결과 사망에 이르렀다면 감금치사죄에 해당한다.

① ㉡㉢   ② ㉠

③ ㉠㉢   ④ ㉡

11

제11회 모의고사

☞ 정답 및 해설 P.255

1 책임능력에 관한 설명 중 가장 적절하지 않은 것은? (다툼이 있는 경우 판례에 의함)

① 충동조절장애와 같은 성격적 결함은 원칙적으로 심신장애에 해당하지 않으나 그 정도가 매우 심각하여 원래의 의미의 정신병을 가진 사람과 동등하다고 평가할 수 있는 경우에는 심신장애를 인정할 수 있다.

② 소년법 제60조 제2항 소정의 '소년'인지의 여부는 원칙적으로 심판시, 즉 사실심 판결 선고시를 기준으로 하여 판단하여야 한다.

③ 형법 제11조는 '농아자의 행위는 형을 감경한다'라고 규정하고 있다.

④ 심신장애로 인하여 사물을 변별할 능력이나 의사를 결정할 능력이 미약한 자의 행위는 형을 감경할 수 있다.

2 부작위범에 관한 설명으로 가장 옳은 것은? (다툼이 있는 경우 판례에 의함)

① 부작위범에 대한 교사는 가능하다.

② 보증인지위에 있는 자의 부작위에 의한 교사는 가능하다.

③ 행위자가 자신의 신체적 활동이나 물리적·화학적 작용을 통하여 적극적으로 타인의 법익 상황을 악화시켜 그 타인의 법익을 침해한 경우에는 작위범이 아니라 부작위범에 해당한다.

④ 압류된 골프장시설을 보관하는 회사의 대표이사가 위 압류시설의 사용 및 봉인의 훼손을 방지할 수 있는 적절한 조치 없이 골프장을 개장하게 하여 봉인이 훼손되게 한 경우라도 대표이사에게 작위의무를 인정할 수 없다.

3 乙이 담력을 시험하기 위하여 장난감 권총을 내밀자, 甲이 생명에 위협을 느껴 총으로 乙을 쏘아 살해하였다. 이 경우에 甲에게 살인죄의 죄책을 인정하게 되는 견해는?

① 엄격책임설

② 제한적 책임설

③ 소극적 구성요건표시이론

④ 엄격고의설

4 예비·음모 및 미수범에 관한 설명 중 가장 적절하지 않은 것은? (다툼이 있는 경우 판례에 의함)

① 상해죄, 퇴거불응죄, 재물손괴죄, 공무집행방해죄는 형법상 미수범 처벌규정이 있다.

② 기수범에 비하여 장애미수는 형을 감경할 수 있고 중지미수는 형을 감경 또는 면제하며 불능미수는 형을 감경 또는 면제할 수 있다.

③ 강도예비·음모죄가 성립하기 위해서는 예비·음모 행위자에게 미필적으로라도 '강도'를 할 목적이 있음이 인정되어야 하고 그에 이르지 않고 단순히 '준강도'할 목적이 있음에 그치는 경우에는 강도예비·음모죄로 처벌할 수 없다.

④ 정범이 실행의 착수에 이르지 아니한 예비단계에 그친 경우에는 이에 가공한다 하더라도 예비의 공동정범이 되는 때를 제외하고는 종범으로 처벌할 수 없다.

5 법률의 착오에 관한 설명 중 가장 옳지 않은 것은? (다툼이 있는 경우에는 다수설, 판례에 의함)

① 자기의 행위가 법령에 의하여 죄가 되지 아니하는 것으로 오인한 행위는 그 오인에 정당한 이유가 있는 때에 한하여 벌하지 아니한다.

② 자격기본법에 의한 민간자격관리자로부터 대체의학자격증을 수여받은 자가 사업자등록을 한 후 침술원을 개설하여 침술행위를 하는 것은 무면허 의료행위에 해당되지 아니하여 죄가 되지 않는다고 믿은 데에 정당한 이유가 없다.

③ 마약취급면허가 없는 자가 제약회사에 근무한다는 자로부터 마약이 없어 약을 제조하지 못하니 구해달라는 거짓 부탁을 받고 제약회사에서 쓰는 마약은 구해 주어도 죄가 되지 아니하는 것으로 믿고 생아편을 구해 주었다하더라도 오인에 정당한 이유가 있는 경우라고 볼 수 없다.

④ 위법성인식의 체계적 지위에 관한 제한 고의설에 대해서는 상습범 또는 확신범 등을 고의범으로 처벌할 수 없고 특별히 과실범 처벌규정이 있는 경우에 한하여 과실범으로 처벌할 수밖에 없는 형사정책적인 결함을 가진다는 비판이 있다.

6 판례가 적법행위의 기대가능성이 있어 책임을 인정한 경우로만 묶은 것은?

> ㉠ 대학교 3학년생들 중 일부 학생들의 학생증만을 제시받아 성년임을 확인한 후 나이트클럽에 입장시켰으나 그들 중 1인이 미성년자인 경우
> ㉡ 비서라는 신분 때문에 주종관계에 있는 직장상사의 지시를 거절할 수 없어 상사의 지시 하에 뇌물을 공여한 경우
> ㉢ 사용자가 경영부진 등으로 자금압박을 받아 임금을 지급하지 않은 경우
> ㉣ 증언으로 인해 형사소추를 받을 염려가 있는 자가 자기의 범죄사실을 은폐하기 위해 허위증언을 한 경우

① ㉠㉡㉢　　　　　　　　　② ㉠㉢㉣
③ ㉠㉡㉣　　　　　　　　　④ ㉡㉢㉣

7 공범과 신분에 관한 다음 설명 중 가장 적절하지 않은 것은? (다툼이 있는 경우 판례에 의함)

① 신분관계로 인하여 범죄가 성립하는 경우를 진정신분범, 신분관계로 형이 가중되거나 감경되는 경우를 부진정신분범이라 한다.
② 통설은 형법 제33조의 해석과 관련하여 본문은 진정신분범의 공범성립과 과형의 문제를, 단서는 부진정신분범의 공범성립과 과형의 문제를 규정한 것으로 이해한다.
③ 甲이 자신의 아버지인 줄 모르고 아버지 A를 친구 乙과 함께 살해하였을 경우, 甲은 존속살인죄로 처벌되나 乙은 보통살인죄로 처벌된다.
④ 의사가 간호사와 함께 공모하여 그 공동의사에 의한 기능적 행위지배가 있었다면, 의사도 간호사의 무면허 의료행위의 공동정범으로서의 죄책을 진다.

8 다음 몰수·추징에 관한 설명 중 틀린 것은?

① 주형을 선고유예하면서 몰수나 추징의 요건이 충족된 때에는 몰수나 추징만 선고할 수 있다.
② 몰수나 추징이 공소사실과 관련이 있다 하더라도 그 공소사실에 관하여 이미 공소시효가 완성된 경우에도 몰수나 추징만을 선고할 수 있다.
③ 제1심에서 선고하지 않은 추징을 제2심에서 선고하면 불이익변경금지의 원칙에 반한다.
④ 몰수나 추징의 부가는 검사의 청구가 없어도 법원이 직권으로 선고할 수 있다.

9 형법 총칙상 형의 감면에 대한 설명 중 타당하지 않은 것은?

① 방위행위가 그 정도를 초과한 때에는 정황에 의하여 그 형을 감경 또는 면제할 수 있다.
② 자구행위가 그 정도를 초과한 때에는 정황에 의하여 그 형을 감경 또는 면제할 수 있다.
③ 죄를 범한 후 수사책임이 있는 관서에 자수한 때에는 그 형을 감경 또는 면제할 수 있다.
④ 범죄의 정상에 참작할 만한 사유가 있는 때에는 작량하여 그 형을 감경 또는 면제할 수 있다.

10 중지미수에 대한 설명으로 옳지 않은 것은? (다툼이 있는 경우 판례에 의함)

① 중지미수의 법적 성격에 대한 책임감소·소멸설은 형의 면제 효과를 설명하기 어렵다는 비판을 받는다.
② 중지미수의 자의성에 대한 주관설은 자의성의 개념을 지나치게 확대한다는 비판을 받는다.
③ 공동정범의 경우 다른 공동정범 전원의 실행을 중지시키거나 모든 결과의 발생을 방지하지 않는 한 중지미수가 인정되지 않는다.
④ 범죄의 예비·음모 단계에서는 자의로 예비·음모행위를 중지한 경우에도 중지미수를 인정할 수 없다.

11 다음 설명 중 가장 적절하지 않은 것은? (다툼이 있는 경우 판례에 의함)

① 강도가 강도범행을 하는 기회에 수 명의 피해자에게 각 폭행을 가하여 각 상해를 입힌 경우에는 각 피해자별로 수 개의 강도상해죄가 성립하며 이들은 실체적 경합범의 관계에 있다.
② 포괄일죄로 되는 개개의 범죄행위가 다른 종류의 죄의 확정판결의 전후에 걸쳐서 행하여진 경우에는 그 죄는 2죄로 분리되지 않고 확정판결 후인 최종의 범죄행위시에 완성되는 것이다.
③ 2개의 인터넷 파일공유 사이트를 운영하는 피고인들이 이를 통해 저작재산권 대상인 디지털 콘텐츠가 불법 유통되고 있음을 알면서도 회원들로 하여금 불법 디지털 콘텐츠를 업로드하게 한 후 이를 다운로드하게 함으로써 저작재산권 침해를 방조한 경우 위 사이트를 통해 유통된 다수 저작권자의 다수 저작물에 대한 범행 전체가 하나의 포괄일죄를 구성한다.
④ 위조통화를 행사하여 재물을 불법영득한 때에는 위조통화행사죄와 사기죄의 양죄가 성립된다.

12 다음 중 장물인 것은 모두 몇 개인가?

㉠ 뇌물로 받은 금반지	㉡ 10세 소년이 절취한 시계
㉢ 도박에 건 현금	㉣ 절취한 현금으로 구입한 라디오
㉤ 위조한 한국은행권	

① 0개   ② 1개
③ 2개   ④ 3개

13 다음 중 유가증권이 아닌 것은? (판례에 의함)

① 리프트탑승권
② 신용카드업자가 발부한 신용카드
③ 할부구매전표
④ 공중전화카드

14 피의사실공표죄에 관한 다음 설명 중 옳은 것은?

① 검찰, 경찰은 물론 법관도 범죄의 주체가 될 수 있다.
② 지득한 피의사실을 공판청구 후에 공표하는 경우 형을 필요적으로 감경한다.
③ 피의자의 승낙이 있더라도 위법성이 조각되지 아니한다.
④ 수사활동상 상관·동료들에게 보고하는 경우에도 위법성이 조각되지 아니한다.

15 도박장소 등 개설죄에 관한 다음 설명 중 가장 옳지 않은 것은? (다툼이 있는 경우 판례에 의함)

① 도박장소 등을 개설한다 함은 스스로 주재자가 되어 그 지배 하에 도박장소 등을 개설하는 것을 말한다.
② 본죄가 성립하기 위하여는 도박이 현실로 행해질 것을 요한다.
③ 본죄는 영리의 목적을 필요로 하는 이른바 목적범이다.
④ 본죄는 계속범이기 때문에 기수 이후에도 범죄행위가 계속되고 도박장소를 폐쇄하였을 때에 종료한다.

16 甲은 자신의 아버지 소유 농업협동조합 예금통장을 절취하여 이를 현금자동지급기에 넣고 조작하는 방법으로 예금 잔고를 자신의 거래 은행 계좌로 이체하였다. 甲을 어떻게 처벌하여야 하는가? (판례에 의함)

① 절도죄   ② 사기죄
③ 컴퓨터사용사기죄   ④ 형을 면제함

17 다음 설명 중 가장 적절하지 않은 것은? (다툼이 있는 경우 판례에 의함)

① 형법 제207조(통화의 위조 등)에서 정한 '행사할 목적'이란 유가증권위조의 경우와 달리 위조·변조한 통화를 진정한 통화로서 유통에 놓겠다는 목적을 말한다.

② 통화위조죄와 위조통화행사죄의 객체인 위조통화는 유통과정에서 일반인이 진정한 통화로 오인할 정도의 외관을 갖추어야 한다.

③ 위조유가증권의 교부자와 피교부자가 공범의 관계에 있다면, 그들 사이의 위조유가증권 교부행위는 그들 이외의 자에게 행사함으로써 범죄를 실현하기 위한 전단계의 행위에 불과한 것으로서 위조유가증권은 아직 범인들의 수중에 있다고 볼 것이지 행사되었다고 볼 수는 없다.

④ 강제통용력을 가지지는 아니하나 일반인의 관점에서 외국에서 강제통용력을 가졌다고 오인할 수 있다면 형법 제207조 제3항의 외국에서 통용하는 지폐에 포함된다.

18 다음 설명 중 틀린 것은? (다툼이 있는 경우에는 판례에 의함)

① 상해죄의 성립에는 상해의 원인인 폭행에 대한 인식이 있으면 충분하고 상해를 가할 의사의 존재까지는 필요하지 않다.

② 시간적 차이가 있는 독립된 상해행위나 폭행행위가 경합하여 사망의 결과가 일어나고 그 사망의 원인된 행위가 판명되지 않은 경우에는 동시범으로 처벌할 수 없다.

③ 자살방조죄가 성립하기 위해서는 그 방조 상대방의 구체적인 자살의 실행을 원조하여 이를 용이하게 하는 행위의 존재 및 그 점에 대한 행위자의 인식이 요구된다.

④ 당구공으로 피해자의 머리를 툭툭 건드린 정도에 불과한 경우, 이 당구공은 폭력행위 등 처벌에 관한 법률 제3조 제1항의 '위험한 물건'에 해당하지 아니한다.

19 다음 설명 중 가장 잘못된 것은? (판례에 의함)

① 산부인과 의사가 약물에 의한 유도분만의 방법으로 낙태시술을 하였는데 뜻하지 않게 태아가 살아서 출생하자 염화칼륨을 주입하여 사망에 이르게 한 것이라면, 전체적으로 볼 때 낙태 범행을 수행한 것에 불과하다고 볼 것이니 포괄적으로 낙태죄만을 구성할 뿐 별도로 살인죄가 성립한다고 볼 것은 아니다.

② 교사자가 피교사자에 대하여 상해 또는 중상해를 교사하였는데 피교사자가 이를 넘어 살인을 실행한 경우에, 일반적으로 교사자는 상해죄 또는 중상해죄의 죄책을 지게 되는 것이지만 이 경우에 교사자에게 피해자의 사망이라는 결과에 대하여 과실 내지 예견가능성이 있는 때에는 상해치사죄의 죄책을 지울 수 있는 것이다.

③ 형법 제252조 제2항의 자살방조죄는 자살하려는 사람의 자살행위를 도와주어 용이하게 실행하도록 함으로써 성립되는 것으로서, 그 방법에는 자살도구인 총, 칼 등을 빌려주거나 독약을 만들어 주거나 조언 또는 격려를 한다거나 기타 적극적, 소극적, 정신적 방법이 모두 포함된다 할 것이나, 이러한 자살방조죄가 성립하기 위해서는 그 방조 상대방의 구체적인 자살의 실행을 원조하여 이를 용이하게 하는 행위의 존재 및 그 점에 대한 행위자의 인식이 요구된다고 보아야 할 것이다.

④ 형법의 해석으로는 규칙적인 진통을 동반하면서 태아가 태반으로부터 이탈되기 시작한 때 다시 말하여 분만이 개시된 때가 사람의 시기라고 봄이 타당하다고 여겨지므로, 분만 중의 태아를 업무상과실로 질식사에 이르게 한 경우에는 업무상과실치사죄를 구성할 수 있다.

20 뇌물죄에 대한 설명으로 옳지 않은 것은? (다툼이 있는 경우 판례에 의함)

① 공무원이 그 직무권한의 행사와 전체적 · 포괄적으로 대가관계가 있는 금원을 교부 받았다면 그 금원의 수수가 어느 직무행위와 대가관계에 있는 것인지 특정할 수 없다고 하더라도 수뢰죄가 성립한다.

② 뇌물공여자로부터 뇌물인 정을 알면서 금품을 건네받아 공무원에게 전달한 제3자에 대해서는 증뢰물전달죄만 성립하고 별도의 뇌물공여죄는 성립하지 않는다.

③ 형법 제132조(알선수뢰)의 알선행위는 단순히 알선자의 직무에 속하는 사항에 관한 것으로는 부족하고 알선자가 그 직무에 관하여 결정권을 가지고 있어야 한다.

④ 공무원의 직무에 속한 사항의 알선에 관하여 금품을 받고 그 일부를 받은 취지에 따라 청탁과 관련하여 관계 공무원에게 뇌물로 공여한 경우에는 이를 제외한 나머지 금품만을 몰수하거나 그 가액을 추정하여야 한다.

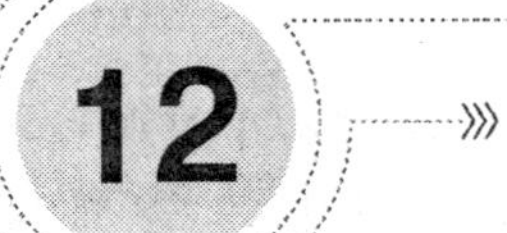

제12회 모의고사

☞ 정답 및 해설 P.262

1 죄형법정주의에 관한 다음 설명 중 가장 옳은 것은? (다툼이 있는 경우 판례에 의함)

① 특정경제범죄 가중처벌 등에 관한 법률 제9조 제1항에 정해진 '저축을 하는 자'에 사법상 법률효과가 귀속되는 '저축의 주체'가 아니라고 하더라도, '저축과 관련된 행위를 한 자'도 포함된다고 해석하는 것은 죄형법정주의에 위반된다.

② '풍기를 문란하게 하는 영업행위를 하거나 그를 목적으로 장소를 제공하는 행위'라고 규정한 청소년 보호법 제26조의2 제8호는 명확성의 원칙에 반하여 실질적 죄형법정주의에 위배된다.

③ 자신의 뇌물수수 혐의에 대한 결백을 주장하기 위하여 제3자로부터 사건 관련자들이 주고받은 이메일 출력물을 교부받아 징계위원회에 제출한 행위를 '정보통신망에 의하여 처리·보관 또는 전송되는 타인의 비밀'인 이메일의 내용을 '누설하는 행위'에 해당한다고 보는 것은 죄형법정주의 원칙에 반하는 확장해석이라고 할 수 없다.

④ '성문법률주의'란 범죄와 형벌은 성문의 법률로 규정되어야 한다는 원칙을 말하며 여기서의 법률은 실질적 의미의 법률을 의미한다.

2 다음 중 사회상규의 판단기준이 아닌 것은? (판례에 의함)

① 법익 균형성   ② 법익 관례성

③ 수단이나 방법의 상당성   ④ 법익 보충성

3 원인에 있어서 자유로운 행위에 대한 설명으로 틀린 것은?

① 원인에 있어서 자유로운 행위란 행위자가 위험의 발생을 예견하고 자의로 스스로를 심신상실 또는 심신미약의 상태에 빠지게 한 후 그러한 책임능력결함상태에서 특정한 구성요건을 실현하는 행위를 말한다.

② 원인에 있어서 자유로운 행위는 고의 또는 과실에 의한 작위·부작위범에 모두 적용된다.

③ 원인에 있어서 자유로운 행위는 심신미약상태에서의 행위라도 형의 감경이 되지 않는다.

④ 실행의 착수와 관련하여 원인행위에 실행의 착수가 있다고 하는 견해는 행위와 책임의 동시존재 원칙이 유지되기 어렵다.

4 다음 중 불가벌적 사후행위가 아닌 것은? (판례에 의함)

① 절도의 공동정범이 절취한 장물을 취득한 경우
② 대마취급자가 아닌 피고인이 대마를 절취한 후 흡입할 목적으로 자동차에 이를 소지한 경우
③ 피고인이 절취한 10만원 짜리 자기앞수표로 음식대금으로 교부하고 거스름돈을 환불받은 경우
④ 피고인이 KTX 열차승차권을 절취한 후 역직원으로부터 그 대금을 환불받은 경우

5 형법의 시간적 적용범위와 관련된 내용으로 가장 적절하지 않은 것은? (다툼이 있는 경우 판례에 의함)

① 대법원은 한시법의 추급효를 부정하고 있다.
② 소급효 금지의 원칙은 행위자를 위한 보호규범이다.
③ 한시법의 추급효에 관하여 우리 형법에서는 명문 규정을 두고 있지 않다.
④ 법률의 변경에 따른 형의 비교 기준은 법정형이며, 가중, 감경할 형이 있을 때에는 가중, 감경한 형을 비교하여야 한다.

6 부작위범에 대한 설명으로 틀린 것은? (판례가 있으면 그에 따름)

① 부작위범 사이의 공동정범은 다수의 부작위범에게 공통된 의무가 부여되어 있고 그 의무를 공통으로 이행할 수 있을 때에만 성립한다.
② 부작위범에서의 작위의무는 법적인 의무이어야 하므로 단순한 도덕상 또는 종교상의 의무는 포함되지 않으나 작위의무가 법적인 의무인 한 법령, 법률행위, 선행행위로 인한 경우는 물론이고 기타 신의성실의 원칙이나 사회상규 혹은 조리상 작위의무가 기대되는 경우에도 부작위범에서의 작위의무에 해당한다.
③ 甲이 자신의 토지에 대하여 여객정류장시설 또는 유통업무설비시설을 설치하는 도시계획이 입안되어 있어 장차 위 토지가 수용될 것이라는 점을 알고 있으면서도, 이러한 사정을 모르고 위 토지를 매수하려는 乙에게 그 사정을 고지하지 아니하고 매도한 경우 甲에게는 부작위에 의한 사기죄가 성립한다.
④ 우리 형법은 부진정부작위범에 대하여 형의 임의적 감경규정을 두고 있다.

7 과실범에 대한 설명으로 옳지 않은 것은?

① 고의가 인정되지 않을 경우에 과실범의 성립여부가 고려될 수 있다.
② 판례는 의료사고에서 과실의 유무를 판단함에 있어 같은 업무와 직무에 종사하는 일반적 보통인의 주의정도를 표준으로 하고 있다.
③ 형법은 인식 있는 과실을 인식 없는 과실보다 무겁게 처벌하고 있다.
④ 형법에는 과실범의 미수를 처벌하는 규정이 없다.

8 심신장애인의 책임능력에 관한 설명으로 옳지 않은 것은? (다툼이 있는 경우에는 판례에 의함)

① 정신적 장애가 있는 자라고 하여도 범행 당시 정상적인 사물변별능력이나 행위통제능력이 있었다면 심신장애로 볼 수 없다.

② 편집형 정신분열증환자로서 심신상실의 상태에 있었다는 감정인의 의견을 배척하고 법원이 스스로 심신미약으로 인정할 수는 없다.

③ 소아기호증과 같은 질환이 있다는 사정은 그 자체만으로는 형의 감면사유인 심신장애에 해당하지 아니한다.

④ 충동조절장애가 매우 심각하여 원래 의미의 정신병을 가진 사람과 장애 정도가 동등하다고 평가할 수 있는 경우에는 그로 인한 범행은 심신장애로 인한 범행으로 보아야 한다.

9 공범에 대한 설명으로 옳지 않은 것은? (다툼이 있는 경우 판례에 의함)

① 부작위범 사이의 공동정범은 다수의 부작위범에게 공통된 의무가 부여되어 있고 그 의무를 공통으로 이행할 수 있을 때에 성립한다.

② 종범은 정범의 실행행위 중에 이를 방조하는 경우뿐만 아니라 실행 착수 전에 장래의 실행행위를 예상하고 이를 용이하게 하는 행위를 하여 방조한 경우에도 성립한다.

③ 교사범이 성립하기 위해서는 교사자의 교사행위와 정범의 실행행위가 있어야 하는 것이므로, 정범의 성립은 교사범의 구성요건의 일부를 형성하고 교사범이 성립함에는 정범의 범죄행위가 인정되는 것이 그 전제요건이 된다.

④ 피무고자의 교사 하에 제3자가 피무고자에 대한 허위의 사실을 신고한 경우 제3자의 행위는 무고죄의 구성요건에 해당하나 피무고자는 무고죄의 교사범의 죄책을 부담하지 않는다.

10 다음 중 절도죄가 되지 않는 것은?

① 잠깐 보겠다고 하여 주인이 범인에게 건네주어 범인이 손에 쥐고 있는 책을 주인의 주의를 딴 데로 돌린 후 범인이 가져간 경우

② 승객이 놓고 내린 지하철의 전동차 바닥이나 선반 위에 있던 물건을 다른 승객이 가지고 간 경우

③ 종중소유의 분묘를 간수하는 산지기가 그 분묘에 설치된 석등이나 문관석 등을 임의로 반출하여 음식점에 팔아치운 경우

④ 돈사에서 대량으로 사육되는 돼지에 대한 이중의 양도담보설정계약이 체결된 경우 뒤에 양도담보설정계약을 체결한 이중양수 채권자가 임의로 돼지를 반출한 경우

11 주거침입의 죄에 관한 설명 중 가장 적절한 것은? (다툼이 있는 경우 판례에 의함)

① 다른 사람의 주택에 무단 침입한 범죄사실로 이미 유죄판결을 받은 사람이 그 판결이 확정된 후에도 퇴거하지 않은 채 계속하여 당해 주택에 거주한 경우 위 판결 확정 이후의 행위는 별도의 주거침입죄를 구성하지 아니한다.

② 형법 제331조 제2항의 특수절도에 있어서 주간에 절도범인이 그 범행수단으로 주거침입을 한 경우에 그 주거침입행위는 절도죄에 흡수되지 아니하고 별개로 주거침입죄를 구성하여 절도죄와는 실체적 경합의 관계에 서는 것이 원칙이다.

③ 주거침입죄와 퇴거불응죄는 법정형이 다르다.

④ 다가구용 단독주택인 빌라의 잠기지 않은 대문을 열고 들어가 공용 계단으로 빌라 3층까지 올라갔다가 1층으로 내려온 경우 주거침입죄를 구성하지 아니한다.

12 다음 방화죄에 관한 설명으로서 가장 옳지 않은 것은? (다툼이 있으면 판례에 의함)

① 방화죄 중 구체적 위험범과 추상적 위험범을 구별하는 실익은 구체적 위험범에 있어서는 '구체적 위험의 인식과 발생'이 없으면 당해범죄가 기수가 될 수 없다는 점이다.

② '공공의 위험'은 물리적 자연적 위험이 아니라 일반인들이 느끼는 심리적 위험을 말한다.

③ 방화죄는 공공 위험범이면서도 재산죄의 속성을 가지므로 목적물의 경제적 효용이 상실된 때에 기수가 된다는 것이 판례의 입장이다.

④ 방화죄는 공공의 안전을 보호법익으로 하므로 행위객체의 수가 아니라 보호법익을 기준으로 죄수가 결정된다.

13 다음은 사기죄에 대한 설명이다. 옳지 않은 것은 모두 몇 개인가?(다툼이 있는 경우 판례에 의함)

> ㉠ 예금주인 피고인이 제3자에게 편취당한 송금의뢰인으로부터 자신의 은행계좌에 계좌송금된 돈을 출금한 경우 사기죄가 성립하지 않는다.
>
> ㉡ 경제적 이익을 기대할 수 있는 자금운용의 권한 내지 지위의 획득도 그 자체로 경제적 가치가 있는 것으로 평가할 수 있다면 사기죄의 객체인 재산상의 이익에 포함된다.
>
> ㉢ 피담보채권인 공사대금 채권을 실제와 달리 허위로 부풀려 유치권에 의한 경매를 신청한 경우 소송사기죄의 실행의 착수에 해당한다.
>
> ㉣ 피고인이 이동통신 판매대리점의 컴퓨터를 이용하여 이동통신회사들의 전산망에 접속한 다음 전산상으로 사용정지된 휴대전화를 사용할 수 있도록 하거나 유심칩 읽기를 통해 문자메시지 발송한도를 해제한 경우 사기죄가 성립하지 않는다.

① 0개   ② 1개
③ 2개   ④ 3개

14 직권남용권리행사방해죄에 대한 설명 중 가장 적절하지 않은 것은? (다툼이 있으면 판례에 의함)

① 직권남용권리행사방해죄는 공무원이 직원을 남용하여 사람으로 하여금 의무없는 일을 하게 하거나 사람의 권리행사를 방해한 때에 성립하는 범죄이다. '권리'는 법률에 명기된 권리에 한하지 않고 법령상 보호되어야 할 이익이면 족한 것으로서, 공법상의 권리이지 사법상의 권리인지를 묻지 않는다.

② '권리행사를 방해한다'함은 법령상 행사할 수 있는 권리의 정당한 행사를 방해하는 것을 말한다고 할 것이며, 현실적으로 권리행사의 방해라는 결과가 발생하지 아니하였더라도 본죄의 기수를 인정할 수 있다.

③ '의무'란 법률상 의무를 가리키고, 단순한 심리적 의무감 또는 도덕적 의무는 이에 해당하지 아니한다.

④ '직권남용'이란 공무원이 그의 일반적 권한에 속하는 사항에 관하여 그것을 불법하게 행사하는 것, 즉 형식적·외형적으로는 직무집행으로 보이나 그 실질은 정당한 권한 이외의 행위를 하는 경우를 의미한다.

15 뇌물죄에 관한 다음 설명 중 가장 옳지 않은 것은? (판례에 의함)

① 뇌물죄에 있어서의 직무에는 과거에 담당하였거나 장래에 담당할 직무도 포함된다.

② 국회의원이 의정활동과 전체적·포괄적으로 대가관계 있는 금원을 교부받은 경우에도 직무에 관하여 뇌물을 수수한 경우에 해당한다.

③ 청탁과 함께 받은 자기앞수표를 은행에 예치하였다가 후환이 두려워 2주일 후에 반환하더라도 뇌물수수의 고의는 인정된다.

④ 공무원의 직무에 속한 사항의 알선에 관하여 금품을 받고 그 금품 중의 일부를 받은 취지에 따라 청탁과 관련하여 관계 공무원에게 뇌물로 공여하거나 다른 알선행위자에게 청탁의 명목으로 교부하였다고 하더라도 당초 받은 금품 전부를 몰수하거나 그 가액을 추징하여야 한다.

16 업무상과실치사상죄에 관한 다음 설명 중 가장 적절하지 않은 것은? (다툼이 있는 경우 판례에 의함)

① 골프장의 경기보조원이 골프 카트에 승객을 태우고 진행하기 전에 안전 손잡이를 잡도록 고지하지도 않고, 또한 승객들이 안전 손잡이를 잡았는지 확인하지도 않은 상태에서 만연히 출발하였으며, 각도 70°가 넘는 우로 굽은 길을 속도를 충분히 줄이지 않고 급하게 우회전하여 상해를 입게 한 경우 업무상 과실이 인정된다.

② 시공회사의 상무이사인 현장소장이 현장에서 공사감독을 전담하였고 사장은 그와 같은 감독을 하게 되어 있지 않았더라도, 사장으로서는 그 공사의 진행에 관하여 직접적인 지휘·감독을 받지 않는 회사직원 혹은 고용한 노무자들이 공사시행상의 안전수칙을 위반하여 사고를 저지를 경우에 대비하여 각개의 개별작업에 대하여 세부적인 안전대책을 강구하여야 하는 구체적이고 직접적인 주의의무가 있다.

③ 화물차를 주차하고 적재함에 적재된 토마토 상자를 운반하던 중 적재된 상자 일부가 떨어지면서 지나가던 피해자에게 상해를 입힌 경우, 교통사고처리 특례법에 정한 '교통사고'에 해당하지 않아 업무상과실치상죄가 성립한다.

④ 단지 건물의 소유자로서 건물을 비정기적으로 수리하거나 건물의 일부분을 임대하였다는 사정만으로는 업무상과실치상죄에 있어서의 '업무'로 보기 어렵다.

17 배임수재죄에 관한 다음 설명 중 가장 옳지 않은 것은? (판례에 의함)

① 본죄는 타인의 사무를 처리하는 자가 그 임무에 관하여 부정한 청탁을 받고 재물 또는 재산상 이익을 취득하는 경우에 성립하는 범죄이다.

② 여기서 '부정한 청탁'이라 함은 반드시 업무상 배임의 내용이 되는 정도에 이를 것을 요하지 않고, 사회상규 또는 신의성실의 원칙에 반하는 것을 내용으로 하는 것이면 족하다.

③ 이를 판단함에 있어서는 청탁의 내용 및 이에 관련한 대가의 액수, 형식, 보호법익인 거래의 청렴성 등을 종합적으로 고찰하여야 하며, 그 청탁이 반드시 명시적임을 요하지 않는다.

④ 타인의 사무를 처리하는 자가 그 임무에 관하여 부정한 청탁을 받고 다른 사람으로 하여금 재물 또는 재산상의 이익을 취득하게 한 경우에도 본죄가 성립하는 것으로 해석되고 있다.

18 다음 설명 중 틀린 것은? (판례에 의함)

① 협의상 이혼의 의사표시가 기망에 의하여 이루어진 경우라 하더라도, 협의상 이혼의사의 합치에 따라 이혼신고를 하여 호적에 그 협의상 이혼사실이 기재되었다면 공정증서원본불실기재죄가 성립하지 아니한다.

② 공정증서원본불실기재죄가 성립한 후, 사후에 피해자의 동의 또는 추인 등의 사정으로 문서에 기재된 대로 효과의 승인을 받더라도, 이미 성립한 범죄에는 아무런 영향이 없다.

③ 대주주가 적법한 소집절차나 임시주주총회의 개최 없이 나머지 주주들의 의결권을 위임받아 자신이 임시의장이 되어 임시주주총회 의사록을 작성하여 법인등기를 마친 경우에는 공정증서원본불실기재죄가 성립한다.

④ 주주총회의 소집절차 등에 관한 하자가 주주총회결의의 취소사유에 불과하여 그 취소 전에 주주총회의 결의에 따라 감사변경등기를 한 경우에는 공정증서원본불실기재죄가 성립하지 않는다.

19 상해의 개념과 관련된 다음의 설명 중 가장 옳지 않은 것은? (다툼이 있는 경우 판례에 의함)

① 태아를 사망에 이르게 하는 행위가 임산부 신체의 일부를 훼손하는 것이라거나 태아의 사망으로 인하여 그 태아를 양육, 출산하는 임산부의 생리적 기능이 침해되어 임산부에 대한 상해가 된다고 볼 수는 없다.

② 오랜 시간 동안의 협박과 폭행을 이기지 못하고 실신하여 범인들이 불러온 구급차 안에서야 정신을 차리게 되었다면, 외부적으로 어떤 상처가 발생하지 않았다고 하더라도 생리적 기능에 훼손을 입어 신체에 대한 상해가 있었다고 봄이 상당하다.

③ 난소를 이미 제거하여 임신불능 상태에 있는 피해자의 자궁을 적출했다 하더라도 그 경우 자궁을 제거한 것이 신체의 완전성을 해한 것이거나 생활기능에 아무런 장애를 주는 것이 아니고 건강상태를 불량하게 변경한 것도 아니라고 할 것이므로 상해에 해당한다고 볼 수 없다.

④ 피고인이 피해자를 강제로 눕혀 옷을 벗긴 뒤 1회용 면도기로 피해자의 음모를 반 정도 깎은 사실로 인하여 신체의 완전성이 손상되고 생활기능에 장애가 왔다거나 건강상태가 불량하게 변경되었다고 보기 어려우므로 이를 강제추행치상죄의 상해에 해당한다고 할 수 없다.

20 경찰관 甲과 乙은 피고인에 대하여 접수된 피해신고를 받고 함께 현장에 출동하여 신고처리 및 수사
업무를 진행하고 있었는데, 피고인은 이에 대하여 불만을 품고 같은 장소에서 경찰관들에게 욕설을
하면서 먼저 경찰관 甲을 폭행하고 곧이어 이를 제지하는 경찰관 乙을 폭행하였다. 피고인의 죄책은?

① 甲에 대한 폭행죄와 공무집행방해죄 및 乙에 대한 폭행죄와 공무집행방해죄의 실체적 경합범
② 甲에 대한 폭행죄와 공무집행방해죄 및 乙에 대한 폭행죄와 공무집행방해죄의 상상적 경합범
③ 甲에 대한 공무집행방해죄와 乙에 대한 공무집행방해죄의 실체적 경합범
④ 甲에 대한 공무집행방해죄와 乙에 대한 공무집행방해죄의 상상적 경합범

제13회 모의고사

☞ 정답 및 해설 P.268

1 죄형법정주의에 관한 설명 중 가장 적절하지 않은 것은? (다툼이 있는 경우 판례에 의함)

① '도박 기타 범죄 등 선량한 풍속 및 사회질서에 반하는 행위'라는 요건은 이를 한정할 합리적 형벌법규의 구성요건요소로서는 지나치게 광범위하고 불명확하다.

② 소급효 금지의 원칙은 실체법뿐만 아니라 절차법에 대하여도 적용되므로 형사소송법상의 규정이 행위 후에 행위자에게 불리하게 변경되어 소급적용된다면 이 원칙에 반한다.

③ 형법 제225조의 공문서변조나 위조죄의 주체인 공무원 또는 공무소에는 형법 또는 기타 특별법에 의하여 공무원 등으로 의제되는 경우뿐만 아니라 계약 등에 의하여 공무와 관련되는 업무를 일부 대행하는 경우도 포함한다고 해석하는 것은 죄형법정주의의 원칙에 반한다.

④ 명확성의 원칙이란 기본적으로 최대한이 아닌 최소한의 명확성을 요구하는 것으로서, 그 문언이 법관의 보충적인 가치판단을 통해서 그 의미내용을 확인할 수 있고, 그러한 보충적 해석이 해석자의 개인적인 취향에 따라 좌우될 가능성이 없다면 명확성의 원칙에 반한다고 할 수 없다.

2 몰수에 대한 설명으로 가장 옳지 않은 것은? (다툼이 있는 경우 판례에 의함)

① 외국환거래법위반혐의로 체포될 당시에 미처 송금하지 못하고 소지하고 있던 자기앞수표나 현금은 몰수의 대상이다.

② 장물매각대금은 장물피해자가 있는 경우에는 몰수의 대상이 되지 못하고 피해자의 교부청구가 있으면 환부해야 한다.

③ '범인' 속에는 '공범자'도 포함되므로 범인 자신의 소유물은 물론 공범자의 소유물도 그 공범자의 소추 여부를 불문하고 몰수할 수 있다.

④ 형법 제48조 제1항 제1호에 의한 몰수는 임의적인 것이므로 그 몰수의 요건에 해당되는 물건이라도 이를 몰수할 것인지의 여부는 일응 법원의 재량에 맡겨져 있다 할 것이나, 형벌 일반에 적용되는 비례의 원칙에 의한 제한을 받는다.

3 결과적 가중범에 대한 설명으로 틀린 것은? (판례가 있으면 그에 따름)

① 특수공무집행방해치상죄는 부진정결과적 가중범이다.
② 인질치사상죄에 대해서는 형법상 미수범처벌규정이 있다.
③ 상해치사죄의 공동정범은 폭행 기타의 신체침해행위를 공동으로 할 의사와 함께 결과를 공동으로 할 의사도 있어야 한다.
④ 결과적 가중범에 대해서는 교사범이 성립할 수 있다.

4 주관적 정당화요소에 관한 설명 중 가장 적절하지 않은 것은?

① 순수한 결과반가치론에 의하면 위법성 조각사유에서 주관적 정당화요소가 없어도 위법성이 조각될 수 있다.
② 주관적 정당화요소 불요설에 의하면 우연방위는 위법성이 조각되지 않는다.
③ 일원적 인적불법론에 의하면 구성요건적 행위는 주관적 정당화요소가 있는 경우에만 행위반가치가 탈락하여 정당화될 수 있다.
④ 우연방위 효과에 관한 불능미수범설은 기수범의 결과반가치는 배제되지만 행위반가치는 그대로 존재하므로 불능미수의 규정을 유추적용해야 한다는 견해이다.

5 선고유예에 관한 설명으로 옳지 않는 것은? (판례에 의함)

① 선고유예란 법정이 경미한 자에 대하여 일정한 기간 동안 형의 선고를 유예하고, 그 기간을 경과한 때에는 면소된 것을 간주하는 제도를 말한다.
② 구류형에 대하여는 선고유예를 할 수 없다.
③ 형의 선고를 유예하는 경우에도 몰수의 요건이 있는 때에는 몰수형만을 선고할 수 있다.
④ 주형에 대하여 선고를 유예하지 아니하여도 이에 부가하는 추징에 대하여는 선고유예를 할 수 있다.

6 다음 중 기대가능성이 있는 것은 모두 몇 개인가? (판례의 의함)

> ㉠ 증인으로 선서한 자가 사실대로 진술하면 자신의 범죄를 시인하는 것이 되고 증언을 거부하면 자신의 범죄를 암시하는 것이 되어 사실대로 진술하기 어려운 처지에서 증언거부권을 포기하고 허위의 진술을 한 경우
> ㉡ 휴가 나온 군인이 자신의 처자(妻子)가 생활고로 행방불명되자 군에 귀대하지 않은 경우
> ㉢ 탄약창고에서 보초근무 중이던 자가 자신의 상급 군인들이 그 창고 내에서 포탄피를 절취하는 현장을 목격하고도 그들이 자신의 상급자라는 이유로 이를 제지하지 않고 묵인한 경우
> ㉣ 불법 건축물이라는 이유로 일반음식점 영업신고의 접수가 거부되었고 이전에 무신고 영업행위로 형사처벌까지 받았음에도 계속하여 일반음식점 영업행위를 한 경우

① 1개
③ 3개
② 2개
④ 4개

7 다음 중 미수범 처벌규정이 없는 범죄는 모두 몇 개인가?

> ㉠ 주거침입죄
> ㉢ 장물취득죄
> ㉤ 감금죄
> ㉡ 무고죄
> ㉣ 직무유기죄
> ㉥ 자동차등불법사용죄

① 2개
③ 4개
② 3개
④ 5개

8 집행유예에 관한 다음 설명 중 가장 적절하지 않은 것은? (다툼이 있는 경우에는 판례에 의함)

① 집행유예 시 받은 사회봉사명령 또는 수강명령은 집행유예기간 내에 집행한다.

② 형의 집행유예를 선고받은 사람이 형법 제65조에 의하여 그 선고가 실효 또는 취소됨이 없이 정해진 유예기간을 무사히 경과하여 형의 선고가 효력을 잃게 되었더라도 이는 형의 선고의 법률적 효과가 없어진다는 것일 뿐, 형의 선고가 있었다는 기왕의 사실 자체까지 없어지는 것은 아니므로 형법 제59조 제1항 단행에서 정한 선고유예 결격사유인 '자격정지 이상의 형을 받은 전과가 있는 자'에 해당한다고 보아야 한다.

③ 집행유예 선고를 받은 자가 유예기간 중 고의로 범한 죄로 금고 이상의 실형을 선고받아 그 판결이 확정된 때에는 집행유예의 선고를 취소할 수 있다.

④ 하나의 자유형 중 일부에 대해서는 실형을, 나머지에 대해서는 집행유예를 선고하는 것은 허용되지 않는다.

9 정당방위와 긴급피난에 대한 설명으로 옳지 않은 것은? (다툼이 있는 경우 판례에 의함)

① 정당방위는 부당한 침해에 대한 방어행위인데 반해 긴급피난은 부당한 침해가 아닌 위난에 대해서도 가능하다.

② 피고인이 스스로 야기한 강간범행의 와중에서 피해자가 피고인의 손가락을 깨물며 반항하자 물린 손가락을 비틀어 잡아 뽑다가 피해자에게 치아결손의 상해를 입힌 행위는 긴급피난에 해당하지 않는다.

③ 피고인이 경찰관의 불심검문을 받아 운전면허증을 교부한 후 경찰관에게 큰 소리로 욕설을 하였는데, 경찰관이 피고인을 모욕죄의 현행범으로 체포하려 하자 피고인이 반항하면서 경찰관에게 상해를 가한 경우 피고인의 행위는 정당방위에 해당한다.

④ 정당방위와 달리 긴급피난에 있어 피난행위는 위난에 처한 법익을 보호하기 위한 유일한수단일 필요는 없다.

10 업무상 과실치사상죄의 죄에 관한 설명 중 가장 적절하지 않은 것은? (다툼이 있는 경우에는 판례에 의함)

① 업무상과실치사상죄에 있어서의 업무란 사람의 사회생활면에 있어서의 하나의 지위로서 계속적으로 종사하는 사무를 말하고, 여기에는 수행하는 직무 자체가 위험성을 갖기 때문에 안전배려를 의무의 내용으로 하는 경우는 물론 사람의 생면·신체의 위험을 방지하는 것을 의무의 내용으로 하는 업무도 포함된다.

② 공사감리자가 관계 법령과 계약에 따른 감리업무를 소홀히 하여 건축물 붕괴 등으로 인하여 사상의 결과가 발생한 경우에는 업무상 과실치사상의 죄책을 면할 수 없다.

③ 화물차를 주차하고 적재함에 적재된 토마토 상자를 운반하던 중 적재된 상자 일부가 떨어지면서 지나가던 피해자에게 상해를 입힌 경우, 교통사고특례법에 정한 '교통사고'에 해당하지 않아 업무상 과실치사상죄(형법 제268조)가 성립하지 않는다.

④ 버스 운전사에게는 전날 밤에 주차해 둔 버스를 그 다음날 아침에 출발하기에 앞서 차체 밑에 장애물이 있는지 여부를 확인하여야 할 주의의무가 있다.

11 다음 설명 중 옳지 않은 것은 모두 몇 개인가? (다툼이 있는 경우 판례에 의함)

> ㉠ 교통사고로 2주일간의 치료를 요하는 상해를 당하여 그로 인한 손해배상청구권이 있음을 기화로 사고차량의 운전사가 바뀐 것을 알고서 그 운전사의 사용자에게 과다한 금원을 요구하면서 이에 응하지 않으면 수사기관에 신고할 듯한 태도를 보여 이에 겁을 먹은 동인으로부터 금 3,500,000원을 교부받은 경우 공갈죄가 성립한다.
>
> ㉡ 골프클럽 경기보조원이 보조원들의 구직편의를 위해 제작된 인터넷 사이트 내 회원 게시판에 특정 골프클럽에서 운영된 징벌적 근무제도의 불합리성 및 불공정성을 비난하는 글을 게시하면서 위 클럽담당자에 대하여 한심하고 불쌍한 인간이라는 표현을 일부 내용으로 게재한 경우, 사회상규에 위배되지 않는 행위로 모욕죄가 성립하지 않는다.
>
> ㉢ 교사가 학생이 자신에게 욕을 한 것으로 오인하고 학생을 구타하여 상해를 입힌 경우, 교육상 학생을 훈계하기 위하여 한 것이어서 징계권의 범위를 일탈하지 않는 정당행위에 해당한다.
>
> ㉣ 방송기자가 건설회사 경영주에게 그 회사가 건축한 아파트의 공사하자에 관하여 방송으로 계속 보도할 것 같은 태도를 보임으로써 회사의 신용훼손을 우려한 그로부터 속보무마비조로 돈 2,000,000원을 받은 경우 공갈죄가 성립한다.

① 없음 　　　　　　　　　　　② 1개
③ 2개 　　　　　　　　　　　④ 3개

12 배임의 죄에 관한 설명 중 적절한 것은 모두 몇 개인가? (다툼이 있는 경우 판례에 의함)

> ㉠ 업무상 배임죄는 본인에게 재산상의 손해를 가하는 외에 배임행위로 인하여 행위자 스스로 재산상의 이익을 취득하거나 제3자로 하여금 재산상의 이익을 취득하게 할 것을 요건으로 하므로 본인에게 손해를 가하였다고 할지라도 행위자 또는 제3자가 재산상 이익을 취득한 사실이 없다면 배임죄가 성립할 수 없다.
>
> ㉡ 금융기관 임직원이 보통예금계좌에 입금된 예금주의 예금을 무단으로 인출한 경우 그 임직원은 예금주와의 사이에서 그의 재산관리에 관한 사무를 처리하는 자의 지위에 있다고 할 것이므로 그러한 예금인출행위는 예금주에 대한 관계에서 배임죄를 구성한다.
>
> ㉢ 甲주식회사와 가맹점 관리대행계약 등을 체결하고 그 대리점으로서 가맹점 관리업무 등을 수행하는 乙주식회사 대표이사인 피고인이 임무에 위배하여 甲회사의 가맹점을 다른 경쟁업체 가맹점으로 임의로 전환하여 甲회사에 재산상 손해를 가한 경우 업무상 배임죄가 성립한다.
>
> ㉣ 동산매매계약에서의 매도인은 매수인에 대하여 매수인의 사무를 처리하는 지위에 있으므로 매도인이 목적물을 매수인에게 인도하지 아니하고 이를 타에 처분한 경우 형법상 배임죄가 성립한다.

① 없음 　　　　　　　　　　　② 1개
③ 2개 　　　　　　　　　　　④ 3개

13 공갈죄에 관한 설명 중 틀린 것은? (판례가 있으면 그에 따름)

① 공갈죄의 객체는 타인의 재물 또는 재산상의 이익이다.

② 공갈죄의 수단인 협박은 객관적으로 사람의 의사결정의 자유를 제한하거나 의사실행의 자유를 방해할 정도로 겁을 먹게 할 만한 해악을 고지하는 것을 말하고, 그 해악에는 인위적인 것뿐만 아니라 천재지변 또는 신력이나 길흉화복에 관한 것도 포함될 수 있다.

③ 조상천도제를 지내지 아니하면 좋지 않은 일이 생긴다는 취지의 해악의 고지는 협박으로 평가될 수 있어 공갈죄가 성립한다.

④ 부동산에 대한 공갈죄는 그 부동산에 관하여 소유권이전등기를 경료받거나 또는 인도 받은 때에 기수로 되는 것이다.

14 장물에 관한 죄에 관한 설명 중 가장 적절하지 않은 것은? (다툼이 있는 경우 판례에 의함)

① 절도 범인으로부터 장물보관 의뢰를 받은 자가 그 정을 알면서 이를 인도받아 보관하고 있다가 임의로 처분한 경우 장물보관죄가 성립하는 때에는 별도로 횡령죄가 성립하지 않는다.

② 甲이 회사 자금으로 乙에게 주식매각 대금조로 금원을 지급한 경우 그 금원은 단순히 횡령행위에 제공된 물건으로 장물에 해당하지 않는다.

③ 재산범죄를 저지른 이후에 별도의 재산범죄의 구성요건에 해당하는 사후행위가 있었다면 비록 그 행위가 불가벌적 사후행위로서 처벌의 대상이 되지 않는다 할지라도 그 사후행위로 인하여 취득한 물건은 재산범죄로 인하여 취득한 물건으로서 장물이 될 수 있다.

④ 장물취득죄에 있어서 장물의 인식은 확정적 인식임을 요하지 않으며 장물일지도 모른다는 의심을 가지는 정도의 미필적 인식으로도 충분하다.

15 누범에 대한 다음의 설명 중 옳지 않은 것은? (다툼이 있는 경우 판례에 의함)

① 누범에 해당하더라도 그 법정형에서 무기징역을 선택하였다면 무기징역형으로만 처벌하고 따로 누범가중을 할 수 없다.

② 포괄일죄의 일부 범행이 누범기간 내에 이루어진 이상 나머지 범행이 누범기간 경과 이후에 이루어졌더라도 그 범행 전부가 누범에 해당한다고 보아야 한다.

③ 누범이 경합범인 경우에는 각 죄에 대하여 먼저 누범 가중을 한 후에 경합범 가중을 하여야 한다.

④ 형법 제35조는 누범에 대하여 형의 장기 및 단기 모두 2배까지 가중하도록 규정하고 있다.

16 다음 설명 중 가장 옳지 않은 것은? (다툼이 있는 경우 판례에 의함)

① 도박개장죄는 영리의 목적으로 도박을 개장하면 기수에 이르고, 현실로 도박이 행하여졌음은 묻지 않는다.

② 동종의 수개의 도박행위에 상습성이 인정된다면 그 중 형이 중한 상습도박죄에 나머지 행위를 포괄시켜 1죄로 처단하여야 한다.

③ 피해자들을 유인하여 사기도박으로 도금을 편취한 경우, 피해자들에 대한 각 사기죄는 실체적 경합의 관계에 있는 것으로 보아야 한다.

④ 유료낚시터를 운영하는 사람이 입장료 명목으로 요금을 받은 후, 낚인 물고기에 부착된 번호가 시간별로 우연적으로 변동되는 프로그램상의 시상번호와 일치하는 경우 경품을 지급한 행위는 도박개장죄에 해당한다.

17 체포 · 감금죄에 대한 설명으로 가장 옳지 않은 것은? (다툼이 있는 경우 판례에 의함)

① 체포 · 감금죄는 행동의 자유와 의사를 가질 수 있는 자연인을 대상으로 하므로 정신병자나 영아는 본죄의 객체가 되지 못한다.

② 피고인의 협박과 폭행행위로 말미암아 야기된 공포심으로 피해자가 밖으로 나가지 못한 것이라면 피해자가 처음에 그 장소에 간 것이 자발적인 것이고 또 그 장소에 시정장치 등 출입에 물리적인 장애사유가 없었다고 하여도 감금이 성립한다.

③ 감금에 있어서의 사람의 행동의 자유의 박탈은 반드시 전면적이어야 할 필요가 없으므로 감금된 특정구역 내부에서 일정한 생활의 자유가 허용되어 있었다고 하더라도 감금죄는 성립한다.

④ 감금을 하기 위한 수단으로서 행사된 단순한 협박행위는 감금죄에 흡수되어 따로 협박죄를 구성하지 않는다.

18 다음 중 뇌물죄에 있어 직무관련성이 인정되지 않는 경우는? (판례에 의함)

① 지방의회의 의장 선거에서 투표권을 가지고 있는 군의원들이 의장선거와 관련하여 금품 등을 수수한 경우

② 음주운전을 적발하여 단속에 관련된 제반서류를 작성한 후 운전면허 취소업무를 담당하는 직원에게 이를 인계하는 업무를 담당하는 경찰관이 피단속자로부터 운전면허가 취소되지 않도록 하여 달라는 청탁을 받고 금원을 교부받은 경우

③ 아파트 재건축조합 직무대행자를 처벌하여 달라는 진정사건을 수사하는 경찰관이 진정위측의 재건축 설계업체로 선정되기를 희망하던 건축사사무소 대표로부터 금원을 수수한 경우

④ 경찰청 정보과에 근무하는 경찰관이 상대방으로부터 중소기업중앙회장에게 부탁하여 자신의 회사가 중소기업중앙회에 의하여 외국인산업연수생에 대한 국내관리업체로 선정되는 데 힘써 달라는 청탁과 함께 금품을 교부받은 경우

19 다음 중 형법상 예비·음모를 처벌하지 않는 범죄는 모두 몇 개인가?

> ㉠ 유가증권위조죄 ㉡ 허위유가증권작성죄
> ㉢ 자격모용에 의한 유가증권작성죄 ㉣ 인지·우표변조죄

① 1개 ② 2개
③ 3개 ④ 4개

20 공무집행방해죄에 관한 다음 설명 중 틀린 것은? (판례에 의함)

① 일반적으로 형법 제136조가 규정하는 공무집행방해죄는 공무원의 직무집행이 적법한 경우에 한하여 성립하는 것이고 여기서 적법한 공무집행이라고 함은 그 행위가 공무원의 추상적 권한에 속할 뿐 아니라 구체적 직무집행에 관한 법률상 요건과 방식을 갖춘 경우를 가리킨다.

② 경찰관이 현행범체포의 절차를 준수하지 아니한 채 음주측정을 위하여 실력으로 파출소로 연행하려고 하였다면 적법한 공무집행으로 볼 수 없다.

③ 공무집행방해죄에서 '직무를 집행하는'이라 함은 공무원이 직무수행에 직접 필요한 행위를 현실적으로 행하고 있는 때만을 가리키는 것이므로, 공무원이 직무수행을 위하여 근무중인 상태까지 이에 포함된다고 할 수는 없다.

④ 불법주차단속원인 공무원이 피고인 차량에 불법주차 스티커를 붙였다 떼어 내었는 바, 그 후 피고인이 이에 항의하여 그 공무원을 폭행한 경우 공무집행방해죄가 성립한다.

제14회 모의고사

☞ 정답 및 해설 P.275

1 법률의 착오에 정당한 이유가 있는 것은 모두 몇 개인가?

> ㉠ 교통부장관의 허가를 받아 설립된 한국교통사고상담센터의 직원이 목적사업 범위 내에서 피해자로부터 승인된 수수료를 받고 그의 위임 하에 사고회사와의 사이에 화해의 중재나 알선을 한 경우
> ㉡ 20여 년간 사법경찰관으로 근무한 자가 검사의 수사지휘를 받았으니 허위로 수사기록을 작성해도 된다고 생각하고 수사기록에 허위의 내용을 수록한 경우
> ㉢ 주민등록지를 이전한 자가 이미 같은 주소에 향토예비군대원신고가 되어 있으므로 재차 동일 주소에 대원신고를 할 필요가 없다고 생각하여 이를 행하지 않은 경우
> ㉣ 부대장의 허가를 받아 부대 안에 유류를 저장하는 것이 죄가 되지 않는 것으로 믿은 경우
> ㉤ 유선비디오 방송설비는 허가대상이 되지 않는다는 체신부장관의 회신을 믿고 당국의 허가 없이 유선비디오 방송설비를 설치한 경우

① 1개 　　　　　　　　　　② 2개
③ 3개 　　　　　　　　　　④ 4개

2 형법의 시간적 적용범위에 관한 다음 설명 중 틀린 것은? (판례에 의함)

① 계속범의 실행행위가 계속되는 동안에 법률의 변경이 있는 경우, 범죄 후의 법률의 변경에 해당하기 때문에 변경 전의 법률이 적용된다.

② 포괄일죄로 되는 개개의 범죄행위가 다른 종류의 죄의 확정판결의 전후에 걸쳐서 행하여진 경우에는 그 죄는 2죄로 분리되지 않고 확정판결 후인 최종의 범죄행위시에 완성되는 것이다.

③ 누설한 군사기밀사항이 누설행위 이후 평문으로 저하되었거나 군사기밀이 해제되었다고 하더라도 이를 법률의 변경으로 볼 수 없으므로 재판시 법적용 여부가 문제될 여지는 없다.

④ 외국환관리규정의 개정으로 인하여 해외여행 기본경비가 증액되었다고 하여도 이는 범죄 후 법률의 변경에 의하여 범죄를 구성하지 않게 되거나 형이 가볍게 된 경우에 해당하는 것이 아니므로 형법 제1조 제2항이 적용될 여지는 없다.

3 다음 甲의 죄책 중 고소가 있어야만 처벌할 수 있는 경우는?

> ㉠ 甲과 乙이 따로 사는 甲의 숙부 A의 집에서 고려청자를 절취한 경우
> ㉡ 甲은 자신과 싸운 형 A의 커피에 분뇨를 넣어 그 효용을 해한 경우
> ㉢ 甲이 A의 사망한 부친 C가 "일제시대 친일파 순사이었다"라고 허위사실을 공표한 경우
> ㉣ 甲이 옆방에서 성행위 중인 A남, B녀의 알몸을 디지털 카메라로 몰래 촬영한 경우

① ㉠㉢
② ㉡㉢
③ ㉢㉣
④ ㉣

4 다음 설명 중 판례의 입장과 다른 것은?

① 이혼소송 중인 남편이 찾아와 가위로 폭행하고 변태적 성행위를 강요하는 데에 격분하여, 처가 칼로 남편의 복부를 찔러 사망에 이르게 한 경우 정당방위에 해당하지 않는다.
② 의붓아버지의 강간행위에 의하여 정조를 유린당한 후 계속적으로 성관계를 강요받아 온 甲녀와 그 공범자인 남자친구 乙이 의붓아버지가 제대로 반항할 수 없는 상태에서 식칼로 심장을 찔러 살해한 경우 정당방위에 해당하지 않는다.
③ 甲, 乙이 심야에 혼자 귀가 중인 피고인의 음부를 만지며 반항하는 피고인의 옆구리를 무릎으로 차고 억지로 키스를 하자, 피고인이 엉겁결에 甲의 혀를 깨물어 0.05cm의 설절단상을 입힌 경우 과잉방위에 해당한다.
④ 피고인의 부(父)가 양팔을 벌리고 甲이 운전하는 차를 제지하였으나 甲이 그대로 그 차를 앞쪽으로 전진시키자, 피고인이 운전석 옆 창문을 통하여 甲의 머리털을 잡아당겨 그의 흉부에 약간의 상처를 입게 한 경우 정당방위에 해당한다.

5 실행의 착수시기에 대한 설명으로 옳지 않은 것은? (다툼이 있는 경우 판례에 의함)

① 간첩의 목적으로 외국 또는 북한에서 국내에 침투 또는 월남하는 경우에는 기밀탐지가 가능한 국내에 침투, 상륙함으로써 간첩죄의 실행의 착수가 있다.
② 주거침입죄의 실행의 착수는 주거자, 관리자, 점유자 등의 의사에 반하여 주거나 관리하는 건조물 등에 들어가는 행위, 즉 구성요건의 일부를 실현하는 행위까지 요구하는 것은 아니고 범죄구성요건의 실현이 이르는 현실적 위험성을 포함하는 행위를 개시하는 것으로 족하다.
③ 침입대상인 아파트에 사람이 있는지를 확인하기 위해 그 집의 초인종을 누른 행위는 주거침입죄의 실행의 착수에 해당하지 않는다.
④ 주간에 절도의 목적으로 방 안까지 들어왔다가 절취할 재물을 찾지 못하여 거실로 돌아 나와 서성거리다가 붙잡힌 경우, 절도죄의 실행의 착수가 인정되지 아니한다.

6 다음 중 예비, 음모에 관한 대법원의 태도로서 틀린 것은?

① 정범의 실행의 착수에 이르지 아니하고, 예비의 단계에 그친 경우에는 이에 가공하더라도 예비의 공동정범은 물론 종범으로도 처벌할 수 없다.
② 실행의 착수가 있기 전의 예비, 음모의 행위를 처벌하는 경우에 있어서는 중지범의 관념은 이를 인정할 수 없다.
③ 위조문서인 신분증을 항상 휴대하고 다닌 것만으로는 위조문서행사의 예비에 불과하다.
④ 구 부정선거관련자처벌법 제5조 제4항에 동법 제5조 제1항의 예비, 음모는 이를 처벌한다고 만 규정하고 있을 뿐이고, 그 형에 관하여 따로 규정하고 있지 아니한 이상 죄형법정주의의 원칙상 위 예비, 음모를 처벌할 수 없다.

7 법조경합의 관계로 보기 어려운 것은? (다툼이 있는 경우에는 판례에 의함)

① 자신의 아버지를 살해한 경우, 보통살인죄와 존속살해죄간의 관계
② 피해자의 손목시계를 훔친 후, 그 시계가 마음에 들지 않아 망치로 부숴버린 경우, 절도죄 와 손괴죄간의 관계
③ 피해자를 칼로 찔러 살해하는 과정에서 피해자의 옷이 찢긴 경우, 손괴죄와 살인죄간의 관계
④ 사문서 위조 후 그 위조사문서를 행사한 경우, 사문서위조죄와 위조사문서행사죄간의 관계

8 유기죄에 관한 설명 중 틀린 것은? (판례에 의함)

① 추상적 위험범이다.
② 보호의무는 법률이나 계약에 제한되지 않는다.
③ 피유기자의 생명 · 신체의 안전을 보호법익으로 한다.
④ 부작위에 의하여도 범할 수 있다.

9 죄수판단에 관한 다음 설명 중 틀린 것은? (판례에 의함)

① 피고인이 슈퍼마켓사무실에서 식칼을 들고 피해자를 협박하고, 식칼을 들고 매장을 돌아다 니며 손님을 내쫓아 영업을 방해한 경우 업무방해죄와 협박죄의 실체적 경합이 된다.
② 강도범인이 체포를 면탈할 목적으로 경찰관에게 폭행을 가한 때에는 강도죄와 공무집행방해 죄는 실체적 경합 관계에 있다.
③ 감금행위가 강간죄나 강도죄의 수단이 된 경우에도 감금죄는 강간죄나 강도죄에 흡수되지 아니하고 별 죄를 구성하고 이들은 실체적 경합범 관계에 있다.
④ 2인 이상의 연명으로 된 문서를 위조한 때에는 작성명의인의 수대로 수개의 문서위조죄가 성립하고 그 연명문서를 위조하는 행위는 수개의 문서위조죄는 상상적 경합범에 해당한다.

10 다음 설명 중 가장 적절하지 않은 것은? (다툼이 있는 경우 판례에 의함)

① 심신장애 여부는 법원이 피고인의 행동 기타 재판기록에 나타난 제반자료와 공판정에서의 피고인의 태도 등을 종합하여 판단할 수 있는 것이며, 반드시 전문감정인의 의견에 기속되어야 하는 것은 아니다.

② 충동조절장애와 같은 성격적 결함은 정신병질이 아니기 때문에 그 정도에 상관없이 심신장애에 해당되지 않는다.

③ 평소 간질병 증세가 있었더라도 범행 당시에는 간질병이 발작하지 않았다면 심신상실 내지 심신미약의 경우에 해당한다고 볼 수 없다.

④ 범행 당시를 기억하지 못한다는 사실만으로 바로 범행시 심신상실상태에 있었다고 단정할 수는 없다.

11 상해죄의 동시범의 특례(형법 제263조)에 대한 설명으로 가장 옳지 않은 것은? (다툼이 있는 경우 판례에 의함)

① 형법 제263조의 동시범은 상해와 폭행죄에 관한 특별규정으로서 동 규정은 그 보호법익을 달리하는 강간치상죄에는 적용할 수 없다.

② 시간적 차이가 있는 독립된 상해행위나 폭행행위가 경합하여 사망의 결과가 일어나고 그 사망의 원인된 행위가 판명되지 않은 경우에도 공동정범의 예에 의하여 처벌한다.

③ 만일 흉기로 피해자의 얼굴을 찍은 것이 피고인들 중 어느 한 사람의 소행일 가능성이 없고 피고인들 및 제3자 상호간에 의사의 연락이 있었다고 볼 수 없다면, 피고인들에 대하여 흉기에 의한 상해행위 부분까지 그 죄책을 물을 수는 없다.

④ 상해죄의 동시범은 독립행위가 경합하여 특히 상해의 결과를 발생하게 하고 그 결과발생의 원인이 된 행위가 밝혀지지 아니한 경우 공동정범의 예에 따라 처단하는 것이므로, 행위자 일방의 공동가공의사만 있었다면 이를 동시범으로 처단할 수 없다.

12 허위공문서작성죄가 성립하는 경우는 모두 몇 개인가? (다툼이 있는 경우 판례에 의함)

> ㉠ 세대주가 아닌 자를 세대주인 것으로 해서 주민등록표를 작성한 경우
> ㉡ 무허가 건물을 가옥대장에 허가받은 건물로 기재하는 경우
> ㉢ 가옥대장에 기재된 내용과 다른 내용을 기재한 가옥증명서를 발급한 경우
> ㉣ 준공검사를 하지 않고도 준공검사를 하였다고 준공검사조서에 기재한 경우
> ㉤ 면사무소 호적계장이 면장의 결재 없이 호적의 출생년도, 주민등록번호란에 허위 내용의 호적정정기재를 한 경우

① 2개   ② 3개
③ 4개   ④ 5개

13 다음 중 옳지 않은 것은?

① 범인이 동생으로 하여금 대신 자수케 하여 허위자백을 하게한 경우 범인도피죄의 교사범이 성립한다.

② 참고인이 수사기관에 범인에 관하여 조사를 받으면서 그가 알고 있는 사실을 묵비하거나 허위로 진술한 경우에도 범인도피죄가 성립하지 않는다.

③ 피고인 자신이 직접 형사처분이나 징계처분을 받게 될 것을 두려워한 나머지 자기이익을 위하여 증거가 될 자료를 인멸하였는데 그 행위가 동시에 다른 공범자의 형사사전이나 징계사전에 관한 증거를 인멸한 결과가 된다하더라도 증거인멸죄가 성립한다.

④ 참고인이 수사기관에 진술함에 있어서 단순히 범인으로 체포된 사람과 동인이 목격한 범인이 동일함에도 불구하고 동일한 사람이 아니라고 허위 진술한 정도만으로는 범인 도피죄를 구성하지 않는다.

14 절도죄에 관한 설명 중 가장 적절하지 않은 것은? (다툼이 있는 경우 판례에 의함)

① 피고인이 컴퓨터에 저장된 정보를 출력하여 생성한 문서는 피해회사의 업무를 위하여 생성되어 피해회사에 의하여 보관되고 있던 문서가 아니라 피고인이 가지고 갈 목적으로 피해회사의 업무와 관계없이 새로이 생성시킨 문서라 할 것이므로 이는 피해회사 소유의 문서라고 볼 수는 없다 할 것이어서 이를 가지고 간 행위를 들어 피해회사 소유의 문서를 절취한 것으로 볼 수는 없다.

② 피고인이 甲의 영업점 내에 있는 甲소유의 휴대전화를 허락 없이 가지고 나와 이를 이용하여 통화를 하고 문자메시지를 주고받은 다음 약 1~2시간 후 甲에게 아무런 말을 하지 않고 위 영업점 정문 옆 화분에 놓아두고 간 경우 절도죄를 구성한다.

③ 피고인이 자신의 모(母)인 甲의 명의로 구입·등록하여 甲에게 명의신탁한 자동차를 乙에게 담보로 제공한 후 乙 몰래 가져간 경우 乙에 대한 관계에서 자동차의 소유자는 甲이고 피고인은 소유자가 아니므로 乙이 점유하고 있는 자동차를 임의로 가져간 이상 절도죄가 성립한다.

④ 피고인이 절취한 타인의 신용카드를 이용하여 현금지급기에서 자신의 계좌로 돈을 이체한 후 현금지급기에서 피고인 자신의 신용카드나 현금카드를 이용하여 현금을 인출한 행위는 절도죄를 구성한다.

15 사기의 죄에 관한 설명 중 가장 적절하지 않은 것은? (다툼이 있는 경우 판례에 의함)

① 의사가 전화를 이용하여 진찰한 것임에도 내원 진찰인 것처럼 가장하여 국민건강보험관리공단에 요양급여비용을 청구하여 진찰료를 수령한 경우 사기죄가 성립하지 않는다.

② 타인의 폭행으로 상해를 입고 병원에서 치료를 받으면서 상해를 입은 경위에 관하여 거짓말을 하여 국민건강보험관리공단으로부터 보험급여 처리를 받은 경우 위 상해가 '전적으로 또는 주로 피고인의 범죄행위에 기인하여 입은 상해라고 할 수 없다면 사기죄가 성립하지 않는다.

③ 식육식당을 경영하는 자가 음식점에서 한우만을 취급한다는 취지의 상호를 사용하면서 광고 선전판, 식단표 등에도 한우만을 사용한다고 기재하면서 이를 보고 찾아온 손님들에게 수입 소갈비를 판매한 경우 사기죄가 성립한다.

④ 농업협동조합의 조합원이나 검품위원이 아닌 자가 TV홈쇼핑업체에 납품한 삼이 제3자가 산삼의 종자인지 여부가 불분명한 삼의 종자를 뿌려 이식하면서 인공적으로 재배한 삼이라는 사실을 알면서도 광고방송에 출연하여 위 삼이 조합의 조합원들이 자연산삼의 종자를 심산유곡에 심고 자연방임 상태에서 성장시킨 산양산삼이며 자신이 조합의 검품위원으로서 위 삼 중 우수한 것만을 선정하여 감정인의 감정을 받은 것처럼 허위 내용의 광고를 한 경우 사기죄가 성립한다.

16 외국사절모욕죄에 대한 설명으로 가장 옳은 것은?

① 일반모욕죄와 같이 공연성을 요한다.
② 일반모욕죄와 같은 법정형이다.
③ 모욕의 개념이 일반모욕죄와는 다르다.
④ 외국사절명예훼손죄의 법정형과 동일하다.

17 뇌물죄에 관한 설명 중 가장 적절하지 않은 것은? (다툼이 있는 경우 판례에 의함)

① 수의계약을 체결하는 공무원이 해당 공사업자와 적정한 금액 이상으로 계약 금액을 부풀려서 계약하고 부풀린 금액을 자신이 되돌려 받기로 사전에 약정한 다음 그에 따라 수수한 돈은 성격상 뇌물이 아니고 횡령금에 해당한다.

② 공무원이 직무와 관련하여 뇌물수수를 약속하고 퇴직 후 이를 수수하는 경우에는 뇌물약속과 뇌물수수가 시간적으로 근접하여 연속되어 있다고 하더라도, 뇌물약속죄 및 사후수뢰죄가 성립할 수 있음은 별론으로 하고, 뇌물수수죄는 성립하지 않는다.

③ 국립대학교 부설 연구소가 국가와는 별개의 지위에서 연구소라는 단체의 명의로 체결한 어업피해조사용역계약상의 과업 내용에 의하여 국립대학교 교수가 위 연구소 소속 연구원으로서 수행하는 조사용역업무는 교육공무원의 직무 또는 그와 밀접한 관계가 있거나 그와 관련된 행위에 해당한다고 볼 수 없다.

④ 공무원인 갑(甲)이 을(乙)로부터 1,000만원을 뇌물로 받아 그 중 500만원을 술을 마시느라 소비하고 나머지 500만원을 은행에 예금하여 두었다가 이를 인출하여 을(乙)에게 반환한 경우, 갑(甲)으로부터 500만원을 추징하고 을(乙)로부터 500만원을 몰수 또는 추징한다.

18 다음 중 직권남용죄가 성립하는 경우는 모두 몇 개인가? (판례에 의함)

> ㉠ 대통령비서실 정책실장이 공무원으로 하여금 특별교부세 교부대상이 아닌 특정 사찰의 증·개축가업을 지원하는 특별교부세 교부신청 및 교부결정을 하도록 하게 한 경우
> ㉡ 대통령비서실 정책실장이 기업관계자들에게 기업 세미나(Mecena) 활동의 일환인 미술 관전시회 후원을 요청하여 기업관계자들이 특정 미술관에 후원금을 지급한 경우
> ㉢ 대검찰청 공안부장인 피고인이 고등학교 후배인 한국조폐공사 사장에게 위 공사의 쟁의행위 및 구조조정에 관하여 전화통화를 한 경우
> ㉣ 검찰의 고위 간부가 내사 담당 검사로 하여금 내사를 중도에서 그만두고 종결처리토록 한 경우

① 1개
② 2개
③ 3개
④ 4개

19 체포와 감금의 죄에 관한 다음 설명 중 가장 옳지 않은 것은? (판례에 의함)

① 강도가 재물강취에 실패하고 그 자리에서 항거불능한 상태의 피해자를 간음하려다가 미수에 그쳤으나 반항을 억압하기 위한 폭행으로 상해를 입힌 경우 강도강간미수죄와 강도치상죄의 실체적 경합관계에 있다.

② 정신병자의 어머니의 의뢰 및 승낙하에 그 감호를 위하여 그 보호실 문을 야간에 한해서 3일간 시정하여 출입을 못하게 한 감금행위는 그 병자의 신체의 안정과 보호를 위하여 사회통념상 부득이 한 조처로서 수긍될 수 있는 것이면 위법성이 없다.

③ 피해자가 만약 도피하는 경우에는 생명 신체에 심한 해를 당할지도 모른다는 공포감에서 도피하기를 단념하고 있는 상태 하에서 호텔로 데리고 가서 함께 유숙한 후 그와 함께 항공기로 국외에 나간 행위는 감금죄를 구성한다.

④ 감금행위가 강간죄나 강도죄의 수단이 된 경우에도 감금죄는 강간죄나 강도죄에 흡수되지 아니하고 별죄를 구성한다.

20 간첩죄에 대한 설명으로 가장 옳지 않은 것은? (다툼이 있는 경우 판례에 의함)

① 간첩이라 함은 적국을 위하여 국가기밀을 탐지, 수집하는 행위를 말하는 것이다.

② 탐지·수집한 국가기밀을 적국에 누설하는 것은 불가벌적 사후행위이다.

③ 간첩방조는 간첩죄에 대하여 형을 감경한다.

④ 단순히 숙식을 제공하거나 무전기를 매몰하는 행위를 도와준 것만으로는 간첩방조죄가 성립하지 않는다.

제15회 모의고사

☞ 정답 및 해설 P.282

1 소급효금지에 대한 설명으로 옳지 않은 것은? (다툼이 있는 경우 판례에 의함)

① 공소시효가 도과된 이후에 해당 사안에 대한 공소시효를 연장하는 법률이 진정소급입법이고, 공소시효 도과 이전에 공소시효를 연장하는 법률이 부진정소급입법이다.

② 부진정소급입법은 허용되지만, 진정소급입법은 허용되지 않는다.

③ 판례가 변경되는 것은 법률조항 자체가 변경된 것이 아니므로 변경된 판례에 따라 처벌하는 것은 소급효금지에 반하지 않는다.

④ 가정폭력범죄의 처벌 등에 관한 특례법 상의 사회봉사명령을 부과하면서, 행위시법 상 사회봉사명령 부과시간의 상항인 100시간이 아닌 재판시법 상의 상한인 200시간을 적용한 것은 위법이다.

2 책임능력에 대한 형법의 태도로 적절한 것은?

① 형사미성년자의 책임능력은 생물학적 · 심리적 혼합방법으로 판단한다.

② 심신상실인은 면책되고 심신미약인의 행위는 형을 감경할 수 있다.

③ 행위자가 귀머거리이면서 벙어리라면 그 형을 감경한다.

④ 심신미약인에게도 사형을 선고할 수 있다.

3 공동정범에 대한 판례의 태도와 일치하지 않는 것은?

① 공동정범은 고의범이나 과실범을 불문하고 의사의 연락이 있는 경우이면 그 성립을 인정 할 수 있다.

② 승계적 공동정범의 경우에 후행자는 그 가담 이후의 범행에 대해서만 공동정범으로서의 책임을 진다.

③ 공모공동정범에 있어서 다른 공모자가 실행에 착수한 이후에 그 공모관계에서 이탈한 공모자는 공동정범으로서의 책임을 지지 않는다.

④ 상해치사죄의 공동정범은 폭행 기타의 신체침해행위를 공동으로 할 의사가 있으면 성립하고, 사망의 결과를 공동으로 할 의사는 필요없다.

4 부진정부작위범에 관한 다음 설명 중 가장 옳은 것은? (다툼이 있는 경우 판례에 의함)

① 甲이 유아 A의 모(母)인 乙과 乙이 외출한 동안 A를 보호하기로 하는 계약을 체결하고 A에 대한 사실상의 보호를 개시하였던 경우, 계약이 애초부터 무효이거나 사후적으로 취소되어 소급적으로 무효가 되더라도 보증인지위의 발생근거에 관한 실질설에 의하면 甲에 대하여 A의 생명, 신체를 보호할 의무가 발생할 수 있다.

② 자가호흡을 할 수 없는 의식불명상태인 환자의 보호자가 치료위탁계약을 해지하고 환자를 퇴원시켜 달라고 요구하여 이에 응하기 위하여 담당의사가 인공호흡장치를 제거한 결과 환자가 호흡곤란으로 사망하게 된 경우, 당해 의사의 행위는 치료행위의 중단이라는 부작위로 평가함이 타당하다.

③ 결과발생을 방지하여야 하는 부진정부작위범의 책임은 작위범의 경우에 비하여 경미하므로, 우리 형법은 부진정부작위범의 형을 임의적 감경사유로 규정하고 있다.

④ 은행지점장이 부하직원의 배임행위를 알면서도 이를 방치한 경우 묵시적인 공모에 의한 배임죄의 공모공동정범이 성립한다.

5 다음 설명 중 틀린 것은? (판례가 있으면 그에 따름)

① 교사를 받은 자가 범죄의 실행을 승낙하고 실행의 착수에 이르지 아니한 때에는 교사자와 피교사자를 음모 또는 예비에 준하여 처벌한다.

② 모해목적 있는 자가 모해목적 없는 자를 교사하여 위증을 하게 한 경우에도, 교사자를 모해위증교사죄로 처단할 수는 없다.

③ 치과의사가 간호보조원의 자격을 가진 것에 불과한 치과기공사에게 내원환자들에 대한 치료를 지시하여 동인들이 각 단독으로 진료행위를 한 경우 치과의사는 무면허의료행위의 교사범이 성립한다.

④ 종범의 형은 정범의 형보다 감경한다.

6 다음 중 미수범 처벌규정이 있는 범죄는?

① 공무집행방해죄
② 범죄단체조직죄
③ 장물죄
④ 재물손괴죄

7 다음 중 공범의 착오에 대한 설명으로 옳지 않은 것은?

① 갑은 을에게 강도를 교사하였으나 을이 절도를 실행한 경우, 갑은 절도죄의 교사범으로 처벌된다.

② 갑은 을에게 특수강도를 교사하였으나 을이 단순강도를 실행한 경우, 갑은 단순강도죄의 교사범으로 처벌된다.

③ 갑은 을에게 강도를 교사하였으나 을이 강간을 실행한 경우, 갑은 강도죄의 예비 음모죄로 처벌된다.

④ 갑은 을에게 절도를 교사하였으나 을이 살인을 실행한 경우, 갑은 무죄이다.

8 다음 설명 중 가장 옳지 않은 것은? (다툼이 있는 경우 판례에 의함)

① 사기도박에 필요한 준비를 갖추고 그 실행에 착수한 후에 사기도박을 숨기기 위하여 얼마간 정상적인 도박을 하였더라도 이는 사기죄의 실행행위에 포함되는 것이므로 사기죄만 성립하고 도박죄는 따로 성립하지 아니한다.

② 도박의 습벽이 있는 자가 도박을 하고 또 도박방조를 하였을 경우, 상습도박의 죄가 성립하는 이외에 별도로 상습도박방조의 죄가 성립하므로 이를 포괄시켜 1죄로서 처단하여서는 아니된다.

③ 성인피시방 운영자가 손님들로 하여금 컴퓨터에 접속하여 인터넷 도박게임을 하고 게임머니의 충전과 환전을 하도록 하면서 게임머니의 일정 금액을 수수료 명목으로 받은 행위는 도박개장죄에 해당한다.

④ 사기도박에 있어서는 사기적인 방법으로 도금을 편취하려고 하는 자가 상대방에게 도박에 참가할 것을 권유하는 등 기망행위를 개시한 때에 실행의 착수가 있다.

9 다음 죄수관계에 대한 판례의 태도로 옳지 않은 것은?

① 포괄일죄의 범행 도중에 공동정범으로 범행에 가담한 자는 비록 그가 그 범행에 가담할 때에 이미 이루어진 종전의 범행을 알았다 하더라도 그 가담 이후의 범행에 대하여만 공동정범으로 책임을 진다.

② 2인 이상의 연명으로 된 문서를 위조한 때에는 작성명의인의 수대로 수개의 문서위조죄가 성립하고 또 그 연명문서를 위조하는 행위는 자연적 관찰이나 사회통념상 하나의 행위라 할 것이어서 위 수개의 문서위조죄는 형법 제40조가 규정하는 상상적 경합범에 해당한다.

③ 주식회사의 대표이사가 타인을 기망하여 회사가 발행하는 신주를 인수하게 한 다음 그로부터 납입받은 신주인수대금을 보관하던 중 횡령한 행위는 사기죄의 불가벌적 사후행위에 해당한다.

④ 포괄일죄는 그 중간에 별종의 범죄에 대한 확정판결이 끼어 있어도 그 때문에 포괄적 범죄가 둘로 나뉘는 것은 아니라 할 것이고, 또 이 경우에는 그 확정판결 후의 범죄로서 다루어야 한다.

10 다음 설명 중 옳지 않은 것은?

① 형을 가중, 감경할 사유가 경합하는 경우, 각칙본조에 의한 가중, 형법 제34조 제2항의 가중, 누범가중, 법률상감경, 경합범가중, 작량감경의 순서로 한다.

② 형의 선고유예를 받은 날로부터 2년을 경과한 때에는 면소된 것으로 간주한다.

③ 몰수는 타형에 부가하여 과하지만, 행위자에게 유죄의 재판을 아니할 때에도 몰수의 요건이 있는 때에는 몰수만을 선고할 수 있다.

④ 법률상 감경에 있어 사형을 감경할 때에는 무기 또는 7년 이상의 징역 또는 금고로 한다.

11 다음 중 '부정한 청탁'을 요건으로 하는 범죄는?

① 사전수뢰죄

② 부당이득죄

③ 배임수재죄

④ 허위진단서작성죄

12 다음 설명 중 옳지 않은 것은? (다툼이 있는 경우에는 판례에 의할 것)

① 자동차등불법사용죄의 객체는 타인의 자동차, 선박, 기차, 항공기 또는 원동기장치자전거이다.

② 자동차등불법사용죄는 미수범 처벌 규정이 있다.

③ 준강도의 미수·기수 여부는 절도의 미수·기수 여부를 기준으로 판단한다.

④ 강제집행면탈죄에 있어서 재산에는 동산·부동산 뿐만 아니라 재산적 가치가 있어 민사소송법에 의한 강제집행 또는 보전처분이 가능한 특허 내지 실용신안 등을 받을 수 있는 권리도 포함된다.

13 다음 사례 중 협박죄가 성립되지 않는 것은?

① 甲은 乙의 처와 통화하기 위하여 야간에 전화를 하였는데 남편 乙이 받자 20분 내지 30분 동안 아무 말도 하지 않고 있다가 전화를 끊어버리거나 어떤 때에는 "한번 만나자, 나한테 자신 있나"라고 말한 경우

② 갑작스럽게 뺨을 맞는 등 폭행을 당하여 서로 멱살을 잡고 다투자 주위 사람들이 싸움을 제지하였으나 상대방에게 대항하기 위하여 깨어진 병으로 피해자를 찌를 듯이 겨누어 대항한 경우

③ 한 마디 말도 없이 가위로 목을 찌를 듯이 겨눈 경우

④ 피고인이 피해자인 누나의 집에서 갑자기 자신의 몸에 연소성이 높은 고무놀을 바르고 라이터로 불을 켜는 시늉을 하면서 이를 말리려는 피해자 등에게 가위, 송곳을 휘두르면서 "방에 불을 지르겠다. 가족 전부를 죽여 버리겠다"고 소리친 경우

14 다음 중 옳지 않은 것은?

① 자기앞 수표를 수수한 후 소비하고 자기앞 수표 상당액을 반환 경우에도 수뢰자로부터 가액을 추징하여야 한다.

② 뇌물로 받은 돈을 은행에 예금한 후 인출하여 같은 액수의 돈을 증뢰자에게 반환한 경우에도 그 가액을 수뢰자로부터 추징하여야 한다.

③ 뇌물로 받은 돈을 그 후 다른 사람에게 다시 뇌물로 공여하였다하더라도 수뢰자에게 전액을 추징하여야 한다.

④ 뇌물에 공할 금품이 특정되지 않았던 것은 몰수할 수 없고 그 가액을 추징할 수 있다.

15 다음 중 옳지 않은 것은?

① 현주건조물방화치사죄는 중한 결과에 대해 과실이 있는 경우뿐만 아니라 고의가 있는 경우에도 성립한다.

② 주거의 일부로 되어 있는 우사에 대한 방화는 일반건조물방화죄에 해당한다.

③ 가족불화가 악화되어 홧김에 서적 등을 뒷마당에 내어 놓고 불을 질렀으나 불이 번져 가옥이 전소된 경우 현주건조물방화가 성립하지 않는다.

④ 장롱 안에 있는 옷가지에 불을 놓아 건물을 소훼하려 했으나 불길이 치솟는 것을 보고 겁이 나서 불을 끈 경우 장애미수가 성립된다.

16 위계에 의한 공무집행방해죄가 성립하는 것은 모두 몇 개인가? (다툼이 있는 경우 판례에 의함)

> ㉠ 감척어선 입찰자격이 없는 자가 제3자와 공모하여 제3자의 대리인 자격으로 제3자 명의로 입찰에 참가하고 낙찰받은 후 자신의 자금으로 낙찰대금을 지급하여 감척어선에 대한 실질적 소유권을 취득한 경우
> ㉡ 지방자치단체의 공사입찰에 있어서 허위서류를 제출하여 입찰참가자격을 얻고 낙찰자로 결정되어 계약을 체결한 경우
> ㉢ 민사소송을 제기함에 있어 피고의 주소를 허위로 기재하여 변론기일소환장 등 소송서류를 허위주소로 송달하게 한 경우
> ㉣ 음주운전을 하다가 교통사고를 야기한 후 형사처벌을 면하기 위하여 타인의 혈액을 자신의 혈액인 것처럼 교통사고 조사 경찰관에게 제출하여 감정하도록 한 경우

① 없음   ② 1개

③ 2개   ④ 3개

17 공갈의 죄에 관한 설명 중 가장 적절하지 않은 것은? (다툼이 있는 경우 판례에 의함)

① 예금주인 현금카드 소유자를 협박하여 그 카드를 갈취한 다음 피해자의 승낙에 의하여 현금 카드를 사용할 권한을 부여받아 이를 이용하여 현금자동지급기에서 현금을 인출한 행위와 관련하여 현금자동지급기에서 피해자의 예금을 인출한 행위는 현금카드 갈취행위와 분리하여 따로 절도죄로 처단할 수는 없다.

② 공갈죄의 수단으로서 협박은 사람의 의사결정의 자유를 제한하거나 의사실행의 자유를 방해할 정도로 겁을 먹게 할 만한 해악을 고지하는 것을 말하고 해악의 고지는 반드시 명시의 방법에 의할 것을 요하지 아니한다.

③ 피고인이 甲주식회사가 특정 신문들에 광고를 편중했다는 이유로 기자회견을 열어 甲회사에 대하여 불매운동을 하겠다고 하면서 특정 신문들에 대한 광고를 중단할 것과 다른 신문들에 대해서도 동등하게 광고를 집행할 것을 요구하고 甲회사 인터넷 홈페이지에 그와 같은 내용의 팝업창을 띄우게 한 경우 강요죄나 공갈죄의 협박에 해당하지 않는다.

④ 피해자가 피고인에게 계속해서 택시요금의 지급을 요구하였으나 피고인이 이를 면하고자 피해자를 폭행하고 달아났을 뿐 피해자가 폭행을 당하여 외포심을 일으켜 수동적·소극적으로라도 피고인이 택시요금 지급을 면하는 것을 용인하여 이익을 공여하는 처분행위를 하였다고 할 수 없는 경우 공갈죄가 성립하지 아니한다.

18 횡령의 죄에 관한 설명 중 가장 적절하지 않은 것은? (다툼이 있는 경우 판례에 의함)

① 회사의 이사가 업무상의 임무에 위배하여 보관 중인 회사의 자금으로 뇌물을 공여한 경우 뇌물공여죄만 성립할 뿐 별도로 업무상횡령죄는 성립하지 않는다.

② 본사(本社)와 가맹점계약(프랜차이즈계약)을 맺은 가맹점 주인인 피고인이 보관 중인 물품판매 대금을 임의로 소비한 경우 횡령죄가 성립하지 않는다.

③ 수인이 부동산경매절차에서 대금을 분담하되 그 중 1인의 단독명의로 낙찰받기로 약정하여 그에 따라 낙찰이 이루어진 후 그 명의자가 임의로 처분한 경우 횡령죄가 성립하지 않는다.

④ 동업관계에 있는 피고인과 피해자 사이에 손익분배의 정산이 되지 아니하였다면 동업자의 한 사람인 피고인은 피고인과 피해자의 합유에 속하는 동업재산이나 동업재산의 매각대금에 대한 지분을 처분할 권한이 없는 것이므로 피고인이 동업재산인 교회건물의 매각대금을 매수인으로부터 받아 보관 중 임의로 소비하였다면 지분 비율에 관계없이 임의로 소비한 금액 전부에 대해 횡령죄의 죄책을 부담한다.

19 손괴의 죄에 관한 설명 중 가장 적절하지 않은 것은? (다툼이 있는 경우 판례에 의함)

① 타인소유의 광고용 간판을 백색페인트로 도색하여 광고문안을 지워버린 행위는 재물손괴죄에 해당한다.

② 약속어음의 수취인이 은행에 보관시킨 약속어음을 은행지점장이 발행인의 부탁을 받고 그 지급기일란의 일자를 지움으로써 그 효용을 해한 경우에는 문서손괴죄가 성립한다.

③ 해고노동자 등이 복직을 요구하는 집회를 개최하던 중 래커 스프레이를 이용하여 회사건물 외벽과 1층 벽면 등에 낙서한 행위와 이와 별도로 계란 30여 개를 건물에 투척한 행위 모두 건물의 효용을 해하는 것으로 볼 수 있어 각각 재물손괴죄가 성립한다.

④ 재물손괴죄에서 재물의 효용을 해한다고 함은 그 물건의 본래의 사용목적에 공할 수 없게 하는 상태로 만드는 것은 물론 일시 그것을 이용할 수 없는 상태로 만드는 것도 이에 해당한다.

20 공무방해에 관한 죄에 대한 설명으로 옳지 않은 것은? (다툼이 있는 경우 판례에 의함)

① 공무집행방해죄에서의 협박은 공무를 집행하는 공무원으로 하여금 객관적으로 공포심을 느끼게 하는 것만으로는 부족하고, 현실로 공포심을 일으킬 것까지 요구되는 것이다.

② 형법이 업무방해와는 별도로 공무집행방해죄를 규정하고 있는 것은 공무에 관해서는 폭행·협박 또는 위계의 방법으로 그 집행을 방해하는 경우에 한하여 처벌하겠다는 취지이며, 따라서 공무집행을 방해하는 행위에 대해서는 업무방해죄로 의율할 수 없다.

③ 행정청이 당사자의 신청에 따라 인·허가처분을 함에 있어 사실을 충분히 확인하지 아니한 채 신청인이 제출한 사실과 다른 신청사유나 소명자료를 믿고 인·허가를 한 경우에는 위계에 의한 공무집행방해죄는 성립하지 않는다.

④ 범죄신고를 받고 출동한 두 명의 경찰관에게 욕설을 하면서 폭행을 한 경우에는 공무를 집행하는 경찰관의 수에 따라 공무집행방해죄가 성립한다.

제16회 모의고사

☞ 정답 및 해설 P.288

1 다음 중 인과관계가 인정되는 경우가 아닌 것은? (다툼이 있으면 판례에 의함)

① 술을 마시고 찜질방에 들어온 甲이 찜질방 직원 몰래 후문으로 나가 술을 더 마신 다음 후문으로 다시 들어와 발한실에서 잠을 자다가 사망한 경우, 찜질방 직원 및 영업주가 통제·관리하지 않은 부분과 甲의 사망 간의 관계

② 운전자가 시동을 끄고 1단 기어가 들어가 있는 상태에서 시동열쇠를 꽂아둔 채 11세 정도의 어린이를 조수석에 남겨두고 차에서 내려온 동안 어린이가 시동열쇠를 돌리며 가속페달을 밟아 사고가 난 경우, 1단 기어를 넣고 열쇠를 꽂아둔 상태에서 차에서 떠난 과실과 사고 발생 간의 관계

③ 임차인이 자신의 비용으로 설치·사용하던 가스설비의 휴즈콕크를 아무런 조치 없이 제거하고 이사를 간 후 주밸브가 열려져 가스가 유입되어 폭발사고가 발생한 경우, 임차인의 과실과 가스 폭발사고 간의 관계

④ 피고인들로부터 폭행을 당하고 당구장 3층 화장실에 숨어 있던 피해자가 다시 피고인들로부터 폭행당하지 않으려고 창문 밖으로 숨으려다가 실족하여 사망한 경우, 피고인들의 폭행과 피해자의 사망 간의 관계

2 다음은 예비·음모 및 미수에 대한 설명이다. 가장 적절하지 않은 것은? (다툼이 있으면 판례에 의함)

① 협박죄(형법 제283조 제1항), 특수도주죄(형법 제146조), 증거인멸죄(형법 제155조 제1항)는 미수범 처벌규정이 있다.

② 판례는 예비죄의 공동정범의 성립은 인정하나, 예비죄의 종범의 성립은 부정한다.

③ 강도예비·음모죄가 성립하기 위해서는 예비·음모 행위자에게 미필적으로라도 '강도'를 할 목적이 있음이 인정되어야 하고 그에 이르지 않고 단순히 '준강도'할 목적이 있음에 그치는 경우에는 강도예비·음모죄로 처벌할 수 없다.

④ 피해자를 살해하려고 그의 가슴을 칼로 수회 찔렀으나, 가슴 부위에서 많은 피가 흘러나오는 것을 발견하고 겁을 먹고 그만둔 경우, 자의에 의한 중지미수라고 볼 수 없다.

3 다음은 몰수·추징에 대한 설명이다. 가장 적절하지 않은 것은? (다툼이 있으면 판례에 의함)

① 몰수나 추징이 공소사실과 관련이 있다 하더라도 그 공소사실에 관하여 이미 공소시효가 완성되어 유죄의 선고를 할 수 없는 경우에는 몰수나 추징도 할 수 없다.

② 대형할인매장에서 수회 상품을 절취하여 자신의 승용차에 싣고 간 경우, 위 승용차는 형법 제48조 제1항 제1호에 정한 범죄행위에 제공한 물건으로 보아 몰수할 수 있다.

③ 금품의 무상차용을 통하여 위법한 재산상 이익을 취득한 경우 범인이 받은 부정한 이익은 무상으로 대여받은 금품 그 자체이므로 추징의 대상도 금품 그 자체이다.

④ 변호사법 위반의 범행으로 금품을 취득한 경우 그 범행과정에서 지출한 비용은 그 금품을 취득하기 위하여 지출한 부수적 비용에 불과하고, 몰수하여야 할 것은 변호사법 위반의 범행으로 취득한 금품 그 자체이므로, 취득한 금품이 이미 처분되어 추징할 금원을 산정할 때 그 금품의 가액에서 위 지출 비용을 공제할 수는 없다.

4 다음 중 가장 옳지 않은 것은? (다툼이 있는 경우 판례에 의함)

① 전답의 점유를 침탈당한 자가 그 전답의 점유를 실력으로 회수하려고 하자 피고인이 그에게 폭행을 가한 경우 피고인에게 강요죄가 성립하지 않는다.

② 인질강요죄에서 강요를 당하는 자는 인질 혹은 제3자이다.

③ 폭행 또는 협박으로 법률상 의무 있는 일을 하게 한 경우에는 폭행 또는 협박죄만 성립할 뿐 강요죄는 성립하지 않는다.

④ 형법상 인질강요죄를 범한 자가 인질을 안전한 장소에 풀어준 때에는 그 형을 감경할 수 있다.

5 다음 중 상습범에 대한 가중처벌규정이 없는 것은?

① 유기죄
② 인질강도죄
③ 협박죄
④ 존속중상해죄

6 법률의 착오 및 위법성조각사유의 객관적 전제사실의 착오에 대한 학설과 그에 대해 제기되는 비판을 연결한 것으로 옳지 않은 것은?

① 엄격고의설 – 과실범을 처벌하지 않거나 과실범의 형벌이 고의범에 비해 현저히 낮기 때문에 처벌의 공백이 생길 수 있다.

② 제한적 고의설 – 과실로 구성요건적 사실을 인식하지 못한 경우에는 과실범의 효과를 인정하면서, 과실로 위법성을 인식하지 못한 경우에는 고의범의 효과를 인정하는 것은 균형에 맞지 않는다.

③ 엄격책임설 – 위법성조각사유의 객관적 전제사실의 착오에 빠진 자를 고의범으로 처벌하는 것은 법감정에 반할 수 있다.

④ 법효과 제한적 책임설 – 위법성조각사유의 전제사실의 착오에 빠진 자를 교사하여 죄를 범하게 한 경우에도 교사자를 교사범으로 처벌할 수 없다.

7 다음 중 옳은 것은? (다툼이 있는 경우 판례에 의함)

① 횡령범인이 피해물건의 소유자와 위탁자 중 한쪽과만 친족관계가 있는 경우 친족상도례 규정이 적용되지 않는다.

② '찢어버린 약속어음', '심문기일소환장', '주권포기각서', '주식'은 형법상 재물에 해당한다.

③ 장애인단체의 지회장이 지방자치단체로부터 다음해의 보조금을 더 많이 지원받기 위하여 참고자료로 이용되는 허위의 보조금 정산보고서를 제출할 경우 사기죄의 실행에 착수한 것이다.

④ 장물범과 본범의 피해자가 동거하지 않는 직계혈족인 경우에는 피해자의 고소가 있어야 공소를 제기할 수 있다.

8 다음 중 결과적 가중범이 성립되는 것은? (판례에 의함)

① 강간을 당한 피해자가 집에 돌아가 수치심과 장래에 대한 절망감 등으로 인하여 음독자살한 경우

② 남녀가 술을 마시고 승합차를 타고 가던 중 남자가 여자를 추행하자 여자가 욕을 하면서 달리는 차에서 뛰어내려 사망한 경우

③ 택시에 탄 손님이 강도의사로 과도로 택시운전수를 위협하자 이에 놀란 운전수가 급좌회전하다가 그 충격으로 위 손님의 과도에 찔려 상처를 입은 경우

④ 타인의 주거지에 방화하였는데 위 주거지에 거주하는 자가 적극적으로 진화작업에 열중한 나머지 안면부 등에 화상을 입은 경우

9 판례에 의할 경우 형법 제20조의 정당행위에 해당하여 위법성이 조각되는 것은?

① 건설업계 노조원들이 임단협 성실교섭 촉구 결의대회를 개최하면서 차도의 통행방법으로 신고하지 아니한 삼보일배 행진을 하여 차량의 통행을 방해하였다.

② 국회의원이 특정 협회로부터 요청받은 자료를 제공하고 그 대가로서 후원금 명목으로 금원을 교부받았다.

③ 기도원 운영자가 정신분열증 환자의 치료 목적으로 안수기도를 하다가 환자에게 상해를 입혔다.

④ 정보기관이 타인 간의 사적 대화를 불법 녹음하여 생성한 도청 자료를 방송사 기자가 입수하여 그 사정을 알면서 이를 방송프로그램을 통하여 보도하였다.

10 다음 중 판례의 태도로 틀린 것은?

① 남편의 간통 현장을 직접 목격하고 그 사진을 촬영하기 위하여 상간자의 주거에 침입한 행위는 정당행위에 해당하지 않는다.

② 의사가 모발이식 시술을 하면서 간호조무사로 하여금 모발이식 시술행위 중 일정 부분을 직접 하도록 맡겨둔 채 별반 관여하지 않은 것은 정당행위에 해당하지 않는다.

③ 조산사가 산모의 분만 과정 중 별다른 응급상황이 없음에도 독자적 판단으로 산모에게 포도당이나 옥시토신을 투여한 행위는 의료법 위반죄가 인정된다.

④ 자격기본법에 의한 민간자격증을 취득한 자가 한방의료 행위인 침술행위를 한 경우, 무면허 의료행위에 해당하지 아니하여 죄가 되지 않는다고 믿는 데에 정당한 사유가 있다.

11 다음 중 형법상 부진정신분범에 해당하는 것은 모두 몇 개인가?

㉠ 업무상비밀누설죄	㉡ 영아살해죄
㉢ 공무상비밀누설죄	㉣ 위증죄
㉤ 공정증서원본부실기재죄	㉥ 불법체포 · 감금죄
㉦ 업무상동의낙태죄	

① 2개 ② 3개

③ 4개 ④ 5개

12 다음 설명 중 옳은 것은? (판례에 의함)

① 아동·청소년의 성보호에 관한 법률 제7조 제1항 및 제2항의 죄(아동·청소년에 대한 강간·강제추행죄 등)는 친고죄에 해당한다.

② 강간죄와 강제추행죄의 협박은 현저히 상대방을 억압할 정도라야 하지만, 준강간죄와 준강제추행죄의 협박의 정도는 그 정도가 아니라도 상관없다.

③ 상의를 걷어올려서 유방을 만지고 하의를 끄집어내린 경우에는 강제추행이 아니다.

④ 누나의 집에서 온 몸에 연소성이 높은 고무놀을 바르고 라이타 켜는 동작을 하면서 이를 말리려는 피해자 등에게 가위, 송곳을 휘두르면서 "방에 불을 지르겠다, 가족 전부를 죽여버리겠다"고 1시간 가량 소리친 경우에는 협박죄가 성립한다.

13 강도의 죄에 관한 설명 중 가장 적절하지 않은 것은? (다툼이 있는 경우 판례에 의함)

① 甲이 날치기 수법으로 乙이 들고 있던 가방을 탈취하면서 가방을 놓지 않고 버티는 乙을 5m가량 끌고 감으로써 乙의 무릎 등에 상해를 입힌 경우 甲은 강도치상죄의 죄책을 진다.

② 채무자가 채무를 면탈할 의사로 채권자를 살해하였더라도 채무의 존재가 명백할 뿐만 아니라 채권자의 상속인이 존재하고 그 상속인에게 채권의 존재를 확인할 방법이 확보되어 있는 경우 강도살인죄가 성립할 수 없다.

③ 준강도죄의 기수 여부는 절도행위의 기수 여부를 기준으로 하여 판단할 것이 아니라 폭행 또는 협박이 종료되었는가 하는 점에 따라 결정하여야 한다.

④ 준강도죄의 성립에 필요한 수단으로서의 폭행이나 협박의 정도는 상대방의 반항을 억압하는 수단으로서 일반적·객관적으로 가능하다고 인정되는 정도의 것이면 되고 현실적으로 반항을 억압하였음을 필요로 하는 것은 아니다.

14 다음 설명 중 옳지 않은 것은?

① 통화위조예비와 일수예비의 경우, 그 목적한 범죄의 실행에 이르기 전에 자수한 때에는 형을 감경 또는 면제한다.

② 협박죄, 퇴거불응죄, 타인소유일반건조물방화죄는 미수범 처벌조항이 있다.

③ 도박죄, 공무원자격사칭죄, 증거인멸죄는 미수범처벌조항이 없다.

④ 피해자를 살해할 목적으로 그의 목을 수회 칼로 찔렀으나 피가 솟구치자 겁이 나서 그만두는 바람에 사망에 이르지 못한 경우 자의에 의한 중지미수라고 볼 수 없다.

15 무고죄에 대한 설명으로 옳은 것은? (다툼이 있는 경우 판례에 의함)

① 무고죄가 성립하기 위해서는 신고자가 진실하다는 확신 없는 사실을 신고하면 족하고 신고사실이 허위라는 점을 확신할 필요까지는 없다.

② 피고인이 구타를 당했으나 입지 않은 상해사실을 포함하여 고소한 경우 무고죄에 해당한다.

③ 신고사실이 진실하더라도 형사책임을 부담할 자를 잘못 신고한 경우 무고죄에 해당한다.

④ 형사처분을 받게 할 목적으로 허위사실을 신고한 경우 그 사실 자체가 범죄가 되지 않는 경우에도 무고죄가 성립한다.

16 공무방해에 관한 죄에 대한 다음 설명으로 옳지 않은 것은? (다툼이 있는 경우 판례에 의할 것)

① 공무집행방해죄에 있어서의 '폭행'이라 함은 공무원에 대한 직접적인 유형력의 행사 뿐만 아니라 간접적인 유형력의 행사도 포함하는 것이다.

② 공무집행방해죄에 있어서의 '공무집행'이라고 함은 그 행위가 공무원의 추상적 권한에 속할 뿐 아니라 구체적 직무집행에 관한 법률상 요건과 방식을 갖춘 경우를 가리킨다.

③ 위계에 의한 공무집행방해죄에 있어서의 공무원의 직무집행이란 법령의 위임에 따른 공무원의 적법한 직무집행인 이상 공권력의 행사를 내용으로 하는 권력적 작용뿐만 아니라 사경제 주체로서의 활동을 비롯한 비권력적 작용도 포함된다.

④ 부동산강제집행효용침해죄의 객체인 강제집행으로 명도 또는 인도된 부동산에는 강제집행으로 퇴거집행된 부동산은 포함되지 않는다.

17 다음 중 예비 · 음모 · 선동 · 선전행위를 처벌하지 않는 범죄는?

① 중립명령위반죄　　　　　　　　② 내란죄

③ 간첩죄　　　　　　　　　　　　④ 일반이적죄

18 직무유기죄에 관한 설명 중 가장 적절하지 않은 것은? (다툼이 있는 경우 판례에 의함)

① 직무유기죄는 구체적으로 그 직무를 수행하여야 할 작위의무가 있는 사람이 이러한 직무를 버린다는 인식하에 그 작위의무를 수행하지 아니하면 성립하는 것이다.

② 경찰관이 불법체류자의 신병을 출입국관리사무소에 인계하지 않고 훈방하면서 이들의 인적사항조차 기재해 두지 아니한 경우 직무유기죄가 성립한다.

③ 경찰관인 피고인이 벌금미납자에 대한 노역장유치 집행을 위하여 검사의 지휘를 받아 형집행장을 집행하는 경우에 벌금미납자로 지명수배되어 있던 甲을 세 차례에 걸쳐 만나고도 그를 검거하여 검찰청에 신병을 인계하는 등 필요한 조치를 취하지 않은 경우 직무유기죄가 성립한다.

④ 경찰서 방범과장이 부하직원으로부터 음반·비디오물 및 게임물에 관한 법률 위반 혐의로 오락실을 단속하여 증거물로 오락기의 변조기판을 압수하여 사무실에 보관 중임을 보고받아 알고 있었음에도 부하직원에게 위와 같이 압수한 변조기판을 돌려주라고 지시하여 오락실 업주에게 이를 돌려준 경우 직무유기죄가 성립한다.

19 수도불통죄(형법 제195조)에 관련한 다음 설명 중 가장 옳지 않은 것은? (다툼이 있는 경우 판례에 의함)

① 적법한 절차를 밟지 아니한 수도라 할지라도 그것이 현실로 공중생활에 필요한 음용수를 공급하고 있는 시설로 되어있는 이상 이를 불법하게 손괴하여 수도를 불통케 하였을 때에는 수도불통죄에 해당한다.

② 수도불통죄를 범할 목적으로 예비 또는 음모한 자는 처벌한다.

③ 사설수도를 설치한 시장 번영회가 수도요금을 체납한 회원에 대하여 사전경고까지 하고 한 단수행위에는 위법성이 있다고 볼 수 없다.

④ 시설자가 관계당국으로부터 설치허가를 받아 사재로써 시의 상수도관에다가 특수가압간선을 시설한 경우, 그 시설에 의한 급수를 받고자 하는 자는 시설자와의 계약에 의하여 시설운영위원회에 가입한 후 시의 급수승인을 받아야 하는데 이러한 절차를 거치지 않은 불법이용자라 하더라도 그에 대한 단수조치로써 시설자가 급수관을 발굴 절단하였다면 수도불통죄에 해당한다.

20 사문서위조·변조죄에 대한 설명으로 가장 옳지 않은 것은? (다툼이 있는 경우 판례에 의함)

① 대리권·대표권이 있는 자가 권한의 범위 내에서 단순히 권한을 남용하는 문서를 작성함에 불과한 경우에는 문서위조죄가 성립하지 않는다.

② 문서의 작성에는 작성자가 자필로 작성할 필요는 없고, 명의인의 착각을 이용하여 명의인으로 하여금 진의에 반하는 문서를 작성·서명하도록 하는 것과 같이 간접정범에 의한 위조도 가능하다.

③ 문서죄에 있어서 죄수는 문서의 수를 기준으로 정한다.

④ 위임인 명의의 백지문서에 위임의 취지에 반하여 백지를 보충하는 것은 위조에 해당한다.

제17회 모의고사

☞ 정답 및 해설 P.295

1 다음 중 상상적 경합이 성립하는 것은 몇 개인가? (판례에 의함)

> ㉠ 재물 강취 후 살해 목적으로 현주건조물 방화하여 사망에 이르게 한 경우, 강도살인죄와 현주건조물방화치사죄
> ㉡ 인장을 위조하고 이를 이용하여 타인 문서를 위조한 경우, 사문서위조죄와 인장위조죄
> ㉢ 위조통화를 행사하여 재물을 불법 영득한 경우, 위조통화행사죄와 사기죄
> ㉣ 공무원의 직무에 관하여 기망을 수단으로 재물을 교부받은 경우 사기죄와 수뢰죄
> ㉤ 사람을 살해할 목적으로 현주건조물에 방화하여 사망에 이르게 한 경우, 현주건조물방화치사죄와 살인죄
> ㉥ 강도범이 체포를 면하려고 경찰관을 폭행한 경우, 강도죄와 공무집행방해죄

① 0개
② 1개
③ 2개
④ 3개

2 다음 중 옳은 것(O)과 옳지 않은 것(X)을 바르게 연결한 것은? (다툼이 있으면 판례에 의함)

> ㉠ 카지노의 외국인 출입이 허용된 필리핀에서 카지노에 들어가 도박을 한 대한민국 국적자에게는 대한민국 형법이 적용될 수 없다.
> ㉡ 캐나다 시민권자가 캐나다에서 위조사문서를 행사하였다는 내용으로 기소된 경우 대한민국법원은 그에 대해 재판권이 없다.
> ㉢ 중국 국적자가 중국에서 대한민국 국적 주식회사의 인장을 위조한 경우에는 외국인의 국외범으로 대한민국 법원은 그에 대해 재판권이 없다.
> ㉣ 외국인이 대한민국 공무원에게 알선한다는 명목으로 금품을 수수하는 행위가 대한민국 영역 내에서 이루어진 이상, 비록 금품수수의 명목이 된 알선행위를 하는 장소가 대한민국 영역외라 하더라도 대한민국 영역 내에서 죄를 범한 것이라고 하여야 할 것이므로, 구 변호사법(2000.1.28. 법률 제6207호로 전문개정되기 전의 것) 제90조 제1호가 적용되어야 한다.

① ㉠(O), ㉡(O), ㉢(O), ㉣(O)
② ㉠(X), ㉡(O), ㉢(O), ㉣(O)
③ ㉠(X), ㉡(X), ㉢(O), ㉣(X)
④ ㉠(X), ㉡(O), ㉢(X), ㉣(X)

3 갑은 을이 매수한 부동산을 을과 명의신탁약정을 맺고 중간생략등기형식으로 갑 앞으로 소유권이전등기를 하고 보관하던 중 그 토지의 일부가 수용된 경우 갑이 ⓐ 수용보상금 일부를 임의 소비하고 ⓑ 얼마 후 반환요구를 받고도 나머지 수용되지 아니한 토지의 반환을 거부한 경우 갑의 죄책은?

① ⓐ 횡령죄 ⓑ 불가벌적 사후행위
② ⓐ 횡령죄 ⓑ 횡령죄
③ ⓐ 무죄 ⓑ 횡령죄
④ ⓐ와 ⓑ를 포괄하여 1개의 횡령죄

4 A는 B를 살해하려고 총을 쏘았으나 빗나가서 C가 사망하고 말았다. 사실의 착오 중 구체적 부합설에 의할 때 A의 죄책은?

① C에 대한 살인기수
② B에 대한 살인기수
③ B에 대한 살인미수와 C에 대한 과실치사의 상상적 경합
④ B에 대한 살인미수와 C에 대한 살인기수의 상상적 경합

5 부작위에 대한 설명으로 옳지 않은 것은? (다툼이 있는 경우 판례에 의함)

① 형법상 방조행위는 부작위에 의해서도 성립할 수 있다.
② 일정한 기간 내에 잘못된 상태를 바로잡으라는 행정청의 지시의 불이행을 구성요건으로 하는 범죄는 그 의무이행기간의 경과에 의하여 범행이 기수에 이른 것으로 보아야 한다.
③ 도로교통법상의 구호조치의무 및 신고의무는 교통사고를 발생시킨 당해 차량의 운전자에게 그 사고발생에 있어서 고의·과실 혹은 유책·위법한 경우에 부과된 의무이므로 사고에 있어 귀책사유가 없는 경우에는 구호조치 및 신고의무가 없다.
④ 부진정부작위범에서 보증인의 작위의무와 유기죄에서 보호의무자의 작위의무의 발생근거는 동일하지 않다.

6 다음 중 (   )안의 범죄에 대한 인과관계가 없는 것은?

① 초지조성공사를 도급받은 수급인 甲이 불경운작업(산불작업)의 하도급을 乙에게 준 이후에 계속하여 그 작업을 감독하지 아니하였는데 乙이 산림실화를 낸 경우 (업무상과실치사죄)

② 야간에 2차선의 굽은 도로 상에 미등과 차폭등을 켜지 않은 채 화물차를 주차시켜 놓음으로써 오토바이가 추돌하여 그 운전자가 사망한 경우 (업무상과실치사죄)

③ 토목공사 및 흙막이공사의 감리업무까지 수행하기로 약정한 甲이 실질적인 감리업무를 수행할 수 있는 사람을 감리자로 파견하지 않은 상태에서 공사현장에 인접한 소방도로의 지반침하방지를 위한 그라우팅공사 과정에서 가스폭발사고가 발생한 경우 (업무상과실치사죄)

④ 화약취급에 미숙한 자를 그 취급책임자로 선임하여 발파작업에 종사케 하여 화약폭발로 인하여 사상의 결과가 발생한 경우 (업무상과실치사상죄)

7 합동범에 대한 설명으로 옳지 않은 것은? (다툼이 있는 경우 판례에 의함)

① 합동범의 법정형은 형법에 별도로 규정되어 있다.

② 합동범의 주관적 요건으로서의 공모는 범행현장에서 암묵리에 의사상통하는 것도 포함된다.

③ 합동범에 대한 교사·방조는 불가능하다.

④ 합동범의 공동정범은 가능하다.

8 실행의 착수에 관한 다음 설명 중 옳은 것은 모두 몇 개인가? (판례에 의함)

> ㉠ 수출할 사람에게 비지정문화재를 판매하려다가 가격절충이 되지 않아 계약이 성사되지 못한 경우 비지정문화재수출죄의 실행행위에 착수한 것이다.
>
> ㉡ 피해자에게 전화채권을 사주겠다고 하면서 골목길로 유인하여 돈을 절취하려고 기회를 엿본 경우 절도의 실행행위에 착수한 것이다.
>
> ㉢ 소를 흥정하고 있는 피해자의 뒤에 접근하여 그가 들고 있던 가방으로 돈이 들어 있는 피해자의 하의 왼쪽 주머니를 스치면서 지나간 경우 절도의 실행행위에 착수한 것이다.
>
> ㉣ 태풍 피해복구보조금 지원절차가 행정당국에 의한 실사를 거쳐 피해자로 확인된 경우에 한하여 보조금 지원신청을 할 수 있도록 되어 있는 경우, 허위의 피해신고는 보조금 편취범행의 실행에 착수한 것이다.
>
> ㉤ 피고인 또는 그와 공모한 자가 자신이 토지의 소유자라고 허위의 주장을 하면서 소유권보존등기 명의자를 상대로 보존등기의 말소를 구하는 소송을 제기한 경우 소송사기의 실행행위에 착수한 것이다.

① 1개   ② 2개

③ 3개   ④ 4개

9 일반 사인의 현행범체포는 다음 중 어디에 해당하는가?

① 정당방위
② 정당행위
③ 의무의 충돌
④ 긴급피난

10 어떠한 견해에 따르더라도 갑을 고의범으로 처벌해야 하는 경우는?

① 甲은 평소 乙의 심한 괴롭힘을 참을 수 없어서 늦은 밤에 을을 뒤따라 가 등을 칼로 찔렀으나 실제로는 乙과 비슷한 외모의 丙이 살해되었다.
② 甲은 乙을 살해하기 위해 몽둥이로 머리를 내리쳤고, 이후 쓰러져 있는 乙을 땅에 파묻었는데 실제로 乙은 몽둥이에 맞아 사망한 것이 아니라 땅에 묻혀 질식사하였다.
③ 甲은 같이 사냥을 하던 동료 乙을 살해하려고 총을 쏘았는데 사격이 미숙하여 옆 자리의 丙이 총알에 맞아 사망하였다.
④ 甲은 아파트 창밖으로 화분을 던지면서 혹시 누군가 맞을 수도 있다는 점을 인식하였고, 그 화분에 맞아 행인이 즉사하였다.

11 甲이 피해자 乙을 자동차에서 내릴 수 없는 상태를 이용하여 강간하려고 결의하고 주행 중인 자동차에서 탈출 불가능하게 하여 외포케 하고 500킬로미터를 운행하여 여관 앞에까지 강제로 연행한 후 강간하려다 미수에 그친 경우, 甲의 죄책은? (다툼이 있는 경우 판례에 의함)

① 감금죄의 일죄
② 강간미수죄의 일죄
③ 감금죄와 강간미수죄의 상상적 경합
④ 감금죄와 강간미수죄의 실체적 경합

12 甲은 乙의 사망사실을 알면서 공연히 "乙은 사망한 것이 아니고 빚 때문에 도망 다니며 죽은 척하는 나쁜 놈"이라고 말을 하였다. 甲의 죄책에 대한 설명 중 옳은 것은?

① 사자명예훼손죄는 공연성이 없어도 성립한다.
② 사자명예훼손죄는 사망사실을 아는 것과 관계없이 어떠한 경우에도 성립을 하지 않는다.
③ 만약 甲이 乙의 사망사실을 몰랐다면 형법 307조 2항 허위사실 명예훼손죄로 처벌된다.
④ 만약 甲이 乙의 사망사실을 알았다면 사자명예훼손죄로 처벌된다.

13 공갈죄에 관한 다음 설명 중 틀린 것은? (판례에 의함)

① 피고인들이 보도 자제를 요청하는 건설업체 대표에게 "자사 신문에 사과광고를 싣지 않으면 그 건설업체의 신용을 해치는 기사가 계속 게재될 것 같다"는 기자들의 분위기를 전달하는 방식으로 사과광고를 게재하도록 하면서 과다한 광고료를 받은 경우 공갈죄가 성립한다.

② 부동산에 대한 공갈죄는 그 부동산에 관하여 소유권이전등기에 필요한 서류를 교부받은 때에 기수가 된다.

③ 피해자의 기망에 의하여 부동산을 비싸게 매수한 피고인이 그 계약을 취소함이 없이 등기를 피고인 앞으로 둔 채 피해자를 협박하여 재산상의 이득을 얻거나 돈을 받은 행위는 공갈죄를 구성한다.

④ 공무원이 직무집행의 의사 없이 또는 직무처리와 대가적 관계없이 타인을 공갈하여 재물을 교부하게 한 경우에는 공갈죄만이 성립하고, 이러한 경우 재물의 교부자에게는 뇌물공여죄가 성립하지 않는다.

14 수뢰죄에 관한 다음 설명 중 틀린 것은? (판례에 의함)

① 뇌물의 내용인 이익이라 함은 금전, 물품 기타의 재산적 이익뿐만 아니라 사람의 수요 욕망을 충족시키기에 족한 일체의 유형, 무형의 이익을 포함한다.

② 뇌물약속죄에 있어서 뇌물의 목적물인 이익은 약속 당시에 현존할 필요는 없고 약속 당시에 예기할 수 있는 것이라도 무방하다.

③ 뇌물의 목적물이 이익인 경우에는 그 가액이 확정되어 있지 않아도 뇌물약속죄가 성립하는 데에는 영향이 없다.

④ 투기적 사업에 참여하는 행위가 종료된 후 경제사정의 변동 등으로 인하여 당초의 예상과는 달리 그 사업 참여로 아무런 이득을 얻지 못한 경우라면 뇌물수수죄는 성립하지 아니한다.

15 갑이 을의 집에 불을 놓은 후 거기에서 빠져나오려는 을이 탈출하지 못하도록 가로막아 현장에서 소사케 한 경우, 갑의 죄책은?(다툼이 있는 경우에는 판례에 의할 것)

① 현주건조물방화치사죄
② 현주건조물방화죄와 살인죄의 실체적 경합
③ 현주건조물방화치사죄와 살인죄의 상상적 경합
④ 현주건조물방화치사죄와 살인죄의 실체적 경합

16 다음 설명 중 가장 옳지 않은 것은? (다툼이 있는 경우 판례에 의함)

① 음화반포등죄(형법 제243조)에 규정된 '음란한 문서 또는 도화'라 함은 성욕을 자극하여 흥분시키고 일반인의 정상적인 성적 정서와 선량한 사회풍속을 해칠 가능성이 있는 도서를 말하며, 그 음란성의 존부는 작성자의 주관적인 의도가 아니라 객관적으로 도서 자체에 의하여 판단하여야 한다.

② 문학작품이라고 하여 무한정의 표현의 자유를 누려 어떠한 성적 표현도 가능하다고 할 수는 없고, 그것이 건전한 성적 풍속이나 성도덕을 침해하는 경우에는 형법규정에 의하여 이를 처벌할 수 있다.

③ 고속도로에서 승용차를 손괴하거나 타인에게 상해를 가하는 등의 행패를 부리던 자가 신고를 받고 출동한 경찰관이 이를 제지하려고 하자, 시위조로 주위에 운전자 등 사람이 많이 있는 가운데 옷을 모두 벗어 알몸의 상태로 바닥에 드러눕거나 돌아다녔다 하더라도 이렇게 공중 앞에서 단순히 알몸을 노출시킨 행위만으로는 공연음란죄(형법 제245조)에 해당한다고 보기 어렵다.

④ 음화반포등죄(형법 제243조) 소정의 음란성을 판단함에 있어 법관이 자신의 정서가 아닌 일반 보통인의 정서를 규준으로 하여 이를 판단하면 족한 것이지, 법관이 일일이 일반 보통인을 상대로 과연 당해 문서나 도화 등이 그들의 성욕을 자극하여 성적 흥분을 유발하거나 정상적인 성적 수치심을 해하여 성적 도의관념에 반하는 것인지의 여부를 묻는 절차를 거쳐야만 되는 것은 아니다.

17 살인의 죄와 관련한 다음 설명 중 가장 옳지 않은 것은? (판례에 의함)

① 사람을 살해한 후에 그 사체를 다른 장소로 옮겨 유기하였다면 살인죄 외에도 사체유기죄가 성립한다.

② 조산원이 분만이 개시된 후 분만 중인 태아를 질식사에 이르게 한 경우에는 업무상 과실치사죄가 성립한다.

③ 채무의 존재가 명백할 뿐만 아니라 채권자의 상속인이 존재하고 그 상속인에게 채권의 존재를 확인할 방법이 확보되어 있는 경우라도 그 채무를 면탈할 의사로 채권자를 살해하면 강도살인죄가 성립한다.

④ 교사자가 피교사자에 대하여 상해 또는 중상해를 교사하였는데 피교사자가 이를 넘어 살인을 실행한 경우에, 교사자에게 피해자의 사망이라는 결과에 대하여 과실 내지 예견가능성이 있는 때에는 상해치사죄의 죄책을 지울 수 있다.

18 다음 설명 중 가장 옳지 않은 것은? (다툼이 있는 경우에는 판례에 의함)

① 피고인이 관리하는 과수원에서 노무자로서 종사하던 자가 자살한 경우에 비록 법률상 또는 계약상의 의무는 아니라 할지라도 의당 관할관서에의 신고 또는 그 유가족에의 통보 연락 등 상당한 조처를 취하였어야 할 조리상의 의무를 기대할 수 있는 것인 바, 피고인이 이에 반하여 임의로 사체를 지하에 매몰한 행위는 사체유기죄가 성립한다.

② 사체은닉죄는 사체의 발견을 불가능 또는 심히 곤란하게 하는 것을 구성요건으로 하고 있는 바, 살인, 강도살인 등의 목적으로 사람을 살해한 자가 그 살해의 목적을 수행함에 있어 사후 사체의 발견이 불가능 또는 심히 곤란하게 하려는 의사로 인적이 드문 장소로 피해자를 유인하거나 실신한 피해자를 끌고 가서 그곳에서 살해하고 사체를 그대로 둔 채 도주한 경우에도 사체은닉죄가 성립한다.

③ 사람을 살해한 자가 그 사체를 다른 장소로 옮겨 유기하였을 때에는 살인죄와 사체유기죄의 경합범이 성립한다.

④ 변사체검시방해죄에서 사인(死因)이 명백한 경우는 변사자라 할 수 없으므로, 범죄로 인하여 사망한 것이 명백한 자의 사체는 변사체검시방해죄의 객체가 될 수 없다.

19 뇌물죄에 관한 다음 설명 중 가장 적절하지 않은 것은? (다툼이 있으면 판례에 의함)

① 경찰청 정보과에 근무하는 甲이 乙로부터 그가 경영하는 회사가 외국인산업연수생에 대한 국내관리업체로 선정되도록 중소기업협동조합중앙회 회장인 丙에게 힘써 달라는 부탁을 받고 각종 향응을 받은 경우 수뢰죄가 성립한다.

② 수뢰죄가 자기앞수표를 뇌물로 받아 이를 소비한 후 자기앞수표 상당액을 증뢰자에게 반환하였다 하더라도 뇌물 그 자체를 반환한 것은 아니므로 이를 몰수할 수 없고 수뢰자로부터 그 가액을 추징하여야 할 것이다.

③ 구 해양수산부 소속 공무원인 피고인이 甲해운회사의 대표이사 등에게서 중국의 선박운항허가 담당부서가 관장하는 중국 국적선사의 선박에 대한 운항허가를 받을 수 있도록 노력해 달라는 부탁을 받고 돈을 받은 경우 뇌물수수죄가 성립하지 않는다.

④ 임용될 당시 공무원법상 임용결격자에 해당하여 임용행위는 무효였지만 그 후 공무원으로 계속 근무하면서 직무에 관하여 뇌물을 수수한 경우에 수뢰죄가 성립한다.

20 공무집행방해죄에 관한 설명 중 옳지 않은 것은? (판례에 의함)

① 개인택시운송사업 양도·양수를 위하여 허위의 신청사유를 주장하면서 의사로부터 허위 진단서를 발급받아 이를 소명자료로 제출하여 행정청으로부터 양도·양수 인가처분을 받은 경우 위계에 의한 공무집행방해죄가 성립한다.

② 민사소송을 제기함에 있어 피고의 주소를 허위로 기재하여 법원공무원으로 하여금 변론기일 소환장 등을 허위주소로 송달케 한 경우 위계에 의한 공무집행방해죄가 성립한다.

③ 변호사가 접견을 핑계로 수용자를 위하여 휴대전화와 증권거래용 단말기를 구치소 내로 몰래 반입하여 이용하게 한 행위는 위계에 의한 공무집행방해죄에 해당한다.

④ 음주운전을 하다가 교통사고를 야기한 후 그 형사처벌을 면하기 위하여 타인의 혈액을 자신의 혈액인 것처럼 교통사고 조사 경찰관에게 제출하여 감청하도록 한 경우 위계에 의한 공무집행방해죄가 성립한다.

제18회 모의고사

☞ 정답 및 해설 P.303

1 다음 사례 중 판례가 정당방위를 인정한 것은?

① 甲은 자신이 점유하던 공사현장에 乙이 실력을 행사하여 들어와 현수막 및 간판을 설치하고 담장에 글씨를 쓰자 그 현수막을 찢고 간판 및 담장에 쓰인 글씨를 지운 경우
② 피해자의 침해행위에서 벗어난 후에 분에 못 이겨 나온 공격 행위
③ 피고인이 피해자를 살해하려고 먼저 가격하여 이에 반격하는 피해자를 살해한 경우
④ 국군보안사령부의 민간인에 대한 정치사찰을 폭로한다는 명목으로 군무를 이탈한 행위

2 위법성조각사유에 대한 설명으로 옳지 않은 것은?

① 위법성이 조각되면 행위의 가벌성이 탈락하므로 행위자는 형벌을 받지 않을 뿐만 아니라 보안처분의 대상이 되지 않는다.
② 판례는 피난의사가 없는 경우 긴급피난의 성립을 인정할 수 없다고 하여 위법성이 조각되기 위해 주관적 정당화요소가 필요하다는 입장을 취하였다.
③ 부작위나 과실에 의한 침해에도 정당방위가 가능하다.
④ 과잉자구행위가 야간 기타 불안한 상태에서 공포, 경악, 흥분 또는 당황으로 인한 때에는 벌하지 아니한다.

3 다음 중 형법상 미수범 처벌규정이 있는 범죄는 모두 몇 개인가?

㉠ 불법체포죄	㉡ 직무유기죄
㉢ 사인위조죄	㉣ 강제집행면탈죄
㉤ 도주죄	㉥ 진화방해죄

① 1개　　　　　　　　　　② 2개
③ 3개　　　　　　　　　　④ 4개

4 예비·음모에 관한 다음 설명 중 가장 적절하지 않은 것은? (다툼이 있는 경우 판례에 의함)

① 예비·음모 후 자의로 실행의 착수를 포기하였더라도 중지범 규정을 유추적용할 수 없다.

② 폭발물사용죄와 간수자도주원조죄는 예비·음모를 처벌한다.

③ 정범이 실행착수에 이르지 아니한 예비단계에 그친 경우, 이에 가공하는 행위가 예비의 공동정범이 되는 경우를 제외하고는 종범으로 처벌할 수 없다.

④ 甲은 A의 경매입찰 참여를 포기하게 할 목적으로 A의 외동딸인 대학생 B를 인질로 삼기 위해 B를 약취·유인하기로 乙과 모의하였으나, A가 스스로 입찰을 포기한 경우 甲과 乙에게는 인질강요죄의 예비·음모죄가 성립한다.

5 국기와 국교에 관한 죄 중에서 반의사불벌죄가 아닌 것만 모은 것은?

㉠ 국기·국장 모독죄	㉡ 국기·국장 비방죄
㉢ 외국원수폭행죄	㉣ 외국원수모욕죄
㉤ 외국사절폭행죄	㉥ 외국사절모욕죄
㉦ 외국국기·국장모독죄	

① ㉠㉡
② ㉡㉦
③ ㉢㉤
④ ㉣㉥

6 다음 설명 중 틀린 것은? (다툼이 있는 경우 판례에 의함)

① 강제집행면탈죄에 있어서 재산에는 동산·부동산뿐만 아니라 재산적 가치가 있어 민사소송법에 의한 강제집행 또는 보건처분이 가능한 특허 내지 실용신안 등을 받을 수 있는 권리도 포함된다.

② 자동차 등 불법사용죄는 미수범 처벌규정이 있다.

③ 준강도죄의 미수·기수 여부는 절도행위의 미수·기수 여부를 기준으로 판단한다.

④ 자동차 등 불법사용죄(형법 제331조의2)의 행위객체는 타인의 자동차, 선박, 기차, 항공기, 원동기장치 자전거이다.

7 형법상 강간과 추행의 죄에 대한 다음의 설명 중 가장 옳지 않은 것은?

① 폭행·협박으로 사람에 대하여 구강의 내부에 손가락 등 신체(성기를 제외한다)의 일부 또는 도구를 넣는 행위를 한 사람은 유사강간죄로 처벌된다.

② 형량을 차등하여 규정하고 있는 강간치사죄와 강간살인죄와 달리, 강간치상죄와 강간상해죄는 형량이 동일하다.

③ 미성년자 또는 심신미약자에 대한 위계·위력에 의한 간음·추행죄의 미수는 처벌하지 않는다.

④ 상습범에 대해서는 그 죄에 정한 형의 2분의 1까지 가중한다.

8 금지착오(법률의 착오)와 관련하여 연결이 옳은 것은 몇 개인가?

> ⊙ 법률의 부지 – 건물의 임차인이 건축법의 관계규정을 알지 못하여 그 건물을 자동차정비공장으로 사용하는 것이 건축법상의 무단용도변경 행위에 해당한다는 것을 모르고 사용을 계속한 경우
>
> ⓛ 효력의 착오 – 병역법이 양심의 자유를 침해하는 헌법위반의 무효라고 생각하고 입대를 거부한 경우
>
> ⓒ 포섭의 착오 – 타인의 자동차 타이어의 바람을 빼는 행위는 타이어를 손괴하는 행위가 아니므로 손괴죄에 해당하지 않는다고 오인하고 타이어의 바람을 뺀 경우
>
> ② 허용구성요건착오(위법성조각사유의 전제사실에 관한 착오) – 현재의 위법한 공격이 없음에도 불구하고 공격이 있는 것으로 오인하고 폭행을 가한 경우
>
> ⑩ 반전된 금지착오 – 동성애의 처벌규정이 있는 것으로 오인하고 이를 감행한 경우

① 2개
② 3개
③ 4개
④ 5개

9 정당방위의 성립요건에 대한 설명으로 옳은 것은? (다툼이 있는 경우 판례에 의함)

① 공격행위를 피하기 위하여 관련 없는 제3자의 법익을 침해하는 행위도 정당방위로 허용된다.

② 정당방위가 인정되기 위해서 요구되는 부당한 공격의 현재성에 관해서는 현행법상 예외를 인정하지 않는다.

③ 긴급피난에 대한 정당방위는 인정되지만 정당방위에 대한 정당방위는 인정되지 않는다.

④ 불법체포에 대항하기 위하여 경찰관에게 상해를 가한 경우 이는 부당한 침해에 대한 방위행위로서 정당방위가 인정된다.

10 다음 유가증권에 관한 죄에 대한 설명 중 가장 옳지 않은 것은? (다툼이 있는 경우 판례에 의함)

① 유가증권 위조 · 변조죄에 관한 형법 제214조 제1항과 달리 수표위조 · 변조에 의한 부정수표 단속법 제5조 위반죄의 성립에는 '행사할 목적'이 요구되지 않는다.

② 문방구 약속어음 용지를 이용하여 작성되었다고 하더라도 그 전체적인 형식 · 내용에 비추어 일반인이 진정한 것으로 오신할 정도의 약속어음 요건을 갖추고 있으면 당연히 형법상 유가증권에 해당한다.

③ 위조유가증권의 교부자와 피교부자가 서로 유가증권위조를 공모하였거나 위조유가증권을 타에 행사하여 그 이익을 나누어 가질 것을 공모한 공범의 관계에 있다면, 그들 사이에 위조유가증권을 교부하였다 하더라도 위조유가증권행사죄가 성립하지 않는다.

④ 유가증권의 내용 중 이미 변조된 부분을 다시 권한 없이 변경한 경우에도 유가증권변조죄가 성립한다.

11 다음은 업무방해죄에 대한 설명이다. 가장 적절하지 않은 것은? (다툼이 있으면 판례에 의함)

① 경비원이 상사의 명령에 의하여 일시적으로 수행하는 유인물의 배부행위는 설사 계속적인 직무권한에 속하지 아니한 일시적인 것이라 할지라도 업무방해죄의 업무에 해당한다.

② 공무원이 직무상 수행하는 '공무'를 방해하는 행위에 대해서는 업무방해로 의율할 수 없다.

③ 피고인이 그가 경영하던 공장을 갑에게 양도하면서 미수외상대금채권의 수금권을 포기하기로 약정하고도 이를 외상채무자들에게 고지하지 아니하고 외상대금을 수령한 행위는 업무방해죄가 성립한다.

④ 피고인을 비롯한 전국철도노동조합 집행부가 중앙노동위원회 위원장의 직권중재회부결정에도 불구하고 파업에 돌입할 것을 지시하여, 조합원들이 사업장에 출근하지 아니한 채 업무를 거부하여 철도 운행이 중단되도록 함으로써 사용자(한국철도공사)에게 손해를 입힌 경우, 업무방해죄가 성립한다.

12 공무집행방해죄에 대한 다음 설명 중 틀린 것은? (다툼이 있으면 판례에 의함)

① 주체에는 제한이 없다.

② 직무를 집행하는 공무원에 대하여 폭행 또는 협박을 하는 경우에 성립한다.

③ 직무집행이 반드시 적법해야 할 필요는 없다.

④ 공무집행방해죄는 추상적 위험범이다.

13 뇌물죄에 관한 설명 중 가장 옳지 않은 것은? (판례에 의함)

① 뇌물공여죄의 성립에 반드시 상대방측의 뇌물수수죄가 성립하여야만 하는 것은 아니다.

② 뇌물에 공할 금품이 특정되지 않았던 것은 몰수할 수는 없지만, 그 가액을 추징할 수는 있다.

③ 알선수뢰죄에 있어서 '공무원이 그 지위를 이용하여'라고 함은 다른 공무원이 취급하는 업무처리에 법률상 또는 사실상으로 영향을 줄 수 있는 공무원이 그 지위를 이용하는 경우가 여기에 해당하고 그 사이에 반드시 상하관계, 협동관계, 감독권한 등의 특수한 관계에 있거나 같은 부서에 근무할 것을 요하는 것은 아니다.

④ 증여가 직무행위와의 대가관계가 인정되는 경우에는 비록 사교적 예의의 명목을 빌더라도 뇌물에 해당한다.

14 법인의 형사책임에 관한 판례의 입장과 일치하는 것은?

① 범죄행위를 한 법인의 직원이 자수하면, 그 효과는 양벌규정에 의해 처벌받는 법인에게도 미친다.

② 법인의 직원이 범한 범죄가 친고죄라면, 양벌규정에 의하여 법인을 처벌하기 위해서는 이 직원을 고소하는 이외에 법인에 대한 별도의 고소가 요구된다.

③ 법인이 처리할 의무를 지는 타인의 사무에 관하여는 법인도 배임죄의 주체가 될 수 있다.

④ 종업원이 무허가 유흥주점 영업을 할 당시 식품영업주가 교통사고로 입원하고 있었다는 사유만으로 양벌규정에 따른 책임을 면할 수는 없다.

15 도주와 범인은닉의 죄에 관한 설명 중 가장 적절하지 않은 것은?(다툼이 있는 경우 판례에 의함)

① 범인도피죄에 있어서 벌금 이상의 형에 해당하는 자에 대한 인식은 실제로 벌금 이상의 형에 해당하는 범죄를 범한 자라는 것을 인식함으로써 족하고 그 법정형이 벌금 이상이라는 것까지 알 필요는 없는 것이다.

② 범인이 기소중지자임을 알고도 범인의 부탁으로 다른 사람의 명의로 대신 임대차계약을 체결해 준 행위는 범인도피죄에 해당한다.

③ 범인이 자신을 위하여 타인으로 하여금 허위의 자백을 하게 하여 범인도피죄를 범하게 하더라도 이는 자신을 방어하기 위한 것으로서 범인도피교사죄로 벌할 수 없다.

④ 참고인이 수사기관에서 진술을 함에 있어 단순히 범인으로 체포된 사람과 참고인이 목격한 범인이 동일함에도 불구하고 동일한 사람이 아니라고 허위진술을 하였고 그 허위진술로 말미암아 증거가 불충분하게 되어 범인을 석방하게 되는 결과가 되었다 하더라도 바로 범인도피죄를 구성한다고는 할 수 없다.

16 감금죄에 관한 다음 설명 중 틀린 것은? (판례에 의함)

① 정신병자도 감금죄의 객체가 될 수 있다.

② 감금죄는 사람의 행동의 자유를 그 보호법익으로 하여 사람이 특정한 구역에서 나가는 것을 불가능하게 하거나 또는 심히 곤란하게 하는 죄이다.

③ 사람이 특정한 구역에서 나가는 것을 불가능하게 하거나 심히 곤란하게 하는 장해는 물리적, 유형적 장해뿐만 아니라 심리적, 무형적 장해에 의하여서도 가능하다.

④ 감금에 있어서 사람의 행동의 자유박탈은 전면적이어야 하므로 감금된 특정구역 내부에서 일정한 생활의 자유가 허용되어 있었다고 한다면 감금죄는 성립하지 아니한다.

17 다음 경계침범죄와 일반교통방해죄에 관한 설명으로 가장 옳지 않은 것은? (단, 판례에 의함)

① 형법 제370조 경계침범죄에서 말하는 경계는 법률상의 정당한 경계임을 요한다.

② 불특정 다수인의 통행로로 이용되어 오던 도로의 토지 일부의 소유자라고 하더라도 그 도로의 중간에 바위를 놓아두거나 이를 파헤침으로써 통행을 못하게 한 행위는 일반교통방해죄에 해당한다.

③ 소수인이 통행에 사용하던 도로라도 교통방해죄의 성립에는 영향이 없으므로, 주민들에 의하여 공로로 통하는 유일한 통행로로 오랫동안 이용되어 온 폭 2m의 골목길을 자신의 소유라는 이유로 폭 50 내지 75cm 가량만 남겨두고 담장을 설치하여 주민들의 통행을 현저히 곤란하게 하였다면 일반교통방해죄를 구성한다.

④ 경계침범죄의 경계는 당사자의 명시적 혹은 묵시적 합의에 의하여 정하여진 것이면 족하다.

18 다음 내용 중 틀린 것은?

① 형법 제164조 제2항의 현주건조물방화치상죄는 동조 제1항의 죄에 대한 일종의 가중처벌규정으로서 사상에 대하여 과실이 있는 경우뿐만 아니라 고의가 있는 경우도 포함된다.

② 甲과 乙이 주거하는 건조물의 일부인 우사(牛舍)에 불을 질렀을 때 일반건조물방화죄가 성립한다.

③ 홧김에 마당에서 서적을 불태웠다면 현주건조물방화죄가 성립하지 않는다.

④ 장롱 안에 있는 옷가지에 불을 놓아 건물을 소훼하여 하였으나 불길이 치솟는 것을 보고 겁이 나서 물을 부어 끈 것이라면 장애미수가 성립한다.

19 다음 중 위계에 의한 공무집행방해죄가 성립하는 경우는? (판례에 의함)

① 감척(減隻)어선 입찰자격이 없는 피고인이 제3자와 공모하여 제3자의 대리인 자격으로 제3자 명의로 입찰에 참가하고, 낙찰 받은 후 자신의 자금으로 낙찰대금을 지급하여 감척어선에 대한 실질적 소유권을 취득한 경우

② 구치소의 수용자인 피고인이 교도관 등과 공모한 후 그들로부터 담배를 교부받아 피거나 휴대폰을 건네받아 외부와 전화통화를 한 경우

③ 행정청이 사실을 충분히 확인하지 아니한 채 신청인이 제출한 사실과 다른 신청사유나 소명자료를 믿고 인·허가처분을 하게 된 경우

④ 불법주차단속원인 공무원이 피고인 차량에 불법주차 스티커를 붙였다 떼어 내었는바, 그 후 피고인이 이에 항의하여 그 공무원을 폭행한 경우

20 공무상 비밀누설죄에 대한 다음 설명 중 타당하지 않은 것은 모두 몇 개인가? (다툼이 있으면 판례에 의함)

> ㉠ 공무상 비밀누설죄 소정의 "직무상 비밀"은 법령에 의하여 비밀로 규정되었거나 비밀로 분류 명시된 사항에 한한다.
> ㉡ 甲이 법원공무원 乙을 교사하여 체포영장 발부자 명단을 받은 경우에 乙은 공무상 비밀누설죄, 甲은 공무상 비밀누설죄의 교사범의 죄책을 진다.
> ㉢ 본죄는 기밀 그 자체를 보호하기 위한 것이 아니라 공무원의 비밀준수의무 침해에 의해 위협받는 국가기능을 보호하기 위한 것이다.
> ㉣ 검찰고위간부 甲이 사건에 대한 수사가 진행 중인 상태에서 해당 사안에 관한 수사책임자 乙의 잠정적인 판단 등 수사팀의 내부 상황을 확인하고 그 내용을 수사 대상자에게 전달한 행위는 본죄를 구성한다.

① 1개 ② 2개
③ 3개 ④ 4개

제19회 모의고사

☞ 정답 및 해설 P.310

1 다음 설명 중 옳은 것은? (판례에 의함)

① 서로 공격할 의사로 싸우다가 먼저 공격을 받고 이에 대항하여 가해하게 된 경우, 그 가해행위는 정당방위로는 볼 수 없으나 과잉방위행위라고는 볼 수 있다.

② 임신의 지속이 모체의 건강을 해칠 우려가 현저할뿐더러 기형아를 출산할 가능성이 있어 의사의 낙태 수술행위는 정당행위 내지는 긴급피난에 해당되며 위법성이 없는 경우에 해당한다.

③ 동거 중인 피해자의 돈 6만원을 지갑에서 꺼내 가는 것을 피해자가 현장에서 이를 목격하고도 묵시적으로 허용하여 만류하지 아니한 경우에 절도죄의 구성요건요소에 해당하나 피해자의 승낙에 의하여 위법성이 조각된다.

④ 이혼소송에 사용할 증거자료 수집을 목적으로 간통현장을 직접 목격하고 사진을 촬영하기 위하여 타인의 주택에 침입하였다. 이 경우 주거침입은 긴급하고 불가피한 수단으로 정당행위에 해당한다.

2 책임에 관한 설명으로 옳지 않은 것은?

① 심리적 책임론은 강요된 행위에 있어서 고의로 가지고 행위를 한 피강요자가 책임이 조각되는 이유를 설명하기 곤란하다.

② 순수한 규범적 책임론은 고의, 과실이 구성요건요소로 포함된다.

③ 도의적 책임론은 자유의사를 인정하기 때문에 비결정론에 근거한다.

④ 도의적 책임론은 책임능력을 형벌능력으로 파악하나, 사회적 책임론은 책임능력을 범죄능력으로 파악한다.

3 다음 중 법률의 착오에 정당한 이유가 있는 것으로 가장 적절한 것은? (다툼이 있으면 판례에 의함)

① 식품위생법의 규정에 의하여 즉석판매제조가공 영업을 허가받은 자가 의약품의 일종인 '녹동 달오리골드'를 제조하면서 무면허의약품제조행위가 아니라고 생각한 경우

② 한국간행물윤리위원회나 정보통신윤리위원회가 만화에 대하여 심의하여 음란성 등을 이유로 청소년유해매체물로 판정하였을 뿐 더 나아가 시정요구를 하거나 관계기관에 형사처벌 또는 형사처분을 요청하지 않았기 때문에 피고인들의 행위가 죄가 되지 아니하는 것으로 생각한 경우

③ '탐정업이 인·허가 또는 등록사항이 아니다'는 민원사무 담당공무원의 말을 듣고 신용조사 업법이 금지하는 소재탐지나 사생활조사 등을 한 경우

④ 광역시의회 의원이 선거구민들에게 의정보고서를 배부하기 앞서 미리 관할 선거관리위원회 소속 공무원들에게 자문을 구하고 그들의 지적에 따라 수정한 의정보고서를 배부한 경우

4 다음 설명 중 옳지 않은 것은? (다툼이 있으면 판례에 의할 것)

① 불법영득의사(不法領得意思)라 함은 타인의 물건을 권리자를 배제하고 자기의 소유물과 같이 그 경제적 용법에 따라 이용·처분할 의사를 말한다.

② 특정경제범죄 가중처벌 등에 관한 법률 제3조 제1항 위반죄(사기)에는 친족상도례에 관한 형법 규정이 적용되지 않는다.

③ 장물죄를 범한 자와 본범 간에는 직계혈족, 배우자, 동거친족, 동거가족 또는 그 배우자의 신분관계가 있는 때에는 그 형을 감경 또는 면제한다.

④ 친족상도례는 형법 제366조 손괴죄에는 적용되지 않는다.

5 다음 설명 중 틀린 것은? (다툼이 있는 경우 판례에 의함)

① 음행의 상습이 있는 미성년자를 영리의 목적으로 매개하여 간음하게 한 경우에는 형법 제 242조 음행매개죄가 성립한다.

② 음란성을 판단함에 있어 법관은 일반 보통인을 상대로 과연 당해 문서나 도화 등이 그들의 성욕을 자극하여 성적 흥분을 유발하거나 정상적인 수치심을 해하여 성적 도의관념에 반하는 것인지의 여부를 묻는 절차를 거쳐야만 한다.

③ 고속도로에서 승용차를 손괴하거나 타인에게 상해를 가하는 등의 행패를 부리던 자가 이를 제지하려는 경찰관에 대항하여 공중 앞에서 알몸이 되어 성기를 노출한 경우 음란한 행위에 해당한다.

④ 컴퓨터 프로그램파일은 형법 제243조(음화반포 등)에서 규정하고 있는 음란한 문서, 도화, 필름, 기타 물건에 해당한다고 할 수 없다.

6 다음 중 괄호 안의 범죄가 성립하지 않는 것은?

① 타인의 토지에 권원 없이 감나무를 식재한 자가 감나무에서 감을 수확한 경우(절도죄)

② 고속버스에서 승객이 두고 내린 물건을 다른 승객이 가져간 경우(점유이탈물횡령죄)

③ 당구장에서 손님이 떨어뜨린 시계를 종업원이 가져간 경우(절도죄)

④ A교회는 교인들 간의 반목으로 인하여 B, C 두 개의 교회로 분열되었는데 A교회의 재산을 적법절차에 따라서 분할하기 전에 B교회에 속하는 교인이 A교회의 재산을 C교회 교인들 몰래 자기 교회로 가지고 온 경우(권리행사방해죄)

7 원인에 있어 자유로운 행위에 대한 설명으로 옳지 않은 것은?

① 우리 형법은 독일 형법과 달리 원인에 있어 자유로운 행위에 관한 명문의 규정을 두고 있다.

② 판례는 과실에 의한 원인에 있어서 자유로운 행위도 인정하고 있다.

③ 작위에 의한 원인에 있어서 자유로운 행위는 인정될 수 있어도 부작위에 의한 원인에 있어서 자유로운 행위는 인정될 수 없다.

④ 원인에 있어서 자유로운 행위를 한 경우 행위자의 책임이 감경 또는 조각되지 않는다.

8 다음 설명 중 옳지 않은 것은? (다툼이 있는 경우 판례에 의함)

① 피고인 자신을 위해 증인을 도피하게 한 행위가 동시에 다른 공범자의 형사사건이나 징계사건에 관한 증인을 도피하게 한 결과로 되는 경우에는 증인도피죄에 해당하지 않는다.

② 피고인이 자동차를 운전하고 가다 경찰관을 차 앞 범퍼로 들이받고, 차를 그대로 몰고 진행하던 중 가로수를 들이받아 차 범퍼와 가로수 사이에 피해자가 끼어 사망에 이른 경우 위험한 물건을 휴대한 것이다.

③ 경찰관이 방치된 오토바이가 있다는 신고를 받거나 순찰중 이를 발견하고 오토바이 상회 운영자에게 연락하여 오토바이를 수거해 가도록 하고 그 대가를 받은 경우 직무유기죄에 해당하지 않는다.

④ 공무원의 직무 수행에 대한 비판이나 시정 등을 요구하는 집회·시위 과정에서 일시적으로 상당한 소음이 발생하였다는 사정만으로는 이를 공무집행방해죄에서의 음향으로 인한 폭행이 있었다고 할 수는 없으나 의사전달수단으로서 합리적 범위를 넘어서 상대방에게 고통을 줄 의도로 음향을 이용하였다면 이를 폭행으로 인정할 수 있다.

9 다음 중 직무유기죄가 성립하는 경우는? (판례에 의함)

① 피고인이 검사로부터 범인을 검거하라는 지시를 받고서도 그 직무상의 의무에 따른 적절한 조치를 취하지 아니하고 오히려 범인에게 전화로 도피하라고 권유하여 그를 도피하게 한 경우

② 행정공무원이 신축건축물에 대한 착공 및 준공검사를 마치고 관계서류를 작성함에 있어 그 허가조건 위배사실을 숨기기 위하여 허위의 복명서를 작성·행사한 경우

③ 세무서 주세무서장이 양조장 주인의 비밀스런 주정사용과 탈세사실을 은폐하기 위해 허위의 공문서를 작성한 경우

④ 경찰관이 불법체류자임을 알면서도 이들의 신병을 출입국관리사무소에 인계하지 않고 본서인 수원중부경찰서 외사계에 조차도 보고하지 않고 훈방하면서 이들의 인적 사항조차 기재해 두지 않은 경우

10 횡령죄에 대한 설명 중 가장 적절하지 않은 것은?

① 타인으로부터 금원을 차용하여 주금을 납입하고 설립등기나 증자등기 후 바로 인출하여 차용금 변제에 사용하는 경우, 위와 같은 행위는 실질적으로 회사의 자본을 증가시키는 것이 아니고 상법상 납입가장죄가 성립하는 이상 회사 자본이 실질적으로 증가됨을 전제로 한 업무상횡령죄가 성립한다고 할 수는 없다.

② 회사의 대표이사가 보관 중인 회사 재산을 처분하여 그 대금을 정치자금으로 기부한 경우 그 것이 회사의 이익을 도모할 목적으로 합리적인 범위 내에서 이루어졌다면 횡령죄에 있어서 요구되는 불법영득의 의사가 있다고 할 수 없다.

③ 횡령죄에서 말하는 보관자의 지위는 부동산의 경우 점유를 기준으로 할 것이 아니라 그 부동산을 제3자에게 유효하게 처분할 수 있는 권능의 유무를 기준으로 결정하여야 하므로 원인무효인 소유권이전등기의 명의자는 타인의 재물을 보관하는 자에 해당한다고 할 수 없다.

④ 부동산에 관하여 신탁자가 수탁자와 명의신탁 약정을 맺고 신탁자가 매매계약의 당사자가 되어 매도인과 매매계약을 체결하되 다만 등기를 매도인으로부터 수탁자 앞으로 직접 이전하는 방법으로 명의신탁을 한 경우, 명의수탁자가 그 부동산을 임의로 처분하였다 하더라도 계약명의신탁에 해당하여 횡령죄가 성립하지 아니한다.

11 강제추행죄에 관한 다음 설명 중 가장 적절하지 않은 것은? (다툼이 있으면 판례에 의함)

① 피고인이 甲에게 정신장애가 있음을 알면서 인터넷 쪽지를 이용하여 甲을 피고인의 집으로 유인한 후 성교행위와 제모행위를 한 경우, 구 성폭력범죄처벌특례법에서 정한 장애인에 대한 위계에 의한 간음죄 또는 추행죄에 해당한다.

② 초등학교 4학년 담임교사(남자)가 교실에서 자신이 담당하는 반의 남학생의 성기를 만진 행위는 미성년자의제강제추행죄에서 말하는 '추행'에 해당한다.

③ 피고인이 알고 지내던 여성이 자신의 머리채를 잡아 폭행을 가하자 보복의 의미에서 여성의 입술, 귀, 유두, 가슴 등을 입으로 깨무는 등의 행위를 한 경우는 강제추행죄의 '추행'에 해당한다.

④ 단순히 피고인이 바지를 벗어 자신의 성기를 보여준 것만으로는 폭행 또는 협박으로'추행'을 하였다고 볼 수 없다.

12 다음 중 타당하지 않은 것은? (다툼이 있는 경우 판례에 의함)

① 개인 블로그의 비공개 대화방에서 일대일 비밀대화로 사실을 적시한 경우에도 공연성을 인정할 수 있다.

② 지방의회 선거를 앞둔 시점에서 특별한 친분관계가 없는 자들에게 여러 차례에 걸쳐, 매번 한 사람에게만 의원후보가 되고자 하는 자를 비방하는 말을 한 경우 공연성을 갖추었다고 할 수 있다.

③ 가치중립적인 표현을 사용하였다면 사회 통념상 그로 인하여 특정인의 사회적 평가가 저하되었다고 판단되는 경우라도 명예훼손죄가 성립할 수 없다.

④ 질문에 대한 단순한 확인대답이 명예훼손의 사실적시라고 할 수 없다.

13 명예훼손죄에 관한 다음 설명 중 가장 적절하지 않는 것은? (다툼이 있는 경우 판례에 의함)

① 방송국 프로듀서 등 피고인들이 특정 프로그램 방송보도를 통하여 이른바 '한미 쇠고기 수입 협상'의 협상단 대표와 주무부처 장관이 협상을 졸속으로 체결하였다는 취지로 표현하는 등 자질 및 공직수행 자세를 비하하여 이들의 명예를 훼손하였다는 내용으로 기소된 사안에서, 보도내용 중 일부가 허위사실 적시에 해당하지만 명예훼손의 고의를 인정하기는 어렵다.

② 명예훼손에 의한 불법행위가 성립하려면 피해자가 특정되어 있어야 하지만, 그 특정을 할 때 반드시 사람의 성명이나 단체의 명칭을 명시해야만 하는 것은 아니고, 사람의 성명을 명시하지 않거나 두문자나 이니셜만 사용한 경우라도 그 표현의 내용을 주위 사정과 종합하여 볼 때 그 표시가 피해자를 지목하는 것을 알아차릴 수 있을 정도이면 피해자가 특정되었다고 볼 수 있다.

③ 영화 내용에 관하여 명예훼손이 성립하지 않는 경우에는 그 광고·홍보 자체만을 들어 별도로 명예훼손책임을 물을 수 없다.

④ 사실을 발설하였는지에 관한 질문에 대답하는 과정에서 명예훼손 사실을 발설한 경우에도 명예훼손죄가 성립한다.

14 개인적 법익에 관한 죄에 대한 다음 설명 중 가장 옳은 것은? (다툼이 있는 경우 판례에 의함, 특별법은 고려하지 말 것)

① 중체포감금죄는 사람을 체포 또는 감금하여 사람의 생명 또는 신체에 대한 위험을 발생시킬 것을 요건으로 하는 결과적 가중범이다.

② 미성년자약취·유인죄, 부녀매매죄, 체포·감금죄, 인질강요죄, 인질상해죄에는 피해자를 안전한 장소로 풀어준 때 그 형을 감경할 수 있는 규정이 있다.

③ 주거침입죄는 미수범을 처벌하지 않는다.

④ 중체포감금죄는 상습범 처벌규정이 있다.

15 업무방해죄에 관한 다음 설명 중 가장 옳은 것은? (다툼이 있는 경우 판례에 의함)

① 쟁의행위로서의 파업은 언제나 업무방해죄에 해당한다.

② 형법 제314조 제2항의 컴퓨터 등 장애 업무방해죄가 성립하기 위해서는 정보처리장치가 그 사용목적에 부합하는 기능을 하지 못하거나 사용목적과 다른 기능을 하는 등 정보처리의 장애가 현실적으로 발생하였을 것을 요한다.

③ 의료인이나 의료법인이 아닌 자가 의료기관을 개설하여 운영하는 행위는 위법하지만, 업무방해죄의 보호대상이 되는 업무에 해당한다.

④ 인터넷 자유게시판 등에 실체의 객관적인 사실을 제시하더라도 그로 인하여 피해자의 업무가 방해된 경우에는, 형법 제314조 제1항 소정의 위계에 의한 업무방해죄에 있어서의 '위계'에 해당한다.

16 주거침입죄에 관한 다음 설명 중 가장 잘못된 것은? (판례에 의함)

① 사용자의 직장폐쇄가 정당한 쟁의행위로 인정되지 아니하는 경우라 하더라도 근로자가 평소 출입이 허용되는 사업장 안에 들어가는 행위는 주거침입죄를 구성한다.

② 주거침입죄는 사실상의 주거의 평온을 보호법익으로 하는 것으로 거주자가 누리는 사실상의 주거의 평온을 해할 수 있는 정도에 이르렀다면 범죄구성요건을 충족하는 것이라고 보아야 한다.

③ 점유할 권리 없는 자의 점유라고 하더라도 그 주거의 평온을 보호하여야 할 것이므로, 권리자가 그 권리를 실행함에 있어 법에 정하여진 절차에 의하지 아니하고 그 건조물 등에 침입한 경우에는 주거침입죄가 성립한다.

④ 야간에 흉기를 들고 사람의 주거에 침입하여 강간을 한 경우에는 폭력행위 등 처벌에 관한 법률위반(주거침입)죄와 강간죄가 성립하고 이 경우 두 죄는 실체적 경합관계에 있다.

17 친족상도례에 관한 다음 설명 중 틀린 것은? (판례에 의함)

① 피해물건의 소유자 및 점유자 모두와의 관계에서 친족관계에 있어야 한다.

② 친족관계에 대한 착오는 범죄성립에 영향이 없다.

③ 부(父)의 혼인외 출생자에 대한 인지가 범행 후에 이루어진 경우라도 인지의 소급효로 인하여 친족상도례가 적용된다.

④ 동거하는 형의 물건을 손괴한 경우 형이 면제된다.

18 강도죄에 관한 판례의 태도로 옳지 않은 것은?

① 여관에 들어가 안내실에 있던 여관의 관리인을 칼로 찔러 상해를 가하고 그로부터 금품을 강취한 다음, 각 객실에 들어가 각 투숙객들로부터 금품을 강취한 행위는 피해자별로 강도상해죄 및 강도죄의 실체적 경합범이 된다.

② 강간범인이 부녀를 강간할 목적으로 폭행, 협박에 의하여 반항을 억압한 후 반항 억압 상태가 계속 중임을 이용하여 재물을 탈취하는 경우에는 재물탈취를 위한 새로운 폭행, 협박이 없더라도 강도죄가 성립한다.

③ 형법 제333조 후단의 강도죄(이른바 강제이득죄)의 요건이 되는 재산상의 이익은 사법상 유효한 재산상의 이득만이 아니고 외견상 재산상의 이득을 얻을 것이라고 인정할 수 있는 사실관계만 있으면 여기에 해당한다.

④ 강간범이 강간하는 과정에서 피해자들이 도망가지 못하게 하기 위해 손가방을 빼앗은 경우 강도강간죄에 해당한다.

19 사기죄에 관한 설명 중 가장 적절하지 않은 것은? (다툼이 있는 경우 판례에 의함)

① 사기죄의 요건으로서의 기망은 재산상의 거래관계에 있어서 서로 지켜야 할 신의와 성실의 의무를 저버리는 모든 적극적 또는 소극적 행위를 말하는 것으로서, 반드시 법률행위의 중요부분에 관한 허위표시임을 요하지 아니하고, 상대방을 착오에 빠지게 하여 행위자가 희망하는 재산적 처분행위를 하도록 하기 위한 판단의 기초가 되는 사실에 관한 것이면 충분하다.

② 자동차의 명의수탁자가 명의신탁 사실을 고지하지 않고, 나아가 자신 소유라는 말을 하면서 자동차를 제3자에게 매도하고 이전등록까지 마쳐준 경우, 매수인에 대하여 사기죄가 성립한다.

③ 사기죄에서 피해자에게 그 대가가 지급된 경우, 피해자를 기망하여 그가 보유하고 있는 그 대가를 다시 편취하거나 피해자로부터 그 대가를 위탁받아 보관 중 횡령하였다면, 이는 새로운 법익의 침해가 발생한 경우이므로 기존에 성립한 사기죄와는 별도의 새로운 사기죄나 횡령죄가 성립한다.

④ 형질변경 및 건축허가를 받는데 필요하다고 피해자를 속여 교부받은 인감증명서 등으로 등기소요서류를 작성하여 피해자 소유의 부동산에 관해 자기 명의로 소유권이전등기를 마친 경우 사기죄가 성립하지 않는다.

20 다음 중 옳지 않은 것은?

① 강제집행시 집달관이 아닌 인부에게 폭행을 가한 경우에도 공무집행방해죄가 성립된다.

② 위계에 의한 공무집행방해죄는 공권력의 행사를 내용으로 하는 권력적 작용만을 의미하고, 사경제 주체로서의 활동을 비롯한 비권력적 작용은 제외된다.

③ 적법한 소집절차를 밟아 소집된 지방의회 회의의 의결사항 중에 지방의회에 속하지 아니하는 사항이 포함되어 있었다해도, 의원들이 그 회의에 참석하고 그 회의에서 의사진행을 하는 직무행위를 적법한 것으로 볼 수 있다.

④ 경찰관이 공무를 집행하고 있는 파출소 사무실의 바닥에 인분이 들어있는 물통을 집어 던지고 책상 위에 있던 재떨이에 인분을 퍼 담아 사무실 바닥에 던지는 행위는 동 경찰관에 대한 폭행에 해당하여 공무집행방해죄가 성립한다.

제20회 모의고사

☞ 정답 및 해설 P.317

1 다음은 실행의 착수시기에 대한 설명이다. 가장 적절하지 않은 것은? (다툼이 있는 경우 판례에 의함)

① 주간에 피해자의 아파트 출입문 시정장치를 손괴하다가 마침 귀가하던 피해자에게 발각되어 피고인이 도주한 경우 형법 제331조 제2항의 특수절도죄의 실행의 착수를 인정할 수 없다.

② 부정경쟁방지 및 영업비밀보호에 관한 법률 제18조 제2항에서 정하고 있는 영업비밀부정사용죄에 있어서는 행위자가 당해 영업비밀과 관계된 영업활동에 이용 혹은 활용할 의사 아래 그 영업활동에 근접한 시기에 영업비밀을 열람하는 행위를 한 경우 그 실행의 착수를 인정할 수 없다.

③ 사기도박에서 사기적인 방법으로 도금을 편취하려고 하는 자가 상대방에게 도박에 참가할 것을 권유하는 등 기망행위를 개시한 때에 실행의 착수를 인정할 수 있다.

④ 다가구용 단독주택인 빌라의 잠기지 않은 대문을 열고 들어가 공용 계단으로 빌라 3층까지 올라갔다가 1층으로 내려온 경우 주거침입죄의 실행의 착수를 인정할 수 있다.

2 위법성조각사유에 관한 진술 중 형법이론상으로 옳은 것(o)과 옳지 않은 것(x)을 바르게 표시한 것은?

> ㉠ 정당방위에 대하여 정당방위는 인정될 수 없다.
> ㉡ 정당방위에 대하여 긴급피난은 인정될 수 있다.
> ㉢ 긴급피난에 대하여 정당방위는 인정될 수 없다.
> ㉣ 긴급피난에 대하여 긴급피난은 인정될 수 있다.

	㉠	㉡	㉢	㉣
①	o	o	o	o
②	o	x	o	x
③	o	o	x	x
④	x	x	o	x

3 갑(甲)은 자신이 다니던 교회를 2004.11경 떠난 후 을(乙)이 예배당 건물을 점유·관리하고 있음에도 2005.6.2. 을(乙)의 의사에 반하여 교회 교인들의 총유인 교회 현판, 나무십자가 등을 떼어 내고 위 예배당 건물에 들어가서 예배의자를 밀쳐 내고 갑(甲)의 장롱을 들려 놓은 후 교인들의 출입을 막아 그때부터 2006.1.12까지 무려 7개월 이상 장기간 예배당 건물의 출입을 통제하였다. 갑(甲)의 죄책은?

① 재물손괴죄 및 건조물침입죄
② 재물손괴죄, 건조물침입죄 및 예배방해죄
③ 재물손괴죄, 건조물침입죄 및 권리행사방해죄
④ 예배방해죄만 성립한다.

4 甲은 A와 점포임차권의 양도계약을 체결한 후 계약금과 중도금까지 지급받았음에도 불구하고, 그 임차권을 乙에게 양도하여 주었다. 甲의 죄책은? (판례에 의함)

① 무죄
② 배임죄
③ 횡령죄
④ 권리행사방해죄

5 다음 중 범죄의 성립이 인정된다고 하더라도 몰수할 수 없는 것은? (판례에 의함)

① 사행성 오락실의 상품권 환전소에서 보관하던 현금
② 허위기재 부분이 있는 공문서
③ 강도 범행에 사용된 기소중지된 공범 소유의 자동차
④ 향정신성의약품의 매도대가로 받은 금품

6 다음 중 불법영득의사와 관련하여 판례의 태도와 다른 것은?

① 피해자의 지갑을 가져갈 당시에 피해자의 승낙을 받지 않았을지라도 피고인이 후일 변제할 의사로 가져간 경우, 불법영득의사가 없다.
② 甲은 乙의 전화번호를 알아두기 위하여 乙이 떨어뜨린 전화요금 영수증을 습득한 후 돌려주지 않은 경우, 불법영득의사가 없다.
③ 甲은 소속중대 M16소총 1정이 부족하자 그 보충을 위하여 다른 부대의 2.5톤 차량 운전석에 있던 M16소총 1정을 가져간 경우, 불법영득의사가 없다.
④ 회사의 경영자가 자금을 지출함에 있어 그 자금의 용도가 엄격히 제한되어 있는 경우 그 용도 외의 사용은 그것이 회사를 위하여 사용한 것인 경우, 불법영득의사가 있다.

7 도박에 관한 죄에 대한 설명으로 가장 적절한 것은? (다툼이 있는 경우 판례에 의함)

① 피씨방 업주들이 가맹점을 모집하여 인터넷 도박게임이 가능하도록 시설 등을 설치하고 도박게임 프로그램을 가동하던 중 문제가 발생하여 더 이상의 영업으로 나아가지 못한 경우, 실제로 이용자들이 도박게임 사이트에 접속하여 도박을 한 사실이 없다면 도박장소 등 개설죄는 미수에 그친 것이다.

② 내국인이 도박죄를 처벌하지 않는 외국 카지노에 가서 도박을 했다고 하여도 당해 행위가 도박죄의 구성요건에 해당하는 이상 우리 형법이 적용되고 내국인의 출입이 허용되는 국내 카지노의 출입과 달리 위법성이 조각되는 것은 아니다.

③ 당사자의 일방이 사기의 수단으로 승패의 수를 지배하는 사기도박을 한 경우 상대방을 기망한 자에 대해서는 사기죄만 성립하고 도박죄는 성립하지 않지만 기망을 당한 자의 경우에는 편면적 대향범과 마찬가지로 도박죄가 성립한다.

④ 상습도박자가 상습성 없는 자의 도박을 방조한 경우에는 제33조 단서에 따라 중하게 처벌될 수 없고 도박죄의 방조범으로 처벌하게 된다.

8 음란성에 대한 태도로 가장 잘못된 것은? (다툼이 있는 경우 판례에 의함)

① 그 내용이 성욕을 자극·흥분시키고 통상인의 정상적인 성적 수치심을 해하고 선량한 성적 도의관념에 반하는 것을 의미한다.

② 과학성·예술성과 음란성은 서로 양립할 수 있다.

③ 성기확대기구인 '해면체비대기'는 음란한 물건이 아니다.

④ 공연음란죄가 성립하려면 행위의 음란성 의미에 대한 인식 외에 성적인 목적이 있어야 한다.

9 다음 중 직무유기죄가 성립하지 않는 것은?

① 경찰관이 불법체류자의 신병을 출입국관리사무소에 인계하지 않고 훈방하면서 이들의 인적사항을 기재해 두지 않은 경우

② 경찰관이 방치된 오토바이가 있다는 신고를 받거나 순찰 중 이를 발견하고 오토바이 상회 운영자에게 연락하여 오토바이를 수거해 가도록 하고 그 대가를 받은 경우

③ 경찰관들이 현행범으로 체포한 도박혐의자들에게 현행범인 체포서 대신 임의동행동의서를 작성하게 하거나 압수한 일부 도박자금에 관하여 검사의 지휘도 받지 않고 반환하는 등 제대로 조사하지 않은 채 이들을 석방한 경우

④ 경찰관이 압수물을 범죄 혐의의 입증에 사용하도록 하는 등의 적절한 조치를 취하지 아니하고 피압수자에게 돌려준 경우

10 강도의 죄에 관한 설명 중 가장 옳지 않은 것은? (다툼이 있는 경우 판례에 의함)

① 형법 제333조 후단의 강도죄(이른바 강제이득죄)의 요건이 되는 재산상의 이익은 반드시 사법상 유효한 재산상의 이득만을 의미하는 것이 아니고 외견상 재산상의 이득을 얻을 것이라고 인정할 수 있는 사실관계만 있으면 여기에 해당된다 할 것이다.

② 피고인이 다른 피고인들과 택시강도를 모의한 후 다른 피고인들이 피해자에 대한 폭행에 착수하기 전에 겁을 먹고 미리 현장에서 도주해 버린 경우 피고인을 특수강도의 합동범으로 다스릴 수 없다.

③ 준강도는 미수범을 처벌하지 않는다.

④ 준강도는 목적범이다.

11 다음 중 甲에게 절도죄가 성립하는 경우는 모두 몇 개인가? (판례에 의함)

> ㉠ 甲은 乙을 살해하고 살해된 乙의 주머니에서 꺼낸 지갑을 증거품들과 함께 자신의 차에 싣고 가다가 쓰레기 소각장에서 태워버렸다.
>
> ㉡ 甲은 상사와 의견충돌 끝에 항의표시로 사표를 제출하고 난 다음 본인이 보관, 관리해 온 비자금 관계서류 및 금품이 든 가방을 들고 나왔다.
>
> ㉢ 당구장에서 일하는 종업원 甲은 손님 乙이 그 당구장에 떨어뜨리고 간 신용카드 1장을 취거하였다.
>
> ㉣ 甲이 乙의 지갑에서 몰래 꺼낸 신용카드를 현금자동지급기에서 현금을 인출하고 갖다놓을 생각으로 소지하고 있던 중 乙에게 들켰다.(신용카드 자체)

① 0개 　　　　　　　　② 1개
③ 2개 　　　　　　　　④ 3개

12 다음 중 명예훼손죄가 성립할 수 있는 경우는? (다툼이 있는 경우 판례에 의함)

① 교사인 피고인이 다른 교사의 이름을 도용하여 같은 학교 교장의 비리를 폭로하는 내용의 문건을 작성하여 교사들에게 우편으로 송달한 경우

② 행인 두 사람이 지나가는 길거리에서 피고인이 정치인은 전부 뇌물을 받는다고 떠든 경우

③ 갑은 대학교수 을을 모함하기 위해 '을은 무능교수다'라는 삐라를 교내에 다량 살포한 경우

④ 새로 목사로 부임한 피고인이 전임 목사에 관한 교회 내의 불미스러운 소문의 진위를 확인하기 위하여 이를 교회집사들에게 물어본 경우

13 업무방해죄에 관한 설명 중 가장 옳지 않은 것은? (판례에 의함)

① 주주로써 주주총회에서 의결권 등을 행사하는 것은 형법상 업무방해죄의 보호대상이 되는 '업무'에 해당하지 않는다.

② 의료인이나 의료법인이 아닌 자가 의료기관을 개설하여 운영하는 행위는 그 위법의 정도가 중하여 사회생활상 도저히 용인될 수 없는 정도로 반사회성을 띠고 있으므로 업무방해죄의 보호대상이 되는 '업무'에 해당하지 않는다.

③ 경찰청 민원실에서 말똥을 책상 및 민원실 바닥에 뿌리고 소리를 지르는 등 난동을 부린 경우 이는 위력에 의한 업무방해죄에 해당한다.

④ 신고한 옥외집회에서 고성능 확성기 등을 사용하여 발생된 소음이 82.9dB 내지 100.1dB에 이르고, 사무실 내에서의 전화통화, 대화 등이 어려웠으며, 밖에서는 부근을 통행하기조차 곤란하였고, 인근 상인들도 소음으로 인한 고통을 호소하는 정도에 이르렀다면 이는 위력으로 인근 상인 및 사무실 종사자들의 업무를 방해한 업무방해죄를 구성한다.

14 다음 중 틀린 것은? (다툼이 있는 경우 판례에 의함)

① 퇴거불응죄의 법정형은 주거침입죄와 동일하다.

② 형법상 퇴거불응죄에 대한 미수범 처벌규정이 있다.

③ 다른 사람의 주택에 무단 침입한 범죄사실로 이미 유죄판결을 받은 사람이 그 판결이 확정된 후에도 퇴거하지 않은 채 계속하여 당해 주택에 거주한 경우, 위 판결 확정 이후의 행위는 별도의 주거침입죄를 구성하지 않는다.

④ 주거침입죄는 반드시 행위자의 신체의 전부가 범행의 목적인 타인의 주거 안으로 들어가야만 성립하는 것이 아니다.

15 배임죄에 관한 다음 설명 중 옳지 않은 것은? (판례에 의함)

① 업무상배임죄는 본인에게 재산상의 손해를 가하는 외에 배임행위로 인하여 행위자 스스로 재산상의 이익을 취득하거나 제3자로 하여금 재산상의 이익을 취득하게 할 것을 요건으로 하므로, 본인에게 손해를 가하였다고 할지라도 행위자 또는 제3자가 재산상 이익을 취득한 사실이 없다면 배임죄가 성립할 수 없다.

② 대표이사가 회사에 납품한 물품을 할인된 가격으로 납품받을 수 있었음에도 자신이 이익을 취득할 의도로 납품업자에게 가공의 납품업체를 만들게 한 뒤 그 납품업체로부터 할인되지 않은 가격으로 납품을 받은 경우, 업무상배임죄가 성립한다.

③ 매도인이 매수인으로부터 중도금을 수령한 이후에 매매목적물인 동산을 제3자에게 양도하는 행위는 배임죄에 해당한다.

④ 낙찰계의 계주가 계원들에게서 계불임금을 징수하지 않은 상태에서 부담하는 계금지급의무는 배임죄에서 말하는 '타인의 사무'에 해당하지 아니한다.

16 다음 설명 중 가장 적절한 것은? (판례에 의함)

① 위조문서행서죄에서 행사라 함은 위조된 문서를 진정한 문서인 것처럼 그 문서의 효용방법에 따라 사용하는 것을 말하는데, 소송사기에서 위조된 문서를 법원에 제출하는 것은 이에 포함되지 않는다.

② 위조된 문서의 작성명의인은 위조문서행사죄의 상대방이 될 수 없다.

③ 위조사문서의 행사는 상대방으로 하여금 위조된 문서를 인식할 수 있는 상태에 둠으로써 기수가 되고, 상대방이 실제로 하여금 그 내용을 인식하여야 하는 것은 아니므로 위조된 문서를 우송한 경우에는 그 문서가 상대방에게 도달한 때에 기수가 된다.

④ 위조된 문서를 컴퓨터에 연결된 스캐너로 읽어 들여 파일로 이미지화한 다음 이를 전송한 사안에서, 타인에게 이메일로 보낸 파일은 문서에 해당하며 컴퓨터 화면상에서 이를 보게 하는 것은 위조문서의 행사에 해당한다.

17 다음 중 옳은 것은?

① 형법 제330조(야간주거침입절도)는 야간에 사람의 주거, 간수하는 저택, 건조물, 선박이나 항공기 또는 점유하는 방실에 침입하여 타인의 재물을 절취한 자를 처벌한다고 규정하고 있다.

② 형법 제336조(인질강도)에 대한 해방감경 규정을 준용하는 규정은 있다.

③ 형법 제334조 제1항(특수강도)은 야간에 사람의 주거, 관리하는 건조물, 선박이나 항공기 또는 점유하는 방실에 침입하여 제333조(강도)의 죄를 범한 자를 처벌한다고 규정하고 있다.

④ 형법 제324조의2(인질강요)의 죄를 범한 자가 인질을 안전한 장소로 풀어준 경우에는 형법 각칙에 해방감경 규정이 있으나, 형법 제324조의3(인질상해·치상)의 죄를 범한 자가 인질을 안전한 장소로 풀어준 경우에는 형법 각칙에 해방감경 규정이 없다.

18 금융기관 직원 甲은 전산단말기를 이용하여 다른 공범들이 지정한 특정계좌에 돈이 입금된 것처럼 허위의 정보를 입력하는 방법으로 위 특정계좌로 입금되도록 하였는데, 그 후 그러한 입금이 취소되어 현실적으로 인출되지 못하였다. 甲의 죄책은? (판례에 의함)

① 사기죄
② 컴퓨터 등 사용사기죄의 기수범
③ 컴퓨터 등 사용사기죄의 미수범
④ 무죄

19 횡령죄에 대한 설명 중 옳은 것은 모두 몇 개인가? (판례에 의함)

> ㉠ 부동산의 공유자 중 1인이 다른 고유자의 지분을 임의로 처분한 경우 횡령죄가 성립한다.
> ㉡ 횡령죄에서 소유자와 위탁자가 다른 경우 범인과 소유자간에만 친족관계가 있으면 친족상도례에 관한 규정이 적용될 수 있다.
> ㉢ 익명조합원이 영업을 위하여 출자한 금전을 상대방인 영업자가 자기용도에 함부로 소비한 경우 횡령죄가 성립한다.
> ㉣ 소유자로부터 부동산의 소유명의 및 관리를 위탁받은 자가 자신의 명의로 부동산을 등기 하지 않고 자신의 子명의로 그 부동산을 등기해 두고 사망하자 그 子가 이를 처분한 경우 횡령죄가 성립한다.
> ㉤ 담보목적으로 자신의 명의로 가등기된 피해자 소유의 부동산에 대하여 피해자의 아들로부터 채무가 변제공탁된 사실을 통보받고도 자기 앞으로 본등기를 경료함과 동시에 제3자 앞으로 가등기를 경료한 경우 횡령죄가 성립한다.

① 없음

② 1개

③ 2개

④ 3개

20 공무집행에 관한 죄에 대한 설명으로 틀린 것은? (다툼이 있는 경우 판례에 의함)

① 위계에 의한 공무집행방해죄에서의 공무원의 직무집행이란 법령의 위임에 따른 공무원의 적법한 직무집행인 이상 공권력의 행사를 내용으로 하는 권력적 작용뿐만 아니라 사경제주체로서의 활동을 비롯한 비권력적 작용도 포함한다.

② 공무집행방해죄에 있어서의 공무집행이라 함은 그 행위가 공무원의 추상적 권한에 속할 뿐 아니라 구체적 직무집행에 관한 법률상 요건과 방식을 갖춘 경우를 가리킨다.

③ 공무집행방해죄에 있어서의 폭행이라 함은 공무원에 대한 직접적인 유형력의 행사뿐 아니라 간접적인 유형력의 행사도 포함하는 것이다.

④ 부동산강제집행효용침해죄의 객체인 강제집행으로 명도 또는 인도된 부동산에는 강제집행으로 퇴거집행된 부동산은 포함되지 않는다.

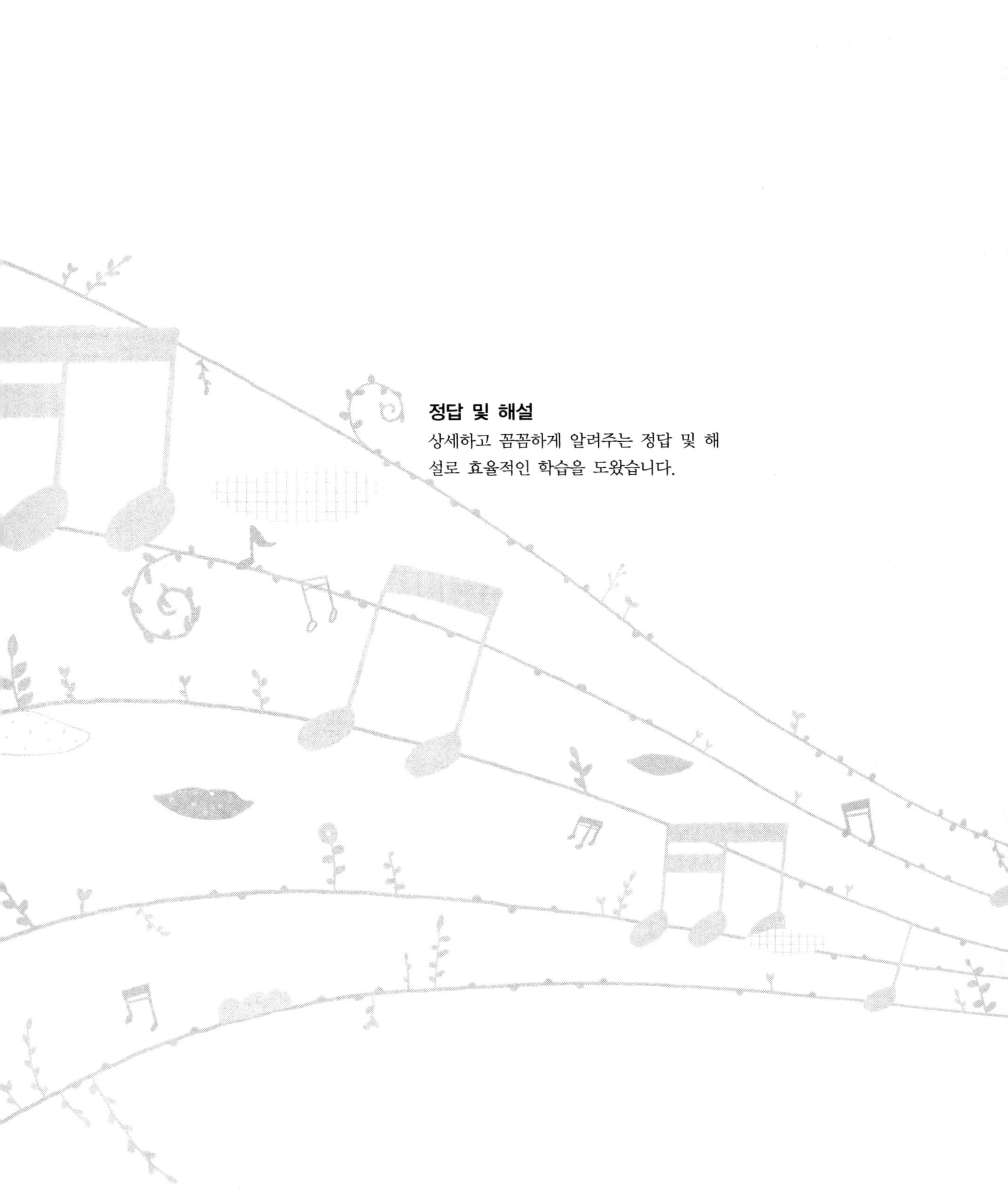

정답 및 해설
상세하고 꼼꼼하게 알려주는 정답 및 해
설로 효율적인 학습을 도왔습니다.

02 정답 및 해설

정답 및 해설

정답및해설

1 ①	2 ①	3 ③	4 ③	5 ③	6 ②	7 ③	8 ③	9 ①	10 ②
11 ①	12 ①	13 ①	14 ①	15 ③	16 ③	17 ④	18 ③	19 ②	20 ②

1 **핵심풀이 ▶**

① 살인죄는 금지규범의 형식(사람을 살해하지 말라)을, 퇴거불응죄는 명령규범의 형식(나가라는 요구를 받으면 응하라)을 취하고 있다.

※ **형법의 규범적 성격**

  ㉠ **가설적 규범** : 형법은 범죄를 저지른 사람에게 형벌이라는 법적 효과를 가하는 가설적 규범이다. 예) 사람을 살해한 자는 사형, 무기 또는 5년 이상의 징역에 처한다.

  ㉡ **행위규범** : 일반국민에게는 일정한 행위를 금지 또는 요구하는 규범

  ㉢ **재판규범** : 사법관계자에게는 재판활동을 규제하는 규범

  ㉣ **평가규범** : 일정한 행위를 범죄로 규정하고 무가치하고 위법하다는 평가를 하는 규범(형법의 1차적 성격)

  ㉤ **의사결정규범** : 형법이 하면 안 된다고 평가한 행위를 해서는 안 된다는 의무를 줌으로써 의사결정의 기준이 됨

2 **핵심풀이 ▶**

① 형법 제5조(보호주의, 외국인의 국외범)에 따라 대한민국 형법을 적용하여 통화위조죄로 처벌할 수 있다.

※ 제5조(외국인의 국외범) 본법은 대한민국 영역 외에서 다음에 기재한 죄(내란, 외환, 국기, 통화, 유가증권, 우표와 인지, 공문서 등 위조·변조, 자격모용·허위공문서작성 등, 공인 등 위조·부정사용)를 범한 외국인에게 적용한다. → (국가)보호주의

오답풀이 ▶

② 대판 92도2194

③ 대판 99도4022

④ 세율의 변경은 형의 변경이라고 할 수도 없어 포탈세액을 종전의 세율에 따라 산정한 것은 적법하다(대판 83도1988).

3 **핵심풀이** ❭

③ 피해자로부터 지갑을 잠시 건네받아 임의로 지갑에서 현금카드를 꺼내어 현금자동인출기에서 현금을 인출하고 곧바로 피해자에게 현금카드를 반환한 경우, 현금카드에 대한 불법영득의사가 없다(대판 98도2642).

＊ 불법영득의 의사가 없어 고의가 조각됨→현금카드에 대한 절도죄의 '구성요건해당성'이 부정되는 경우이다.

＊〈주의〉위 현금카드로 현금인출기에서 현금을 인출한 행위→현금에 대한 절도죄가 성립

※ 甲이 타인의 예금통장을 몰래 가지고 가 예금 1,000만원을 인출한 후 바로 예금통장을 반환한 경우 예금통장 자체가 가지는 예금액 증명기능의 경제적 가치에 대한 불법영득의 의사를 인정할 수 있으므로 절도죄가 성립한다(대판 2009도9008). →예금통장에 대한 절도죄가 성립

오답풀이 ❭

① 피고인의 모욕 범행은 불심검문에 항의하는 과정에서 저지른 일시적, 우발적인 행위로서 사안 자체가 경미할 뿐 아니라, 피해자인 경찰관이 범행현장에서 즉시 범인을 체포할 급박한 사정이 있다고 보기도 어려우므로, 경찰관이 피고인을 체포한 행위는 적법한 공무집행이라고 볼 수 없고, 피고인이 체포를 면하려고 반항하는 과정에서 상해를 가한 것은 불법체포로 인한 신체에 대한 현재의 부당한 침해에서 벗어나기 위한 행위로서 정당방위에 해당한다(대판 2011도3682).

② 피고인이 父가 위 차에 다치겠으므로 이에 당황하여 위 차를 정지시키기 위하여 운전석 옆 창문을 통하여 피해자의 머리털을 잡아당겨 그의 흉부가 위 차의 창문틀에 부딪혀 약간의 상처를 입게 한 행위는 父의 생명, 신체에 대한 현재의 부당한 침해를 방위하기 위한 행위로서 정당방위에 해당한다(대판 86도1091).

④ 전국교직원노동조합 소속 교사가 작성·배포한 보도자료의 일부에 사실과 다른 기재가 있으나 전체적으로 그 기재 내용이 진실하고 공공의 이익을 위한 것이라고 보아 명예훼손죄의 위법성이 조각된다(대판 2001도3594).

※ 신용카드 관련범죄
  ① 절취한 타인의 신용카드를 사용하여 물품을 구입하였다→절도, 여신전문금융업법위반, 사기
  ② 습득한 타인의 신용카드를 사용하여 현금자동지급기에서 현금서비스를 받았다→점유이탈물횡령, 여신전문금융업법위반, 절도
  ③ 절취한 예금통장으로 예금을 인출하였다→절도, 사문서위조 및 동 행사, 사기
  ④ 습득한 신용카드로 물건을 구입코자 제시했으나 발각되어 미수에 그친 경우
    →점유이탈물횡령과 사기미수죄만 적용
  ⑤ 남편 승낙 없이 카드를 발급 받아 사용(남편의 승낙 없이 발급받은 크레디트 카드를 사용하여 물품을 구입하였을 경우)
    →사기의 피해자는 남편이 아닌 물품의 소유자로 친족상도례는 적용의 여지가 없음. 사기죄 성립
  ⑥ 타인카드의 무단사용피해자가 신용카드를 통해 지불능력 이상으로 소비하여 대금을 결재하기가 어렵게 되어 신문광고를 보고 찾아간 카드할인업자에게 대납을 요구하자 수수료 10%만 내면 대납해 줄 수 있다고 하여 카드와 이용명세서를 맡겼으나 이를 무단으로 사용→사기죄 성립

4

ⓒ 작위의무는 법적인 의무이어야 하므로 단순한 도덕상 또는 종교상의 의무는 포함되지 않으나 작위의무가 법적인 의무인 한 성문법이건 불문법이건 상관이 없고 또 공법이건 사법이건 불문하므로, 법령, 법률행위, 선행행위로 인한 경우는 물론이고 기타 신의성실의 원칙이나 사회상규 혹은 조리상 작위의무가 기대되는 경우에도 법적인 작위의무는 있다(대판 95도2551).

ⓔ 보호자가 의학적 권고에도 불구하고 치료를 요하는 환자의 퇴원을 간청하여 담당 전문의와 주치의가 치료중단 및 퇴원을 허용하는 조치를 취함으로써 환자를 사망에 이르게 한 행위에 대하여 보호자, 담당 전문의 및 주치의가 부작위에 의한 살인죄의 공동정범으로 기소된 사안에서, 담당 전문의와 주치의에게 환자의 사망이라는 결과 발생에 대한 정범의 고의는 인정되나 환자의 사망이라는 결과나 그에 이르는 사태의 핵심적 경과를 계획적으로 조종하거나 저지·촉진하는 등으로 지배하고 있었다고 보기는 어려워 공동정범의 객관적 요건인 이른바 기능적 행위지배가 흠결되어 있다는 이유로 작위에 의한 살인방조죄만 성립한다고 한 사례(대판 2002도995).

→ 보호자는 부작위에 의한 살인죄, 전담의 및 주치의는 작위에 의한 살인방조죄를 인정

ⓐ 진정부작위범의 미수를 인정하는 규정으로는 퇴거불응죄가 있다(형법 제319조 제2항).

ⓑ 매매에 있어서 매수인이 알았다면 매수하지 아니할 것이 거래의 경험칙상 명백한 사실에 대하여는 매도인은 신의성실의 원칙에 따라 이를 상대방에게 고지할 법률상 의무가 있다(대판 84도301).

5

③ 자동차전용도로를 운행 중인 자동차운전사들에게 반대차선에서 진행차량 사이를 뚫고 횡단하는 보행자들이 있을 것까지 예상하여 전방주시를 할 의무가 있다고 보기는 어려운 것이므로, 피해자들이 반대차선을 횡단해온 거리가 14.9미터가 된다는 것만으로 피고인의 과실을 인정할 수는 없다(대판 89도1395).

① 대판 2001도5005

② 대판 92도2579

④ 대판 92도2077

6

② 살인의 실행행위가 피해자의 사망이라는 결과를 발생하게 한 유일한 원인이거나 직접적인 원인이어야만 되는 것은 아니므로, 살인의 실행행위와 피해자의 사망과의 사이에 다른 사실이 개재되어 그 사실이 치사의 직접적인 원인이 되었다고 하더라도 그와 같은 사실이 통상 예견할 수 있는 것에 지나지 않는다면 살인의 실행행위와 피해자의 사망과의 사이에 인과관계가 있는 것으로 보아야 한다(대판 93도3612).

① 대판 2002도4315

③ 대판 2001도5005

④ 후행 교통사고를 일으킨 사람의 과실과 피해자의 사망 사이에 인과관계가 인정되기 위해서는 후행 교통사고를 일으킨 사람이 주의의무를 게을리하지 않았다면 피해자가 사망에 이르지 않았을 것이라는 사실이 증명되어야 하고, 그 증명책임은 검사에게 있다(대판 2005도8822).

7 핵심풀이 ▶

③ 금융기관 직원이 전산단말기를 이용하여 다른 공범들이 지정한 특정계좌에 돈이 입금된 것처럼 허위의 정보를 입력하는 방법으로 위 계좌로 입금되도록 한 경우, 이러한 입금절차를 완료함으로써 장차 그 계좌에서 이를 인출하여 갈 수 있는 재산상 이익을 취득하였으므로 형법 제347조의2에서 정하는 컴퓨터 등 사용사기죄는 기수에 이르렀고, 그 후 그러한 입금이 취소되어 현실적으로 인출되지 못하였다고 하더라도 이미 성립한 컴퓨터 등 사용사기죄에 어떤 영향이 있다고 할 수는 없다(대판 2006도4127).

오답풀이 ▶

① 대판 2010도9330

② 대판 2006도5811

④ 대판 2010도10677

8 핵심풀이 ▶

③ 형법 제62조 제2항

오답풀이 ▶

① 제65조(집행유예의 효과) 집행유예의 선고를 받은 후 그 선고의 실효 또는 취소됨이 없이 유예기간을 경과한 때에는 형의 선고는 효력을 잃는다.

② 제62조의2(보호관찰, 사회봉사·수강명령) 제1항 형의 집행을 유예하는 경우에는 보호관찰을 받을 것을 명하거나 사회봉사 또는 수강을 명할 수 있다. → 원상회복명령은 불가하다.

④ 제63조(집행유예의 실효) 집행유예 선고를 받은 자가 유예기간 중 고의로 범한 죄로 금고 이상의 실형을 선고받아 그 판결이 확정된 때에는 집행유예의 선고는 효력을 잃는다.

9 핵심풀이 ▶

① 동일한 공무를 집행하는 여럿의 공무원에 대하여 폭행 협박 행위를 한 경우에는 공무를 집행하는 공무원의 수에 따라 여럿의 공무집행방해죄가 성립하고, 위와 같은 폭행·협박 행위가 동일한 장소에서 동일한 기회에 이루어진 것으로서 사회관념상 1개의 행위로 평가되는 경우에는 여럿의 공무집행방해죄는 상상적 경합의 관계에 있다.

범죄 피해 신고를 받고 출동한 두 명의 경찰관에게 욕설을 하면서 차례로 폭행을 하여 신고 처리 및 수사 업무에 관한 정당한 직무집행을 방해한 경우, 동일한 장소에서 동일한 기회에 이루어진 폭행 행위는 사회관념상 1개의 행위로 평가하는 것이 상당하므로, 위 공무집행방해죄는 형법 제40조에 정한 상상적 경합의 관계에 있다(대판 2009도3505).

오답풀이 ▶

② 대판 2002도7335
③ 대판 2005도4051
④ 대판 2002도4380

10 핵심풀이 ▶

임의적 감면(형법 제7조, 형법 제23조 제2항) – ⓒⓗ

오답풀이 ▶

㉠ 임의적 감경(형법 제25조 제2항)
ⓛⓜ 필요적 감경(형법 제11조)
㉣ 필요적 감면(형법 제26조)

※ **형법상 형의 감경 · 면제사유**

필요적 감면	중지범(중지미수), 위증 · 증거인멸죄를 범한 자가 재판확정 전 자수, 내란 · 외환 · 방화 · 통화위조죄 등의 예비죄의 실행착수 전 자수
필요적 감경	심신미약자, 농아자, 종범
임의적 감면	외국에서 형의 전부 · 일부의 집행을 받은 자, 과잉방위, 과잉피난, 과잉자구행위, 자수 · 자복, 불능미수, 위증 · 증거인멸죄를 범한 자가 재판확정 후 자수
임의적 감경	미수범(장애미수)

※ **형법7조(외국에서 받은 형의 임의적 감면)에 대한 헌법불합치 결정[2015. 5. 28. 2013헌바129]**

① 입법자는 국가형벌권의 실현과 국민의 기본권 보장의 요구를 조화시키기 위하여 형을 필요적으로 감면하거나 외국에서 집행된 형의 전부 또는 일부를 필요적으로 산입하는 등의 방법을 선택하여 청구인의 신체의 자유를 덜 침해할 수 있음에도 이 사건 법률조항과 같이 우리 형법에 의한 처벌 시 외국에서 받은 형의 집행을 전혀 반영하지 아니할 수도 있도록 한 것은, 입법재량의 범위를 일탈하여 필요최소한의 범위를 넘어선 과도한 기본권제한이라고 할 것이다.

② 이 사건 법률조항으로 달성하고자 하는 국가형벌권의 적정한 행사라는 공익보다는, 동일한 범죄사실로 외국에서 형의 집행을 받았음에도 형이 감면될 수 있는 가능성에 그치고 형이 필요적으로 감면되거나 형기가 의무적으로 산입되지 않는 등 외국에서의 처벌이 전혀 반영되지 않을 수 있어 받게 되는 신체의 자유 제한 등 개인의 불이익이 훨씬 더 중대하다고 할 것이므로 법익의 균형성원칙에도 위반된다.

③ 따라서 이 사건 법률조항은 과잉금지원칙에 위반되어 청구인의 신체의 자유를 침해한다.

* 형법 제7조는 2016. 12. 31.을 시한으로 입법자가 개정할 때까지 계속 적용된다.

11 핵심풀이 〉

① 제왕절개 수술의 경우 '의학적으로 제왕절개 수술이 가능하였고 규범적으로 수술이 필요하였던 시기(時期)'는 판단하는 사람 및 상황에 따라 다를 수 있어, 분만개시 시점 즉, 사람의 시기(始期)도 불명확하게 되므로 이 시점을 분만의 시기(始期)로 볼 수는 없다(대판 2005도3832).

오답풀이 〉

② 사람을 살해한 자가 그 사체를 다른 장소로 옮겨 유기하였을 때에는 별도로 사체유기죄가 성립하고, 이와 같은 사체유기를 불가벌적 사후행위로 볼 수는 없다(대판 97도1142).

③ 강도가 베개로 피해자의 머리부분을 약 3분간 누르던 중 피해자가 저항을 멈추고 사지가 늘어졌음에도 계속하여 누른 경우에는 살해의 고의가 있었다고 할 것이다(대판 2001도6425).

④ 피고인이 인터넷 사이트 내 자살 관련 카페 게시판에 청산염 등 자살용 유독물의 판매광고를 한 행위가 단지 금원 편취 목적의 사기행각의 일환으로 이루어졌고, 변사자들이 다른 경로로 입수한 청산염을 이용하여 자살한 사정 등에 비추어, 피고인의 행위는 자살방조에 해당하지 않는다(대판 2005도1373).

12 핵심풀이 〉

㉠ 대판 2011도8805. 옳음

㉡ 대판 2011도8805. 옳음

㉢ 피고인이 강간할 목적으로 피해자를 따라 피해자가 거주하는 아파트 내부의 엘리베이터에 탄 다음 그 안에서 폭행을 가하여 반항을 억압한 후 계단으로 끌고 가 피해자를 강간하고 상해를 입힌 사안에서, 피고인이 성폭력범죄의 처벌 및 피해자보호 등에 관한 법률 제5조 제1항에 정한 주거침입범의 신분을 가지게 되었다는 이유로, 주거침입을 인정하지 않고 강간상해죄만을 선고한 원심판결을 파기한 사례(대판 2009도4335). 틀림

㉣ 대판 2005도6791. 옳음

13 핵심풀이 〉

① 공무원이 직무집행의 의사 없이 또는 직무처리와 대가적 관계없이 타인을 공갈하여 재물을 교부하게 한 경우에는 공갈죄만이 성립하고, 이러한 경우 재물의 교부자가 공무원의 해악의 고지로 인하여 외포의 결과 금품을 제공한 것이라면 그는 공갈죄의 피해자가 될 것이고 뇌물공여죄는 성립될 수 없다고 하여야 할 것이다(대판 94도2528).

오답풀이 〉

② 대판 2000도5438

③ 대판 2011도9585

④ 대판 2011도7282

14 핵심풀이 ▶

① 공동정범이 성립하기 위한 주관적 요건으로서 공동가공의 의사는 타인의 범행을 인식하면서도 이를 제지하지 아니하고 용인하는 것만으로 부족하고, 공동의 의사로 특정한 범죄행위를 하기 위하여 일체가 되어 서로 다른 사람의 행위를 이용하여 자기의 의사를 옮기는 것을 내용으로 하는 것이어야 한다(대판 99도2889).

오답풀이 ▶

② 절도의 실행행위를 직접 분담하지 않은 1인은 합동절도(특수절도)의 공동정범을 인정한다(대판 (全) 98도321).

③ 공모자가 공모에 주도적으로 참여하여 다른 공모자의 실행에 영향을 미친 때에는 범행을 저지하기 위하여 적극적으로 노력하는 등 실행에 미친 영향력을 제거하지 아니하는 한 공모자가 구속되었다는 등의 사유만으로 공모관계에서 이탈하였다고 할 수 없다(대판 2010도6924).

④ 결과적 가중범인 상해치사죄의 공동정범은 폭행 기타의 신체침해행위를 공동으로 할 의사가 있으면 성립되고 결과를 공동으로 할 의사는 필요 없다(대판 77도2193).

15 핵심풀이 ▶

③ 저당권이 설정된 토지를 제3자에게 매각하는 것은 저당권자의 저당권을 소멸시킬 수 없으므로 저당권자에게 손해가 생겼다고 볼 수 없다. 즉, 권리행사방해의 행위태양인 취거, 은닉, 손괴 중 어디에도 해당하지 아니한다.

오답풀이 ▶

① 대판 90도1958
② 대판 85도494
④ 대판 2005도6604

16 핵심풀이 ▶

ⓒ 폭행죄 내지 존속폭행죄는 반의사불벌죄이다(형법 제260조 제3항). 따라서 피해자의 명시한 의사에 반하여 공소를 제기할 수 없다.

ⓔ 형법 제263조(동시범)를 적용하기 위해서는 각자의 고의가 상해 또는 폭행에 대한 것이어야 한다. 따라서 사안의 경우처럼 각자에게 살인의 고의가 있는 경우 제263조의 적용이 없는 것은 당연하다. 결국 사안의 경우 甲과 乙은 각각 살인미수의 책임이 인정될 뿐이다.

오답풀이 ▶

ⓐ 대판 2003도2313
ⓑ 대판 2010도2680
ⓓ 대판 2000도5716

17 **핵심풀이 ▶**

④ 형법 제310조에서 '오로지 공공의 이익에 관한 때'라 함은 적시된 사실이 객관적으로 볼 때 공공의 이익에 관한 것으로서 행위자도 주관적으로 공공의 이익을 위하여 그 사실을 적시한 것이어야 하는 것인데, 행위자의 주요한 동기 내지 목적이 공공의 이익을 위한 것이라면 부수적으로 다른 사익적 목적이나 동기가 내포되어 있더라도 형법 제310조의 적용을 배제할 수 없다(대판 99도1543).

오답풀이 ▶

① 옳음
② 대판 2010도17237
③ 대판 2007도8155

18 **핵심풀이 ▶**

㉠㉡㉣ 상해죄와 폭행죄의 공통 사항

오답풀이 ▶

㉢ 폭행죄는 반의사불벌죄이나, 상해죄는 반의사불벌죄도 친고죄도 아니다.
㉤ 상해죄는 미수범을 처벌하나, 폭행죄는 미수범을 처벌하는 규정이 없다.

19 **핵심풀이 ▶**

㉠ 형법 제214조의 유가증권이란 증권상에 표시된 재산상의 권리의 행사와 처분에 그 증권의 점유를 필요로 하는 것을 총칭하는 것이므로 그것이 유통성을 반드시 가질 필요는 없는 것이다(대판 84도1862). 틀림
㉡ 약속어음의 액면금액란에 자의로 합의된 금액의 한도를 엄청나게 넘는 금액을 기입하는 것은 백지 보충권의 범위를 초월하여 서명날인 있는 약속어음용지를 이용한 새로운 약속어음의 발행에 해당되는 것으로서 그 소위가 유가증권위조죄를 구성한다(대판 72도897). 틀림
㉢ 유가증권변조죄에 있어서 변조라 함은 진정으로 성립된 유가증권의 내용에 권한 없는 자가 그 유가증권의 동일성을 해하지 않는 한도에서 변경을 가하는 것을 말하므로, 이미 타인에 의하여 위조된 약속어음의 기재사항을 권한 없이 변경하였다고 하더라도 유가증권변조죄는 성립하지 아니한다(대판 2005도4764). 옳음
㉣ 타인에게 속한 자기명의의 유가증권에 무단히 변경을 가하였다 하더라도 그것이 문서손괴죄나 허위유가증권작성죄에 해당되는 경우가 있음은 별론으로 하고 유가증권변조죄를 구성하는 것은 아니다(대판 78도1904). 옳음

20 핵심풀이 ▶

② 1통의 고소, 고발장에 의하여 수개의 혐의사실을 들어 무고로 고소, 고발한 경우 그 중 일부 사실은 진실이나 다른 사실은 허위인 때에는 그 허위사실 부분만이 독립하여 무고죄를 구성하는 것이고, 한편 위증죄는 진술내용이 당해 사건의 요증사항이 아니거나 재판의 결과에 영향을 미친 바 없더라도 선서한 증인이 그 기억에 반하여 허위의 진술을 한 경우에는 성립되어 그 죄책을 면할 수 없으므로, 위증으로 고소, 고발한 사실 중 위증한 당해사건의 요증사항이 아니고 재판결과에 영향을 미친 바 없는 사실만이 허위라고 인정되더라도 무고죄의 성립에는 영향이 없다(대판 2002도197, 대판 88도1533).

오답풀이 ▶

① 대판 2003도7487
③ 대판 4294형상273
④ 대판 2006도9453

정답 및 해설

| 1 ② | 2 ④ | 3 ① | 4 ② | 5 ② | 6 ② | 7 ③ | 8 ① | 9 ③ | 10 ④ |
| 11 ④ | 12 ① | 13 ③ | 14 ③ | 15 ③ | 16 ④ | 17 ④ | 18 ① | 19 ① | 20 ② |

1 핵심풀이 ❯

ⓒ 대판 2013도1685

ⓔ 대판 2009도11448

오답풀이 ❯

㉠ 위법성 및 책임의 조각사유나 소추조건 또는 처벌조각사유인 형면제 사유에 관하여 그 범위를 제한적으로 유추적용하게 되면 행위자의 가벌성의 범위는 확대되어 행위자에게 불리하게 되는 바, 이는 가능한 문언의 의미를 넘어 범죄구성요건을 유추적용하는 것과 같은 결과가 초래되므로 죄형법정주의의 파생원칙인 유추해석금지의 원칙에 위반하여 허용될 수 없다(대판(全) 96도1167).

㉡ 특정범죄 가중처벌 등에 관한 법률 제5조의3 제1호가 과실로 사람을 치상하게 한 자가 구호행위를 하지 아니하고 도주하거나 고의로 유기함으로써 치사의 결과에 이르게 한 경우에 살인죄와 비교하여 그 법정형을 더 무겁게 한 것은 형벌체계상의 정당성과 균형을 상실한 것으로서 헌법 제10조의 인간으로서의 존엄과 가치를 보장한 국가의 의무와 제11조의 평등의 원칙 및 헌법 제37조 제2항의 과잉입법금지의 원칙에 반한다(헌재 90헌바24).

2 핵심풀이 ❯

④ 대법원은, "위 운전면허취소처분은 그 처분시에 소급하여 효력을 잃게 되고 무면허운전에 해당하지 아니한다."라고 판시하였다(대판 98도4239).

오답풀이 ❯

① 대판 99도1695

② 청소년에 대한 주류 판매 행위가 되지 않는다는 판례(대판 2001도1844)

→ 위 공소외인은 고등학교 3학년생으로서 자신의 현장취업실습이 종료되어 송별회 겸 망년회에

참석하여 회사동료인 성인들과 함께 음주를 하였다라는 것이므로, 공소외인의 이 사건 주점에의 출입 경위, 술의 주문이나 술값의 계산 과정 등이 모두 그의 선배 등에 의하여 이루어진 점에 비추어, 청소년인 공소외인을 대상으로 하여 술을 판매하였다고 할 수는 없을 것이다.
*〈비교판례〉: 청소년에 대한 주류 제공 행위가 된다는 판례(대판 2004도3999)
→청소년을 포함한 일행이 함께 음식점에 들어와 술을 주문하였고, 청소년도 일행과 함께 술을 마실 것이 예상되는 상황에서 그 일행에게 술을 판매하였으며, 실제로 청소년이 일행과 함께 그 술을 마셨다면, 이는 청소년 보호법 제51조 제8호 소정의 '청소년에게 주류를 판매하는 행위'에 해당되며, 이 경우 성년자인 일행이 술을 주문하거나 술값을 계산하였다 하여 달리 볼 것은 아니다.
→그들 일행의 모임의 목적이 미성년자인 공소외 1의 생일을 축하하기 위한 데 있었고, 미성년자인 공소외 1과 공소외 2도 다른 일행과 함께 마실 것이라는 점을 알면서 맥주를 제공한 것이라고 볼 여지가 있다.
③ 헌재 99헌가15

3 **핵심풀이 ▶**

인과관계가 인정되지 않는 경우 - ⓒ
ⓒ 한의사인 피고인이 피해자에게 문진하여 과거 봉침을 맞고도 별다른 이상반응이 없었다는 답변을 듣고 부작용에 대한 충분한 사전 설명 없이 환부인 목 부위에 봉침시술을 하였는데, 피해자가 위 시술 직후 쇼크반응을 나타내는 등 상해를 입은 사안에서, 제반 사정에 비추어 피고인이 봉침시술에 앞서 설명의무를 다하였더라도 피해자가 반드시 봉침시술을 거부하였을 것이라고 볼 수 없어, 피고인의 설명의무 위반과 피해자의 상해 사이에 상당인과관계를 인정하기 어렵다(대판 2010도10104)

오답풀이 ▶

인과관계가 인정 - ㉠, ㉢, ㉣
㉠ 대판 2011도17117
㉢ 대판 99도5286
㉣ 대판 2009도7070

4 **핵심풀이 ▶**

② 공직선거법 제257조 제1항 제1호에서 규정하는 각 기부행위제한위반의 죄는 공직선거법 제113조(후보자 등의 기부행위 제한), 제114조(정당 및 후보자의 가족 등의 기부행위 제한), 제115조(제3자의 기부행위 제한)에 각기 한정적으로 열거되어 규정하고 있는 신분관계가 있어야만 성립하는 범죄이고, 죄형법정주의의 원칙상 유추해석은 할 수 없으므로, … 각 기부행위의 주체로 인정되지 아니하는 자가 기부행위의 주체자 등과 공모하여 기부행위를 하였다 하더라도 그 신분에 따라 각 해당법조로 처벌하여야지 기부행위 주체자에 해당하는 법조 위반의 공동정범으로 처벌할 수는 없다(대판 2007도9507).

① 대판 2001도2015

③ 대판 99도883

④ 대판 93도1002

5 핵심풀이 ▶

② 통설의 입장으로 옳은 설명이다.

① 저항할 수 없는 폭력은 '심리적 의미에 있어서' 육체적으로 어떤 행위를 절대적으로 하지 아니할 수 없게 하는 경우와 윤리적 의미에 있어서 강압된 경우를 말한다.(대판 2007도3306) 따라서 '물리적인 의미에 있어서의 절대적 폭력'은 저항할 수 없는 폭력에 포함되지 아니한다.

③ 자의로 북한으로 탈출한 이상 강요된 행위가 될 여지가 없다.

④ 강요된 행위는 (책임은 조각되지만) 위법한 행위이므로 이에 대하여 정당방위가 인정된다.

6 핵심풀이 ▶

㉠ 현행 형법상 현주건조물일수치사상죄, 해상강도치사상죄, 인질치사상죄, 성폭력특례법상 강간치사상죄의 미수처벌규정이 존재한다. 옳음

㉡ 다수설과 판례는 결과적 가중범의 교사 또는 방조를 인정한다(대판 97도1075). 틀림

㉢ 부진정결과적 가중범은 고의에 의한 기본범죄에 기하여 중한 결과를 과실로 야기한 경우뿐만 아니라 고의에 의한 경우에도 성립한다. 옳음

7 핵심풀이 ▶

법률의 착오에 정당한 이유가 없는 것 – ㉠, ㉡, ㉢

㉠ 피고인 또는 충청남도가 장례식장의 식당(접객실) 부분을 증축함에 있어 홍성군과 그 증축에 관한 협의 과정을 거쳤고 건설교통부에 관련 질의도 했던 것으로 보이나, 홍성군과의 협의는 증축부분이 장례식장이 아닌 '병원'의 부속건물임을 전제로 한 것이고 그에 관한 건축물대장에의 기재나 사용승인 또한 마찬가지이며, 건설교통부의 질의회신도 종합병원의 경우 일반적으로 장례식장의 설치나 운영이 그 부속시설로서 허용된다는 취지가 아니라 종합병원에 입원한 환자가 사망한 경우 그 장례의식을 위한 시설의 설치는 부속용도로 볼 수 있다는 취지에 불과하므로, 위와 같은 협의나 질의를 거쳤다는 사정만으로 이 사건 장례식장의 설치·운영에 관하여 피고인이 자신의 행위가 죄가 되지 아니하는 것으로 오인하였거나 그와 같은 오인에 정당한 이유가 있었다고 할 수 없다(대판 2007도1915).

ⓛ 공무원이 그 직무에 관하여 실시한 봉인 등의 표시를 손상 또는 은닉 기타의 방법으로 그 효용을 해함에 있어서 그 봉인 등의 표시가 법률상 효력이 없다고 믿은 것은 법규의 해석을 잘못하여 행위의 위법성을 인식하지 못한 것이라고 할 것이므로 그와 같이 믿은 데에 정당한 이유가 없는 이상, 그와 같이 믿었다는 사정만으로는 공무상표시무효죄의 죄책을 면할 수 없다고 할 것이다(대판 99도5563).

ⓒ 피고인 1이 공소외인을 통하여 한국은행에 이 사건 선박의 매매대금 지급을 신고하는 과정에서 주식회사 한국외환은행(이하 '외환은행'이라 한다)의 담당자에게 이 사건 선박의 매매대금 일부를 상계한다는 취지를 설명한 다음 그 담당자의 안내에 따라 그대로 한국은행에 신고하였다고 볼 만한 자료가 없고, 설령 외환은행 담당자의 안내에 따라 그대로 신고를 하였다고 하더라도 그러한 사정만으로 이 사건 선박의 매매대금 지급의 신고에 관하여 피고인 1이 자신의 행위가 죄가 되지 아니하는 것으로 오인하였거나 그와 같은 오인에 정당한 이유가 있었다고 할 수 없다(대판 2011도2136).

오답풀이▶

ⓔ 교통부장관의 허가를 얻어 설립된 사단법인 한국교통사고상담센타의 하부직원이 목적사업인 교통사고 피해자의 위임을 받아 사고 회사와의 사이에 화해의 중재나 알선을 하고 피해자로부터 교통부장관이 승인한 조정수수료를 받은 것은 직무수행상의 행위로서 위법의 인식을 기대하기 어렵고 적어도 형법 제16조에 이른바 법률의 착오에 해당한다고 봄이 상당하다(대판 74도2882).

8

핵심풀이▶

① 부동산소유권이전등기 등에 관한 특별조치법에 의거하여 임야의 사실상의 양수자가 확인서 발급 신청을 하자 피고인이 위조된 계약서 사본을 첨부하여 위 임야의 소유자라고 허위 주장하여 이의신청을 한 결과 위 확인서발급신청이 기각되었다 하더라도 위 임야를 편취하려는 기망행위에 나아간 것이라고 보기 어렵다(대판 81도2767).

오답풀이▶

② 건설산업기본법 제96조 제4호, 제21조에 규정된 '건설업자가 다른 사람에게 자기의 성명 또는 상호를 사용하여 건설공사를 수급 또는 시공하게 하는 행위'는 다른 사람에게 자기의 성명 또는 상호를 사용하여 건설공사를 수급하게 하거나 공사에 착수하게 한 때에 완성되어 기수가 되고 그 후 공사 종료시까지는 그 법익침해의 상태의 상태가 남아있을 뿐이다(대판 2007도883).

③ 대판 78도2259

④ 대판 86도437

9 핵심풀이 ▶

③ 주관설은 미신범을 제외하고는 원칙적으로 불능범의 개념을 인정하지 않으므로, 특별한 사정이 없는 한 항상 위험성이 인정되어 불능미수가 된다. 따라서 불능미수의 위험성판단에 관한 학설 중 주관설이 미수범인정의 범위가 가장 넓다.

오답풀이 ▶

① 불능미수와 불능범을 구별하는 기준은 '위험성'유무이다. 결과발생이 불가능하다는 점에서는 불능미수와 불능범은 같다.

② 제27조(임의적 감면) 불능미수의 경우 형을 감경 또는 면제할 수 있다.

④ 불능범은 범죄행위의 성질상 결과발생의 위험이 절대로 불능한 경우를 말하는 것인바 향정신성의약품인 메스암페타민 속칭 히로뽕 제조를 위해 그 원료인 염산에 페트린 및 수종의 약품을 교반하여 히로뽕 제조를 시도하였으나 그 약품배합미숙으로 그 완제품을 제조하지 못하였다면 위 소위는 그 성질상 결과발생의 위험성이 있다고 할 것이므로 이를 습관성의약품제조미수범으로 처단한 것은 정당하다(대판 85도206).

10 핵심풀이 ▶

㉠ 상상적 경합은 1개의 행위가 실질적으로 수개의 구성요건을 충족하는 경우를 말하고 법조경합은 1개의 행위가 외관상 수개의 죄의 구성요건에 해당하는 것처럼 보이나 실질적으로 1죄만을 구성하는 경우를 말하며, 실질적으로 1죄인가 또는 수죄인가는 구성요건적 평가와 보호법익의 측면에서 고찰하여 판단하여야 한다(대판 2010도10451 ; 대판 2002도6033). 틀림

㉡ 대판 2011도12131. 옳음

→ 상습적으로 범죄를 저질렀을 때 상습범처벌규정이 있으면 상습범으로 처벌하고, 상습범을 별도의 범죄유형으로 처벌하는 규정이 없는 한 각 죄는 별개의 범죄로서 경합범으로 처단한다는 것이다.

* 〈비교판례〉 상습성을 갖춘 자가 여러 개의 죄를 반복하여 저지른 경우에는 각 죄를 별죄로 보아 경합범으로 처단할 것이 아니라 그 모두를 포괄하여 상습범으로 처단하여야 한다(대판(全) 2001도3206).

㉢ 다수의 계를 조직하여 수인의 계원들을 개별적으로 기망하여 계불입금을 편취한 사안에서, 각 피해자별로 독립하여 사기죄가 성립하고 그 사기죄 상호간은 실체적 경합범 관계에 있다(대판 2010도2810). 틀림

㉣ 여관 종업원과 주인에 대한 각 강도행위가 각별로 강도죄를 구성하되 피고인이 피해자인 종업원과 주인을 폭행·협박한 행위는 법률상 1개의 행위로 평가되는 것이 상당하므로 위 2죄는 상상적 경합범관계에 있다고 할 것이다(대판 91도643). 틀림

* 〈비교판례〉 강도가 여관에 들어가 안내실에 있던 여관의 관리인을 칼로 찔러 상해를 가하고 그로부터 금품을 강취한 다음, 각 객실에 들어가 각 투숙객들로부터 금품을 강취한 행위가 피해자 별로 강도상해죄 및 강도죄의 실체적 경합범관계에 있다고 할 것이다(대판 91도643).

11 핵심풀이 ▶

④ 사람의 생명과 신체의 안전을 보호법익으로 하고 있는 형법의 해석으로는 규칙적인 진통을 동반하면서 분만이 개시된 때(소위 진통설 또는 분만개시설)가 사람의 시기라고 봄이 타당하다. 제왕절개 수술의 경우 '의학적으로 제왕절개 수술이 가능하였고 규범적으로 수술이 필요하였던 시기'는 판단하는 사람 및 상황에 따라 다를 수 있어, 분만개시 시점 즉, 사람의 시기도 불명확하게 되므로 이 시점을 분만의 시기로 볼 수는 없다(대판 2005도3832).

오답풀이 ▶

① 피고인이 낫을 들고 피해자에게 접근함으로써 살인의 실행행위에 착수하였다고 할 것이므로 이는 살인미수에 해당한다(대판 85도2773).

② 대판 65도695

③ 혼인 외의 출생자와 생모간에는 생모의 인지나 출생신고를 기다리지 않고 자의 출생으로 당연히 법률상의 친족관계가 생기는 것이다(대판 80도1731).

12 핵심풀이 ▶

틀린 것 – ㉢

㉢ 피고인이 인터넷 카페 게시판 등에 올린 글은 자신이 산후조리원을 실제 이용하면서 겪은 일과 이에 대한 주관적 평가를 담은 이용 후기인 점, 객관적 사실에 부합하는 점 등의 제반 사정에 비추어 볼 때, 피고인이 적시한 사실은 산후조리원에 대한 정보를 구하고자 하는 임산부의 의사결정에 도움이 되는 정보 및 의견 제공이라는 공공의 이익에 관한 것이라고 봄이 타당하고, 이처럼 피고인의 주요한 동기나 목적이 공공의 이익을 위한 것이라면 부수적으로 산후조리원 이용대금 환불과 같은 다른 사익적 목적이나 동기가 내포되어 있다는 사정만으로 피고인에게 갑을 비방할 목적이 있었다고 보기 어렵다고 보아야 한다(대판 2012도10392).

오답풀이 ▶

㉠ 대판 2010도7497

㉡ 대판 2010도10130

㉣ 대판 2001도2624

13 핵심풀이 ▶

③ 무고죄의 상대방인 타인은 살아있는 실재인이어야 하므로 사자나 허무인에 대한 무고는 구성요건해당성이 없다.

오답풀이 ▶

① 대판 91도1950

② 대판 91도2127

④ 대판 84도2215

14 핵심풀이 ❱

㉠ 은행을 통하여 지급이 이루어지는 약속어음의 발행인이 그 발행을 위하여 은행에 신고된 것이 아닌 발행인의 다른 인장을 날인한 경우, 그것이 발행인의 인장인 이상 그 어음의 효력에는 아무런 영향이 없으므로 허위유가증권작성죄가 성립하지 아니한다(대판 2000도883).

㉢ 타인이 위조한 액면과 지급기일이 백지로 된 약속어음을 그것이 위조약속어음인 정을 알고도 이를 구입하여 행사의 목적으로 기존의 위조어음의 액면란에 금액을 기입하여 그 어음위조를 완성하는 행위는 백지어음 형태의 위조행위와는 별개의 유가증권위조죄를 구성한다(대판 82도677).

㉤ 유가증권변조죄에 있어서 '변조'라 함은 진정으로 성립된 유가증권의 내용에 권한 없는 자가 그 유가증권의 동일성을 해하지 않는 한도에서 변경을 가하는 것을 말하므로, 이미 타인에 의하여 위조된 약속어음의 기재사항을 권한 없이 변경하였다고 하더라도 유가증권변조죄는 성립하지 아니한다(대판 2005도4764).

오답풀이 ❱

㉡ 대판 84도547

㉣ 대판 2010도12553

15 핵심풀이 ❱

㉢ 사기죄가 성립한다(대판 94도1911).

㉤ 사기죄가 성립한다(대판 2007도1033).

오답풀이 ❱

㉠ 사기죄가 인정되지 않는다(대판 98도231).

16 핵심풀이 ❱

모두 틀림

㉠ '카메라 등 이용 촬영죄'는 카메라 기타 이와 유사한 기능을 갖춘 기계장치 속에 들어 있는 필름이나 저장장치에 피사체(被寫體)에 대한 영상정보가 입력된 상태에 도달하면 이로써 그 범행은 기수에 이른다고 보아야 할 것이다. 따라서 피고인이 핸드폰 카메라로 동영상 촬영 중 저장버튼을 누르지 않고 촬영을 종료시켰더라도 위 범죄의 기수에 이른 것이다(대판 2010도10677).

㉡ 신용카드를 절취한 사람이 대금을 결제하기 위하여 신용카드를 제시하고 카드회사의 승인까지 받았다고 하더라도 매출전표에 서명한 사실이 없고 도난카드임이 밝혀져 최종적으로 매출취소로 거래가 종결되었다면, 신용카드 부정사용의 미수행위에 불과하다(대판 2007도8767).

㉢ 갑이 을을 살해하기 위하여 병, 정 등을 고용하면서 그들에게 대가의 지급을 약속한 경우, 갑에게는 살인죄를 범할 목적 및 살인의 준비에 관한 고의뿐만 아니라 살인죄의 실현을 위한 준비행위를 하였음을 인정할 수 있다는 이유로 살인예비죄의 성립을 인정하였다(대판 2009도7150).

② 입금절차를 완료함으로써 장차 그 계좌에서 이를 인출하여 갈 수 있는 재산상 이익을 취득하였으므로 형법 제347조의2에서 정하는 컴퓨터 등 사용사기죄는 기수에 이르렀고, 그 후 그러한 입금이 취소되어 현실적으로 인출되지 못하였다고 하더라도 이미 성립한 컴퓨터 등 사용사기죄에 어떤 영향이 있다고 할 수는 없다(대판 2006도4127).

17 핵심풀이 ❱

④ 법원을 기망하여 제3자로부터 재물을 편취한 경우에 피기망자인 법원은 피해자가 될 수 없고 재물을 편취당한 제3자가 피해자라고 할 것이므로 피해자인 제3자와 사기죄를 범한 자가 직계혈족의 관계에 있을 때에는 그 범인에 대하여 형법 328조 1항을 준용하여 형을 면제하여야 한다. 즉 피기망자와는 친족관계가 없어도 적용할 수 있다고 한다(대판 75도781).

오답풀이 ❱

① 대판 2008도3438
② 대판 96도1731
③ 대판 2006도2704

18 핵심풀이 ❱

① 증인의 증언은 그 전부를 일체로 관찰판단하는 것이므로 선서한 증인이 일단 기억에 반하는 허위의 진술을 하였더라도 그 신문이 끝나기 전에 그 진술을 철회·시정한 경우 위증이 되지 아니한다고 할 것이나, 증인이 1회 또는 수회의 기일에 걸쳐 이루어진 1개의 증인신문절차에서 허위의 진술을 하고 그 진술이 철회·시정된 바 없이 그대로 증인신문절차가 종료된 경우 그로써 위증죄는 기수에 달하고, 그 후 별도의 증인 신청 및 채택 절차를 거쳐 그 증인이 다시 신문을 받는 과정에서 종전 신문절차에서의 진술을 철회·시정한다 하더라도 그러한 사정은 형법 제153조가 정한 형의 감면사유에 해당할 수 있을 뿐, 이미 종결된 종전 증인신문절차에서 행한 위증죄의 성립에 어떤 영향을 주는 것은 아니다(대판 2010도7525).

오답풀이 ❱

② 헌법 제12조 제2항에 정한 불이익 진술의 강요금지 원칙을 구체화한 자기부죄거부특권에 관한 것이거나 기타 증언거부사유가 있음에도 증인이 증언거부권을 고지받지 못함으로 인하여 그 증언거부권을 행사하는 데 사실상 장애가 초래되었다고 볼 수 있는 경우에는 위증죄의 성립을 부정하여야 할 것이다(대판 2008도942).

③ 형법 제155조 제1항은 '타인의 형사사건 또는 징계사건에 관한 증거를 인멸, 은닉, 위조 또는 변조하거나 위조 또는 변조한 증거를 사용한 자'를 처벌한다고 규정하고 있는바, 증거인멸 등 죄는 위증죄와 마찬가지로 국가의 형사사법작용 내지 징계작용을 그 보호법익으로 하므로, 위 법조문에서 말하는 '징계사건'이란 국가의 징계사건에 한정되고 사인(私人)간의 징계사건은 포함되지 않는다(대판 2007도4191).

④ 증거인멸죄는 국가형벌권의 행사를 저해하는 일체의 행위를 처벌의 대상으로 하고 있으나 범인 자신이 한 증거인멸의 행위는 피고인의 형사소송에 있어서의 방어권을 인정하는 취지와 상충하므로 처벌의 대상이 되지 아니한다. 그러나 타인이 타인의 형사사건에 관한 증거를 그 이익을 위하여 인멸하는 행위를 하면 증거인멸죄가 성립되므로 자기의 형사사건에 관한 증거를 인멸하기 위하여 타인을 교사하여 죄를 범하게 한 자에 대하여도 교사범의 죄책을 부담케 함이 상당할 것이다(대판(全) 65도826).

19 핵심풀이 ▶

① 사기죄는 타인을 기망하여 착오에 빠뜨리게 하고 그 처분행위를 유발하여 재물이나 재산상의 이득을 얻음으로써 성립하는 것이므로 여기에 처분행위라고 하는 것은 재산적 처분행위를 의미하는 것이라고 할 것인바, 배당이의 소송의 제1심에서 패소판결을 받고 항소한 자가 그 항소를 취하하면 그 즉시 제1심판결이 확정되고 상대방이 배당금을 수령할 수 있는 이익을 얻게 되는 것이므로 위 항소를 취하하는 것 역시 사기죄에서 말하는 재산적 처분행위에 해당한다(대판 2000도4419).

20 핵심풀이 ▶

위계에 의한 공무집행방해죄가 성립-ⓒⓔ
ⓒ 대판 2000도4993
ⓔ 대판 2008도1011

오답풀이 ▶

위계에 의한 공무집행방해죄 불성립 - ㉠ⓛ
㉠ 대판 74도2841
ⓛ 대판 83도2290

정답 및 해설

1 ②	2 ②	3 ④	4 ④	5 ③	6 ②	7 ④	8 ②	9 ③	10 ②
11 ①	12 ③	13 ④	14 ①	15 ④	16 ④	17 ②	18 ①	19 ③	20 ①

1

핵심풀이 ▶

② 포괄일죄로 되는 개개의 범죄행위가 법 개정의 전후에 걸쳐서 행하여진 경우에는 신 구법의 법정형에 대한 경중을 비교하여 볼 필요도 없이 범죄실행 종료시의 법이라고 할 수 있는 신법을 적용하여 포괄일죄로 처단하여야 한다(대판 97도183).

오답풀이 ▶

① 대판 2002도2998

③ 대판 2006도9311

④ 형법 제229조, 제228조 제1항의 규정과 형벌법규는 문언에 따라 엄격하게 해석하여야 하고 피고인에게 불리한 방향으로 지나치게 확장해석하거나 유추해석하여서는 아니되는 원칙에 비추어 볼 때, 위 각 조항에서 규정한 공정증서원본에는 공정증서의 정본이 포함된다고 볼 수 없다(대판 2001도6503).

2

핵심풀이 ▶

② 일반음식점 영업자인 피고인이 바텐더 형태의 영업장에서 주로 술과 안주를 판매함으로써 구 식품위생법상 준수사항을 위반하였다는 내용으로 기소된 사안에서, 위 준수사항 중 '주류만을 판매하는 행위'에는 일반음식점영업 허가를 받고 안주류와 함께 주로 주류를 판매하는 행위도 포함된다고 해석하여 유죄를 인정한 원심판결에 관계 법령의 해석 및 죄형법정주의에 관한 법리오해의 위법이 있다(대법원 2011도15097).

오답풀이 ▶

① 대판 2010도9007

③ 대판 2010도8981

④ 대판 2011도6287

3 핵심풀이 ▶

④ 과실일수죄와 과실교통방해죄는 모두 형법상 처벌규정이 있다.

오답풀이 ▶

① 형법 제30조에 '공동하여 죄를 범한 때의 죄'라 함은 고의범이고 과실범이고를 불문하므로 2인 이상이 어떠한 과실행위를 서로의 의사연락하에 이룩하여 범죄가 되는 결과를 발생케 한 것이라면 과실범의 공동정범이 성립된다(대판 79도1249).

② 대판 77도403

③ 대판 2009도9807

4 핵심풀이 ▶

④ 형법 제37조 후단 경합범 중 판결을 받지 아니한 죄에 대하여 형을 선고하는 경우에 형법 제37조 후단에 규정된 '금고 이상의 형에 처한 판결이 확정된 죄'의 형도 형법 제59조 제1항 단서에서 정한 선고유예의 예외사유인 '자격정지 이상의 형을 받은 전과'에 포함된다(대판 2010도931).

오답풀이 ▶

① 대판 95도2446

② 대판 2011도8124

③ 대판 2011도15914

5 핵심풀이 ▶

③ 형법 제1조 제2항 및 제8조에 의하면 범죄 후 법률의 변경에 의하여 형이 구법보다 경한 때에는 신법에 의한다고 규정에 있으나 신법에 경과규정을 두어 이러한 신법의 적용을 배제하는 것도 허용되는 것으로서, 형을 종전보다 가볍게 형벌법규를 개정하면서 그 부칙으로 개정된 법의 시행 전의 범죄에 대하여 종전의 형벌법규를 적용하도록 규정한다 하여 헌법상의 형벌불소급의 원칙이나 신법우선주의에 반한다고 할 수 없다(대판 99초76).

오답풀이 ▶

① 대판 82도1861

② 대판 2011도1303

④ 대판 92도2194

   예) 행위시법에 규정된 형은 3년 이하의 징역이고 재판시법에 규정된 형은 5년 이하의 징역 또는 1천만원 이하의 벌금이라면 행위시법의 형이 더 경하다. → 행위시법 적용

• 형의 경중 비교 → 법정형

• 법정형 '3년 이하의 징역'(행위시법)이 법정형 '5년 이하의 징역 또는 1천만원 이하의 벌금'(재판시법)보다 더 경하다.

• 법정형이 '1년 이하의 징역이나 금고'(행위시법)에서 '1년 이하의 징역이나 금고 또는 300만원 이하의 벌금'(재판시법)으로 변경되었다면 형이 구법(행위시법)보다 경한 때에 해당한다.

6 핵심풀이 ❱

② 공동정범은 행위자 상호간에 범죄행위를 공동으로 한다는 공동가공의 의사를 가지고 범죄를 공동실행하는 경우에 성립하는 것으로서, 여기에서의 공동가공의 의사는 공동행위자 상호간에 있어야 하며 행위자 일방의 가공의사만으로는 공동정범관계가 성립할 수 없다(대판 84도2118).

오답풀이 ❱

① 대판 79도1249

③ 대판 74도509

④ 대판 2009도2994

7 핵심풀이 ❱

ⓛ 제31조 제3항

ⓒ 대판 91도542

ⓔ 대판 99도5275

오답풀이 ❱

㉠ 형법은 실패한 교사(제31조 제3항)의 경우 '교사자'를, 효과 없는 교사(제31조 제2항)의 경우 '교사자와 피교사자'를 음모 또는 예비에 준하여 모두 처벌한다.

8 핵심풀이 ❱

② 형법상 방조행위는 정범이 범행을 한다는 정을 알면서 그 실행행위를 용이하게 하는 직접·간접의 행위를 말하므로, 방조범은 정범의 실행을 방조한다는 이른바 방조의 고의와 정범의 행위가 구성요건에 해당하는 행위인 점에 대한 정범의 고의가 있어야 한다(대판 2012도2628).

오답풀이 ❱

① 대판 2008도9867

③ 대판 2004도74

④ 대판 2007도606

9 핵심풀이 ❱

③ 대판 96도1158

오답풀이 ❱

① 범죄의 실행행위가 법 개정 전후에 걸쳐 행하여진 경우(감금죄는 계속범으로 포괄일죄)로서, 신법과 구법의 경중을 비교할 필요가 없이 범죄 실행 종료시의 법인 개정된 신법이 행위시법이 적용된다(대판 97도183).

② 범죄 후 법률이 변경된 경우로서, 행위시법과 재판시법 사이에 중간시법이 있는 경우에는 형의 경중을 비교하여 그들 중 가장 피고인에게 유리한 법을 적용해야 하므로 첫 번째 개정법이 적용되어야 한다(대판 68도1324).

④ 공동정범의 경우로서, 甲과 공모한 乙의 사기죄의 종료시(乙이 돈을 수령한 때)에 甲도 종료한 것이 되므로 甲과 乙 모두 신법이 적용되는 것이다.

10 핵심풀이 ▶

㉠ 피고인이 강간할 목적으로 피해자의 집에 침입하였다 하더라도 안방에 들어가 누워 자고 있는 피해자의 가슴과 엉덩이를 만지면서 간음을 기도하였다는 사실만으로는 강간의 수단으로 피해자에게 폭행이나 협박을 개시하였다고 하기는 어렵다(대판 90도607).

㉢ 적어도 당사자 사이에 혼인관계가 파탄되었을 뿐만 아니라 더 이상 혼인관계를 지속할 의사가 없고 이혼의사의 합치가 있어 실질적인 부부관계가 인정될 수 없는 상태에 이르렀다면, 법률상의 배우자인 처도 강간죄의 객체가 된다(대판 2008도8601).

오답풀이 ▶

㉣ 대판 82도2183

㉤ 대판 2005도6791

㉡ 대판 2007도10050

11 핵심풀이 ▶

① 신용훼손죄는 허위의 사실을 유포하거나 기타 위계로써 사람의 신용을 훼손한 경우에 성립하는 범죄이다(형법 제313조).

※ 신용훼손죄 = 허위사실유포 + 위계(위력 ×)

업무방해죄 = 허위사실유포 + 위계 + 위력

경매입찰방해죄 = 위계 + 위력

오답풀이 ▶

② 제314조 제1항

③ 제314조 제2항

④ 제315조

12 핵심풀이 ▶

③ 가정법원의 서기관 등이 이혼의사확인서등본을 작성한 뒤 이를 이혼의사확인신청당사자 쌍방에게 교부하면서 이혼신고서를 확인서등본 뒤에 첨부하여 그 직인을 간인하였다고 하더라도, 그러한 사정만으로 이혼신고서가 공문서인 이혼의사확인서등본의 일부가 되었다고 볼 수 없다. 따라서 당사자가 이혼의사확인서등본과 간인으로 연결된 이혼신고서를 떼어내고 원래 이혼신고서의

내용과는 다른 이혼신고서를 작성하여 이혼의사확인서등본과 함께 호적관서에 제출하였다고 하더라도, 공문서인 이혼의사확인서등본을 변조하였다거나 변조된 이혼의사확인서등본을 행사하였다고 할 수 없다(대판 2006도7777).

오답풀이 ▶

① 대판 2010도1040

② 대판 88도2209

④ 대판 2000도2393

13 **핵심풀이 ▶**

뇌물을 수수한 자가 공동수수자가 아닌 교사범 또는 종범에게 뇌물 중 일부를 사례금 등의 명목으로 교부하였다면 이는 뇌물을 수수하는 데 따르는 부수적 비용의 지출 또는 뇌물의 소비행위에 지나지 아니하므로, 뇌물수수자에게서 수뢰액 전부를 추징하여야 한다(대판 2011도9585).

오답풀이 ▶

① 대판 2005도4737

② 대판 2002도3539

③ 대판 98도1234

14 **핵심풀이 ▶**

① 다가구용 단독주택이나 다세대주택·연립주택·아파트 등 공동주택 안에서 공용으로 사용하는 엘리베이터, 계단과 복도는 주거로 사용하는 각 가구 또는 세대의 전용 부분에 필수적을 부속하는 부분으로서 그 거주자들에 의하여 일상생활에서 감시·관리가 예정되어 있고 사실상의 주거의 평온을 보호할 필요성이 있는 부분이므로, 위 주택들의 내부에 있는 엘리베이터, 공용 계단과 복도는 특별한 사정이 없는 한 주거침입죄의 객체인 '사람의 주거'에 해당하고, 위 장소에 거주자의 명시적, 묵시적 의사에 반하여 침입하는 행위는 주거침입죄를 구성한다(대판 2009도4335).

오답풀이 ▶

② 대판 2011감도5

③ 대판 2009도14643

④ 대판 2006도2824

15 **핵심풀이 ▶**

④ 피해자가 그 소유의 오토바이를 타고 심부름을 다녀오라고 하여서 그 오토바이를 타고 가다가 마음이 변하여 이를 반환하지 아니한 채 그대로 타고 가버렸다면 횡령죄를 구성함은 별론으로 하고 적어도 절도죄를 구성하지는 아니한다(대판 86도1093).

① 대판 2006도9338
② 대판 94도1487
③ 대판 96도2227

16   **핵심풀이** ❱

모두 옳음
㉠ 대판 95도203
㉡ 대판 2007도2134
㉢ 대판 2011도8829
㉣ 대판 2006도6795

17   **핵심풀이** ❱

② 감금행위가 강간죄나 강도죄의 수단이 된 경우에도 감금죄는 강간죄나 강도죄에 흡수되지 아니하고 별죄를 구성한다(대판 96도2715).

오답풀이 ❱

① 대판 98도1036
③ 대판 80도277
④ 대판 98도1036

18   **핵심풀이** ❱

① 부모가 이혼하였거나 별거하는 상황에서 미성년의 자녀를 부모의 일방이 평온하게 보호·양육하고 있는데, 상대방 부모가 폭행, 협박 또는 불법적인 사실상의 힘을 행사하여 그 보호·양육 상태를 깨뜨리고 자녀를 탈취하여 자기 또는 제3자의 사실상 지배하에 옮긴 경우, 그와 같은 행위는 특별한 사정이 없는 한 미성년자에 대한 약취죄를 구성한다고 볼 수 있다. 그러나 이와 달리 미성년의 자녀를 부모가 함께 동거하면서 보호·양육하여 오던 중 부모의 일방이 상대방 부모나 그 자녀에게 어떠한 폭행, 협박이나 불법적인 사실상의 힘을 행사함이 없이 그 자녀를 데리고 종전의 거소를 벗어나 다른 곳으로 옮겨 자녀에 대한 보호·양육을 계속하였다면, 그 행위가 보호·양육권의 남용에 해당한다는 등 특별한 사정이 없는 한 설령 이에 관하여 법원의 결정이나 상대방 부모의 동의를 얻지 아니하였다고 하더라도 그러한 행위에 대하여 곧바로 형법상 미성년자에 대한 약취죄의 성립을 인정할 수는 없다(대판(全) 2010도14328).

오답풀이 ❱

② 대판 95도2980
③ 대판 2007도8011
④ 대판 2007도8485

19 **핵심풀이 〉**

③ 판례는 신용카드(현금카드 겸용)를 절취하고 그 비밀번호를 이용하여 현금자동인출기에서 현금을 인출한 사건에서 신용카드에 대한 절도죄·현금에 대한 절도죄의 실체적 경합범을 인정했다(대판 95도997).

오답풀이 〉

① 대판 2005도3516
② 대판 2008도2440
④ 대판 2009도9982

20 **핵심풀이 〉**

① 대판 88도1630

오답풀이 〉

② 기밀은 정치, 경제, 사회, 문화 등 각 방면에 관하여 반국가단체에 대하여 비밀로 하거나 확인되지 아니함이 대한민국의 이익이 되는 모든 사실, 물건 또는 지식으로서, 그것들이 국내에서의 적법한 절차 등을 거쳐 이미 일반인에게 널리 알려진 공지의 사실, 물건 또는 지식에 속하지 아니한 것이어야 하고, 또 그 내용이 누설되는 경우 국가의 안전에 위험을 초래할 우려가 있어 기밀로 보호할 실질가치를 갖춘 것이어야 한다(대판(숤) 97도935).
③ 북괴의 지령 사주 기타의 의사의 연락이 없어 편면적으로 지득하였던 군사상의 기밀사항을 북괴에 납북된 상태하에서 제보한 위 적시행위는 형법 제98조 제1항의 간첩죄에 해당하지 아니한다(대판 75도1773).
④ 간첩죄에 해당한다(대판 88도1630).

정답 및 해설

1 ①	2 ③	3 ④	4 ①	5 ④	6 ①	7 ④	8 ④	9 ④	10 ②
11 ②	12 ③	13 ③	14 ③	15 ②	16 ①	17 ③	18 ③	19 ①	20 ①

1 핵심풀이 ▶

① 죄형법정주의의 정신에 비추어 형벌법규인 축산물가공처리법 소정의 "수축"중의 하나인 "양"의 개념속에 "염소"가 당연히 포함되는 것으로 해석할 수 없다(대판 77도405).

오답풀이 ▶

② 대판 95도2870

③ 대판 94도2787

④ 대판 96도1167

2 핵심풀이 ▶

㉡ 추상적 사실의 착오 중 방법의 착오 : 양설 모두→乙에 대한 (상해)미수와 자동차에 대한 과실손괴의 상상적 경합. 다만 과실손괴 처벌규정이 없으므로 상해미수죄만 성립(결론 동일).

㉢ 구체적 사실의 착오 중 객체의 착오 : 양설 모두→丙에 대한 살인기수의 죄책(결론 동일)

㉤ 추상적 사실의 착오 중 객체의 착오 : 양설 모두→乙에 대한 살인미수와 개에 대한 과실손괴의 상상적 경합. 다만 과실손괴 처벌규정이 없으므로 살인미수죄만 성립(결론 동일).

오답풀이 ▶

㉠ 구체적 사실의 착오 중 방법의 착오 : 구체적 부합설→乙에 대한 상해미수와 丙에 대한 과실치상죄의 상상적 경합. 법정적 부합설→丙에 대한 상해기수

㉣ '병발사례'에 해당하는 경우 : 구체적 부합설→乙에 대한 살인미수와 丙에 대한 과실치사죄의 상상적 경합. 법정적 부합설→견해대립. 丙에 대한 살인기수를 인정하는 견해가 다수설

3 **핵심풀이 〉**

④ 자기의 지휘, 감독을 받는 자를 방조하여 범죄의 결과를 발생하게 한 자는 정범의 형으로 처벌한다(형법 제34조 제2항).

오답풀이 〉

①② 형법 제31조 제2항 · 제3항
③ 형법 제34조 제2항

4 **핵심풀이 〉**

위법성이 조각되는 경우 – ⑩

⑩ 특정 상가건물관리회의 회장이 위 관리회의 결산보고를 하면서 전 관리회장이 체납관리비 등을 둘러싼 분쟁으로 자신을 폭행하여 유죄판결을 받은 사실을 알린 사안에서, 건물관리회원 전체의 관심과 이익에 관한 것으로서 형법 제310조에 의하여 위법성이 조각된다(대판 2008도6342).

오답풀이 〉

위법성 인정 – ㉠, ㉡, ㉢, ㉣
㉠ 대판 2005도9396
㉡ 대판 2006도6049
㉢ 대판 2011도2412
㉣ 대판 2008도9606

5 **핵심풀이 〉**

④ 종범은 정범의 실행행위 중에 이를 방조하는 경우는 물론이고 실행의 착수 전에 장래의 실행행위를 예상하고 이를 용이하게 하는 행위를 하여 방조한 경우에도 정범이 그 실행행위에 나아갔다면 성립한다(대판 96도3377).

오답풀이 〉

① 대판 76도4133
② 대판 2010도9500
③ 대판 84도2987

6 **핵심풀이 〉**

① 형사처벌의 근거가 되는 것은 법률이지 판례가 아니고 형법 조항에 관한 판례의 변경은 그 법률조항의 내용을 확인하는 것에 지나지 아니하여 이로써 그 법률조항 자체가 변경된 것이라고 볼 수는 없으므로, 행위 당시의 판례에 의하면 처벌대상이 되지 아니하는 것으로 해석되었던 행위를 판례의 변경에 따라 확인된 내용의 형법 조항에 근거하여 처벌한다고 하여 그것이 헌법상 평등의 원칙과 형벌불소급의 원칙에 반한다고 할 수는 없다(대판(全) 97도3349).

② 대판 2013도4862

③ 현재 97헌가76

④ 시행일 이전에 위 시행령 조항 각 호에 규정된 게임머니를 환전, 환전 알선, 재매입한 영업행위를 처벌하는 것은 형벌법규의 소급효금지 원칙에 위배된다(대판 2008도11017).

7 핵심풀이 ❱

④ 공동정범이 성립하기 위하여는 반드시 공범자간에 사전에 모의가 있어야 하는 것은 아니며, 우연히 만난 자리에서 서로 협력하여 공동의 범의를 실현하려는 의사가 암묵적으로 상통하여 범행에 공동가공하더라도 공동정범은 성립된다(대판 82도1373).

오답풀이 ❱

① 과실범의 공동정범을 인정한다(대판 61도598).

② 공모공동정범을 인정한다(대판 82도3248).

③ 위 각 행위에 대한 공동가공의 의사와 공동의사에 기한 기능적 행위지배가 인정되는 피고인들에게는 구체적 실행행위에 직접 관여하였는지와 관계없이 공모공동정범에 의한 주최자로서 책임을 물을 수 있다(대판 2009도2821).

8 핵심풀이 ❱

④ 대판 2010도2810

오답풀이 ❱

① 컴퓨터로 음란 동영상을 제공한 제1범죄행위로 서버컴퓨터가 압수된 이후 다시 장비를 갖추어 동종의 제2범죄행위를 하고 제2범죄행위로 인하여 약식명령을 받아 확정된 사안에서, 피고인에게 범의의 갱신이 있어 제1범죄행위는 약식명령이 확정된 제2범죄행위와 실체적 경합관계에 있다(대판 2005도4051).

② 범죄 피해 신고를 받고 출동한 두 명의 경찰관에게 욕설을 하면서 차례로 폭행을 하여 신고처리 및 수사 업무에 관한 정당한 직무집행을 방해한 사안에서, 동일한 장소에서 동일한 기회에 이루어진 폭행행위는 사회관념상 1개의 행위로 평가하는 것이 상당하다는 이유로, 위 공무집행방해죄는 형법 제40조에 정한 상상적 경합의 관계에 있다(대판 2009도3505).

③ 상관으로부터 집총을 하고 군사교육을 받으라는 명령을 수회 받고도 그때마다 이를 거부한 경우에는 그 명령 횟수만큼의 항명죄가 즉시 성립하는 것이지, 집총거부의 의사가 단일하고 계속된 것이며 피해법익이 동일하다고 하여 수회의 명령거부행위에 대하여 하나의 항명죄만 성립한다고 할 수는 없다(대판 92도1534).

9 **핵심풀이 〉**

④ 현주건조물 등에 일수의 죄를 범하여 사람을 사망에 이르게 한 때에는 무기 또는 7년 이상의 징역에 처한다(형법 제177조 제2항).

오답풀이 〉

① 형법 제98조
② 형법 제301조의2
③ 형법 제164조 제2항

10 **핵심풀이 〉**

甲은 자살방조죄에 해당한다(대판 2010도2328).

11 **핵심풀이 〉**

㉠ 피고인이 피해자 소유의 돈과 신용카드에 대하여 불법영득의 의사를 갖게 된 것이 살해 후 상당한 시간이 지난 후로서 살인의 범죄행위가 이미 완료된 후의 일이라면, 살해 후 상당한 시간이 지난 후에 별도의 범의에 터잡아 이루어진 재물 취거행위를 그보다 앞선 살인행위와 합쳐서 강도살인죄로 처단할 수 없다(대판 2004도1098).

오답풀이 〉

㉡ 대판 99도242
㉢ 대판 96도1108
㉣ 대판 85도1527

12 **핵심풀이 〉**

③ 국립대학교의 전임교원 공채 지원자인 乙이 학과장 甲의 도움으로 이미 논문접수가 마감된 학회지에 논문을 추가 게재하여 심사요건 이상의 전공논문실적을 확보하였더라도, 이는 乙이 자신의 노력에 의한 연구결과물로서 심사기준을 충족한 것이고 이후 다른 전형절차들을 모두 거쳐 최종 선발된 것이라면, 乙의 행위가 공채관리위원회 위원들로 하여금 乙의 자격에 관하여 오인이나 착각, 부지를 일으키게 하였다거나 그로 인하여 그릇된 행위나 처분을 하게 한 경우에 해당한다고 할 수 없어, 형법 제137조에 정한 '위계'에 해당하지 않는다(대판 2007도1554).

오답풀이 〉

① 검사가 참고인 조사를 받는 줄 알고 검찰청에 자진출석한 변호사사무실 사무장을 합리적 근거 없이 긴급체포하자 그 변호사가 이를 제지하는 과정에서 위 검사에게 상해를 가한 것이 정당방위에 해당한다고 본 사례(대판 2006도148).

② 변호사가 접견을 핑계로 수용자를 위하여 휴대전화와 증권거래용 단말기를 구치소 내로 몰래 반입하여 이용하게 한 행위가 위계에 의한 공무집행방해죄에 해당한다고 한 원심의 판단을 수긍한 사례(대판 2005도1731).

④ 폭행에 해당하는 것으로 볼 수 없는데도, 피고인의 위 행위를 특수공무집행방해치상죄로 의율한 원심의 조치에 법리오해 또는 사실오인의 위법이 있다고 한 사례(대판 2010도7412).

13 핵심풀이 ❭❭

③ 대판 91모5

오답풀이 ❭❭

① 형법 제124조의 불법체포·감금죄를 진정신분범으로 보는 견해에 의하면, 본죄의 신분 없는 자가 가담한 경우 그 신분 없는 자에게는 형법 제33조 본문이 적용되므로, 신분의 연대적 작용에 의하여 신분 없는 자도 형법 제124조의 신분을 취득하게 된다. 따라서 신분 없는 자는 형법 제276조의 단순체포·감금죄가 아니라 형법 제124조의 불법체포·감금죄가 성립하게 된다.

② 집달관의 강력사용권의 범위를 일탈한 것이다(대판 68도1218).

④ 불법체포·감금죄는 미수규정이 있으나, 폭행·가혹행위죄는 미수처벌규정이 없다.

14 핵심풀이 ❭❭

③ 실행의 착수 부정 소를 흥정하고 있는 피해자의 뒤에 접근하여 그가 들고 있던 가방으로 돈이 들어있는 피해자의 하의 왼쪽 주머니를 스치면서 지나간 경우 피고인의 행위는 단지 피해자의 주의력을 흐트려 주머니 속에 들은 금원을 절취하기 위한 예비단계의 행위에 불과한 것이고 이로써 실행의 착수에 이른 것이라고는 볼 수 없다(대판 86도1109).

오답풀이 ❭❭

① 실행의 착수 인정. 대판 84도2524.

② 실행의 착수 인정. 대판 86도2256.

④ 실행의 착수 인정. 대판 2009도5595.

15 핵심풀이 ❭❭

㉤ 사자나 허무인 명의의 위조된 유가증권도 위조유가증권행사죄의 객체가 된다.

오답풀이 ❭❭

㉠ 위조유가증권행사죄에 있어서의 유가증권이라 함은 위조된 유가증권의 원본을 말하는 것이지 전자복사기 등을 사용하여 기계적으로 복사한 사본은 이에 해당하지 않는 것이므로 위조유가증권을 행사하였다고 볼 수 없다(대판 97도2922).

㉡ 유가증권변조죄의 객체는 '진실한' 유가증권에 한정되므로 위조된 유가증권은 변조죄의 객체가 될 수 없다.

ⓒ 형법 제216조 전단의 허위유가증권작성죄는 작성권한 있는 자가 자기 명의로 기본적 증권행위를 함에 있어서 유가증권의 효력에 영향을 미칠 기재사항에 관하여 진실에 반하는 내용을 기재하는 경우에 성립하는바, 자기앞수표의 발행인이 수표의뢰인으로부터 수표자금을 입금받지 아니한 채 자기앞수표를 발행하더라도 그 수표의 효력에는 아무런 영향이 없으므로 허위유가증권작성죄가 성립하지 아니한다(대판 2005도4528).

ⓔ 배서인의 주소기재는 배서의 요건이 아니므로 약속어음 배서인의 주소를 허위로 기재하였다고 하더라도 그것이 배서인의 인적 동일성을 해하여 배서인이 누구인지를 알 수 없는 경우가 아닌 한 약속어음상의 권리관계에 아무런 영향을 미치지 않는다 할 것이고, 따라서 약속어음상의 권리에 아무런 영향을 미치지 않는 사항은 그것을 허위로 기재하더라도 형법 제216조 소정의 허위유가증권작성죄에 해당되지 않는다(대판 84도547).

16   핵심풀이 ▶

① 형법 제132조에서 말하는 '다른 공무원의 직무에 속한 사항의 알선에 관하여 뇌물을 요구한다'고 함은, 다른 공무원의 직무에 속한 사항을 알선한다는 명목으로 뇌물을 요구하는 행위로서 반드시 알선의 상대방인 다른 공무원이나 그 직무의 내용이 구체적으로 특정될 필요까지는 없다(대판 2009도3924).

오답풀이 ▶

② 알선뇌물요구죄가 성립하기 위하여는 뇌물을 요구할 당시 반드시 상대방에게 알선에 의하여 해결을 도모하여야 할 현안이 존재하여야 할 필요는 없다(대판 2009도3924).

③ 대판 2011도12641

④ 형법 제129조의 구성요건인 뇌물의 약속은 양 당사자의 뇌물수수의 합의를 말하고, 여기에서 '합의'란 그 방법에 아무런 제한이 없고 명시적일 필요도 없지만, 장래 공무원의 직무와 관련하여 뇌물을 주고 받겠다는 양 당사자의 의사표시가 확정적으로 합치하여야 한다(대판 2012도9417).

17   핵심풀이 ▶

③ 피고인이 돈을 갚지 않는 甲을 차용금 사기로 고소하면서 대여금의 용도에 관하여 '도박자금'으로 빌려준 사실을 감추고 '내비게이션 구입에 필요한 자금'이라고 허위 기재하고, 대여의 일시·장소도 사실과 달리 기재하여 甲을 무고하였다는 내용으로 기소된 사안에서, 비록 피고인이 도박자금으로 대여한 사실을 숨긴 채 고소장에 대여금의 용도에 관하여 허위로 기재하고 대여 일시·장소 등 변제의사나 능력의 유무와 관련성이 크지 아니한 사항에 관하여 사실과 달리 기재한 사정만으로는 사기죄 성립 여부에 영향을 줄 정도의 중요한 부분을 허위 신고하였다고 보기 어렵다(대판 2011도3489).

오답풀이 ▶

① 대판 2008도6895

② 대판 2006도9453

④ 대판 2005도271

18 핵심풀이 ❯

③ 피고인이 단순히 가맹점만을 모집한 상태에서 도박게임 프로그램을 시험가동한 정도에 그친 것이 아니라, 가맹점을 모집하여 인터넷 도박게임이 가능하도록 시설 등을 설치하고 도박게임 프로그램을 가동하던 중 문제가 발생하여 더 이상의 영업으로 나아가지 못한 것으로 볼 여지가 있다면 이로써 도박개장죄는 이미 '기수'에 이르렀다고 볼 수 있고, 나아가 피고인이 모집한 피씨방의 업주들이 그곳을 찾은 이용자들에게 피고인이 개설한 도박게임 사이트에 접속하여 도박을 하게 한 사실이 없다고 하여 도박개장죄의 성립이 부정된다고 할 수 없다(대판 2008도5282).

오답풀이 ❯

① 형법 제3조는 "본법은 대한민국 영역 외에서 죄를 범한 내국인에게 적용한다."고 하여 형법의 적용 범위에 관한 속인주의를 규정하고 있고, 또한 예외적으로 내국인의 출입을 허용하는 폐광지역 개발 지원에 관한 특별법 등에 따라 카지노에 출입하는 것은 법령에 의한 행위로 위법성이 조각된다고 할 것이나, 도박죄를 처벌하지 않는 외국 카지노에서의 도박이라는 사정만으로 그 위법성이 조각된다고 할 수 없다(대판 2002도2518).
② 인터넷 고스톱게임 사이트를 유료화하는 과정에서 사이트를 홍보하기 위하여 고스톱대회를 개최하면서 참가자들로부터 참가비를 받고 입상자들에게 상금을 지급한 행위에 대하여 도박개장죄를 인정한 사례(대판 2001도5802).
④ 인터넷 게임사이트의 온라인게임에서 통용되는 사이버머니를 구입하고자 하는 사람을 유인하여 돈을 받고 위 게임사이트에 접속하여 일부러 패하는 방법으로 사이버머니를 판매한 사람에 대하여, 정범인 위 게임사이트 개설자의 도박개장행위를 인정할 수 없는 이상 종범인 도박개장방조죄도 성립하지 않는다고 한 사례(대판 2007도8050)

19 핵심풀이 ❯

① 약취죄의 경우에 상대방을 실력적 지배하에 둘 수 있을 정도이면 족하고 반드시 상대방의 반항을 억압할 정도일 것을 요하지 않는다(대판 91도1184).

오답풀이 ❯

② 대판 95도2980
③ 대판 61도455
④ 대판 2007도8011

20 핵심풀이 ▶

① 타인의 형사사건과 관련하여 수사기관이나 법원에 제출하거나 현출되게 할 의도로 법률행위 당시에는 존재하지 아니하였던 처분문서, 즉 그 외형 및 내용상 법률행위가 그 문서 자체에 의하여 이루어진 것과 같은 외관을 가지는 문서를 사후에 그 작성일을 소급하여 작성하는 것은, 가사 그 작성자에게 해당 문서의 작성권한이 있고, 또 그와 같은 법률행위가 당시에 존재하였다거나 그 법률행위의 내용이 위 문서에 기재된 것과 큰 차이가 없다 하여도 증거위조죄의 구성요건을 충족시키는 것이라고 보아야 하고, 비록 그 내용이 진실하다 하여도 국가의 형사사법기능에 대한 위험이 있다는 점은 부인할 수 없다(대판 2002도3600).

오답풀이 ▶

② 증거은닉죄에 있어서 "타인의 형사사건 또는 징계사건"이란 은닉행위시에 아직 수사 또는 징계절차가 개시되기 전이라도 장차 형사 또는 징계사건이 될 수 있는 것까지를 포함한다(대판 82도274).

③ 형법 제155조 제1항에서 타인의 형사사건에 관하여 증거를 위조한다 함은 증거 자체를 위조함을 말하는 것으로서, 선서무능력자로서 범죄 현장을 목격하지도 못한 사람으로 하여금 형사법정에서 범죄 현장을 목격한 양 허위의 증언을 하도록 하는 것은 위 조항이 규정하는 증거위조죄를 구성하지 아니한다(대판 97도2961).

④ 형법 제155조(증거인멸 등과 친족간의 특례) 제4항 친족 또는 동거의 가족이 본인을 위하여 본조의 죄를 범한 때에는 처벌하지 아니한다.

정답 및 해설

| 1 ① | 2 ② | 3 ② | 4 ① | 5 ② | 6 ③ | 7 ③ | 8 ① | 9 ④ | 10 ② |
| 11 ② | 12 ③ | 13 ① | 14 ② | 15 ② | 16 ② | 17 ② | 18 ③ | 19 ② | 20 ③ |

1

핵심풀이 ▶

① 피고인이 스스로 야기한 강간범행의 와중에서 피해자가 피고인의 손가락을 깨물며 반항하자 물린 손가락을 비틀며 잡아 뽑다가 피해자에게 치아결손의 상해를 입힌 소위를 가리켜 법에 의하여 용인되는 피난행위라 할 수 없다(대판 94도2781).

오답풀이 ▶

② 대판 85도22

③ 대판 75도1205

④ 대판 2009도12958

2

핵심풀이 ▶

② 남편은 아내에 대한 징계권이 없으므로, 사안은 법적으로 인정된 위법성조각사유가 존재하지 않는데도 불구하고 존재한다고 오인한 경우로서 위법성조각사유의 '존재'에 대한 착오(허용규범의 착오, 허용의 착오)에 해당한다.

오답풀이 ▶

① 형법 제16조, 대판 2003도6282

③ 그 착오에 정당한 이유가 인정되는 법률의 착오

④ 대판 2005도1697

3 핵심풀이 ▶

② 법인의 직원 또는 사용인이 위반행위를 하여 양벌규정에 의하여 법인이 처벌받는 경우 법인에게 자수감경에 관한 형법 제52조 제1항의 규정을 적용하기 위하여는 법인의 이사 기타 대표자가 수사책임이 있는 관서에 자수한 경우에 한하고, 그 위반행위를 한 직원 또는 사용인이 자수한 것만으로는 위 규정에 의하여 형을 감경할 수 없다(대판 95도391).

오답풀이 ▶

① 영업주의 처벌은 종업원의 범죄성립 때문이 아니라 그 자신의 종업원에 대한 선임감독태만의 과실로 인하여 처벌되는 것이다(대판 2005도7673).

③ 행정형벌법규에서 양벌규정으로 사업주인 법인 또는 개인을 처벌하는 것은 위반행위를 한 피용자에 대한 선임 감독의 책임을 물음으로써 행정규제의 목적을 달성하려는 것이다(헌재 99헌바73). ※ 헌법재판소는 양벌규정의 처벌근거에 대해 과실책임설의 입장이다.

④ 약국을 실질적으로 경영하는 약사가 다른 약사를 고용하여 그 고용된 약사를 명의상의 개설약사로 등록하게 해두고 실질적인 영업약사가 약사 아닌 종업원을 직접 고용하여 영업하던 중 그 종업원이 약사법위반 행위를 하였다면 약사법 제78조의 양벌규정상의 형사책임은 그 실질적 경영자가 지게 된다(대판 2000도3570).

4 핵심풀이 ▶

① 부작위범에 있어서의 작위의무는 법적인 의무이어야 하므로 단순한 도덕상 또는 종교상의 의무는 포함되지 않으나 작위의무가 법적인 의무인 한 성문법이건 불문법이건 상관이 없고 또 공법이건 사법이건 불문하므로, 법령ㆍ법률행위ㆍ선행행위로 인한 경우는 물론이고 기타 신의성실의 원칙이나 사회상규 혹은 조리상 작위의무가 기대되는 경우에도 법적인 작위의무는 있다(대판 95도2551).

오답풀이 ▶

② 대판 95도2551

③ 형법상 방조는 작위에 의하여 정범의 실행을 용이하게 하는 경우는 물론 직무상의 의무가 있는 자가 정범의 범죄행위를 인식하면서도 그것을 방지하여야 할 제반 조치를 취하지 아니하는 부작위로 인하여 정범의 실행행위를 용이하게 하는 경우에도 성립된다(대판 95도2551).

④ 대판 91도2951

5 핵심풀이 ▶

② 청각과 발성기관 양자에 모두 장애가 있는 자, 따라서 청각기관이나 발성기관의 어느 한 부분에만 장애가 있는 자는 여기에 해당하지 않는다(형법 제11조). 제11조의 농아자는 농자인 동시에 아자 이어야 한다. 다수설의 입장으로 옳은 설명이다. 농아자는 필요적 감경한다.

오답풀이 〉

① 심신장애로 인하여 사물을 변별할 능력이 없거나 의사를 결정할 능력이 없는 자의 행위는 벌하지 아니한다(형법 제10조 제1항). 즉, 사물변별능력 및 의사결정능력 모두가 없어야 심신상실자로서 책임이 조각된다.

③ 원칙적으로 충동조절장애와 같은 성격적 결함은 형의 감면사유인 심신장애에 해당하지 아니한다(대판 2002도1541).

④ 심신장애의 유무 및 정도의 판단은 법률적 판단으로서 반드시 전문감정인의 의견에 기속되어야 하는 것은 아니다(대판 99도1194).

6 **핵심풀이 〉**

③ 새로 목사로 부임한 자가 전임목사에 관한 교회 내의 불미스러운 소문의 진위를 확인하기 위하여 이를 교회집사들에게 물어본 경우 명예훼손죄에 대한 미필적 고의가 인정될 수 없다(대판 85도588).

오답풀이 〉

① 대판 83도340

② 대판 82도2024

④ 대판 2002도2425

7 **핵심풀이 〉**

③ 구체적 사실의 착오 중 객체의 착오이다. 그러므로 각 학설의 결론은 발생한 사실의 고의 기수범(甲에 대한 살인죄)이 성립하는 것으로 같아야 한다. 따라서 틀린 설명이다.

오답풀이 〉

① 구체적 사실의 착오 중 방법의 착오이다. 따라서 옳은 설명이다.

② 구체적 사실의 착오 중 방법의 착오이다. 따라서 옳은 설명이다.

④ 추상적 사실의 착오 중 객체의 착오이나, 형법 제15조 제1항으로 해결되기 때문에 학설에 따른 해결은 필요 없게 된다.

8 **핵심풀이 〉**

㉠ 형법 제12조는 '저항할 수 없는 폭력이나 자기 또는 친족(* 타인 X)의 생명, 신체에 대한 위해를 방어할 방법이 없는 협박에 의하여 강요된 행위는 벌하지 아니한다'라고 규정하고 있다.

오답풀이 〉

㉡ 대판 72도2585

㉢ 대판 83도2276, 대판 2007도3306

9 핵심풀이 〉

④ 대판 2000도745

오답풀이 〉

① 과실치사상죄는 결과적 가중범이 아니다.
② 행위자가 행위시에 중한 결과의 발생을 예견할 수 없을 때에는 결과적 가중범이 성립하지 아니한다.
③ 현행 형법에도 인질치사상죄, 강도치사상죄 등에 결과적 가중범의 미수범 처벌규정을 두고 있다.

10 핵심풀이 〉

② 강도예비·음모죄가 성립하기 위해서는 예비·음모 행위자에게 미필적으로라도 '강도'를 할 목적이 있음이 인정되어야 하고 그에 이르지 않고 단순히 '준강도'할 목적이 있음에 그치는 경우에는 강도예비·음모죄로 처벌할 수 없다(대판 2004도6432). 즉 미필적 인식으로 족하다.

오답풀이 〉

① 음모라 함은 2인 이상의 자 사이에 행하여지는 일정한 범죄를 실행하기 위한 모의를 말한다. 예비·음모죄는 법률에 특별한 규정이 없는 한 처벌되지 아니한다(형법 제28조).
③④ 형법상 예비음모죄 처벌 : 내란, 외환, 폭발물 사용, 도주원조, 방화, 일수(溢水), 교통방해, 통화위조·변조, 유가증권·우표·인지 등 위조·변조, 살인, 국외이송을 위한 약취·유인·매매 등, 강도 등

예비음모처벌 ○	예비음모처벌 ×
통화위조·변조	동행사죄
기차·선박 등 교통방해	일반교통방해
유가증권(위조, 변조, 자격모용)	허위유가증권작성, 행사
도주원조, 간수자 도주원조	도주, 특수도주
	문서죄
강도	준강도, 강간
약취·유인·매매	약취·유인치사상
살인	촉탁승낙살인, 영아살해

11 핵심풀이 〉

② 상해죄의 성립에는 상해의 원인인 폭행에 대한 인식이 있으면 충분하고 상해를 가할 의사의 존재까지는 필요하지 않다(대판 99도434).

오답풀이 〉

① 대판 89도1406
③ 대판 2005도7527
④ 대판 94도2361

12 **핵심풀이 ▶**

(1) 절도범인이 체포를 면탈할 목적으로 경찰관에게 폭행 협박을 가한 때에는 준강도죄와 공무집행방해죄를 구성하고 양죄는 상상적 경합관계에 있다(대판 92도917).

(2) 준강도죄의 기수 여부는 절도행위의 기수 여부를 기준으로 하여 판단하여야 한다고 봄이 상당하다(대판 2004도5074 전합). 설문의 경우 甲은 준강도미수죄와 공무집행방해죄의 상상적 경합의 죄책을 진다.

13 **핵심풀이 ▶**

모두 옳음
㉠ 대판 97도3425
㉡ 대판 2009도9008
㉢ 대판 65도1178
㉣ 대판 74도3442

14 **핵심풀이 ▶**

㉡ 절도범인이 체포를 면탈할 목적으로 경찰관에게 폭행 협박을 가한 때에는 준강도죄와 공무집행방해죄를 구성하고 양죄는 상상적 경합관계에 있으나, 강도범인이 체포를 면탈할 목적으로 경찰관에게 폭행을 가한 때에는 강도죄와 공무집행방해죄는 실체적 경합관계에 있고 상상적 경합관계에 있는 것이 아니다(대판 92도917). 틀림

오답풀이 ▶

㉠ 준강도죄는 '재물의 탈환을 항거하거나 체포를 면탈하거나 죄적을 인멸할 목적'을 요하는 목적범인 것은 명백하다. 준강도죄가 '신분범'인가에 대해서는 견해가 대립된다.
* 본문제는 '2013년도 경찰승진시험문제'로 준강도죄를 신분범으로 보아 옳은 지문으로 발표하였으나, 반대 견해가 있음에 유의
㉢ 대판 1981.3.24, 81도409. 옳음
㉣ 대판 2004.11.28, 2004도5074. 옳음

15 **핵심풀이 ▶**

② 장물인 정을 모르고 보관하던 중 장물인 정을 알게 되었고, 위 장물을 반환하는 것이 불가능하지 않음에도 불구하고 계속 보관함으로써 피해자의 정당한 반환청구권 행사를 어렵게 하여 위법한 재산상태를 유지시킨 경우에는 장물보관죄에 해당한다(대판 87도1633).

오답풀이 ▶

① 대판 2004도134
③ 형법 제365조 제2항
④ 대판 2010도15350

16 핵심풀이 ❯

ⓒ 수표의 발행인이나 정을 아는 전매자가 할인을 받거나 물건을 매수하면 그의 사기행위는 완성되는 것이고 특별한 사정이 없는 한 최후의 소지인에 대한 관계에서 사기죄가 성립한다고 할 수 없다(대판 97도3040).

오답풀이 ❯

ⓖ 대판 83도1520

ⓛ 대판 97도2786

ⓔ 대판 98도3292

17 핵심풀이 ❯

② 노상에서 전봇대 주변에 놓인 재활용품과 쓰레기 등에 불을 놓아 소훼한 사안에서, 그 재활용품과 쓰레기 등은 '무주물'로서 형법 제167조 제2항에 정한 '자기 소유의 물건'에 준하는 것으로 보아야 하므로, 여기에 불을 붙인 후 불상의 가연물을 집어넣어 그 화염을 키움으로써 전선을 비롯한 주변의 가연물에 손상을 입히거나 바람에 의하여 다른 곳으로 불이 옮아붙을 수 있는 공공의 위험을 발생하게 하였다면, (자기소유)일반물건방화죄가 성립한다고 한 사례(대판 2009도7421).

오답풀이 ❯

① 대판 2001도6641

③ 대판 84도1245

④ 옳음

18 핵심풀이 ❯

③ 부동산에 대한 공갈죄는 그 부동산에 관하여 소유권이전등기를 경료받거나 또는 인도를 받은 때에 기수로 되는 것이고, 소유권이전등기에 필요한 서류를 교부받은 때에 기수로 되어 그 범행이 완료되는 것은 아니다(대판 92도1506).

오답풀이 ❯

① 대판 94도2528

② 대판 89도2036

④ 대판 2010도5795

19 **핵심풀이 ▶**

② 대판 2000도3013

오답풀이 ▶

① 횡령죄가 성립한다(대판 2005도2413).
③ 횡령죄만 성립한다(대판 80도1177).
④ 횡령죄가 성립한다(대판 98도2036).

20 **핵심풀이 ▶**

③ 대판 2002도5374

오답풀이 ▶

① 형법 제151조 제2항 및 제155조 제4항은 친족, 호주 또는 동거의 가족이 본인을 위하여 범인도피죄, 증거인멸죄 등을 범한 때에는 처벌하지 아니한다고 규정하고 있는 바, 사실혼관계에 있는 자는 민법 소정의 친족이라 할 수 없어 위 조항에서 말하는 친족에 해당하지 않는다(대판 2003도4533).
② 형법 제151조에서 규정하는 범인도피죄는 범인은닉 이외의 방법으로 범인에 대한 수사, 재판 및 형의 집행 등 형사사법의 작용을 곤란 또는 불가능하게 하는 행위를 말하는 것으로서 그 방법에는 어떠한 제한이 없고, 또 위 죄는 위험범으로서 현실적으로 형사사법의 작용을 방해하는 결과가 초래될 것이 요구되지 아니하므로, 형법 제151조 제1항의 이른바, 죄를 범한 자라 함은 범죄의 혐의를 받아 수사대상이 되어 있는 자를 포함하며, 나아가 벌금 이상의 형에 해당하는 죄를 범한 자라는 것을 인식하면서도 도피하게 한 경우에는 그 자가 당시에는 아직 수사대상이 되어 있지 않았다고 하더라도 범인도피죄가 성립한다고 할 것이다(대판 2003도4533).
④ 도주죄는 즉시범으로서 범인이 간수자의 실력적 지배를 이탈한 상태에 이르렀을 때에 기수가 되어 도주행위가 종료하는 것이고, 도주원조죄는 도주죄에 있어서의 범인의 도주행위를 야기시키거나 이를 용이하게 하는 등 그와 공범관계에 있는 행위를 독립한 구성요건으로 하는 범죄이므로, 도주죄의 범인이 도주행위를 하여 기수에 이르른 이후에 범인의 도피를 도와 주는 행위는 범인도피죄에 해당할 수 있을 뿐 도주원조죄에는 해당하지 아니한다(대판 91도1656).

정답 및 해설

| 1 ② | 2 ③ | 3 ② | 4 ④ | 5 ④ | 6 ④ | 7 ④ | 8 ② | 9 ④ | 10 ② |
| 11 ③ | 12 ② | 13 ③ | 14 ② | 15 ④ | 16 ② | 17 ③ | 18 ④ | 19 ② | 20 ④ |

1 **핵심풀이 ❯**

② 형법은 대한민국 영역 외에 있는 대한민국의 선박 또는 항공기 내에서 죄를 범한 외국인에게 적용한다.

오답풀이 ❯

① 형법 제2조
③ 형법 제3조
④ 형법 제7조

2 **핵심풀이 ❯**

③ '법인격 없는 사단'에 대하여서 양벌규정을 적용할 것인가에 관하여 자동차운수사업법에 아무런 명문의 규정을 두고 있지 아니하므로 죄형법정주의의 원칙상 법인격 없는 사단에 대하여는 동법 제74조(양벌규정)에 의하여 처벌할 수 없다(대판 94도3325).

오답풀이 ❯

① 부분적 긍정설(절충설)에 관한 옳은 설명으로 소수설에 해당한다.
② 대판(全) 82도2595
④ 대판 2004도2657

3 핵심풀이 ❯

② 교사를 받은 자가 범죄의 실행을 승낙하지 아니한 때(실패한 교사)에는 교사한 자는 교사한 범죄의 음모 또는 예비에 준하여 처벌한다(형법 제31조 3항).

오답풀이 ❯

① 대판 99도1252

③ 대판 2003도6056

④ 대판 84도2987

4 핵심풀이 ❯

④ 대판 2008도89

오답풀이 ❯

① 부작위에 의한 법무사법 제3조 제2항 위반죄를 인정할 수 있다고 한 사례(대판 2007도9354)

② 형법상 방조는 작위에 의하여 정범의 실행행위를 용이하게 하는 경우는 물론, 직무상의 의무가 있는 자가 정범의 범죄행위를 인식하면서도 그것을 방지하여야 할 제반조치를 취하지 아니하는 부작위로 인하여 정범의 실행행위를 용이하게 하는 경우에도 성립된다(대판 84도1906).

③ 작위의무는 성문법과 불문법, 공법과 사법을 불문하고 법령, 법률행위, 선행행위로 인한 경우는 물론, 기타 신의성실의 원칙이나 사회상규 혹은 조리상 작위의무가 기대되는 경우에도 인정된다 할 것이다(대판 2005도3034).

5 핵심풀이 ❯

④ 장물죄는 단순과실범 처벌규정은 없고 업무상과실 내지 중과실장물죄만을 처벌하고 있다. 따라서 업무상과실장물죄가 단순과실장물죄에 대한 가중적 구성요건이 아니다.

오답풀이 ❯

① 대판 77도403

② 대판 88도643

③ 대판 88도855

6 핵심풀이 ❯

④ 정당방위에 해당한다(대판 89도358).

오답풀이 ❯

① 대판 76도3460

② 대판 96도241

③ 대판 86도1091

7 핵심풀이 ❯

④ 무고에 있어서 피무고자의 승낙이 있었다고 하더라도 무고죄의 성립에는 영향을 미치지 못한다(대판 2005도2712).

오답풀이 ❯

① 대판 2005도8081
② 대판 2003도1256
③ 옳은 설명이다.

8 핵심풀이 ❯

② 처벌되지 아니하는 타인의 행위를 적극적으로 유발하고 이를 이용하여 자신의 범죄를 실현한 자는 형법 제34조 제1항이 정하는 간접정범의 죄책을 지게 되고, 그 과정에서 타인의 의사를 부당하게 억압하여야만 간접정범에 해당하는 것은 아니다(대판 2007도7204).

오답풀이 ❯

① 대판 2009도2994
③ 대판 2008도1274
④ 대판 95도577

9 핵심풀이 ❯

④ 대판 98도3029

오답풀이 ❯

① 타인의 개인적 법익을 위한 긴급피난도 허용된다.
② 자구행위는 원상회복이 가능한 권리에 대해서만 허용된다.
③ 피해자의 승낙에서는 정당방위, 긴급피난, 자구행위와 달리 '상당한 이유'를 명시적으로 규정하고 있지 않다.

10 핵심풀이 ❯

② 협박죄에 있어서의 협박이라 함은 일반적으로 보아 사람으로 하여금 공포심을 일으킬 수 있는 정도의 해악을 고지하는 것을 의미하므로 그 주관적 구성요건으로서의 고의는 행위자가 그러한 정도의 해악을 고지한다는 것을 인식·인용하는 것을 그 내용으로 하고 고지한 해악을 실제로 실현할 의도나 욕구는 필요로 하지 아니한다(대판 90도2102).

① 대판 2007도606

③ 대판 90도2102

④ 감금을 하기 위한 수단으로서 행사된 단순한 협박행위는 감금죄에 흡수되어 따로 협박죄를 구성하지 아니한다(대판 82도705).

11 핵심풀이 ❱

틀린 것 – ㉠, ㉢

㉠ 피부착명령청구자가 피고사건 범죄사실인 강간상해죄를 1회 범한 것 외에 과거에 성폭력범죄로 소년보호처분을 받은 사실이 있다는 사유만으로는 위 규정에서 정한 '성폭력범죄를 2회 이상 범한 경우'에 해당하지 않는다고 보아 부착명령청구를 기각한 원심판단을 정당하다(대판 2011도15057, 2011전도249).

㉢ '보호관찰'은 형벌이 아니라 보안처분의 성격을 갖는 것으로서, 과거의 불법에 대한 책임에 기초하고 있는 제재가 아니라 장래의 위험성으로부터 행위자를 보호하고 사회를 방위하기 위한 합목적적인 조치이므로, 그에 관하여 반드시 행위 이전에 규정되어 있어야 하는 것은 아니며, 재판시의 규정에 의하여 보호관찰을 받을 것을 명할 수 있다고 보아야 할 것이고, 이와 같은 해석이 형벌불소급의 원칙 내지 죄형법정주의에 위배되는 것이라고 볼 수 없다(대판 97도703).

㉡ 대판 2011도16167

㉣ 반의사불벌죄와 마찬가지로 구 청소년의 성보호에 관한 법률(2009. 6. 9, 법률 제9765호 아동·청소년의 성보호에 관한 법률로 전부 개정되기 전의 것) 제16조에 규정된 반의사불벌죄의 경우에도 피해자인 청소년에게 의사능력이 있는 이상 단독으로 피고인 또는 피의자의 처벌을 희망하지 않는다는 의사표시 또는 처벌희망 의사표시의 철회를 할 수 있고, 법정대리인의 동의가 있어야 하는 것은 아니다(대판 2010도5610).

12 핵심풀이 ❱

틀린 것 – ㉠, ㉣

㉠ 피고인 등이 甲에게서 되찾은 돈은 절취 대상인 당해 금전이라고 구체적으로 특정할 수 있어 객관적으로 甲의 다른 재산과 구분됨이 명백하므로 이를 타인인 甲의 재물이라고 볼 수 없고, 따라서 비록 피고인 등이 甲을 공갈하여 돈을 교부받았더라도 타인의 재물을 갈취한 행위로서 공갈죄가 성립된다고 볼 수 없다(대판 2012도6157).

㉣ 제반사정에 비추어 보면, 피고인이 가방을 들고 나온 시점에 丙 및 丁이 아파트에 있던 가방을 사실상 지배하여 점유하고 있었다고 볼 수 없어 피고인의 행위가 丙 등의 가방에 대한 점유를 침해하여 절도죄를 구성한다고 할 수 없다(대판 2010도6334).

ⓛ 피고인과 甲의 약정은 조합 또는 내적 조합에 해당하는 것이 아니라 '익명조합과 유사한 무명계약에 해당한다고 보아야 한다는 이유로, 피고인이 타인의 재물을 보관하는 자의 지위에 있지 않다고 보아 횡령죄 성립을 부정한다(대판 2010도5014)

ⓒ 피고인의 행위는 적어도 미필적으로나마 갑 회사의 자동차에 대한 추급권 행사가 불가능하게 될 수 있음을 알면서도 그 담보가치를 실질적으로 상실시키는 것으로서 배임죄가 성립되는 특별한 사정이 있는 경우에 해당한다고 볼 여지가 있다(대판 2010도11665).

13 핵심풀이 ▶

③ 뇌물죄에서 뇌물의 내용인 이익이라 함은 금전, 물품 기타의 재산적 이익뿐만 아니라 사람의 수요욕망을 충족시키기에 족한 일체의 유형, 무형의 이익을 포함한다고 해석되고, 투기적 사업에 참여할 기회를 얻는 것도 이에 해당한다(대판 2002도3539).

① 대판 97도1572

② 대판 2009도11146

④ 대판 2003도1060

14 핵심풀이 ▶

ⓛ 피고인이 소유권이전등기를 받은 당일 이를 담보로 제공하여 자금을 융통하였고 그 후에도 같은 일을 하였으며 융통한 자금을 갑에게 매매대금으로 지급하지 아니하였다고 하여도 타인의 사무를 처리하는 자가 그 임무에 위배하는 행위를 한 것으로 볼 수 없고, 그러한 담보 제공 등의 행위가 피고인이 위 임야를 갑에게 반환할 의무를 현실적으로 부담하고 있지 아니한 상태에서 행하여진 이상 달라지지 아니한다는 이유로, 피고인에게 배임죄가 성립하지 않는다(대판 2011도3247).

ⓔ 자동차에 대하여 저당권이 설정되는 경우 자동차의 교환가치는 그 저당권에 포섭되고 저당권설정자가 자동차를 매도하여 그 소유자가 달라지더라도 저당권에는 영향이 없으므로, 특별한 사정이 없는 한 저당권설정자가 단순히 그 저당권의 목적인 자동차를 다른 사람에게 매도한 것만으로는 배임죄가 성립하지 아니한다(대판 2008도3651).

㉠ 이사는 회사에 대하여 법령과 정관의 규정에 따라 성실하게 회사에 최선의 이익이 되도록 직무를 수행하여야 할 선관주의의무 내지 충실의무를 부담하는 것이므로, 회사에 필요한 물품을 납품받음에 있어 할인된 가격으로 납품가격을 정할 수 있었음에도 납품과정에서 자신이 이익을 취득할 의도로 납품업자에게 가공의 납품업체를 만들게 한 뒤 그 납품업체로부터 할인되지 않은 가격으로 납품을 받았다면 이는 회사와의 신임관계를 저버리는 행위로서 임무에 위배하는 행위라고 할 것이다(대판 2009도5655).

ⓒ 회사의 대표이사가 대표권을 남용하여 회사 명의의 약속어음을 발행하였다면 비록 상대방이 그 남용의 사실을 알았거나 중대한 과실로 알지 못하여 회사가 상대방에 대하여는 채무를 부담하지 아니한다 하더라도 약속어음이 제3자에게 유통될 경우 회사가 소지인에 대하여 어음금채무를 부담할 위험은 이미 발생하였다 할 것이므로, 회사에 대하여 배임죄에서의 재산상 실해 발생의 위험이 초래되었다고 봄이 상당하다(대판 2011도10302).

15 **핵심풀이 〉**

④ 처녀막은 부녀자의 신체에 있어서 생리조직의 일부를 구성하는 것으로서 그것이 파열되면 정도의 차이는 있어도 생활기능에 장애가 오는 것이라고 보아야 하고, 처녀막 파열이 그와 같은 성질의 것인 한 비록 피해자가 성경험을 가진 여자로서 특이체질로 인해 새로 형성된 처녀막이 파열되었다 하더라도 강간치상죄를 구성하는 상처에 해당된다(대판 94도1351).

오답풀이 〉

① 대판 2005도6791
② 형법 제297조가 정한 강간죄의 객체인 부녀에는 법률상 처가 포함되고 혼인관계가 파탄된 경우뿐만 아니라 혼인관계가 실질적으로 유지되고 있는 경우에도 남편이 반항을 불가능하게 하거나 현저히 곤란하게 할 정도의 폭행이나 협박을 가하여 아내를 간음한 경우에는 강간죄가 성립한다고 보아야 한다(대판(全) 2012도14788).
③ 대판 2011도7164

16 **핵심풀이 〉**

② 소유자의 승낙 없이 오토바이를 타고 가서 다른 장소에 버린 경우, 자동차 등 불법사용죄가 아닌 절도죄가 성립한다(대판 2002도3465).

오답풀이 〉

① 피고인이 타인의 명의를 모용하여 발급받은 신용카드를 사용하여 현금자동지급기에서 현금대출을 받는 행위는 카드회사에 의하여 미리 포괄적으로 허용된 행위가 아니라, 현금자동지급기의 관리자의 의사에 반하여 그의 지배를 배제한 채 그 현금을 자기의 지배하에 옮겨 놓는 행위로서 절도죄에 해당한다고 봄이 상당하다(대판 2002도2134).
③ 대판 99도5775
④ 타인의 토지상에 권원 없이 식재한 수목의 소유권은 토지소유자에게 귀속하고 권원에 의하여 식재한 경우에는 그 소유권이 식재한 자에게 있으므로, 권원 없이 식재한 감나무에서 감을 수확한 것은 절도죄에 해당한다(대판 97도3425).

17 핵심풀이 ❯

㉠ 피고인이 자신의 부친이 적법하게 취득한 토지인 것으로 알고 실체관계에 부합하게 하기 위하여 소유권보존등기를 경료한 경우, 등기 당시 부실기재의 점에 대한 고의 내지는 인식이 없었으므로 공정증서원본부실기재 및 동행사죄가 성립하지 않는다(대판 95도2468).

㉡ 양도인이 허위의 채권에 관하여 그 정을 모르는 양수인과 실제로 채권양도의 법률행위를 한 이상, 공증인에게 그러한 채권양도의 법률행위에 관한 공정증서를 작성하게 하였다고 하더라도 그 공정증서가 증명하는 사항에 관하여는 불실의 사실을 기재하게 하였다고 볼 것은 아니고, 따라서 공정증서원본불실기재죄가 성립한다고 볼 수 없다(대판 2001도5414).

㉣ 피고인이 부동산에 관하여 가장매매를 원인으로 소유권이전등기를 경료하였더라도, 그 당사자 사이에는 소유권이전등기를 경료시킬 의사는 있었다고 할 것이므로 공정증서원본불실기재죄 및 동행사죄는 성립하지 않고, 또한 등기의무자와 등기권리자(피고인)간의 소유권이전등기신청의 합의에 따라 소유권이전등기가 된 이상, 등기의무자 명의의 소유권이전등기가 원인이 무효인 등기로서 피고인이 그 점을 알고 있었다고 하더라도, 특별한 사정이 없는 한 바로 피고인이 등기부에 불실의 사실을 기재하게 하였다고 볼 것은 아니다(대판 91도1164).

오답풀이 ❯

㉢ 토지거래 허가구역 안의 토지에 관하여 실제로는 '매매'계약을 체결하고서도 처음부터 토지거래허가를 잠탈하려는 목적으로 등기원인을 '증여'로 하여 소유권이전등기를 경료한 경우, 비록 매도인과 매수인 사이에 실제의 원인과 달리 '증여'를 원인으로 한 소유권이전등기를 경료할 의사의 합치가 있더라도, 허위신고를 하여 공정증서원본에 불실의 사실을 기재하게 한 때에 해당한다(대판 2005도9922).

18 핵심풀이 ❯

④ 채권자들에 의한 복수의 강제집행이 예상되는 경우 재산을 은닉 또는 허위양도함으로써 채권자들을 해하였다면 채권자별로 각각 강제집행면탈죄가 성립하고, 상호 상상적 경합범의 관계에 있다(대판 2010도4129).

오답풀이 ❯

① 대판 2005도6604
② 대판 2005도4455
③ 대판 92도1653

19 **핵심풀이 〉**

② 골프클럽 경기보조원들의 구직편의를 위해 제작된 인터넷 사이트 내 회원 게시판에 특정 골프클럽의 운영상 불합리성을 비난하는 글을 게시하면서 위 클럽담당자에 대하여 한심하고 불쌍한 인간이라는 등 경멸적 표현을 한 경우, 게시의 동기와 경위, 모욕적 표현의 정도와 비중 등에 비추어 사회상규에 위배되지 않으므로 모욕죄가 성립하지 않는다(대판 2008도1433).

오답풀이 〉

① 대판 2007도8155

③ 대판 2012도10392

④ 대판 2001도3594

20 **핵심풀이 〉**

④ 손자가 할아버지 소유 농업협동조합 예금통장을 절취하여 이를 현금자동지급기에 넣고 조작하는 방법으로 예금 잔고를 자신의 거래 은행 계좌로 이체한 경우, 위 농업협동조합이 컴퓨터 등 사용사기 범행 부분의 피해자이므로 친족상도례를 적용할 수 없다(대판 2006도2704).

오답풀이 〉

① 대판 2008도3438

② 대판 2011도1765

③ 대판 2010도5795

정답 및 해설

| 1 ③ | 2 ① | 3 ③ | 4 ③ | 5 ① | 6 ④ | 7 ① | 8 ④ | 9 ③ | 10 ① |
| 11 ④ | 12 ② | 13 ③ | 14 ① | 15 ② | 16 ② | 17 ④ | 18 ③ | 19 ② | 20 ② |

1 **핵심풀이 ▶**

③ 甲에게 상해의 범의가 인정되며 상해를 입은 사람이 목적한 사람이 아닌 다른 사람이라 하여 과실상해죄에 해당한다고 할 수 없다(대판 87도1745).

오답풀이 ▶

① 대판 2008도9867

② 대판 94도2361

④ 대판 2009도9807

2 **핵심풀이 ▶**

① 주거침입죄의 범의는 반드시 신체의 전부가 타인의 주거 안으로 들어간다는 인식이 있어야만 하는 것이 아니라 신체의 일부라도 타인의 주거 안으로 들어간다는 인식이 있으면 족하다(대판 94도2561).

오답풀이 ▶

② 대판 2009도9807

③ 대판 88도184

④ 대판 2001도3295

3 **핵심풀이 ▶**

③ 범죄의 실행행위가 신, 구 양법 사이에 걸쳐서 행하여진 경우에는 그 실행행위가 신법시행시에 종료한 것이 되므로 행위시 법속에 신, 구양법이 모두 포함되며 신법 우선의 보편원칙에 따라 당연히 신법이 적용되는 것으로 해석해야 한다(대법원 86도1012 전합).

4 핵심풀이 ▶

③ 형법 제24조는 '처분할 수 있는 자의 승낙에 의하여 그 법익을 훼손한 행위는 법률에 특별한 규정이 없는 한 벌하지 아니한다'라고 규정하고 있다.

오답풀이 ▶

① 대판 2003도3000
② 대판 2010도14720
④ 대판 2006도148

5 핵심풀이 ▶

① 일본 영주권을 가진 재일교포가 영리를 목적으로 관세물품을 구입한 것이 아니라거나 국내 입국시 관세신고를 하지 않아도 되는 것으로 착오하였다는 등의 사정만으로는 형법 제16조의 법률의 착오에 해당하지 않는다(대판 2006도1993).

오답풀이 ▶

② 대판 76도2196
③ 형법 제16조
④ 대판 95도2088

6 핵심풀이 ▶

④ 히로뽕 제조를 공모하고 그 제조원료인 염산에페트린과 파라디움, 에테르 등 수종의 화공약품을 사용하여 히로뽕 제조를 시도하였으나 그 제조기술의 부족으로 히로뽕 완제품을 제조하지 못하였다면 비록 미완성품에서 히로뽕 성분이 검출되지 아니하였다고 하여도 향정신성의약품제조미수죄의 성립에 소장(=문제·논쟁의 여지)이 있다고 할 수 없다(대판 84도1793).

오답풀이 ▶

① 대판 85도2002
② 대판 88도55
③ 위 비판을 받고 있는 견해는 구체적 부합설이다. 이 견해에 따르면 행위자의 인식과 일반인의 인식이 일치하지 않을 때 일반인이 인식을 기준으로 판단하기 때문에 위험성은 부정된다.

7 핵심풀이 ▶

① 도주원조죄 내지 간수자 도주원조죄는 예비·음모를 처벌한다.

오답풀이 ▶

② 특수도주죄는 예비·음모 처벌규정이 없다.
③ 체포·감금죄는 예비·음모 처벌규정이 없다.
④ 무고죄는 예비·음모 처벌규정이 없다.

8

④ 포괄일죄의 일부에 공동정범으로 가담한 자는 비록 그가 그때에 이미 이루어진 종전의 범행을 알았다 하여도 그 가담 이후의 범행에 대해서만 공동정범으로서 책임을 진다(대판 82도884).

오답풀이 ❭

① 대판 2008도1274

② 대판 79도1249

③ 대판 87도1240

9 **핵심풀이 ❭**

③ 형법 제98조 제1항의 간첩죄를 범한 자가 그 탐지·수집한 기밀을 누설한 경우나 구 국가보안법 제3조 제1호의 국가기밀을 탐지 수집한 자가 그 기밀을 누설한 경우에는 양죄를 포괄하여 1죄를 범한 것으로 보아야 하고, 간첩죄와 군사기밀누설죄 또는 국가기밀탐지수집죄와 국가기밀누설 등 두가지 죄를 범한 것으로 인정할 수 없다.(대판 82도285)

오답풀이 ❭

① 대판 2006도9022

② 대판 2001도6281

④ 대판 97도3340

10 **핵심풀이 ❭**

① 알선수뢰죄는 공무원이 그 지위를 이용하여 다른 공무원의 직무에 속한 사항의 알선에 관하여 뇌물을 수수, 요구 또는 약속한 경우에 성립되는 범죄이다. 본죄의 주체는 공무원에 한정되며, 중개인은 포함되지 않는다.

오답풀이 ❭

②③ 대판 93도1058

④ 대판 2009도3924

11 **핵심풀이 ❭**

④ 구분소유자 전원의 공유에 속하는 공용부분인 지하주차장 일부를 그 중 1인이 독점 임대하고 수령한 임차료를 임의로 소비한 경우 횡령죄가 성립하지 아니한다고 한 사례(대판 2003도6988).

오답풀이 ❭

① 대판 2010도13284

② 대판 2010도17396

③ 대판 84도1199

12 핵심풀이 ❯

(1) 소송에서 주장하는 권리가 존재하지 않는 사실을 알고 있으면서도 법원을 기망한다는 인식을 가지고 소를 제기하면 이로써 소송사기의 실행의 착수가 있었다고 할 것이다(대판 93도915). 본안소송을 제기하지 아니한 채 가압류를 한 것만으로는 사기죄의 실행에 착수하였다고 할 수 없다(대판 88도55).

(2) 소송사기의 경우 당해 소송의 판결이 확정된 때에 범행이 기수에 이른다 할 것이다(대판 95도1874).

13 핵심풀이 ❯

③ 명의신탁자와 명의수탁자가 이른바 계약명의신탁 약정을 맺고 명의수탁자가 당사자가 되어 명의신탁 약정이 있다는 사실을 알지 못하는 소유자와 부동산에 관한 매매계약을 체결한 후 그 매매계약에 따라 당해 부동산의 소유권이전등기를 명의수탁자 명의로 마친 경우에는, 명의신탁자와 명의수탁자 사이의 명의신탁 약정의 무효에도 불구하고 부동산 실권리자명의 등기에 관한 법률 제4조 제2항 단서에 의하여 그 명의수탁자는 당해 부동산의 완전한 소유권을 취득한다. 이와 달리 소유자가 계약명의신탁 약정이 있다는 사실을 안 경우에는 수탁자 명의의 소유권이전등기는 무효이고 당해 부동산의 소유권은 매도인이 그대로 보유하게 된다. 어느 경우든지 명의신탁자는 그 매매계약에 의해서는 당해 부동산의 소유권을 취득하지 못하게 되어, 결국 그 부동산은 명의신탁자에 대한 강제집행이나 보전처분의 대상이 될 수 없다(대판 2007도2168).

오답풀이 ❯

① 대판 2009도875, 대판 2012도3999
② 대판 2012도3999
④ 대판 2008도2279

14 핵심풀이 ❯

① 고속버스 운전사는 고속버스의 관수자로서 차내에 있는 승객의 물건을 점유하는 것이 아니고 승객이 잊고 내린 유실물을 교부받을 권능을 가질 뿐이므로 유실물을 현실적으로 발견하지 않는 한 이에 대한 점유를 개시하였다고 할 수 없고, 그 사이에 다른 승객이 유실물을 발견하고 이를 가져갔다면 절도에 해당하지 아니하고 점유이탈물횡령에 해당한다(대판 92도3170).

오답풀이 ❯

② 대판 99도275
③ 대판 82도2714
④ 대판 98도2036

15 핵심풀이 ▶

㉠ 업무방해죄 성립 특정 회사가 제공하는 게임사이트에서 정상적인 포커게임을 하고 있는 것처럼 가장하면서 통상적인 업무처리 과정에서 적발해 내기 어려운 사설 프로그램('한도우미 프로그램')을 이용하여 약관상 양도가 금지되는 포커머니를 약속된 상대방에게 이전해 준 경우, 이는 구 정보통신망 이용촉진 및 정보보호 등에 관한 법률 제48조 제2항(2008. 6. 13, 개정 전의 것)에서 정한 '악성프로그램'이나 형법 제314조 제2항에 정한 '부정한 명령의 입력'에 해당하지는 않지만, 회사의 정상적인 게임사이트 운영 업무를 방해한 것이므로 위계에 의한 업무방해죄를 구성한다(대판 2007도9334).

오답풀이 ▶

㉡ 신규직원 채용권한을 가지고 있는 지방공사 사장이 시험업무 담당자들에게 지시하여 상호 공모 내지 양해하에 시험성적조작 등의 부정한 행위를 한 경우, 법인인 공사에게 신규직원 채용 업무와 관련하여 오인·착각 또는 부지를 일으키게 한 것이 아니므로, '위계'에 의한 업무방해죄에 해당하지 않는다(대판 2005도6404).

㉢ 도급인의 공사계약 해제가 적법하고 수급인이 스스로 공사를 중단한 상태에서 도급인이 공사현장에 남아 있는 수급인 소유의 공사자재 등을 다른 곳에 옮겨 놓았다고 하여 도급인이 수급인의 공사업무를 방해한 것으로 볼 수는 없다(대판 98도3240).

㉣ 형법상 업무방해죄의 보호대상이 되는 업무라 함은 직업 기타 사회생활상의 지위에 기하여 계속적으로 종사하는 사무 또는 사업을 말하는 것인데, 주주로서 주주총회에서 의결권 등을 행사하는 것은 주식의 보유자로서 그 자격에서 권리를 행사하는 것에 불과할 뿐 그것이 '직업 기타 사회생활상의 지위에 기하여 계속적으로 종사하는 사무 또는 사업'에 해당한다고 할 수 없다(대판 2004도1256).

16 핵심풀이 ▶

② 명예훼손죄가 성립하려면 반드시 사람의 성명을 명시하여 허의의 사실을 적시하여야만 하는 것은 아니므로 사람의 성명을 명시한 바 없는 허위사실의 적시행위도 그 표현의 내용을 주위사정과 종합판단하여 그것이 어느 특정인을 지목하는 것인가를 알아차릴 수 있는 경우에는 그 특정인에 대한 명예훼손죄를 구성한다(대판 82도1256). 즉, 특정되어야 한다.

오답풀이 ▶

① 대판 69도1662
③ 대판 93도3535
④ 대판 94도3309

17 핵심풀이 ❱

④ 범죄행위가 법원경매업무를 담당하는 집행관의 구체적인 직무집행을 저지하거나 현실적으로 곤란하게 하는 데까지는 이르지 않고 입찰의 공정을 해하는 정도의 행위라면 형법 제315조의 경매·입찰방해죄에만 해당될 뿐, 형법 제137조의 위계에 의한 공무집행방해죄에는 해당되지 않는다(대판 2000도102).

오답풀이 ❱

① 대판 2008도11361
② 대판 2002도3924
③ 대판 81도824

18 핵심풀이 ❱

㉠ 장물이라 함은 재산죄인 범죄행위에 의하여 영득된 물건을 말하는 것으로서 절도·강도·사기·공갈·횡령 등 영득죄에 의하여 취득된 물건이어야 한다. 여기에서의 범죄행위는 절도죄 등 본범의 구성요건에 해당하는 위법한 행위일 것을 요한다. 그리고 본범의 행위에 관한 법적 평가는 그 행위에 대하여 우리 형법이 적용되지 아니하는 경우에도 우리 형법을 기준으로 하여야 하고 또한 이로써 충분하므로, 본범의 행위가 우리 형법에 비추어 절도죄 등의 구성요건에 해당하는 위법한 행위라고 인정되는 이상 이에 의하여 영득된 재물은 장물에 해당한다(대판 2010도15350).

㉣ 대판 86도1273

오답풀이 ❱

㉡ 사기 범행에 이용되리라는 사정을 알고서도 자신의 명의로 새마을금고 예금계좌를 개설하여 甲에게 이를 양도함으로써 甲이 乙을 속여 乙로 하여금 1,000만 원을 위 계좌로 송금하게 한 사기 범행을 방조한 피고인이 위 계좌로 송금된 돈 중 140만 원을 인출하여 甲이 편취한 장물을 취득하였다는 공소사실에 대하여, 甲이 사기 범행으로 취득한 것은 재산상 이익이어서 장물에 해당하지 않는다는 원심판단은 적절하지 아니하지만, 피고인의 위와 같은 인출행위를 장물취득죄로 벌할 수는 없으므로, 위 '장물취득' 부분을 무죄로 선고한 원심의 결론을 정당하다(대판 2010도6256).

㉢ 피고인이 업무상 과실로 장물을 보관하고 있다가 처분한 행위는 업무상과실장물보관죄의 가벌적 평가에 포함되고 별도로 횡령죄를 구성하지 않는다(대판 2003도8219).

19 **핵심풀이 ▶**

② 현주건조물방화죄, 공용건조물방화죄, 타인소유 일반건조물방화죄는 추상적 위험범이고 자기소유 일반건조물방화죄, 타인소유 일반물건방화죄, 자기소유 일반건조물방화죄는 구체적 위험범이다.

오답풀이 ▶

① 대판 82도2341

③ 매개물을 통한 점화에 의하여 건조물을 소훼함을 내용으로 하는 형태의 방화죄의 경우에 범인이 그 매개물에 불을 켜서 붙였거나 또는 범인의 행위로 인하여 매개물에 불이 붙게 됨으로써 연소작용이 계속될 수 있는 상태에 이르렀다면 그것이 곧바로 진화되는 등의 사정으로 인하여 목적물인 건조물 자체에는 불이 옮겨 붙지 못하였다고 하더라도 방화죄의 실행의 착수가 있었다고 보아야 할 것이다(대판 2001도6641).

④ 방화죄는 화력이 매개물을 떠나 스스로 연소할 수 있는 상태에 이르렀을 때에 기수가 되고 반드시 목적물의 중요부분이 소실하여 그 본래의 효용을 상실한 때라야만 기수가 되는 것이 아니라고 할 것이다(대판 70도330).

20 **핵심풀이 ▶**

② 위계에 의한 공무집행방해죄는 행위목적을 이루기 위해서 상대방에게 오인, 착각, 부지를 일으키게 하여 이를 이용함으로써 법령에 의하여 위임된 공무원의 적법한 직무에 관하여 그릇된 행위나 처분을 하게 하는 경우에 성립하고, 여기에서 공무원의 직무집행이란 법령의 위임에 따른 공무원의 적법한 직무집행인 이상 공권력의 행사를 내용으로 하는 권력적 작용뿐만 아니라 사경제주체로서의 활동을 비롯한 비권력적 작용도 포함되는 것으로 봄이 상당하다(대판 2001도6349).

오답풀이 ▶

① 대판 2003도1609

③ 대판 98도662

④ 공무집행방해죄에서 폭행은 공무원에 직접적으로나 간접적으로 하는 것을 포함한다고 해석되므로 피고인이 경찰관 파출소 사무실 바닥에 인분이 들어있는 물통을 던지고 또 동 사무실 바닥에 인분을 뿌린 행위는 공무집행 중이던 경찰관에 대한 폭행에 해당한다(대판 81도316). – 광의의 폭행설

| 1 ③ | 2 ③ | 3 ② | 4 ④ | 5 ④ | 6 ① | 7 ② | 8 ③ | 9 ④ | 10 ④ |
| 11 ① | 12 ④ | 13 ① | 14 ③ | 15 ④ | 16 ① | 17 ② | 18 ③ | 19 ② | 20 ③ |

1 핵심풀이 ▶

③ 공직선거법 제262조의 '자수'를 '범행발간 전에 자수한 경우'로 한정하는 풀이는 '자수'라는 단어가 통상 관용적으로 사용되는 용례에서 갖는 개념 외에 '범행발각 전'이라는 또 다른 개념을 추가하는 것으로서 결국은 '언어의 가능한 의미'를 넘어 공직선거법 제262조의 '자수'의 범위를 그 문언보다 제한함으로써 공직선거법 제230조 제1항 등의 처벌범위를 실정법 이상으로 확대된 것이 되고, 따라서 이는 단순한 목적론적 축소해석에 그치는 것이 아니라 형면제 사유에 대한 제한적 유추를 통하여 처벌범위를 실정법 이상으로 확대한 것으로서 죄형법정주의의 파생원칙인 유추해석금지의 원칙에 위반된다(대판(全) 96도1167).

오답풀이 ▶

①②④ 모두 죄형법정주의에 위배되지 아니한다.

2 핵심풀이 ▶

③ 외국인이 대한민국 공무원에게 알선한다는 명목으로 금품을 수수하는 행위가 대한민국 영역 내에서 이루어진 이상, 비록 금품수수의 명목이 된 알선행위를 하는 장소가 대한민국 영역 외라 하더라도 대한민국 영역 내에서 죄를 범한 것이라고 하여야 할 것이므로, 형법 제2조에 의하여 대한민국의 형벌법규인 구 변호사법 제90조 제1호가 적용되어야 한다(대판 99도3403).

오답풀이 ▶

① 대판 2011도6507
② 대판 2002도2518
④ 대판 98도2734

3 핵심풀이 ▶

② 담당 소아외과 의사에게는 업무상 과실이 없다고 보았다(대판 2008도3090).

오답풀이 ▶

① 형법 제17조
③ 대판 93도3612
④ 대판 2010도10104

4 핵심풀이 ▶

④ 침범금지의 황색중앙선이 설치된 도로에서 자기 차선을 따라 운행하는 자동차운전수는 반대방향에서 오는 차량이 이미 중앙선을 침범하여 비정상적인 운행을 하고 있음을 목격한 경우에는 자기의 진행전방에 돌입할 가능성을 예견하여 그 차량의 동태를 주의깊게 살피면서 속도를 줄여 피행하는 등 적절한 조치를 취함으로써 사고발생을 미연에 방지할 업무상 주의의무가 있다(대판 85도2651). 이 지문의 경우 신뢰의 원칙 적용이 제한된다.

오답풀이 ▶

① 대판 74도1074
② 대판 92도2077
③ 대판 92도934

5 핵심풀이 ▶

④ '판결 당시'가 아니라 '죄를 범할 당시' 18세 미만인 소년에 대한 규정이다.

오답풀이 ▶

① 형법 제42조에 규정되어 있다.
② 현주건조물방화치사죄(형법 제164조 제2항), 해상강도치사죄(형법 제340조 제3항)
③ 형법 제50조 제1항, 형법 제41조에 규정되어 있다.

6 핵심풀이 ▶

① 법정형이 아니라 선고형을 의미한다.

오답풀이 ▶

② 대판 76도2071
③ 대판 86도2004
④ 대판 66도90

7 핵심풀이 ▶

㉠ 특수강도의 범행을 모의한 이상 범행위 실행에 가담하지 아니하고, 공모자들이 강취해 온 장물의 처분을 알선만하였다 하더라도, 특수강도의 공동정범이 된다 할 것이므로 장물알선죄로 의율할 것이 아니다(대판 82도3103, 82감도666).

㉡ 甲에게는 공동가공의 의사가 없었다고 보았다(대판 97도1940).

㉢ 허위공문서작성죄의 간접정범이 된다(대판 90도1912).

㉣ 형법 제30조에 '공동하여 죄를 범한 때'의 '죄'라 함은 고의범이고 과실범이고를 불문하므로 두 사람 이상이 어떠한 과실행위를 서로의 의사연락 하에 이룩하여 범죄가 되는 결과를 발생케 한 것이라면 과실범의 공동정범이 성립된다(대판 79도1249).

㉤ 대판 85도448

8 핵심풀이 ▶

③ 공동정범이 성립하기 위하여는 반드시 공범자간에 사전에 모의가 있어야 하는 것은 아니며, 우연히 만난 자리에서 서로 협력하여 공동의 범의를 실현하려는 의사가 암묵적으로 상통하여 범행에 공동 가공하더라도 공동정범은 성립된다(대판 82도1373 등).

오답풀이 ▶

① 대판 2008도89

② 대판 2008도1274

④ 대판 2006도1623 등

9 핵심풀이 ▶

④ 대법원은, 위와 같은 주거침입죄의 범의를 인정하였고 또한 비록 신체의 일부만이 집 안으로 들어갔다 하더라도 사실상 주거의 평온을 해하였다면 주거침입죄는 기수에 이르렀다고 보았다(대판 94도2561).

살인의 범의는 반드시 살해의 목적이나 계획적인 살해의 의도가 있어야 인정되는 것은 아니고, 자기의 행위로 인하여 타인의 사망의 결과를 발생시킬 만한 가능성 또는 위험이 있음을 인식하거나 예견하면 족한 것이고 그 인식이나 예견은 확정적인 것은 물론 불확정적인 것이라도 이른바 미필적 고의로 인정되는 것이다(대판 2001도6425).

* 미필적 고의 : 범죄결과의 발생가능성 인식(예견) +결과의 발생 인용(認容)

10 핵심풀이 ▶

④ 법원의 참여주사가 공판에 참여하여 양형에 관한 사항의 심리내용을 공판조서에 기재한다고 하더라도 이를 가지고 형사사건의 양형이 참여주사의 직무와 밀접한 관계가 있는 사무라고는 할 수 없으므로 참여주사가 형량을 감경하게 하여 달라는 청탁과 함께 금품을 수수하였다고 하더라도 뇌물수수죄의 주체가 될 수 없다(대판 80도1373).

① 대판 89도597
② 대판 2003도1060
③ 대판 2000도2251

11 핵심풀이 〉

① 계란 30여 개를 건물에 투척한 행위는 건물의 효용을 해하는 정도의 것에 해당하지 않는다(대판 2007도2590).

12 핵심풀이 〉

(1) 사람을 살해할 목적으로 현주건조물에 방화하여 사망에 이르게 한 경우에는 현주건조물방화치사죄로 의율하여야 하고 이와 더불어 살인죄와의 상상적 경합범으로 의율할 것은 아니라고 할 것이고, 다만 존속살인죄와 현주건조물방화치사죄는 상상적 경합범 관계에 있으므로 법정형이 중한 존속살인죄로 의율함이 타당하다고 할 것이다.
(2) 피고인의 소위는 1개의 방화행위로 인하여 아버지와 동생을 동시에 사망하게 한 것으로서 이는 상상적 경합범에 해당되므로 어차피 현주건조물방화치사죄보다 형이 더 무거운 존속살인죄의 정한 형으로 처벌할 수 밖에 없다(대판 96도485).

설문의 경우 甲은 A에 대한 존속살해죄 및 현주건조물방화치사죄 [상상적경합], B에 대한 현주건조물방화치사죄의 죄책을 진다.

13 핵심풀이 〉

① 피고인이 7세, 3세 남짓된 어린 자식들에 대하여 함께 죽자고 권유하여 물속에 따라 들어 오게 하여 결국 익사하게 하였다면 비록 피해자들을 물속에 직접 밀어서 빠뜨리지는 않았다고 하더라도 자살의 의미를 이해할 능력이 없고 피고인의 말이라면 무엇이나 복종하는 어린 자식들을 권유하여 익사하게 한 이상 살인죄의 범의는 있었음이 분명하고 살인죄의 법리를 오해한 위법이 없다(대판 86도2395).

② 대판 2010도2328
③ 대판 2005도1373
④ 대판 2005도1373

14 핵심풀이 〉

③ 협박죄가 성립하려면 고지된 해악의 내용이 행위자와 상대방의 성향 고지 당시의 주변상황, 행위자와 상대방 사이의 친숙의 정도 및 지위 등의 상호관계, 제3자에 의한 해악을 고지한 경우에는 그에 포함되거나 암시된 제3자와 행위자 사이의 관계 등 행위 전후의 여러 사정을 종합하여 볼 때에 일반적으로 사람으로 하여금 공포심을 일으키게 하기에 충분한 것이어야 하지만, 상대방

이 그에 의하여 현실적으로 공포심을 일으킬 것까지 요구하는 것은 아니며, 그와 같은 정도의 해악을 고지함으로써 상대방이 그 의미를 인식한 이상, 상대방이 현실적으로 공포심을 일으켰는지 여부와 관계없이 그로써 구성요건은 충족되어 협박죄의 기수에 이르는 것으로 해석하여야 한다(대판(全) 2007도606).

오답풀이 ▶

① 대판 90도2102
② 대판 94도2187
④ 대판 98도70

15 **핵심풀이 ▶**

㉠ 공인중개사인 피고인이 동업관계의 종료로 부동산중개업을 그만두기로 한 이상 공인중개사가 아닌 피해자의 중개업은 법에 의하여 금지된 행위로서 형사처벌의 대상이 되는 범죄행위에 해당하는 것으로서 사회통념상 도저히 용인될 수 없는 정도로 반사회성을 띠는 경우에 해당하여 업무방해죄의 보호대상이 되는 업무라고 볼 수 없다(대판 2006도6599).

㉢ 형법상 업무방해죄의 보호대상이 되는 업무라 함은 직업 기타 사회생활상의 지위에 기하여 계속적으로 종사하는 사무 또는 사업을 말하는 것인데, 초등학생들이 학교에 등교하여 교실에서 수업을 듣는 것은 헌법 제31조가 정하고 있는 무상으로 초등교육을 받을 권리 및 초·중등교육법 제12, 13조가 정하고 있는 국가의 의무교육 실시의무와 부모들의 취학의무 등에 기하여 학생들 본인의 권리를 행사하는 것이거나 국가 내지 부모들의 의무를 이행하는 것에 불과할 뿐 그것이 '직업 기타 사회생활상의 지위에 기하여 계속적으로 종사하는 사무 또는 사업'에 해당한다고 할 수 없다(대판 2013도3829).

㉣ 형법이 업무방해죄와는 별도로 공무집행방해죄를 규정하고 있는 것은 사적 업무와 공무를 구별하여 공무에 관해서는 공무원에 대한 폭행, 협박 또는 위계의 방법으로 그 집행을 방해하는 경우에 한하여 처벌하겠다는 취지라고 보아야 할 것이고, 따라서 공무원이 직무상 수행하는 공무를 방해하는 행위에 대해서는 업무방해죄로 의율할 수는 없다(대판 2009도11104).

㉤ 형법상 업무방해죄의 보호대상이 되는 업무라 함은 직업 기타 사회생활상의 지위에 기하여 계속적으로 종사하는 사무 또는 사업을 말하는 것인데, 주주로서 주주총회에서 의결권 등을 행사하는 것은 주식의 보유자로서 그 자격에서 권리를 행사하는 것에 불과할 뿐 그것이 '직업 기타 사회생활상의 지위에 기하여 계속적으로 종사하는 사무 또는 사업'에 해당한다고 할 수 없다(대판 2004도1256).

오답풀이 ▶

㉡ 단체협약에 따른 공사 사장의 지시로 09 : 00 이전에 출근하여 업무준비를 한 후 09 : 00부터 근무를 하도록 되어 있음에도 피고인이 쟁의행위의 적법한 절차를 거치지도 아니한 채 조합원들로 하여금 집단으로 09 : 00 정각에 출근하도록 지시를 하여 이에 따라 수백, 수천 명의 조합원들이 집단적으로 09 : 00 정각에 출근함으로써 전화고장수리가 지연되는 등으로 위 공사의 업무수행에 지장을 초래하였다면 형법 제20조 소정의 정당행위에 해당한다고 볼 수 없다(대판 96도419).
－업무방해죄의 보호대상 업무에 해당

16 **핵심풀이 ▶**

① 시장인 피고인 甲이 자신의 인사관리업무를 보좌하는 행정과장 피고인 乙과 공동하여, 관련 법령에서 정한 절차에 따라 평정대상 공무원에 대한 평정단위별 서열명부가 작성되고 이에 따라 평정순위가 정해졌는데도 평정권자나 실무 담당자 등에게 특정 공무원들에 대한 평정순위 변경을 구체적으로 지시하여 평정단위별 서열명부를 새로 작성하도록 한 사안에서, 피고인들의 행위가 공무원이 일반적 직무권한에 속하는 사항에 관하여 직권을 남용하여 평정권자나 실무 담당자 등으로 하여금 의무 없는 일을 하도록 한 것으로서 직권남용권리행사방해죄에 해당한다(대판 2010도11884).

17 **핵심풀이 ▶**

② 예금주인 현금카드 소유자로부터 일정한 금액의 현금을 인출해 오라는 부탁을 받으면서 이와 함께 현금카드를 건네받은 것을 기화로 그 위임을 받은 금액을 초과하여 현금을 인출하는 방법으로 그 차액 상당을 위법하게 이득할 의사로 현금자동지급기에 그 초과된 금액이 인출되도록 입력하여 그 초과된 금액의 현금을 인출한 경우에는 그 인출된 현금에 대한 점유를 취득함으로써 이때에 그 인출한 현금 총액 중 인출을 위임받은 금액을 넘는 부분의 비율에 상당하는 재산상 이익을 취득한 것으로 볼 수 있으므로 이러한 행위는 그 차액 상당액에 관하여 형법 제347조의2(컴퓨터 등 사용사기)에 규정된 '컴퓨터 등 정보처리장치에 권한 없이 정보를 입력하여 정보처리를 하게 함으로써 재산상의 이익을 취득'하는 행위로서 컴퓨터 등 사용사기죄에 해당된다(대판 2005도3516).

18 **핵심풀이 ▶**

③ 피고인이 근무하는 병원에서는 인턴의 수가 부족하여 수혈의 경우 두 번째 이후의 혈액봉지는 인턴 대신 간호사가 교체하는 관행이 있었다고 하더라도, 위와 같이 혈액봉지가 바뀔 위험이 있는 상황에서 피고인이 그에 대한 아무런 조치도 취함이 없이 간호사에게 혈액봉지의 교체를 일임한 것이 관행에 따른 것이라는 이유만으로 정당화될 수는 없다(대판 97도2812).

오답풀이 ▶

① 대판 85도108
② 대판 89도1618
④ 대판 2009도1040

19 **핵심풀이 ▶**

㉡ 법원을 기망하여 승소판결을 받고 그 확정판결에 의하여 소유권이전등기를 경료한 경우에는 사기죄와 별도로 공정증서원본부실기재죄가 성립하고 양죄는 실체적 경합범 관계에 있다(대판 83도188).

㉠ 해외이주의 목적으로 일시 이혼(위장이혼)하기로 하고 이혼신고를 하였다 하더라도 일시적이나마 이혼할 의사가 있었다고 보여지므로 혼인 및 이혼의 효력발생여부에 있어서 형식주의를 취하는 이상 피고인 등의 이건 이혼신고는 유효하다 할 것이고, 호적에 이혼사실을 기재한 경우 공정증서원본부실기재죄가 성립하지 않는다(대판 76도107).

〈비교판례〉 공정증서원본부실기재죄 성립을 인정한 판례

그들 간에 참다운 부부관계의 설정을 바라는 효과의사가 없는 경우에는 그 혼인은 무효라고 할 것이어서 해외이주의 목적으로 위장결혼을 하고 혼인신고를 하여 그 사실이 호적부에 기재되었다면 공정증서원본불실기재죄를 구성한다(대판 85도1481).

㉢ 후임 이사가 유효히 선임되었는데도 그 선임의 효력을 둘러싼 다툼이 있다고 하여 그 다툼이 해결되기 전까지는 후임 이사에게는 직무수행권한이 없고 임기가 만료된 구 이사만이 직무수행권한을 가진다고 할 수는 없다(대판 2005도8875).

㉣ 공정증서원본부실기재죄에 있어서의 부실의 기재는 당사자의 허위신고에 의하여 이루어져야 하므로 법원의 촉탁에 의하여 이루어진 경우에는 가령 그 전제절차에 허위적 요소가 있다 하더라도 그것은 법원의 촉탁에 의하여 이루어진 것이지 당사자의 허위신고에 의하여 이루어진 것이 아니므로 공정증서원본부실기재죄를 구성하지 않는다(대판 83도2442).

㉤ 공동상속인 중의 1인이 다른 공동상속인들과의 합의 없이 법정상속분에 따른 공동상속등기를 마쳤다고 하더라도 그것이 실체적 권리관계에 부합되는 것이라면 이를 불실의 등기라고는 할 수 없다(대판 95도898).

20 핵심풀이 〉

③ 불특정 다수인의 통행로로 이용되어 오던 도로의 토지 일부의 소유자라 하더라도 그 도로의 중간에 바위를 놓아두거나 이를 파헤침으로써 차량의 통행을 못하게 한 행위는 일반교통방해죄 및 업무방해죄에 해당한다(대판 2001도6903).

① 대판 91도2771

② 대판 94도2112

④ 대판 2006도755

정답 및 해설

1 ②	2 ④	3 ②	4 ④	5 ③	6 ②	7 ②	8 ③	9 ④	10 ④
11 ③	12 ④	13 ④	14 ②	15 ②	16 ③	17 ③	18 ③	19 ①	20 ②

1 핵심풀이 ▶

옳은 것 – ㉡㉢

㉡ 대판 2008도11017
㉢ 대판 2008도6693

오답풀이 ▶

㉠ 중개대상물의 거래당사자들로부터 수수료를 현실적으로 받지 아니하고 단지 수수료를 받을 것을 약속하거나 거래당사자들에게 수수료를 요구하는 데 그친 경우에는 구 부동산중개업법 제2조 제2호 소정의 '중개업'에 해당한다고 할 수 없어 같은 법 제38조 제1항 제1호에 의한 처벌대상이 아니고, 또한 위와 같은 수수료 약속, 요구행위를 별도로 처벌하는 규정 또는 같은 법 제38조 제1항 제1호 위반죄의 미수범을 처벌하는 규정도 존재하지 않으므로, 죄형법정주의의 원칙상 중개사무소 개설등록을 하지 아니하고 부동산 거래를 중개하면서 그에 대한 수수료를 약속, 요구하는 행위를 구 부동산중개업법 위반죄로 처벌할 수는 없다(대판 2006도4842).

㉢ 가정폭력범죄의 처벌 등에 관한 특례법이 정한 보호처분 중의 하나인 사회봉사명령은 가정폭력범죄를 범한 자에 대하여 환경의 조정과 성행의 교정을 목적으로 하는 것으로서 형벌 그 자체가 아니라 보안처분의 성격을 가지는 것이 사실이다. 그러나 한편으로 이는 가정폭력범죄행위에 대하여 형사처벌 대신 부과되는 것으로서, 가정폭력범죄를 범한 자에게 의무적 노동을 부과하고 여가시간을 박탈하여 실질적으로는 신체적 자유를 제한하게 되므로, 이에 대하여는 원칙적으로 형벌불소급의 원칙에 따라 행위시법을 적용함이 상당하다(대판 2008어4).

2 핵심풀이 ▶

④ 피해자의 승낙은 법익침해 이전에 표시되어야 하며 이는 법익침해시까지 계속되어야 한다. 한편 승낙은 자유롭게 철회할 수 있다. 그러나 철회 전의 행위에 대해서는 승낙의 효력이 그대로 인정된다.

오답풀이 ▶

① 원칙적으로 자기의 청구권이어야 한다. 타인의 청구권을 위한 자구행위는 인정되지 않는다. 예외적으로 청구권자로부터 자구행위의 실행을 위임받는 경우에 가능하다.

② 정당방위는 현재의 침해에 한하므로 과거 또는 미래의 침해에 대하여는 정당방위가 허용되지 않는다.

③ 침해는 작위뿐 아니라 부작위일 수도 있다. 유아에게 젖을 주지 않는 부인을 남편이 협박한 경우에도 정당방위가 성립될 수 있고, 퇴거요구에 응하지 않아 실력으로 쫓아 낸 행위도 정당방위가 될 수 있다.

3 핵심풀이 ▶

② 정당행위에 해당한다(대판 2007도6243).

오답풀이 ▶

① 정당행위에 해당하지 않는다(대판 2007도7933).

③ 정당행위에 해당하지 않는다(대판 84도2929).

④ 정당행위에 해당하지 않는다(대판 90도2473).

4 핵심풀이 ▶

④ 면허증에 그 유효기간과 적성검사를 받지 아니하면 면허가 취소된다는 사실이 기재되어 있고, 이미 적성검사 미필로 면허가 취소된 전력이 있는데도 면허증에 기재된 유효기간이 5년 이상 지나도록 적성검사를 받지 아니한 채 자동차를 운전하였다면 비록 적성검사 미필로 인한 운전면허 취소 사실이 통지되지 아니하고 공고되었다 하더라도 면허취소사실을 알고 있었다고 보아야 하므로 무면허운전죄가 성립한다(대판 2002도4203).

오답풀이 ▶

① 대판 73도2207

② 대판 2004도6084

③ 대판 94도1949

5

핵심풀이 ▶

③ 시계점을 경영하면서 중고시계의 매매도 하고 있는 피고인이 장물로 판정된 시계를 매입함에 있어 매도인에게 그 시계의 구입장소, 구입시기, 구입가격, 매각이유 등을 묻고 비치된 장부에 매입가격 및 주민등록증에 의해 확인된 위 매도인의 인적사항 일체를 사실대로 기재하였더라면, 그 이상 위 매도인의 신분이나 시계출처 및 소지 경위에 대한 위 매도인의 설명의 진부에 대하여 서까지 확인하여야 할 주의의무가 있다고는 보기 어렵다(대판 83도2982).

오답풀이 ▶

① 대판 2004도486
② 대판 2009도9807
④ 형법 제17조

6

핵심풀이 ▶

② 문서위조죄는 문서의 진정에 대한 공공의 신용을 보호법익으로 하는 것이므로 행사할 목적으로 작성된 사문서가 일반인으로 하여금 당해 명의인의 권한 내에서 작성된 문서라고 믿게 할 수 있는 정도의 형식과 외관을 갖추고 있으면 사문서위조죄가 성립하고, 위와 같은 요건을 구비한 이상 명의인이 문서의 작성일자 전에 이미 사망하였더라도 그러한 문서 역시 공공의 신용을 해할 위험성이 있으므로 사문서위조죄가 성립한다. 그러한 내용의 문서에 관하여 사망한 명의자의 승낙이 추정된다는 이유로 사문서위조죄의 성립을 부정할 수는 없다(대판 2011도6223).

오답풀이 ▶

① 대판 2007도7717
③ 대판 2009도12958
④ 대판 2000도228

7

핵심풀이 ▶

② 일정한 기간 내에 잘못된 상태를 바로잡으라는 행정청의 지시를 이행하지 않았다는 것을 구성요건으로 하는 범죄는 이른바 진정부작위범으로서 그 의무이행기간의 경과에 의하여 범행이 기수에 이름과 동시에 작위의무를 발생시킨 행정청의 지시 역시 그 기능을 다한 것으로 보아야 한다(대판 93도1731).

오답풀이 ▶

① 부작위범 사이의 공동정범은 다수의 부작위범에게 공통된 의무가 부여되어 있고 그 의무를 공통으로 이행할 수 있을 때에만 성립한다(대판 2008도89).

③ 공무원이 어떠한 위법사실을 발견하고도 직무상 의무에 따른 적절한 조치를 취하지 아니하고 위법사실을 적극적으로 은폐할 목적으로 허위공문서를 작성, 행사한 경우에는 직무위배의 위법상태는 허위공문서작성 당시부터 그 속에 포함되는 것으로 작위범인 허위공문서작성 및 그 행사죄만이 성립하고 부작위범인 직무유기죄는 따로 성립하지 아니한다(대판 2002도5004).

④ 부진정부작위범의 작위의무는 법적인 의무이어야 하므로 단순한 도덕상 또는 종교상의 의무는 포함되지 않으나 작위의무가 법적인 의무인 한 성문법이건 불문법이건 상관이 없고 또 공법이건 사법이건 불문하므로, 법령, 법률행위, 선행행위로 인한 경우는 물론이고 기타 신의성실의 원칙이나 사회상규 혹은 조리상 작위의무가 기대되는 경우에도 인정된다(대판 2003도4128).

8 핵심풀이 ❯

③ 협박죄는 사람의 의사결정의 자유를 보호법익으로 하는 위험범이라 봄이 상당하고, 협박죄의 미수범 처벌조항은 해악의 고지가 현실적으로 상대방에게 도달하지 아니한 경우나, 도달은 하였으나 상대방이 이를 지각하지 못하였거나 고지된 해악의 의미를 인식하지 못한 경우 등에 적용될 뿐이다(대판 2007도606).

오답풀이 ❯

① 대판 2000도3245

② 대판 2011도10451, 대판 2007도606

④ 대판 86도1140

9 핵심풀이 ❯

㉠ 임차인이 임대계약 종료 후 식당건물에서 퇴거하면서 종전부터 사용하던 냉장고의 전원을 켜 둔 채 그대로 두었다가 약 1개월 후 철거해 가는 바람에 그 기간 동안 전기가 소비된 경우, 임차인이 퇴거 후에도 냉장고에 관한 점유·관리를 그대로 보유하고 있었다고 보아야 하므로, 냉장고를 통하여 전기를 계속 사용하였다고 하더라도 이는 당초부터 자기의 점유·관리하에 있던 전기를 사용한 것일 뿐 타인의 점유·관리하에 있던 전기가 아니어서 절도죄가 성립하지 않는다(대판 2008도3252). 틀림

㉡ 예금통장을 사용하여 예금을 인출하게 되면 그 인출된 예금액에 대하여는 예금통장 자체의 예금액 증명기능이 상실되고 이에 따라 그 상실된 기능에 상응한 경제적 가치도 소모된다. 그렇다면 타인의 예금통장을 무단사용하여 예금을 인출한 후 바로 예금통장을 반환하였다 하더라도 그 사용으로 인한 위와 같은 경제적 가치의 소모가 무시할 수 있을 정도로 경미한 경우가 아닌 이상, 예금통장 자체가 가지는 예금액 증명기능의 경제적 가치에 대한 불법영득의 의사를 인정할 수 있으므로 절도죄가 성립한다(대판 2009도9008). 틀림

10 핵심풀이 ❯

㉠ 옳음. 대판 95도2090

㉡ 옳음. 대판 98도4182

㉢ 옳음. 대판 87도1560

㉣ 틀림. 청탁한 내용이 단순히 규정이 허용하는 범위 내에서 "최대한의 선처를 바란다"는 내용에 불과하다면 사회상규에 어긋난 부정한 청탁이라고 볼 수 없고 따라서 이러한 청탁의 사례로 금품을 수수한 것은 배임증재 또는 배임수재에 해당하지 않는다(대판 82도1656).

11 핵심풀이 ❯

③ 대판 2011도16044

오답풀이 ❯

① 대판 74도2727

② 토지매도인이 그 매매대금을 지급받기 위하여 매수인을 상대로 하여 당해토지에 관한 소유권 이전등기말소청구소송을 제기하고 위 대금을 변제받지 못하면 위 소송을 취하하지 아니하고 예고등기도 말소하지 않겠다는 취지를 알렸다고 하여 이를 공갈행위라고 단정할 수는 없다(대판 87도690).

④ 부동산에 대한 공갈죄는 그 부동산에 관하여 소유권이전등기를 경료받거나 또는 인도를 받은 때에 기수로 되는 것이고, 소유권이전등기에 필요한 서류를 교부 받은 때에 기수로 되어 그 범행이 완료되는 것은 아니다(대판 92도1506).

12 핵심풀이 ❯

④ 배서인의 주소기재는 배서의 요건이 아니므로 약속어음 배서인의 주소를 허위로 기재하였다고 하더라도 그것이 배서인의 인적 동일성을 해하여 배서인이 누구인지를 알 수 없는 경우가 아닌 한 약속어음상의 권리관계에 아무런 영향을 미치지 않는다 할 것이고, 따라서 약속어음상의 권리에 아무런 영향을 미치지 않는 사항은 그것을 허위로 기재하더라도 형법 제216조 소정의 허위유가증권작성죄에 해당되지 않는다(대판 84도547).

오답풀이 ❯

① 대판 2010도12553

② 대판 82도677

③ 대판 78도1980

13 핵심풀이 ❯

모두 옳음

㉠ 대판 2009도4335

㉡ 대판 2006도2824

㉢ 대판 2009도12609

㉣ 형법 제321조, 형법 제322조

14 핵심풀이 ❯

② 선박매몰죄의 고의가 성립하기 위하여는 행위시에 사람이 현존하는 것이라는 점에 대한 인식과 함께 이를 매몰한다는 결과발생에 대한 인식이 필요하며, 현존하는 사람을 사상에 이르게 한다는 등 공공의 위험에 대한 인식까지는 필요하지 않고, 사람의 현존하는 선박에 대해 매몰행위의 실행을 개시하고 그로 인하여 선박을 매몰시켰다면 매몰의 결과발생시 사람이 현존하지 않았거나 범인이 선박에 있는 사람을 안전하게 대피시켰다고 하더라도 선박매몰죄의 기수로 보아야 할 것이지 이를 미수로 볼 것은 아니다(대판 99도4688).

오답풀이 ❯

① 옳음

③ 대판 2001도6903

④ 대판 2006도755

15 핵심풀이 ❯

㉡, ㉣ - 뇌물죄

㉡ 대판 2003도1060

㉣ 대판 2008도8852

오답풀이 ❯

㉠ 공갈죄성립. 공무원이 직무집행의 의사 없이 또는 직무처리와 대가적 관계없이 타인을 공갈하여 재물을 교부하게 한 경우에는 공갈죄만이 성립하고, 이러한 경우 재물의 교부자가 공무원의 해악의 고지로 인하여 외포의 결과 금품을 제공한 것이라면 그는 공갈죄의 피해자가 될 것이고 뇌물공여죄는 성립될 수 없다고 하여야 할 것이다(대판 94도2528).

㉢ 횡령죄성립. 수의계약을 체결하는 공무원이 해당 공사업자와 적정한 금액 이상으로 계약금액을 부풀려서 계약하고 부풀린 금액을 자신이 되돌려 받기로 사전에 약정한 다음 그에 따라 수수한 돈은 성격상 뇌물이 아니고 횡령금에 해당한다(대판 2005도7112).

16 **핵심풀이**▶

③ 인질강도죄에는 해방감경 규정이 없다.

오답풀이▶

① 대판 2009도3816
② 대판 98도1036
④ 대판 2007도8485

17 **핵심풀이**▶

③ 대판 89도1212

오답풀이▶

① 민사소송의 당사자는 증인능력이 없으므로 증인으로 선서하고 증언하였다고 하더라도 위증죄의 주체가 될 수 없고, 이러한 법리는 민사소송에서의 당사자인 법인의 대표자의 경우에도 마찬가지로 적용된다(대판 97도1168).
② 하나의 사건에 관하여 한 번 선서한 증인이 같은 기일에 여러 가지 사실에 관하여 기억에 반하는 허위의 진술을 한 경우 이는 하나의 범죄의사에 의하여 계속하여 허위의 진술을 한 것으로서 포괄하여 1개의 위증죄를 구성하는 것이고 각 진술마다 수 개의 위증죄를 구성하는 것이 아니다(대판 2006도9463).
④ 위증죄를 범한 자가 그 공술한 사건의 재판 또는 징계처분이 확정되기 전에 자백 또는 자수한 때에는 그 형을 감경 또는 면제한다(형법 제153조. 필요적 감면).

18 **핵심풀이**▶

③ 합동범의 공동정범 인정여부에 대해서는 견해가 대립되나, 합동범에 대한 교사 또는 방조가 가능하다는 점에 대해서는 이견이 없다.

오답풀이▶

① 형법 제331조(특수절도죄 : 1년 이상 10년 이하의 징역), 형법 제334조(특수강도죄 : 무기 또는 5년 이상의 징역), 형법 제146조(특수도주죄 : 7년 이하의 징역)
② 대판 2001도4013
④ 합동범에 관하여 다수설은 합동범의 교사, 방조는 가능하지만 합동범의 공동정범은 있을 수 없다고 설명한다. 대법원은 종전에는 다수설의 입장을 취하였으나(대판 75도2720)은 합동범의 공동정범의 성립을 인정하는 것으로 그 견해를 변경하였다(대판(숲) 98도321, 대판 2011도2021).

19 핵심풀이 ❯

㉠ 절도범인이 체포를 면탈할 목적으로 경찰관에게 폭행 협박을 가한 때에는 준강도죄와 공무집행방해죄를 구성하고 양죄는 상상적 경합관계에 있으나, 강도범인이 체포를 면탈할 목적으로 경찰관에게 폭행을 가한 때에는 강도죄와 공무집행방해죄는 실체적 경합관계에 있고 상상적 경합관계에 있는 것이 아니다(대판 92도917).

오답풀이 ❯

㉡ 대판 93도428

㉢ 대판 2001도359

㉣ 대판 2007도7601

㉤ 대판 2010도9630

20 핵심풀이 ❯

② 장물취득죄는 취득 당시 장물인 줄을 알면서 이를 취득해야 성립하는 것이므로, 자전거를 인도받은 후 비로소 장물이 아닌가 하는 의구심을 가졌더라도 장물취득죄가 성립하지 않는다(대판 71도468).

오답풀이 ❯

① 형법 제362조 제1항, 대판 2003도1266

③ 대판 2003도1366

④ 대판 2004도353

정답 및 해설

1 ④	2 ④	3 ③	4 ④	5 ①	6 ④	7 ④	8 ③	9 ④	10 ①
11 ②	12 ④	13 ①	14 ②	15 ②	16 ④	17 ②	18 ④	19 ③	20 ④

1

핵심풀이 ▶

④ 야간주거침입절도죄의 실행의 착수는 주거의 사실상의 평온을 침해할 객관적인 위험성을 포함하는 행위를 시도한 때부터라고 하면서 그 실행의 착수를 인정하였다(대판 2006도2824).

〈비교판례〉

* 아파트 초인종을 누른 행위만으로는 주거침입죄의 실행의 착수 아님(2008도1464)

* 다세대주택 출입문이 열려 있으면 들어가겠다는 의사 아래 출입문을 당겨보는 행위는 실행의 착수에 해당(2006도2824)

오답풀이 ▶

① 부동산 이중양도에 있어서 매도인이 제2차 매수인으로부터 계약금만을 지급받고 중도금을 수령한 바 없다면 배임죄의 실행의 착수가 있었다고 볼 수 없다(대판 2002도7134). 판례는 중도금의 수령이 있는 경우, 실행의 착수를 인정한다.

② 강간죄의 실행의 착수가 있었다고 하려면 강간의 수단으로서 폭행이나 협박을 한 사실이 있어야 할 터인데 안방에 들어가 누워 자고있는 피해자의 가슴과 엉덩이를 만지면서 간음을 기도하였다는 사실만으로는 강간의 수단으로 피해자에게 폭행이나 협박을 개시하였다고 하기는 어렵다(대판 90도607). 이 판례는 검사가 강간죄로 공소제기하였으나 강간의 실행의 착수를 인정하지 않았다. 이는 강간죄는 성립하지 않는다는 것이고, (준)강제추행을 부정하는 것은 아니므로, 사안에 따라서는 주거침입과 강제추행이 성립할 수도 있을 것이다.

※ 〈비교판례〉 준강간죄의 실행의 착수를 인정한 판례

피고인이 잠을 자고 있는 피해자의 옷을 벗긴 후 자신의 바지를 내린 상태에서 피해자의 음부를 만지고 자신의 성기를 피해자의 음부에 삽입하려고 하였으나 피해자가 몸을 뒤척이고 비트는 등 잠에서 깨어 거부하는 듯한 기색을 보이자 더 이상 간음행위에 나아가는 것을 포기한 경우, 준강간죄의 실행에 착수하였다(대판 99도5187).

③ 대판 2003도4417

2 핵심풀이 ❯

④ 수표의 발행인 아닌 자는 부정수표단속법상 허위신고죄의 주체가 될 수 없고 허위신고의 고의 없는 발행인을 이용하여 간접정범의 형태로 허위신고죄를 범할 수도 없다(대판 92도1342).

오답풀이 ❯

① 대판 53도39
② 대판 83도200
③ 대판 96도3376 전합

3 핵심풀이 ❯

③ 피고인이 '기업구매전용카드'를 이용하여 물품의 판매 또는 용역의 제공을 가장하여 거래하는 방법으로 자금을 융통하여 줌으로써 구 여신전문금융업법(2010. 3. 12. 법률 제10062호로 개정되기 전의 것, 이하 같다)을 위반하였다는 내용으로 기소된 사안에서, 기업구매전용카드가 '신용카드'에 해당하지 않는다고 보아 무죄를 인정한 원심판단의 결론을 정당하다(대판 2011도14687).

오답풀이 ❯

① 대판 2013도4279
② 대판 2011도7725
④ 대판 2010도8336

4 핵심풀이 ❯

④ 이혼소송 중인 남편이 찾아와 가위로 폭행하고 변태적 성행위를 강요하는 데에 격분하여 처가 칼로 남편의 복부를 찔러 사망에 이르게 한 경우, 그 행위는 방위행위로서의 한도를 넘어선 것으로 사회통념상 용인될 수 없다는 이유로 정당방위나 과잉방위에 해당하지 않는다고 본 사례(대판 2001도1089).

오답풀이 ❯

① 대판 2006도148
② 대판 2003도3606
③ 정당방위는 현재의 '부당한' 침해에 대해서만 가능하다.

5 핵심풀이 ❯

형법 제65조(집행유예의 효과) 집행유예의 선고를 받은 후 그 선고의 실효 또는 취소됨이 없이 유예기간을 경과한 때에는 형의 선고는 효력을 잃는다.

6

핵심풀이 ▶

④ 피고인이 격분하여 피해자를 살해할 것을 마음먹고 밖으로 나가 낫을 들고 피해자에게 다가서려고 하였으나 제3자 이를 제지하여 그 틈을 타서 피해자가 도망함으로써 살인의 목적을 이루지 못한 경우, 피고인이 낫을 들고 피해자에게 접근함으로써 살인의 실행행위에 착수하였다고 할 것이므로 이는 살인미수에 해당한다(대판 85도2773).

오답풀이 ▶

① 대판 92도1506
② 대판 99도4459
③ 대판 85도206

7

핵심풀이 ▶

④ 제한적 정범개념에 의하면 구성요건에 해당하는 행위를 스스로 행한 자만이 정범이므로 간접정범은 정범이 아니라 공범으로 보게된다.

오답풀이 ▶

①② **확장적 정범개념** : 구성요건적 결과를 야기한 자, 즉 구성요건의 실현에 대하여 조건을 부여한 자를 모두 정범으로 이해한다. 따라서 이 개념에 의할 때 정범과 공범의 구별은 구성요건이 아니고 '행위자의 의사'에 의하여 결정하게 된다.
  • 정범과 공범을 주관적 요소에 의하여 구분한다(주관설).
  • 공범규정은 처벌축소사유가 된다.
  • 정범개념의 지나친 확대로 죄형법정주의에 반하여 형법의 보장적 기능 침해
③ **제한적 정범개념** : 스스로 구성요건상의 정형적 행위를 한 자만이 정범이고, 공범은 불가벌이 된다는 이론이다.
  • 공범규정은 처벌확장사유가 된다.

8

핵심풀이 ▶

③ 법적인 의무인 한 신의성실원칙이나 사회상규, 조리상 작위의무가 인정되는 경우에도 보증인지위를 인정하는 것이 통설과 판례이다.

오답풀이 ▶

① 진정부작위범(부작위에 의한 부작위범, 명령규정위반) : 퇴거불응죄, 집합명령위반죄, 다중불해산죄, 전시공수계약 불이행죄, 전시군수계약 불이행죄
*부진정 부작위범(부작위에 의한 작위범) : 살인죄, 절도죄
② 입찰업무를 담당하는 공무원이 입찰보증금이 횡령이 되고 있는 사실을 알고도 이를 방지할 조치를 취하지 않음으로 새로운 횡령범행이 계속된 경우에 횡령의 방조범으로 처벌된다(대판 95도2551).

④ 부진정부작위범은 보증인이 구조의무를 지체함으로서 피해자에게 직접적인 위험을 발생케 하
거나 기존의 위험을 증대시킨 경우에 미수가 성립된다.
* 진정부작위범 : 거동범이므로 미수가 불가능하나(다수설), 형법은 퇴거불응죄와 집합명령위반죄
에 관하여 미수범처벌규정을 두고 있다.

9 핵심풀이 ▶

④ 위법성조각사유의 전제사실에 관한 착오에 빠진 자의 행위는 구성요건적 고의는 인정(구성요
건해당성·위법성 인정)되나 책임고의가 조각될 뿐이다. 따라서 이에 대한 공범성립은 가능하다.

	착오의 성질	착오의 효과	공범성립
소극적 구성요건표지이론	구성요건적 착오 (제13조 직접적용)	불법고의 조각→과실범	불가능
엄격고의설	–	책임고의 조각→과실범	–
유추적용설	제3의 착오 (제13조 유추적용)	불법고의 조각→과실범	불가능
법효과제한적 책임설	제3의 착오	불법고의 인정, 책임고의 조각 →과실범	가능
엄격책임설	위법성의 착오	책임고의 인정→정당한 이유 유무에 따라 책임결정→ 고의범	가능

10 핵심풀이 ▶

① 경찰서 방범과장이 부하직원으로부터 음반·비디오물 및 게임물에 관한 법률 위반 혐의로 오
락실을 단속하여 증거물로 오락기의 변조 기판을 압수하여 사무실에 보관중임을 보고받아 알고
있었음에도 그 직무상의 의무에 따라 위 압수물을 수사계에 인계하고 검찰에 송치하여 범죄 혐의의
입증에 사용하도록 하는 등의 적절한 조치를 취하지 않고, 오히려 부하직원에게 위와 같이 압수한
변조 기판을 돌려주라고 지시하여 오락실 업주에게 이를 돌려준 경우, 작위범인 증거인멸죄만이
성립하고 부작위범인 직무유기(거부)죄는 따로 성립하지 아니한다(대판(全) 2005도3909).

오답풀이 ▶

② 대판 96도2753
③ 대판 2006도1390
④ 대판 95도748

11 핵심풀이 ▶

ⓒ 형법 제344조, 제328조 제1항 소정의 친족간의 범행에 관한 규정이 적용되기 위한 친족관계는 원칙적으로 범행 당시에 존재하여야 하는 것이지만, 父가 혼인 외의 출생자를 인지하는 경우에 있어서는 민법 제860조에 의하여 그 자의 출생시에 소급하여 인지의 효력이 생기는 것이며, 이와 같은 인지의 소급효는 친족상도례에 관한 규정의 적용에도 미친다고 보아야 할 것이므로, 인지가 범행 후에 이루어진 경우라고 하더라도 그 소급효에 따라 형성되는 친족관계를 기초로 하여 친족상도례의 규정이 적용된다(대판 96도1731).

오답풀이 ▶

㉠ 친족상도례가 적용되는 친족의 범위는 민법의 규정에 의하여야 하는데 민법 제767조는 배우자, 혈족 및 인척을 친족으로 한다고 규정하고 있고, 민법 제769조는 혈족의 배우자, 배우자의 혈족, 배우자의 혈족의 배우자만을 인척으로 규정하고 있을 뿐, 구 민법 제769조에서 인척으로 규정하였던 '혈족의 배우자의 혈족'을 인척에 포함시키지 않고 있다. 따라서 사기죄의 피고인과 피해자가 사돈지간이라고 하더라도 이를 민법상 친족으로 볼 수 없다(대판 2011도2170).

㉡ 손자가 할아버지 소유 농업협동조합 예금통장을 절취하여 이를 현금자동지급기에 넣고 조작하는 방법으로 예금 잔고를 자신의 거래 은행 계좌로 이체한 경우, 위 농업협동조합이 컴퓨터 등 사용사기 범행 부분의 피해자이므로 친족상도례를 적용할 수 없다(대판 2006도2704).

㉣ 신분관계가 없는 공범에 대하여는 친족상도례 규정이 적용되지 아니한다(형법 제328조 3항).

12 핵심풀이 ▶

④ 중유기죄는 형법 제271조 제1항의 죄(단순유기죄)를 범하여 사람의 생명(신체 ×)에 대한 위험을 발생하게 한 경우에 성립하는 범죄이다(형법 제271조 제3항).

오답풀이 ▶

① 대판 2007도3952
② 옳음
③ 대판 86도225

13 핵심풀이 ▶

모두 옳음
㉠ 대판 2007도2134
㉡ 대판 2011도8829
㉢ 대판 98도231
㉣ 대판 2011도2170

14 핵심풀이 ❱

② 대판 70도2589

오답풀이 ❱

① 뇌물죄는 재산범죄가 아니므로 장물이 될 수 없다.
③ 장물죄를 절도죄보다 더 무겁게 처벌하고 있다.
④ 사례의 경우는 배임행위에 제공된 것이므로 장물이 될 수 없다(대판 82도2119).

15 핵심풀이 ❱

• 피고인이 자신의 신체의 일부가 집 안으로 들어간다는 인식하에 하였더라도 주거침입죄의 범의
  는 인정되고, 또한 비록 신체의 일부만이 집 안으로 들어갔다고 하더라도 사실상 주거의 평온을
  해하였다면 주거침입죄는 기수에 이르렀다(대판 94도2561). →주거침입죄의 기수
• 강간죄는 부녀를 간음하기 위하여 폭행 또는 협박을 개시한 때에 그 실행의 착수가 있다고 보
  아야 할 것인 바, 甲은 강간죄의 실행의 착수가 없었다. →강간죄의 불가벌(무죄)

16 핵심풀이 ❱

㉣ 대판 2006도4935

오답풀이 ❱

㉠ 이는 불법영득의사가 없는 것으로서, 횡령죄가 성립하지 않는다(대판 2001도5459).
㉡ 물건납품의 선매대금은 매도인의 소유로 귀속되는 것이므로, 횡령죄가 성립하지 않는다(대판
  86도631).
㉢ 사례의 경우에는 횡령죄가 아닌 배임죄가 성립한다(대판 94도2760).

17 핵심풀이 ❱

② 유가증권이 되기 위해서는 재산권이 증권에 화체된다는 것과 그 권리의 행사와 처분에 증권의
  점유를 필요로 한다는 두 가지 요소만 있으면 되는 것이며, 유통성은 요건이 아니다.

오답풀이 ❱

① 형법 제5조 제5호
③ 대판 84도1862
④ 통설과 판례(대판 71도905)

18 핵심풀이 ▶

④ 노동청 해외근로국장으로서 해외취업자 국외송출허가 등 업무를 취급하던 피고인이 접대부 등의 국외송출을 부탁받고 시가 70,000원 상당의 주식을 접대받은 경우, 비록 그 접대의 규모가 그리 크지 아니하였다 하더라도 그 사유만으로 이를 단순한 사교적 의례의 범위에 속하는 향응에 불과하다고 볼 수 없으면 뇌물성을 띤다고 볼 것이다(대판 83도1499). 즉, 판례는 금액이 근소하거나 규모가 작은, 비록 사교적 의례에 속한다고 하더라도 직무행위와 대가관계가 있는 경우에는 뇌물이 된다는 입장이다.

오답풀이 ▶

① 대판 96도865
② '국회의원이 그 직무권한의 행사로서의 의정활동과 전체적·포괄적으로 대가관계가 있는 금원을 교부받았다면 그 금원의 수수가 어느 직무행위와 대가관계에 있는 것인지 특정할 수 없다고 하더라도 이는 국회의원의 직무에 관련된 것으로 보아야 한다'라고 하여 소위 '포괄적 뇌물죄'를 인정하였다(대판 97도2609).
③ 뇌물죄는 증뢰자와 수뢰자의 협동을 필요로 한다는 점에서 필요적 공범이라고 한다.

19 핵심풀이 ▶

③ 어떤 선박이 사고를 낸 것처럼 허위로 사고신고를 하면서 그 선박의 선박국적증서와 선박검사증서를 함께 제출하였다고 하더라도, 선박국적증서와 선박검사증서는 위 선박의 국적과 항행할 수 있는 자격을 증명하기 위한 용도로 사용된 것일 뿐 그 본래의 용도를 벗어나 행사된 것으로 보기는 어려우므로, 이와 같은 행위는 공문서부정행사죄에 해당하지 않는다(대판 2008도10851).

오답풀이 ▶

① 대판 96도3191, 대판 77도1879
② 대판 2005도9922
④ 대판 2010도9725

20 핵심풀이 ▶

ⓛ 피고인이 자동차를 운전하다 횡단보도를 걷던 보행자 갑을 들이받아 그 충격으로 횡단보도 밖에서 갑과 동행하던 피해자 을이 밀려 넘어져 상해를 입은 사안에서, 위 사고는, 피고인이 횡단보도 보행자 갑에 대하여 구 도로교통법(2009. 12. 29, 개정 전의 것) 제27조 제1항에 따른 주의의무를 위반하여 운전한 업무상 과실로 야기되었고, 을의 상해는 이를 직접적인 원인으로 하여 발생하였다는 이유로, 피고인의 행위가 구 교통사고처리 특례법(2010. 1. 25, 개정 전의 것) 제3조 제2항 단서 제6호에서 정한 횡단보도 보행자 보호의무의 위반행위에 해당한다(대판 2009도12671).

오답풀이 ▶

㉠ 대판 84도2347
㉢ 대판 90도580
㉣ 대판 99도5286

정답 및 해설

| 1 ④ | 2 ① | 3 ① | 4 ① | 5 ④ | 6 ④ | 7 ③ | 8 ② | 9 ④ | 10 ② |
| 11 ③ | 12 ② | 13 ② | 14 ③ | 15 ② | 16 ③ | 17 ④ | 18 ② | 19 ① | 20 ③ |

1 **핵심풀이** ▶

④ 심신장애로 인하여 사물을 변별할 능력이나 의사를 결정할 능력이 미약한 자의 행위는 형을 감경한다(형법 제10조 제2항).

오답풀이 ▶

① 대판 99도693

② 대판 2000도2704

③ 형법 제11조

2 **핵심풀이** ▶

① 정범인 부작위범에게 보증인지위가 있는 한 이에 대한 공범은 보증인지위가 없어도 교사·방조, 간접정범, 공동정범 모두 성립할 수 있다.

오답풀이 ▶

② 부작위에 의한 교사는 인정되지 않는다.

③ 행위자가 자신의 신체적 활동이나 물리적·화학적 작용을 통하여 적극적으로 타인의 법익 상황을 악화시킴으로써 결국 그 타인의 법익을 침해하기에 이르렀다면, 이는 작위에 의한 범죄로 봄이 원칙이다(대판 2002도995).

④ 그 대표이사로서 위 압류시설이 위치한 골프장의 개장 및 운영 전반에 걸친 포괄적 권한과 의무를 지닌 피고인으로서는 위와 같은 회사의 대외적 의무사항이 준수될 수 있도록 적절한 조치를 취할 위임계약 혹은 조리상의 작위의무가 존재한다고 보아야 할 것이다. 압류된 골프장 시설을 보관하는 회사의 대표이사가 위 압류시설의 사용 및 봉인의 훼손을 방지할 수 있는 적절한 조치 없이 골프장을 개장하게 하여 봉인이 훼손되게 한 경우, 부작위에 의한 공무상표시무효죄의 성립을 인정할 수 있다(대판 2005도3034).

3 **핵심풀이** ▶

① 엄격책임설은 설문과 같은 위법성조각사유 전제사실의 착오도 '금지의 착오'로 본다. 따라서 이 학설에 의할 때 착오에 정당한 이유가 없으면 (책임이 조각되지 않아) 고의범인 살인죄로 처벌하게 된다.

오답풀이 ▶

②③④ 제한적 책임설, 소극적 구성요건요소이론, 엄격고의설에 의할 때 설문과 같이 위법성조각사유 전제사실의 착오가 있는 경우 과실범으로 처벌하게 된다. 이들학설에 의할 때 과실치사죄는 성립할 수 있어도 살인죄는 성립하지 아니한다.

4 **핵심풀이** ▶

① 상해죄 퇴거불응죄 재물손괴죄는 형법상 미수범 처벌규정이 있으나 공무집행방해죄는 형법상 미수범 처벌규정이 없다.

오답풀이 ▶

② 형법 제25조, 형법 제26조, 형법 제27조
③ 대판 2004도6432
④ 대판 75도1549

5 **핵심풀이** ▶

④ 엄격고의설에 대한 비판이다.

오답풀이 ▶

① 형법 제16조
② 대판 2003도939
③ 대판 83도1927

6 **핵심풀이** ▶

적법행위의 기대가능성이 있어 책임이 인정된 경우 - ⓒⓒⓔ
ⓒⓒⓔ 그 행위를 그만두거나 적법한 행위를 하기 불가능하지 않았으리라 판단되므로 적법행위의 기대가능성이 있어 책임을 인정한다.

오답풀이 ▶

㉠ 누구라도 그렇게 하지 않을 수 없었을 것이라는 상황 아래서 행해진 위법행위이므로 적법행위의 기대가능성이 없으므로 책임을 인정할 수 없다.

7 핵심풀이 **〉**

③ 甲은 중한 죄의 고의가 없으므로 보통살인죄, 乙은 직계비속의 신분이 없으므로 보통살인죄가 성립하고, 따라서 甲과 乙은 보통살인죄의 공동정범이 된다.

오답풀이 **〉**

① 진정신분범은 일정한 신분이 있어야 성립하는 범죄이고, 부진정신분범은 신분이 있던 없던 성립하지만 그 신분에 의해서 형벌이 가중 또는 가감되는 범죄를 말한다.

② 부진정신분범에 있어서 비신분자의 경우 통설은 형이 가중되지 않는 일반 범죄의 공범으로 처벌된다고 해석하고, 소수설과 판례는 비신분자도 신분자와 마찬가지로 부진정신분범의 공범에 해당하나 제33조 단서에 의해 과형에 있어서만 중한 형이 아닌 보통 범죄의 법정형으로 처벌된다고 해석하는 것이다.

④ 의료인일지라도 의료인 아닌 자의 의료행위에 공모하여 가공하면 의료법 제25조 제1항이 규정하는 무면허의료 행위의 공동정범으로서의 책임을 진다(대판 85도448).

8 핵심풀이 **〉**

② 몰수나 추징이 공소사실과 관련이 있다 하더라도 그 공소사실에 관하여 이미 공소시효가 완성되어 유죄의 선고를 할 수 없는 경우에는 몰수나 추징도 할 수 없다(대판 92도700).

오답풀이 **〉**

① 대판 89도2291

③ 대판 4294형상572

④ 대판 88도2211

9 핵심풀이 **〉**

④ 범죄의 정상에 참작할 만한 사유가 있는 때에는 작량하여 그 형을 감경할 수 있을 뿐이지, 면제까지는 할 수 없다(형법 제53조).

오답풀이 **〉**

① 형법 제21조 제2항

② 형법 제23조 제2항

③ 형법 제52조 제1항

10 핵심풀이 **〉**

② 주관설은 후회·동정·연민, 양심의 가책 등 윤리적 동기에 의하여 중지한 경우만을 중지미수로 인정하기 때문에 중지미수의 인정범위가 지나치게 좁아진다는 비판을 받는다.

① 책임감소·소멸설(법률설)은 범죄의 중지, 방지가 위법성을 감소, 소멸시키기 때문에 중지미수를 관대하게 처벌한다는 견해이다. 책임 소멸시에 무죄판결을 하여야 하나 현행헌법은 유죄판결의 일종인 형면제판결을 하도록 규정하고 있으므로 실정법에 맞지 아니하다는 비판이 있다.

③ 대판 68도1676

④ 대판 66도152

11 핵심풀이 ▶

③ 피고인들에게 '영리 목적의 상습성'이 인정된다고 하더라도 이는 고소 없이도 처벌할 수 있는 근거가 될 뿐 피고인들의 각 방조행위는 원칙적으로 서로 경합범 관계에 있고, 다만 동일한 저작물에 대한 수회의 침해행위에 대한 각 방조행위가 포괄하여 하나의 범죄가 성립할 여지가 있을 뿐인데도, 이와 달리 위 사이트를 통해 유통된 다수 저작권자의 다수 저작물에 대한 피고인들의 범행 전체가 하나의 포괄일죄를 구성한다고 본 원심판결에 저작권법 위반죄의 죄수에 관한 법리오해의 위법이 있다(대판 2011도12131).

① 대판 87도527

② 대판 2002도5341

④ 대판 79도840

12 핵심풀이 ▶

장물에 관한 죄에 있어서의 장물이라 함은 재산범죄로 인하여 취득한 물건 그 자체를 말한다(대판 2004도353). 따라서 ⓒ이 항목만이 장물에 해당하고 ⊙ⓒⓜ처럼 '재산범죄가 아니거나' 또는 ⓐ처럼 재산범죄로 '취득한 물건 자체가 아닌 것'은 장물이 될 수 없다.

13 핵심풀이 ▶

② 신용카드업자가 발행한 신용카드는 이를 소지함으로써 신용구매가 가능하고 금융의 편의를 받을 수 있다는 점에서 경제적 가치가 있다 하더라도 그 자체에 경제적 가치가 화체되어 있거나 특정의 재산권을 표창하는 유가증권이라고 볼 수 없고 단지 신용카드회원이 그 제시를 통하여 신용카드회원이라는 사실을 증명하거나 현금자동지급기 등에 주입하는 등의 방법으로 신용카드업자로부터 서비스를 받을 수 있는 증표로서의 가치를 갖는 것이다(대판 99도857).

①③④ – 유가증권에 해당

① 대판 98도2967

③ 대판 95도20

④ 대판 97도2483

14 핵심풀이 ▶

③ 본죄는 국가적 법익도 보호법익에 포함되므로 피의자의 승낙은 위법성을 조각시키지 않는다.

오답풀이 ▶

① 본죄의 주체는 검찰, 경찰 기타 범죄수사에 관한 직무를 행하는 자 또는 이를 감독하거나 보조하는 자이다. '법관'은 이에서 제외된다.
② 본죄는 지득한 피의사실을 '공판청구 전'에 공표하는 경우에만 성립하므로 '공판청구 후' 공표하는 경우에는 무죄이다.
④ 수사활동상 상관·동료에게 보고하거나 공개수사를 위해서 일반에게 공개하는 것은 정당행위로서 위법성이 조각된다.

15 핵심풀이 ▶

② 도박장소개설죄는 추상적 위험범이므로 영리의 목적으로 도박장소를 개설하면 기수에 이르고, 현실로 도박이 행하여졌음은 묻지 않는다(대판 2008도5282).

오답풀이 ▶

① 대판 2001도5802
③④ 목적범, 계속범이고, 도박장소폐쇄로 범죄행위가 종료된다.

16 핵심풀이 ▶

손자가 할아버지 소유 농업협동조합 예금통장을 절취하여 이를 현금자동지급기에 넣고 조작하는 방법으로 예금 잔고를 자신의 거래 은행 계좌로 이체한 사안에서, 위 농업협동조합이 컴퓨터 등 사용사기 범행 부분의 피해자라는 이유로 친족상도례를 적용할 수 없다(대판 2006도2704).
→ 컴퓨터 등 사용사기 범행의 피해자를 할아버지가 아닌 현금지급관리자(농업협동조합 등 금융기관)로 보아 친족상도례를 적용하지 않음

17 핵심풀이 ▶

④ 형법 제207조 제3항은 "행사할 목적으로 외국에서 통용하는 외국의 화폐, 지폐 또는 은행권을 위조 또는 변조한 자는 10년 이하의 징역에 처한다."고 규정하고 있는바, 여기에서 외국에서 통용한다고 함은 그 외국에서 강제통용력을 가지는 것을 의미하는 것이므로 외국에서 통용하지 아니하는 즉, 강제통용력을 가지지 아니하는 지폐는 그것이 비록 일반인의 관점에서 통용할 것이라고 오인할 가능성이 있다고 하더라도 위 형법 제207조 제3항에서 정한 외국에서 통용하는 외국의 지폐에 해당한다고 할 수 없고, 만일 그와 달리 위 형법 제207조 제3항의 외국에서 통용하는 지폐에 일반인의 관점에서 통용할 것이라고 오인할 가능성이 있는 지폐까지 포함시키면 이는 위 처벌조항을 문언상의 가능한 의미의 범위를 넘어서까지 유추해석 내지 확장해석하여 적용하는 것이 되어 죄형법정주의의 원칙에 어긋나는 것으로 허용되지 않는다(대판 2003도3487).

① 대판 2011도7704

② 대판 2011도7704; 대판 86도255

③ 대판 2010도12553

18 핵심풀이 〉

② 시간적 차이가 있는 독립된 상해행위나 폭행행위가 경합하여 사망의 결과가 일어나고 그 사망의 원인된 행위가 판명되지 않은 경우에는 공동정범의 예에 의하여 처벌할 것이라고 한다(대판 2000 도2466).

① 대판 99도4341

③ 대판 2005도1373

④ 대판 2007도9624

19 핵심풀이 〉

① 원심은, 낙태죄는 태아를 자연분만기에 앞서서 인위적으로 모체 밖으로 배출하거나 모체 안에서 살해함으로써 성립하고 그 결과 태아가 사망하였는지 여부는 낙태죄의 성립에 영향이 없는 것이므로 피고인이 살아서 출생한 미숙아에게 염화칼륨을 주입한 것을 낙태를 완성하기 위한 행위에 불과한 것으로 볼 수 없고, 살아서 출생한 미숙아가 정상적으로 생존할 확률이 적다고 하더라도 그 상태에 대한 확인이나 최소한의 의료행위도 없이 적극적으로 염화칼륨을 주입하여 미숙아를 사망에 이르게 한 피고인에게는 미숙아를 살해하려는 범의도 있었던 것으로 보아야 한다고 판단하였다. 기록에 비추어 살펴보면 원심의 위와 같은 증거의 취사선택과 사실인정 및 판단은 정당한 것으로 수긍할 수 있다(대판 2003도2780). 지문의 경우 업무상촉탁낙태죄 외에도 별도의 살인죄가 성립한다.

② 대판 93도1873

③ 대판 2005도1373

④ 대판 81도2621

20 핵심풀이 ▶

③ 알선수뢰죄는 공무원의 그 지위를 이용하여 다른 공무원의 직무에 속한 사항의 알선에 관하여 뇌물을 수수, 요구 또는 약속하는 것을 그 성립요건으로 하고 있고, 여기서 '공무원이 그 지위를 이용하여'라 함은 친구, 친족관계 등 사적인 관계를 이용하는 경우에는 이에 해당한다고 할 수 없으나, 다른 공무원이 취급하는 사무의 처리에 법률상이거나 사실상으로 영향을 줄 수 있는 관계에 있는 공무원이 그 지위를 이용하는 경우에는 이에 해당하고, 그 사이에 상하관계, 협동관계, 감독권한 등의 특수한 관계가 있음을 요하지 않는다고 할 것이고, '다른 공무원의 직무에 속한 사항의 알선행위'는 그 공무원의 직무에 속하는 사항에 관한 것이면 되는 것이지 그것이 반드시 부정행위라거나 그 직무에 관하여 결재권한이나 최종권한을 갖고 있어야 하는 것이 아니다(대판 2006도735).

오답풀이 ▶

① 대판 96도3377
② 대판 97도1572
④ 대판 2002도1283

정답 및 해설

| 1 ③ | 2 ② | 3 ④ | 4 ② | 5 ① | 6 ④ | 7 ③ | 8 ② | 9 ④ | 10 ② |
| 11 ② | 12 ③ | 13 ② | 14 ② | 15 ④ | 16 ② | 17 ④ | 18 ③ | 19 ③ | 20 ④ |

1 핵심풀이 ▶

③ 자신의 뇌물수수 혐의에 대한 결백을 주장하기 위하여 제3차로부터 사건 관련자들이 주고받은 이메일 출력물을 교부받아 징계위원회에 제출한 경우, 이메일 출력물 그 자체는 정보통신망 이용촉진 및 정보보호 등에 관한 법률에서 말하는 '정보통신망에 의하여 처리·보관 또는 전송되는' 타인의 비밀에 해당하지 않지만, 이를 징계위원회에 제출하는 행위는 '정보통신망에 의하여 처리·보관 또는 전송되는 타인의 비밀'인 이메일의 내용을 '누설하는 행위'에 해당한다(대판 2006도 8644).

오답풀이 ▶

① 특정경제범죄 가중처벌 등에 관한 법률 제1항에 정해진 '저축을 하는 자'에는 사법상 법률효과가 귀속되는 '저축의 주체'가 아니라고 하더라도, '저축과 관련된 행위를 한 자'도 포함되고, 이러한 해석이 '저축을 하는 자'라는 문언의 의미 한계를 넘어선 해석은 아니므로 죄형법정주의에 위반된 해석이라고 할 수도 없다(대판 2003도6733).

② 명확성의 원칙에 반하지 아니한다(대판 2003도5980).

④ 성문법률주의란 범죄와 형벌은 성문의 법률로 규정되어야 한다는 원칙을 말하며 여기서의 법률은 국회에서 제정한 형식적 의미의 법률을 의미한다.

2 핵심풀이 ▶

② 형법 제20조 소정의 '사회상규에 위배되지 아니하는 행위'라 함은 법질서 전체의 정신이나 그 배후에 놓여 있는 사회윤리 내지 사회통념에 비추어 용인될 수 있는 행위를 말하고, 어떠한 행위가 사회상규에 위배되지 아니하는 정당한 행위로서 위법성이 조각되는 것인지는 구체적인 사정 아래서 합목적적, 합리적으로 고찰하여 개별적으로 판단되어야 할 것인바, 이와 같은 정당행위를 인정하려면 첫째 그 행위의 동기나 목적의 정당성, 둘째 행위의 수단이나 방법의 상당성, 셋째 보호이익과 침해이익과의 법익균형성, 넷째 긴급성, 다섯째 그 행위 외에 다른 수단이나 방법이 없다는 보충성 등의 요건을 갖추어야 한다(대판 2003도2903).

3 핵심풀이 ▶

④ 원인에 있어서 자유로운 행위의 처벌의 근거에 대해 원인행위시에 실행의 착수가 있다고 하는 견해는 원인행위시(술 마실 때)에 실행의 착수가 있다고 보아 행위책임동시존재원칙을 관철시키려는 입장이다.

4 핵심풀이 ▶

② 대마취급자가 아닌 자가 절취한 대마를 흡입할 목적으로 소지하는 행위는 절도죄의 보호법익과는 다른 새로운 법익을 침해하는 행위이므로 절도죄의 불가벌적 사후행위로서 절도죄에 포괄흡수된다고 할 수 없고 절도죄 외에 별개의 죄를 구성한다고 할 것이며, 절도죄와 무허가대마소지죄는 경합범의 관계에 있다(대판 98도3619).

오답풀이 ▶

①③④ 모두 불가벌적 사후행위에 해당한다.

① 대판 82도3103

③ 절취한 자기앞 수표를 음식대금으로 교부하고 거스름돈을 환불받은 행위는 절도의 불가벌적 사후처분행위로서 사기죄가 되지 아니한다(대판 86도1728).

④ 대판 75도1996

5 핵심풀이 ▶

판례는 한시법의 실효 내지 폐지의 동기에 따라 단순한 사실관계의 변경인 경우에는 추급효를 인정하고, 법률이념의 변경의 경우에는 추급효를 부정하고 있다(동기설).

6 핵심풀이 ▶

④ 우리 형법은 부진정부작위범에 대하여 형의 임의적, 감경규정을 두고 있지 않다.

7 핵심풀이 ▶

③ 형법은 인식 있는 과실과 인식 없는 과실을 구별하지 않고 또한 처벌에 있어서도 차이를 두지 아니한다.

8 핵심풀이 ▶

② 판례는 형법 제10조 제1항 및 제2항 소정의 심신장애의 유무 및 정도의 판단은 법률적 판단으로서 반드시 전문감정인의 의견에 기소되어야 하는 것은 아니고, 정신분열병의 종류 및 정도, 범행의 동기 및 원인, 범행의 경위 및 수단과 태양, 범행 전후의 피고인의 행동, 증거인멸 공작의

유무, 범행 및 그 전후의 상황에 관한 기억의 유무 및 정도, 반성의 빛 유무, 수사 및 공판정에서의 방어 및 변소의 방법과 태도, 정신병 발병 전의 피고인의 성격과 그 범죄와의 관련성 유무 및 정도 등을 종합하여 법원이 독자적으로 판단할 수 있다고 하여 편집형 정신분열증환자로서 심신장애의 상태에 있었다는 감정인의 의견을 배척하고 제반 사정을 종합하여 심신미약으로만 인정하였다(대판 94도581).

오답풀이 〉

① 대판 2007도2360

③ 대판 2006도7900

④ 대판 2008도9867 등

9   핵심풀이 〉

④ 형법 제156조의 무고죄는 국가의 형사사법권 또는 징계권의 적정한 행사를 주된 보호법익으로 하는 죄이나, 스스로 본인을 무고하는 자기무고는 무고죄의 구성요건에 해당하지 아니하여 무고죄를 구성하지 않는다. 그러나 피무고자의 교사·방조 하에 제3자가 피무고자에 대한 허위의 사실을 신고한 경우에는 제3자의 행위는 무고죄의 구성요건에 해당하여 무고죄를 구성하므로, 제3자를 교사·방조한 피무고자도 교사·방조범으로서의 죄책을 부담한다(대판 2008도4852).

오답풀이 〉

① 대판 2008도89

② 대판 96도3377

③ 대판 99도1252

10   핵심풀이 〉

② 점유이탈물횡령죄에 해당한다(대판 99도 3963).

오답풀이 〉

①③④ 모두 절도죄가 성립한다.

① 대판 82도3115   ③ 대판 84도3024   ④ 대판 2006도8649 절도죄, 업무방해죄

11   핵심풀이 〉

② 형법 제331조 제2항의 특수절도에 있어서 주거침입은 그 구성요건이 아니므로, 절도범인이 그 범행수단으로 주거침입을 한 경우에 그 주거침입행위는 절도죄에 흡수되지 아니하고 별개로 주거침입죄를 구성하여 절도죄와는 실체적 경합의 관계에 있게 되고, 2인 이상이 합동하여 야간이 아닌 주간에 절도의 목적으로 타인의 주거에 침입하였다 하여도 아직 절취할 물건의 물색행위를 시작하기 전이라면 특수절도죄의 실행에는 착수한 것으로 볼 수 없는 것이어서 그 미수죄가 성립하지 않는다(대판 2009도9667).

① 다른 사람의 주택에 무단침입한 범죄사실로 이미 유죄판결을 받은 사람이 그 판결이 확정된 후에도 퇴거하지 않은 채 계속하여 당해 주택에 거주한 경우, 위 판결확정 이후의 행위는 별도의 주거침입죄를 구성한다(대판 2007도11322).

③ 주거침입죄와 퇴거불응죄는 법정형이 동일하다(형법 제319조 참조).

④ 다가구용 단독주택이나 다세대주택·연립주택·아파트 등 공동주택 안에서 공용으로 사용하는 계단과 복도는, 주거로 사용하는 각 가구 또는 세대의 전용 부분에 필수적으로 부속하는 부분으로서 그 거주자들에 의하여 일상생활에서 감시·관리가 예정되어 있고 사실상의 주거의 평온을 보호할 필요성이 있는 부분이므로, 특별한 사정이 없는 한 주거침입죄의 객체인 '사람의 주거'에 해당한다. 따라서 주거인 공용 계단에 들어간 행위가 거주자의 의사에 반한 것이라면 주거에 침입한 것이라고 보아야 한다(대판 2009도3452).

12 핵심풀이 ▶

③ 방화죄는 화력이 매개물을 떠나 스스로 연소할 수 있는 상태에 이르렀을 때에 기수가 되고 반드시 목적물의 중요부분이 소실하여 그 본래의 효용을 상실한 때라야만 기수가 되는 것이 아니라고 할 것이다(대판 70도330). → 방화죄의 기수시기에 대해서 '독립연소설'의 입장

13 핵심풀이 ▶

ㄹ 사기죄가 성립한다(대판 2011도5299).

ㄱ 옳음. 대판 2010도3498

ㄴ 옳음. 대판 2011도282

ㄷ 옳음. 대판 2012도9605

14 핵심풀이 ▶

② 형법 제123조가 규정하는 직권남용권리행사방해죄에서 권리행사를 방해한다 함은 법령상 행사할 수 있는 권리의 정당한 행사를 방해하는 것을 말한다고 할 것이므로 이에 해당하려면 구체화된 권리의 현실적인 행사가 방해된 경우라야 할 것이고, 또한 공무원의 직권남용행위가 있었다 할지라도 현실적으로 권리행사의 방해라는 결과가 발생하지 아니하였다면 본죄의 기수를 인정할 수 없다(대판 2003도4599).

① 대판 2008도7312

③ 대판 90도2800

④ 대판 2010도13766

15 핵심풀이 ▶

④ 공무원의 직무에 속한 사항의 알선에 관하여 금품을 받고 그 금품 중의 일부를 받은 취지에 따라 청탁과 관련하여 관계공무원에게 뇌물로 공여하거나 다른 알선행위자에게 청탁의 명목으로 교부한 경우에는 그 부분의 이익은 실질적으로 범인에게 귀속된 것이 아니어서 이를 제외한 나머지 금품만을 몰수하거나 그 가액을 추징하여야 한다(대판 99도1900).

오답풀이 ▶

① 대판 2003도1060
② 대판 97도2609
③ 대판 83도1499

16 핵심풀이 ▶

② 시공회사의 상무이사인 현장소장이 현장에서의 공사감독을 전담하였고 사장은 그와 같은 감독을 하게 되어 있지 않았다면 사장으로서는 그 공사의 진행에 관하여 직접적인 지휘·감독을 받지 않는 회사직원 혹은 고용한 노무자들이 공사시행상의 안전수칙을 위반하여 사고를 저지를지 모른다고 하여 이에 대비하여 각개의 개별작업에 대하여 일일이 세부적인 안전대책을 강구하여야 하는 구체적이고 직접적인 주의의무가 있다고 하기 어렵다(대판 89도1618).

오답풀이 ▶

① 대판 2010도1911
③ 대판 2009도2390
④ 대판 2009도1040

17 핵심풀이 ▶

④ 배임수재죄는 타인의 사무를 처리하는 자가 그 임무에 관하여 부정한 청탁을 받고 재물 또는 재산상의 이익을 취득한 경우에 성립하는 범죄로서, 타인의 사무를 처리하는 자가 그 임무에 관하여 부정한 청탁을 받았다 하더라도 자신이 아니라 다른 사람으로 하여금 재물 또는 재산상의 이익을 취득하게 한 경우에는 위 죄가 성립하지 않음이 명백하다(대판 2006도3504).

오답풀이 ▶

①②③ 대판 2009도10681

18 핵심풀이 ▶

③ 대주주가 적법한 소집절차나 임시주주총회의 개최 없이 나머지 주주들의 의결권을 위임받아 자신이 임시의장이 되어 임시주주총회 의사록을 작성하여 법인등기를 마친 경우에는 공정증서원본불실기재죄가 성립하지 않는다(대판 2008도1044).

① 대판 95도448

② 대판 99도202

④ 대판 2008도10248

19 핵심풀이 ▶

③ 난소의 제거로 이미 임신불능 상태에 있는 피해자의 자궁을 적출했다 하더라도 그 경우 자궁을 제거한 것이 신체의 완전성을 해한 것이 아니라거나 생활기능에 아무런 장애를 주는 것이 아니라거나 건강상태를 불량하게 변경한 것이 아니라고 할 수 없고 이는 업무상과실치상죄에 있어서의 상해에 해당한다(대판 92도2345).

오답풀이 ▶

① 대판 2005도3832

② 대판 96도2529

④ 대판 99도3099

20 핵심풀이 ▶

범죄 피해 신고를 받고 출동한 두 명의 경찰관에게 욕설을 하면서 차례로 폭행을 하여 신고 처리 및 수사 업무에 관한 정당한 직무집행을 방해한 사안에서, 동일한 장소에서 동일한 기회에 이루어진 폭행행위는 사회 관념상 1개의 행위로 평가하는 것이 상당하다는 이유로, 위 공무집행방해죄는 형법 제40조에 정한 상상적 경합의 관계에 있다고 한 사례이다(대판 2009도3505).

정답 및 해설

| 1 ② | 2 ① | 3 ③ | 4 ② | 5 ④ | 6 ④ | 7 ② | 8 ③ | 9 ④ | 10 ③ |
| 11 ② | 12 ③ | 13 ③ | 14 ② | 15 ④ | 16 ③ | 17 ① | 18 ④ | 19 ① | 20 ③ |

1 **핵심풀이 》**

② 다수설은 소급효금지의 원칙은 실체법인 형법에 대하여만 적용되고, 절차법인 형사소송법에는 적용되지 않는다고 본다.

오답풀이 》

① 대판(全) 97도2231

③ 대판 95도3073

④ 대판 2008초기264

2 **핵심풀이 》**

① 형법 제48조 제1항 제1호는 몰수할 수 있는 물건으로서 '범죄행위에 제공하였거나 제공하려고 한 물건'을 규정하고 있는데, 여기서 범죄행위에 제공하려고 한 물건이란 범죄행위에 사용하려고 준비하였으나 실제 사용하지 못한 물건을 의미하는 바, 형법상의 몰수가 공소사실에 대하여 형사재판을 받는 피고인에 대한 유죄판결에서 다른 형에 부가하여 선고되는 형인 점에 비추어 어떠한 물건을 범죄행위에, '제공하려고 한 물건'으로서 몰수하기 위하여는 그 물건이 유죄로 인정되는 당해 범죄행위에 제공하려고 한 물건임이 인정되어야 한다.

[2] 체포될 당시에 미처 송금하지 못하고 소지하고 있던 자기앞수표나 현금은 장차 실행하려고 한 외국환거래법위반의 범행에 제공하려는 물건일 뿐, 그 이전에 범해진 외국환거래법 위반의 '범죄행위에 제공하려고 한 물건'으로는 볼 수 없으므로 몰수할 수 없다고 한 사례(대판 2007도1003).

오답풀이 》

② 대판 68도1672

③ 대판 2000도745

④ 대판 2012도11586

3 핵심풀이 ❯

③ 결과적 가중범인 상해치사죄의 공동정범은 폭행 기타 신체침해행위를 공동으로 할 의사가 있으면 성립되고 결과를 공동으로 할 의사는 필요 없다고 할 것이므로, 패싸움 중 한 사람이 칼로 찔러 상대방을 죽게 한 경우에 다른 공범자가 그 결과 인식이 없다하여 상해치사죄의 책임이 없다고 할 수 없다(대판 77도2193).

오답풀이 ❯

① 부진정결과적 가중범 : 현주건조물방화치사상죄, 특수공무집행방해치상죄, 교통방해치상죄, 중상해죄, 중유기죄
② 형법상 미수범처벌규정 : 인질치사상죄, 강도치사상죄, 해상강도치사상죄
④ 기본범죄에 대한 교사·방조자에게 중한 결과에 대한 스스로의 과실이 있는 경우에는 결과적 가중범의 교사·방조가 성립한다는 긍정설(통설)과 과실범에 대한 교사·방조는 인정할 수 없기때문에 기본범죄에 대한 교사범과 중한 결과에 대한 과실범의 상상적 경합 또는 실체적 경합이 된다는 부정설이 대립되어 있으나 판례는 긍정설의 입장을 취한다.

4 핵심풀이 ❯

② 주관적 정당화요소 불요설에 의할 때 우연방위의 경우 객관적 정당화 상황은 존재하므로 위법성이 조각되게 한다.

오답풀이 ❯

① 순수한 결과반가치론에 의하면 결과가치만을 주목하여, 불법은 결과반가치만으로 구성되므로 위법성조각사유에 있어서 주관적 정당화 요소를 요하지 않는다. 따라서 객관적 정당화요소는 있고 주관적 정당화요소가 없는 우연방위를 정당방위로 다루게 된다.
③ 일원적 인적불법론(행위반가치론)은 오직 행위반가치만이 불법의 전부라고 보는 견해이므로, 위법성을 조각하기 위해서는 행위반가치를 상쇄시킬 주관적 정당화요소(예, 정당방위·긴급피난 등의 의사)가 필요하게 되고, 이러한 주관적 정당화요소가 있는 경우에만 행위반가치가 탈락하여 정당화될 수 있다. 따라서 일원적 인법불법론은 우연방위의 경우 주관적 정당화요소가 없기 때문에 기수범설을 취하게 된다.
④ 불능미수범설은 우연방위의 경우 주관적 정당화요소의 결여로 주관적으로는 위법하나(행위반가치 존재) 객관적으로 존재하는 정당화상황으로 인해(결과반가치 배제) 결과불법이 불능미수의 수준으로 낮아지기 때문에 불능미수의 규정을 유추적용하여 처벌해야 한다는 견해(다수설)이다.

※ 우연방위(객관적 정당화요소는 있으나 주관적 정당화요소가 결여된 경우) : 예, 甲이 乙을 살해하려고 총을 쏘아 사망케 하였으나 실은 乙이 먼저 甲을 살해하려고 총을 겨누고 있었던 경우

주관적 정당화요소 불요설	• 순수한 결과반가치론 • 결과반가치(일원)론	위법성조각○, 무죄
주관적 정당화요소 필요설	• 일원적 인적불법론 • 행위반가치(일원)론 • 기수범설	위법성조각×, 살인기수(주관적정당화요소가 결여된 경우에 위법성이 조각되지 않고 기수범이 성립)
	• 불능미수범설(다수설)	불능미수규정 유추적용(결과반가치배제 + 행위반가치존재)

5 **핵심풀이 ▶**

④ 주형에 대하여 선고를 유예하지 아니하면서 이에 부가할 몰수 · 추징에 대하여서만 선고를 유예할 수는 없다(대판 88도551).

오답풀이 ▶

① 형법 제59조, 형법 제60조
② 대판 93오1
③ 대판 80도584

6 **핵심풀이 ▶**

모두 적법행위에 대한 기대가능성이 있다.
㉠ 대판(全) 86도1724
㉡ 대판 69도2084
㉢ 대판 66도914
㉣ 불법 건축물이라는 이유로 일반음식점 영업신고의 접수가 거부되었고, 이전에 무신고 영업행위로 형사처벌까지 받았음에도 계속하여 일반음식점 영업행위를 한 피고인의 행위는, 식품위생법상 무신고 영업행위로서 정당행위 또는 적법행위에 대한 기대가능성이 없는 경우에 해당하지 아니한다(대판 2008도6829).

7 **핵심풀이 ▶**

㉡㉢㉣ 이 3항목의 범죄는 미수범 처벌규정이 없다.

8 **핵심풀이** ❱

③ 집행유예의 선고를 받은 자가 유예기간 중 고의로 범한 죄로 금고 이상의 실형을 선고받아 그 판결이 확정된 때에는 집행유예의 선고는 효력을 잃는다(형법 제63조).

오답풀이 ❱

① 형법 제62조의2 제3항
② 대판 2011도10570
④ 대판 2006도8555

9 **핵심풀이** ❱

④ 긴급피난은 위난에 처한 법익을 보호할 수 있는 유일한 수단일 것을 요한다(최후수단성).

오답풀이 ❱

① 대판 94도2781
② 대판 2011도3682
③ 대판 2011도3682

10 **핵심풀이** ❱

③ 화물차를 주차하고 적재함에 적재된 토마토 상자를 운반하던 중 적재된 상자 일부가 떨어지면서 지나가던 피해자에게 상해를 입힌 경우, 교통사고처리 특례법에 정한 '교통사고'에 해당하지 않아 업무상과실치사상죄가 성립한다(대판 2009도2390).

오답풀이 ❱

① 대판 2009도1040
② 대판 2010도2615
④ 대판 88도833

11 **핵심풀이** ❱

ⓒ 교사가 피해자인 학생이 욕설을 하였는지를 확인도 하지 못할 정도로 침착성과 냉정성을 잃은 상태에서 욕설을 하지도 아니한 학생을 오인하여 구타하였다면 그 교사가 비록 교육상 학생을 훈계하기 위하여 한 것이라고 하더라도 이는 징계권의 범위를 일탈한 위법한 폭력행위이다(대판 80도762).

오답풀이 ❱

ⓖ 대판 89도2036
ⓛ 대판 2008도1433
ⓔ 대판 91도80

12 핵심풀이 ▶

㉠ 대판 2007도2484
㉢ 대판 2011도12408

오답풀이 ▶

㉡ 이른바 보통예금은 은행 등 법률이 정하는 금융기관을 수치인으로 하는 금전의 소비임치계약으로서, 그 예금계좌에 입금된 금전의 소유권은 금융기관에 이전되고, 예금주는 그 예금계좌를 통한 예금반환채권을 취득하는 것이므로, 금융기관의 임직원은 예금주로부터 예금계좌를 통한 적법한 예금반환 청구가 있으면 이에 응할 의무가 있을 뿐 예금주와의 사이에서 그의 재산관리에 관한 사무를 처리하는 자의 지위에 있다고 할 수 없다(대판 2008도1408).

㉣ 매매의 목적물이 동산일 경우 매도인은 매수인에게 계약에 정한 바에 따라 그 목적물인 동산을 인도함으로써 계약의 이행을 완료하게 되고 그때 매수인은 매매목적물에 대한 권리를 취득하게 되는 것이므로, 매도인에게 자기의 사무인 동산인도채무 외에 별도로 매수인의 재산의 보호 내지 관리 행위에 협력할 의무가 있다고 할 수 없다. 동산매매계약에서의 매도인은 매수인에 대하여 그의 사무를 처리하는 지위에 있지 아니하므로, 매도인이 목적물을 매수인에게 인도하지 아니하고 이를 타에 처분하였다 하더라도 형법상 배임죄가 성립하는 것은 아니다(대판(全) 2008도10479).

13 핵심풀이 ▶

조상천도제를 지내지 아니하면 좋지 않은 일이 생긴다는 취지의 해악의 고지는 길흉화복이나 천재지변의 예고로서 행위자에 의하여 직접, 간접적으로 좌우될 수 없는 것이고 가해자가 현실적으로 특정되어 있지도 않으며 해악의 발생가능성이 합리적으로 예견될 수 있는 것이 아니므로 협박으로 평가될 수 없으므로 공갈죄가 성립하지 않는다(대판 2000도3245).

14 핵심풀이 ▶

② 甲이 회사 자금으로 乙에게 주식매각 대금조로 금원을 지급한 경우 그 금원은 단순히 횡령행위에 제공된 물건이 아니라 횡령행위에 의하여 영득된 장물에 해당한다고 할 것이고, 나아가 설령 甲이 乙에게 금원을 교부한 행위 자체가 횡령행위라고 하더라도 이러한 경우 甲의 업무상횡령죄가 기수에 달하는 것과 동시에 그 금원은 장물이 된다(대판 2004도5904).

오답풀이 ▶

① 대판 2003도8219
③ 대판 2004도353
④ 대판 94도1968

15 **핵심풀이 ▶**

④ 누범의 형은 그 죄에 정한 형의 '장기'의 2배까지 가중한다(제35조 제2항). '단기'는 가중하지 않는다(대판 69도1129).

오답풀이 ▶

① 대판(全) 92도1428

② 대판 2011도14135

③ 형법 제56조(가중감경의 순서) 형을 가중감경할 사유가 경합된 때에는 '각칙 본조에 의한 가중 → 제34조 제2항의 가중 → 누범가중 → 법률상 감경 → 경합범 가중 → 작량감경' 순에 의한다.

16 **핵심풀이 ▶**

③ 피고인 등이 피해자들을 유인하여 사기도박으로 도금을 편취한 행위는 사회관념상 1개의 행위로 평가하는 것이 타당하므로, 피해자들에 대한 각 사기죄는 상상적 경합의 관계에 있다고 보아야 한다(대판 2010도9330).

오답풀이 ▶

① 대판 2008도5282

② 대판 84도195

④ 대판 2008도10582

17 **핵심풀이 ▶**

① 정신병자도 감금죄의 객체가 될 수 있다(대판 2002도4315).

＊ 영아 → 객체 ×, 정신병자 → 객체 ○

오답풀이 ▶

② 대판 84도208

③ 대판 98도1036

④ 대판 82도705

18 **핵심풀이 ▶**

④ 중소기업협동조합중앙회장의 국내관리업체 선정은 피고인(정보과 형사)의 직무와 관련성이 있다고 할 수 없다(대판 99도275).

오답풀이 ▶

① 대판 2000도2251

② 대판 99도2530

③ 대판 2005도4204

19 핵심풀이 ▶

㉠㉢㉣의 범죄는 예비·음모를 처벌하는 범죄이고, ㉡의 범죄는 예비·음모를 처벌하지 않는다.

* 형법에서 예비음모죄를 처벌하고 있는 규정 : 내란, 외환, 폭발성물건파열, 도주원조, 방화, 일
  수(溢水), 기차선박등교통방해, 통화위조, 유가증권·우표·인지 등의 위조·변조, 자격모용에
  의한 유가증권작성, 살인, 국외이송을 위한 약취·유인·매매 등, 강도 등

(도주×, 허위유가증권작성×, 준강도×, 강간×, 촉탁승낙살인×, 영아살해×, 일반교통방해×,
문서에 관한 죄×)

20 핵심풀이 ▶

③ 공무집행방해죄에서 '직무를 집행하는'이라 함은 공무원이 직무수행에 직접 필요한 행위를 현
실적으로 행하고 있는 때만을 가리키는 것이 아니라 공무원이 직무수행을 위하여 근무 중인 상태
에 있는 때를 포괄하고, 직무의 성질에 따라서는 그 직무수행의 과정을 개별적으로 분리하여 부
분적으로 각각의 개시와 종료를 논하는 것이 부적절하고 여러 종류의 행위를 포괄하여 일련의 직
무수행으로 파악함이 상당한 경우가 있으며, 나아가 현실적으로 구체적인 업무를 처리하고 있지
는 않다 하더라도 자기 자리에 앉아 있는 것만으로도 업무의 집행으로 볼 수 있을 때에는 역시
직무집행 중에 있는 것으로 보아야 하고, 직무 자체의 성질이 부단히 대기하고 있을 것을 필요로
하는 것일 때에는 대기 자체를 곧 직무행위로 보아야 할 경우도 있다(대판 2000도3485).

오답풀이 ▶

① 대판 96도2673
② 대판 94도2283
④ 대판 99도383

정답 및 해설

| 1 ③ | 2 ① | 3 ① | 4 ③ | 5 ④ | 6 ① | 7 ④ | 8 ② | 9 ③ | 10 ② |
| 11 ④ | 12 ③ | 13 ③ | 14 ④ | 15 ① | 16 ④ | 17 ④ | 18 ② | 19 ① | 20 ③ |

1

핵심풀이 ▶

㉠ 대판 74도2882

㉢ 대판 74도2676

㉣ 대판 71도1356

오답풀이 ▶

㉡ 이 사건 범행당시에는 관악경찰서 형사과 형사계 강력 1반장으로 근무하고 있는 사람으로서 일반인들보다도 형벌법규를 잘 알고 있으리라 추단이 되고 이러한 피고인이 검사의 수사지휘만 받으면 허위로 공문서를 작성하여도 죄가 되지 아니하는 것으로 그릇 인식하였다는 것은 납득이 가지 아니 하고, 가사 피고인이 그러한 그릇된 인식이 있었다 하여도 피고인의 직업 등에 비추어 그러한 그릇된 이식을 함에 있어 정당한 이유가 있다고 볼 수도 없다(대판 95도2088).

㉤ 회신에서 유선비디오 방송이 전기통신기본법이 정하는 자가전기통신설비로 볼 수 없어 전기통신기본법 소정의 허가대상이 되지 아니한다는 견해를 밝힌 바 있다 하더라도 그 견해가 법령의 해석에 관한 법원의 판단을 기속하는 것은 아니므로 그것만으로 피고인에게 범행에 범의가 없었다고 할 수 없다(대판 87도1860).

㉠㉢㉣ 이 3항목이 법률의 착오에 정당한 이유가 있다.

2

핵심풀이 ▶

① 계속범이 실행행위가 계속되는 동안에 법률의 변경이 있는 경우, 이는 '범죄 후'의 법률의 변경에 해당하지 않으므로 형법 제1조 제1항에 의하여 변경 후의 법률이 적용된다. 실행행위의 도중에 법률의 변경이 있는 경우 당연히 신법이 적용되어야 한다(대판 86도1012).

② 대판 2002도5341

③ 대판 99도4022

④ 대판 95도2858

3 핵심풀이 ❭

㉠,㉢의 2개가 소추요건으로서 친고죄이다.

㉠ 甲과 따로 사는 그의 숙부 A는 원친(遠親)이므로 甲의 절도는 친고죄이다(형법 제328조 제2항,
형법 제344조).

㉢ 사자명예훼손죄나 모욕죄는 친고죄이다(형법 제308조, 형법 제311조).

오답풀이 ❭

㉡ 손괴죄나 강도죄는 친족상도례 규정이 적용되지 아니한다.

㉣ 성폭력특별법상 카메라 등 이용촬영죄는 친고죄가 아니다(대판 2004도4020).

4 핵심풀이 ❭

③ 사례는 혀절단 사건의 경우이다. 甲과 乙이 공동으로 인적이 드문 심야에 혼자 귀가 중인 A녀
에게 뒤에서 느닷없이 달려들어 양팔을 붙잡고 어두운 골목길로 끌고 들어가 담벽에 쓰러뜨린 후
甲이 음부를 만지며 반항하는 A녀의 옆구리를 무릎으로 차고 억지로 키스를 함으로 A녀가 정조
와 신체를 지키려는 일념에서 엉겁결에 甲의 혀를 깨물어 설(舌)절단상을 입혔다면 A녀의 범행은
자기의 신체에 대한 현재의 부당한 침해에서 벗어나려고 한 행위로서 위법성이 결여된 행위이다
(대판 89도358).

오답풀이 ❭

① 대판 2001도1089

② 대판 92도2540

④ 대판 86도1091

5 핵심풀이 ❭

④ 물색행위가 있었으므로 절도죄의 실행의 착수가 인정된다(대판 2003도1985).

오답풀이 ❭

② 대판 2003도4417

③ 대판 2008도1464

6　　**핵심풀이 ▶**

① 정범이 실행의 착수에 이르지 아니한 예비의 단계에 그친 경우에는 이에 가공하는 행위가 예비의 공동정범이 되는 경우를 제외하고는 이를 종범으로 처벌할 수는 없다고 할 것이다(대판 75도1549). 즉 판례는 예비의 공동정범은 인정하여 예비죄로 처벌하나, 예비죄에 대한 종범은 부정하여 무죄가 된다(공범종속성설).

오답풀이 ▶

② 대판 99도424

③ 대판 4297형상240

④ 대판 77도251

7　　**핵심풀이 ▶**

④ 실체적 경합관계(대판 78도840)

오답풀이 ▶

①②③ : 법조경합의 관계 – 특별관계, 보충관계, 흡수관계(불가벌적 사후행위, 불가벌적 수반행위)

① 특별관계

② 불가벌적 사후행위

③ 불가벌적 수반행위

8　　**핵심풀이 ▶**

유기죄는 피유기자의 생명·신체의 안전을 보호법익으로 하는 추상적 위험범으로서 작위뿐만 아니라 부작위에 의하여도 범할 수 있다. 유기죄는 부조를 요하는 자를 보호할 의무 있는 자만이 주체가 될 수 있는 신분범이다. 한편 판례와 다수설은 유기죄 성립의 전제가 되는 보호의무의 근거를 법률상 또는 계약상 의무로 제한하고 있다(대판 76도3419).

9　　**핵심풀이 ▶**

③ 강간죄의 성립에 언제나 직접적으로 또 필요한 수단으로서 감금행위를 수반하는 것은 아니므로 감금행위가 강간미수죄의 수단이 되었다 하여 감금행위는 강간미수죄에 흡수되어 범죄를 구성하지 않는다고 할 수는 없는 것이고, 그때에는 감금죄와 강간미수죄는 일개의 행위에 의하여 실현된 경우로서 상상적 경합관계에 있다(대판 83도323).

오답풀이 ▶

① 실체적 경합 대판 90도2445

② 실체적 경합 대판 92도917

④ 상상적 경합 대판 87도564

10 핵심풀이 ❯

② 원칙적으로 충동조절장애와 같은 성격적 결함은 형의 감면사유인 심신장애에 해당하지 아니한다고 봄이 타당하다. 다만 충동조절장애와 같은 성격적 결함이라 할지라도 그것이 매우 심각하여 원래의 의미의 정신병을 가진 사람과 동등하다고 평가할 수 있는 경우에는 그로 인한 범행은 심신장애로 인한 범행으로 보아야 한다(대판 2010도14512).

오답풀이 ❯

① 대판 99도1194

③ 대판 83도1897

④ 대판 85도361

11 핵심풀이 ❯

④ 공동정범은 행위자 상호간에 범죄행위를 공동으로 한다는 공동가공의 의사를 가지고 범죄를 공동실행하는 경우에 성립하는 것으로서, 여기에서의 공동가공의 의사는 공동행위자 상호간에 있어야 하며 행위자 일방의 가공의사만으로는 공동정범관계가 성립할 수 없으므로 동시범으로 처단할 수 있다(대판 84도2118).

오답풀이 ❯

① 대판 84도372

② 대판 2000도2466

③ 대판 84도488

12 핵심풀이 ❯

허위공문서작성죄 성립 – ㉠, ㉡, ㉢, ㉣

㉠ 대판 90도1199

㉡ 대판 83도1458

㉢ 대판 73도395

㉣ 대판 82도3063

오답풀이 ❯

㉤ 불성립. 허위공문서작성죄의 주체는 그 문서를 작성할 권한이 있는 명의인인 공무원에 한하고 그 공무원의 문서작성을 보조하는 직무에 종사하는 공무원은 위 죄의 주체가 되지 못하므로 보조공무원이 허위공문서를 기안하여 그 정을 모르는 작성권자의 결재를 받아 공문서를 완성한 때에는 허위공문서작성죄의 간접정범이 되고, 이러한 결재를 거치지 않고 임의로 허위내용의 공문서를 완성한 때에는 공문서위조죄가 성립한다(대판 81도898).

13 **핵심풀이 ▶**

③ 증거인멸죄는 타인의 형사사건 또는 징계사건에 관한 증거를 인멸하는 경우에 성립하는 것으로서, 피고인 자신이 직접 형사처분이나 징계처분을 받게 될 것을 두려워한 나머지 자기의 이익을 위하여 그 증거가 될 자료를 인멸하였다면, 그 행위가 동시에 다른 공범자의 형사사건이나 징계사건에 관한 증거를 인멸한 결과가 된다고 하더라도 이를 증거인멸죄로 다스릴 수 없고, 이러한 법리는 그 행위가 피고인의 공범자가 아닌 자의 형사사건이나 징계사건에 관한 증거를 인멸한 결과가 된다고 하더라도 마찬가지이다(대판 94도2608).

오답풀이 ▶

① 대판 2005도3707

② 대판 2002도5374

④ 대판 85도897

14 **핵심풀이 ▶**

④ 절취한 타인의 신용카드를 이용하여 현금지급기에서 계좌이체를 한 행위는 컴퓨터 등 사용사기죄에서 컴퓨터 등 정보처리장치에 권한 없이 정보를 입력하여 정보처리를 하게 한 행위에 해당함은 별론으로 하고 이를 절취행위라고 볼 수는 없고, 한편 위 계좌이체 후 현금지급기에서 현금을 인출한 행위는 자신의 신용카드나 현금카드를 이용한 것이어서 이러한 현금인출이 현금지급기 관리자의 의사에 반한다고 볼 수 없어 절취행위에 해당하지 않으므로 절도죄를 구성하지 않는다(대판 2008도2440).

오답풀이 ▶

① 대판 2002도745

② 대판 2012도1132

③ 대판 2010도11771

15 **핵심풀이 ▶**

① 의사인 피고인이 전화를 이용하여 진찰(전화진찰)한 것임에도 내원진찰인 것처럼 가장하여 국민건강보험관리공단에 요양급여비용을 청구함으로써 진찰료 등을 편취하였다는 내용으로 기소된 사안에서, 전화 진찰을 요양급여대상으로 되어 있던 내원진찰인 것으로 하여 요양급여비용을 청구한 것은 기망행위로서 사기죄를 구성한다(대판 2011도10797).

오답풀이 ▶

② 대판 2010도1777

③ 대판 97도1561

④ 대판 2001도5789

16 핵심풀이 ❯

④ 형법 제108조 제2항

오답풀이 ❯

①②③ 외국사절에 대한 모욕 내지 명예훼손죄(형법 제108조 제2항)는 '대한민국에 파견된 외국사절에 대하여 모욕을 가하거나 명예를 훼손한 자는 3년 이하의 징역이나 금고에 처한다'고 규정하고 있다. 한편 일반모욕죄(형법 제311조)는 '공연히 사람을 모욕한 자는 1년 이하의 징역이나 금고 또는 200만원 이하의 벌금에 처한다'고 규정하고 있다.

17 핵심풀이 ❯

④ 뇌물로 받은 돈을 은행에 예금한 경우 그 예금행위는 뇌물의 처분행위에 해당한다 할 것이므로 그 후 수뢰자가 같은 액수의 돈을 증뢰자에게 반환하였다 하더라도 이를 뇌물자체의 반환이라고 볼 수 없으므로 수뢰자로부터 그 가액을 추징하여야 한다(대판 85도1350). 따라서 사례의 경우 갑(甲)으로부터 1,000만원 모두를 추징해야 한다.

오답풀이 ❯

① 대판 2005도7112
② 대판 2007도5190
③ 대판 2001도670

18 핵심풀이 ❯

㉠ 대판 2008도6950
㉣ 대판 2004도5561

오답풀이 ❯

㉡ 직권남용권리행사죄 및 제3자뇌물공여죄가 성립하지 않는다(대판 2008도6950).
㉢ 대검찰청 공안부장관인 피고인이 고등학교 후배인 한국조폐공사 사장에게 위 공사의 쟁의행위 및 구조조정에 관하여 전화통화를 한 것이 직권남용죄와 업무방해죄에 해당하지 않고, 노동조합 및 노동관계조정법 제40조 제2항에서 정한 '간여'에는 해당한다(대판 2002도3453).

19 **핵심풀이 ▶**

① 강도가 재물강취의 뜻을 재물의 부재로 이루지 못한 채 미수에 그쳤으나 그 자리에서 항거불능의 상태에 빠진 피해자를 간음할 것을 결의하고 실행에 착수했으나 역시 미수에 그쳤더라도 반항을 억압하기 위한 폭행으로 피해자에게 상해를 입힌 경우에는 강도강간미수죄와 강도치상죄가 성립되고 이는 1개의 행위가 2개의 죄명에 해당되어 상상적 경합관계가 성립된다(대판 88도820).

오답풀이 ▶

② 대판 79도1349
③ 대판 91도1604
④ 대판 83도323

20 **핵심풀이 ▶**

③ 간첩방조는 간첩과 대등한 독립범죄로 총칙상 공범규정이 적용되지 않는다. 따라서 간첩방조죄에 대해서 종범 감경을 할 수 없다(대판 86도1429).

오답풀이 ▶

① 옳음
② 적국에 누설하는 것은 불가벌적 사후행위(다수설) 또는 간첩죄의 포괄일죄로서 별죄를 구성하지 않는다(대판 74도1477).
④ 대판 85도2533

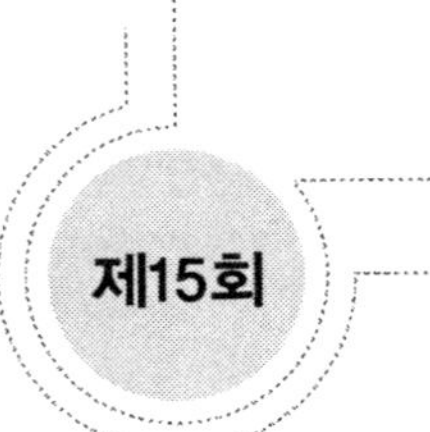

정답 및 해설

| 1 ② | 2 ③ | 3 ③ | 4 ① | 5 ② | 6 ④ | 7 ① | 8 ② | 9 ③ | 10 ④ |
| 11 ③ | 12 ① | 13 ① | 14 ④ | 15 ② | 16 ④ | 17 ③ | 18 ① | 19 ③ | 20 ① |

1   핵심풀이 ❯

② 헌법재판소와 대법원은 진정소급효도 예외적으로 허용한다(현재 96헌가2).

오답풀이 ❯

① 옳음

③ 대판 99도1695

④ 대결 2008어4

2   핵심풀이 ❯

③ 형법 제11조(농아자)

오답풀이 ❯

① 형법 제9조(형사미성년자)는 육체적·정신적 미성숙이라는 '생물학적 요소'를 고려하여 책임무
능력을 인정하고 있는 것이다(현재 2002헌마533). → 형사 미성년자는 생물학적 방법(14세 되
지 않은 자)으로만 판단한다.

②④ 심신미약인의 행위는 형을 필요적으로 감경한다. 따라서 심신미약인에게는 사형선고를 할
수 없다(형법 제10조 제2항).

3   핵심풀이 ❯

③ 행위자 상호간에 범죄의 실행을 공모하였더라면 다른 공모자가 이미 실행에 착수한 이후에는
그 공모관계에서 이탈하였다고 하더라도 공동정범의 책임을 면할 수 없다(대판 83도2941).

오답풀이 〉

① 대판 94도660

② 대판 2007도6336

④ 대판 2005도945

4　**핵심풀이 〉**

① 옳음

오답풀이 〉

② 당해 의사의 행위를 작위에 의한 살인죄의 방조범을 인정하였다(대판 2002도995).

③ 그러한 규정은 아직은 없고, 다만 학설은 입법론으로 부진정부작위범에 대하여 형의 임의적 감경 규정을 두자고 주장한다.

④ 공모관계를 인정한 것이 아니라, 배임죄의 방조범을 인정하였다(대판 84도1906).

5　**핵심풀이 〉**

② 모해위증죄 사례에서 판례는 '부진정 목적범의 목적을 신분'이라고 보는 전제에서, 모해의 목적을 가진 자가 이러한 목적 없는 자를 교사한 경우 제33조 단서에 의해 정범은 단순위증죄가 성립하는데 반해 교사자는 모해위증죄의 교사범이 성립한다고 한다(대판 93도1002).

오답풀이 〉

①④ 옳음

③ 위법성조각신분자라도 신분 없는 자를 교사하여 무면허의료행위를 하게 했다면 교사범의 죄책을 면할 수 없다. (무면허의료행위의 공동정범×)

치과의사가 치과기공사들에게 내원환자들에게 진료행위를 하도록 지시하여 치과기공사들이 각각 단독으로 무면허의 진료행위를 하였다면 치과의사는 무면허 의료행위의 교사범에 해당한다(대판 86도749).

〈비교판례〉 의사가 의사면허 없는 자와 공모하여 그의 무면허의료행위에 가공한 경우 의사는 의료법상 무면허의료행위의 공동정범으로서의 책임을 진다(대판 85도448).

6　**핵심풀이 〉**

④ 손괴죄는 과실범처벌규정은 없으나 미수처벌 규정은 있다.

7　**핵심풀이 〉**

① 큰 범죄를 교사했으나 중첩부분이 있는 작은 범죄를 범한 경우로 절도죄의 교사와 강도죄의 교사의 미수(강도예비·음모)의 상상적 경합이 성립하는 바, 형이 더 중한 강도예비·음모로 처벌된다.

* 교사를 받은 자가 범죄의 실행을 승낙하고 실행의 착수에 이르지 아니한 때에는 교사자와 피교사자를 음모 또는 예비에 준하여 처벌한다(제31조 제2항).

오답풀이 ▶

②③ 타인을 교사하여 죄를 범하게 한 자는 죄를 실행한 자와 동일한 형으로 처벌한다(제31조 제1항).

④ 질적 초과로 교사한 범죄의 예비·음모가 성립한다. 절도죄의 예비·음모처벌 규정이 없어 갑은 무죄이다.

8 **핵심풀이 ▶**

② 상습도박의 죄나 상습도박방조의 죄에 있어서의 상습성은 행위의 속성이 아니라 행위자의 속성으로서 도박을 반복해서 거듭하는 습벽을 말하는 것인 바, 도박의 습벽이 있는 자가 타인의 도박을 방조하면 상습도박방조의 죄에 해당하는 것이며, 도박의 습벽이 있는 자가 도박을 하고 또 도박방조를 하였을 경우 상습도박방조의 죄는 무거운 상습도박의 죄에 포괄시켜 1죄로서 처단하여야 할 것이다(대판 84도195).

오답풀이 ▶

① 대판 2010도9330

③ 대판 2008도3970

④ 대판 2010도9330

9 **핵심풀이 ▶**

③ 주식회사의 대표이사가 타인을 기망하여 회사가 발행하는 신주를 인수하게 한 다음 그로부터 납입받은 신주인수대금을 보관하던 중 횡령한 행위는 사기죄와는 전혀 다른 새로운 보호법익을 침해하는 행위로서 별죄를 구성한다(대판 2004도6503).

오답풀이 ▶

① 대판 97도163

② 대판 87도564

④ 대판 2002도2029

10 **핵심풀이 ▶**

④ 형법 제55조(법률상의 감경) 제1항
법률상의 감경은 다음과 같다.
1. 사형을 감경할 때에는 무기 또는 20년 이상 50년 이하의 징역 또는 금고로 한다.

오답풀이 ▶

① 형법 제56조

② 형법 제60조

③ 형법 제49조

11 핵심풀이 〉

③ 형법상 배임수증죄와 제3자뇌물공여죄는 '부정한 청탁'을 요건으로 한다.

12 핵심풀이 〉

① 형법 제331조의2(자동차 등 불법사용) 권리자의 동의없이 타인의 자동차, 선박, 항공기 또는 원동기장치자전거(기차 ×)를 일시 사용한 자는 3년 이하의 징역, 500만원 이하의 벌금, 구류 또는 과료에 처한다.

오답풀이 〉

② 제342조(미수범) 미수범은 처벌한다.

③ 대판(全) 2004도5074

④ 대판 2001도4759

13 핵심풀이 〉

① 이러한 정도는 피해자로 하여금 의구심을 가지게 하여 심적인 고통을 가하거나 분노를 일으키는 등 감정을 자극하는 폭언을 한 정도에 그칠 뿐 피해자의 생명이나 신체 등에 대하여 일정한 해악을 고지한 협박에 이른다고 볼 수 없다(대판 85도638 – 무죄).

오답풀이 〉

②③④ 협박죄를 인정하였다.

② 대판 91도80

③ 대판 74도2727

④ 대판 90도2102

14 핵심풀이 〉

④ 형법 제134조는 뇌물에 공할 금품을 필요적으로 몰수하고 이를 몰수하기 불가능한 때에는 그 가액을 추징하도록 규정하고 있는 바, 몰수는 특정된 물건에 대한 것이고 추징은 본래 몰수할 수 있었음을 전제로 하는 것임에 비추어 뇌물에 공할 금품이 특정되지 않았던 것은 몰수할 수 없고 그 가액을 추징할 수도 없다(대판 96도221).

오답풀이 〉

① 대판 98도3584

② 대판 69도2461

③ 대판 86도1951

15 **핵심풀이 ▶**

② 축사에 방화를 하였더라도 그 축사가 사람이 주거로 사용하는 건조물의 일부라면 현주건조물 방화에 해당한다(대판 67도925).

오답풀이 ▶

① 대판 82도2341(부진정결과적가중범)

③ 대판 84도1245

④ 대판 97도957

16 **핵심풀이 ▶**

㉠ 대판 2001도6349

㉡ 대판 2000도4993

㉣ 대판 2003도1609

오답풀이 ▶

㉢ 불성립. 대판 96도312

17 **핵심풀이 ▶**

③ 피고인이, 甲주식회사가 특정 신문들에 광고를 편중했다는 이유로 기자회견을 열어 甲회사에 대하여 불매운동을 하겠다고 하면서 특정 신문들에 대한 광고를 중단할 것과 다른 신문들에 대해서도 특정 신문들과 동등하게 광고를 집행할 것을 요구하고 甲회사 인터넷 홈페이지에 '甲회사는 앞으로 특정 언론사에 편중하지 않고 동등한 광고 집행을 하겠다'는 내용의 팝업을 띄우게 한 사안에서, 피고인의 행위는 甲회사의 의사결정권자로 하여금 그 요구를 수용하지 아니할 경우 불매운동이 지속되어 영업에 타격을 입게 될 것이라는 겁을 먹게 하여 의사결정 및 의사실행의 자유를 침해한 것으로 강요죄나 공갈죄의 수단으로서의 협박에 해당한다(대판 2010도13774).

오답풀이 ▶

① 대판 95도1728

② 대판 2000도3245

④ 대판 2011도16044

18 핵심풀이 ▶

① 회사가 기업활동을 하면서 형사상의 범죄를 수단으로 하여서는 안되므로 뇌물공여를 금지하는 법률 규정은 회사가 기업활동을 할 때 준수하여야 하고, 따라서 회사의 이사 등이 업무상의 임무에 위배하여 보관 중인 회사의 자금으로 뇌물을 공여하였다면 이는 오로지 회사의 이익을 도모할 목적이라기보다는 뇌물공여 상대방의 이익을 도모할 목적이나 기타 다른 목적으로 행하여진 것이라고 보아야 하므로, 그 이사 등은 회사에 대하여 업무상횡령죄의 죄책을 면하지 못한다. 그리고 특별한 사정이 없는 한 이러한 법리는 회사의 이사 등이 회사의 자금으로 부정한 청탁을 하고 배임증재를 한 경우에도 마찬가지로 적용된다(대판 2011도9238).

오답풀이 ▶

② 대판 98도292

③ 대판 2000도258

④ 대판 2000도3013

19 핵심풀이 ▶

③ 해고노동자 등이 복직을 요구하는 집회를 개최하던 중 래커 스프레이를 이용하여 회사 건물 외벽과 1층 벽면 등에 낙서한 행위는 건물의 효용을 해한 것으로 볼 수 있으나, 이와 별도로 계란 30여 개를 건물에 투척한 행위는 건물의 효용을 해하는 정도의 것에 해당하지 않는다(대판 2007도2590).

오답풀이 ▶

① 대판 91도2090

② 대판 82도223

④ 대판 93도2701

20 핵심풀이 ▶

① 공무집행방해죄에서의 협박은 광의의 협박이므로 상대방이 객관적으로 공포심을 가질 정도면 족한 것이고, 현실적으로 공포심을 가졌는지 여부는 문제되지 않는다.

오답풀이 ▶

② 대판(全) 2009도4166

③ 대판 2008도9590

④ 대판 2009도3505

정답 및 해설

1 ①	2 ①	3 ③	4 ②	5 ①	6 ④	7 ①	8 ③	9 ①	10 ④
11 ②	12 ④	13 ③	14 ①	15 ①	16 ④	17 ①	18 ④	19 ④	20 ③

1

핵심풀이▶

① 인과관계 부정. 술을 마시고 찜질방에 들어온 甲이 찜질방 직원 몰래 후문으로 나가 술을 더 마신 다음 후문으로 다시 들어와 발한실에서 잠을 자다가 사망한 사안에서, 甲이 처음 찜질방에 들어 갈 당시 술에 만취하여 목욕장의 정상적 이용이 곤란한 상태였다고 단정하기 어렵고, 찜질방 직원 및 영업주에게 손님이 몰래 후문으로 나가 술을 더 마시고 들어올 경우까지 예상하여 직원을 추가로 배치하거나 후문으로 출입하는 모든 자를 통제·관리하여야 할 업무상 주의의무가 있다고 보기 어렵다는 이유로, 위 찜질방 직원 및 영업주가 공중위생영업자로서의 업무상 주의의무를 위반하였다고 본 원심판단에 법리오해 및 심리미진의 위법이 있다고 한 사례(대판 2009도9807).

오답풀이▶

② 인과관계 인정. 대판 86도1048

③ 인과관계 인정. 대판 99도5086

④ 인과관계 인정. 대판 90도178

2

핵심풀이▶

① 협박죄(형법 제283조 제1항), 특수도주죄(형법 제146조)는 미수범 처벌규정이 있지만, 증거인멸죄(형법 제155조 제1항)는 미수범 처벌규정이 없다.

오답풀이▶

② 형법 전체의 정신에 비추어 정범이 실행의 착수에 이르지 아니한 예비의 단계에 그친 경우에는 이에 가공하는 행위가 예비의 공동정범이 되는 경우를 제외하고는 종범의 성립을 부정하고 있다고 보는 것이 타당하다(대판 75도1549).

③ 대판 2004도6432

④ 대판 99도640.

3 핵심풀이 ❭

③ 틀림. 금품의 무상차용을 통하여 위법한 재산상 이익을 취득한 경우 범인이 받은 부정한 이익은 그로 인한 금융이익 상당액이므로 추징의 대상이 되는 것은 무상으로 대여받은 금품 그 자체가 아니라 위 금융이익 상당액이다(대판 2008도2590).

오답풀이 ❭

① 대판 92도700
② 대판 2006도4075
④ 대판 2008도6944

4 핵심풀이 ❭

② 인질강요죄에서 강요의 상대방은 인질을 제외한 '제3자'이어야 한다. 따라서 인질에 대한 강요는 인질강요죄를 구성하지 않는다. (通說)

오답풀이 ❭

① 대판 4294형상357
③ 대판 2008도1097
④ 인질강요죄에는 해방감경규정이 적용된다. (형법 제324조의6) – 임의적 감경

5 핵심풀이 ❭

① 유기는 상습범 규정이 없으나, (인질)강도 · 협박 · 상해죄는 상습범가중처벌규정이 있다.

6 핵심풀이 ❭

④ 법효과 제한적 책임설에 따르면 고의의 이중지위를 인정하는 입장에서 위법성조각사유의 전제사실의 착오에 빠진 자는 구성요건고의는 인정되나 책임고의가 조각되어 전체로서 고의가 조각된다고 보므로 결과적으로 구성요건착오와 같이 고의를 조각하나 위법성조각사유의 전제사실의 착오에 빠진 자를 교사하여 죄를 범하게 한 경우에도 교사자를 교사범으로 처벌할 수 있다.

오답풀이 ❭

① 엄격고의설은 현실적인 위법성의 인식이 결여되는 경우가 많은 상습범이나 충동범죄의 경우 고의범으로 처벌할 수 없고, 과실범으로 처벌하게 되는데 과실범 처벌규정이 없으면 처벌하지 못하거나 처벌하더라도 과실범의 형벌이 고의범에 비해 현저히 낮다는 형사정책적 결함이 있다.
② 제한적 고의설은 위법성의 인식가능성만 인정되면 고의를 인정하므로 과실로 구성요건적 사실을 인식하지 못한 경우에는 과실범의 효과를 인정하면서, 과실로 위법성을 인식하지 못한 경우에는 고의범의 효과를 인정하는 문제점이 있다.
③ 엄격책임설은 모든 위법성조각사유에 대한 착오를 법률의 착오로 보아 일단 고의범을 인정하고 오인에 정당한 이유가 있는 경우에 책임을 조각하므로, 정당한 이유가 없는 경우 위법성조각사유의 객관적 전제사실의 착오에 빠진 자를 고의범으로 처벌하는 문제가 있다.

7 핵심풀이 ❱

① 범인과 피해물건의 소유자 및 위탁자 쌍방 사이에 친족관계가 있는 경우에만 적용된다(대판 2008도3438).

오답풀이 ❱

② '주식'은 형법상 재물에 해당하지 않는다(대판 2002도2822).

③ 사기죄의 실행에 착수한 것이 아니다(대판 2003도1279).

④ 장물범과 본범의 피해자 간에 직계혈족이라면 동거여부를 불문하고 형의 필요적 면제를 해야 한다(제365조 제1항, 제328조 제1항).

8 핵심풀이 ❱

③ 대판 84도2397

오답풀이 ❱

① 강간행위와 피해자의 자살행위 사이에 인과관계를 인정할 수는 없다(대판 82도1446).

② 이와 같은 상황에서는 피고인이 그때 피해자가 피고인의 추행행위를 피하기 위하여 달리는 차에서 뛰어내려 사망에 이르게 될 것이라고 예견할 수 없다(대판 88도178). – 피고인에게 강제추행죄만 인정된다는 판례이다.

④ 판례에 의하면 甲에게 乙의 화상에 대한 예견가능성을 인정할 수 없어 결국 甲에게 현주건조물방화죄만 인정된다고 판시한 바 있다(대판 66도1).

9 핵심풀이 ❱

① 시위 방법의 하나로 행한 '삼보일배 행진'이 사회상규에 반하지 아니하는 정당행위에 해당한다(대판 2009도11395).

오답풀이 ❱

② 대판 2008도8852

③ 대판 2008도2695

④ 대판(全) 2006도8839

10 핵심풀이 ❱

④ 자격기본법에 의한 민간자격관리자로부터 대체의학자격증을 수여받은 자가 사업자등록을 한 후 침술원을 개설하였다고 하더라도 국가의 공인을 받지 못한 민간자격을 취득하였다는 사실만으로는 자신의 행위가 무면허 의료행위에 해당하지 아니하여 죄가 되지 않는다고 믿는 데에 정당한 사유가 있었다고 할 수 없다(대판 2003도939).

오답풀이 〉

① 대판 2003도3000

*2015년 2월 26일 간통죄에 관한 위헌판결로 인해 간통은 더 이상 형사처벌 대상이 아니게 되었음에 주의

② 대판 2005도8317

③ 대판 2005도9670

11 **핵심풀이 〉**

ⓛⓗⓢ – 부진정신분범

※ 부진정신분범이란 신분이 없어도 범죄는 성립하지만 신분이 있음으로 해서 형이 가중 또는 감경되는 범죄 – 존속살해죄, 영아살해죄, 업무상과실치사상죄, 업무상횡령죄, 업무상낙태죄, 업무상배임죄, 불법체포 · 감금죄(다수설) 등

12 **핵심풀이 〉**

④ 대판 90도2102

오답풀이 〉

① 2012년 성범죄에 관한 법령의 대대적 개정으로 인하여 모든 성범죄는 더 이상 친고죄에도, 반의사불법죄에도 해당하지 않게 되었다.

② 준강간죄 및 준강제추행는 '협박이 아니라' 사람의 심신상실 또는 항거불능의 상태를 이용하여 간음 또는 추행을 하는 경우에 성립한다(형법 제299조). 옳은 지문이라고 할 수 없다.

③ 피고인의 위와 같은 행위를 강제추행죄로 의율한 원심의 조치에 강제추행죄의 법리를 오해한 위법이나 이유모순 내지 심리미진의 위법이 있다고도 할 수 없다(대판 94도630).

13 **핵심풀이 〉**

③ 형법 제335조에서 절도가 재물의 탈환을 항거하거나 체포를 면탈하거나 죄적을 인멸할 목적으로 폭행 또는 협박을 가한 때에 준강도로서 강도죄의 예에 따라 처벌하는 취지는, 강도죄와 준강도죄의 구성요건인 재물탈취와 폭행 · 협박 사이에 시간적 순서상 전후의 차이가 있을 뿐 실질적으로 위법성이 같다고 보기 때문인바, 이와 같은 준강도죄의 입법 취지, 강도죄와의 균형 등을 종합적으로 고려해 보면, 준강도죄의 기수 여부는 절도행위의 기수 여부를 기준으로 하여 판단하여야 한다(대판 2004도5074).

오답풀이 〉

① 대판 2007도7601

② 대판 2004도1098

④ 대판 81도409

14 핵심풀이 〉

① 예비단계에서 자수한 경우 필요적 감면규정이 적용되는 경우는 내란, 외환, 방화, 폭발물사용, 통화위조, 외국에대한사전죄(내, 외, 방, 폭, 통, 사)로 일수예비죄는 경우 필요적 감면규정이 적용되지 않는다.

오답풀이 〉

②③ 자유에 관한 죄(협박죄)는 모두 미수가 있고, 진정부작위범은 거동범으로 미수를 인정하기 어려우나 우리 형법은 퇴거불응죄와 집합명령위반죄에 미수규정을 두고 있으며, 방화죄의 경우 추상적위험범인 현주, 공용, 타인소유일반건조물방화죄는 미수범 처벌조항이 있다. 사회적 법익과 국가적법익은 위험범으로 미수규정이 없는 죄가 많다.

④ 범죄의 실행행위에 착수하고 그 범죄가 완수되기 전에 자기의 자유로운 의사에 따라 범죄의 실행행위를 중지한 경우에 그 중지가 일반 사회통념상 범죄를 완수함에 장애가 되는 사정에 의한 것이 아니라면 이는 중지미수에 해당한다고 할 것이지만, 피고인이 피해자를 살해하려고 그의 목 부위와 왼쪽 가슴 부위를 칼로 수 회 찔렀으나 피해자의 가슴 부위에서 많은 피가 흘러나오는 것을 발견하고 겁을 먹고 그만 두는 바람에 미수에 그친 것이라면, 위와 같은 경우 많은 피가 흘러나오는 것에 놀라거나 두려움을 느끼는 것은 일반 사회통념상 범죄를 완수함에 장애가 되는 사정에 해당한다고 보아야 할 것이므로, 이를 자의에 의한 중지미수라고 볼 수 없다(대판 99도640).

15 핵심풀이 〉

① 대판 2002도2822

오답풀이 〉

② 고소내용의 정황의 과장에 지나지 않으므로 위 상해부분만이 따로이 무고죄를 구성한다고는 할 수 없다(대판 73도2771).

③ 허위사실을 신고한 것이 아닌 이상, 그 신고된 사실에 대한 형사책임을 부담할 자를 잘못 택하였다고 하여 무고죄가 성립한다고는 할 수 없다(대판 81도2341).

④ 허위의 사실을 신고하였다 하더라도 그 사실 자체가 형사범죄로 구성되지 아니한다면 무고죄는 성립하지 아니한다(대판 2013도6862).

16 핵심풀이 〉

④ 형법 제140조의2 부동산강제집행효용침해죄의 입법취지와 체제 및 내용과 구조를 살펴보면, 부동산강제집행효용침해죄의 객체인 강제집행으로 명도 또는 인도된 부동산에는 강제집행으로 퇴거집행된 부동산을 포함한다고 해석된다(대판 2001도3212).

오답풀이 〉

① 대판 98도662
② 대판 91도453
③ 대판 2001도6349

17 핵심풀이 ▶

① 중립명령위반죄는 예비·음모·선동·선전 처벌규정이 없다.

일반적으로 국가적 법익에 관한 죄 중 제1장 국가의 존립과 권위에 관한 죄 중에서 내란의 죄와 외환의 죄에는 예비·음모·선동·선전 처벌규정이 있으나(내란의 죄는 내란죄와 내란목적살인죄만 있고 외환의 죄 중에서는 전시군수계약불이행죄는 제외) 국기에 관한 죄와 국교에 관한 죄에는 예비·음모·선동·선전 처벌규정이 없다(단, 외국에 대한 사전죄는 존재).

18 핵심풀이 ▶

④ 경찰서 방범과장이 부하직원으로부터 음반 비디오물 및 게임물에 관한 법률 위반 혐의로 오락실을 단속하여 증거물로 오락기의 변조 기판을 압수하여 사무실에 보관 중임을 보고받아 알고 있었음에도 그 직무상의 의무에 따라 위 압수물을 수사계에 인계하고 검찰에 송치하여 범죄 혐의의 입증에 사용하도록 하는 등의 적절한 조치를 취하지 않고, 오히려 부하직원에게 위와 같이 압수한 변조 기판을 돌려주라고 지시하여 오락실 업주에게 이를 돌려준 경우, 작위범인 증거인멸죄만이 성립하고 부작위범인 직무유기(거부)죄는 따로 성립하지 아니한다(대판(全) 2005도3909).

오답풀이 ▶

① 대판 95도748
② 대판 2005도4202
③ 대판 2009도13371

19 핵심풀이 ▶

④ 시설자인 피고인이 불법이용자에 대한 단수조치로서 급수관을 발굴 절단하였다 하여도 수도불통죄에 해당되지 않는다(대판 70도2654).

오답풀이 ▶

① 대판 4289형상317
② 형법 제197조
③ 대판 77도103

20 핵심풀이 ▶

③ 문서에 2인 이상의 작성명의인이 있을 때에는 각 명의자마다 1개의 문서가 성립되므로 2인 이상의 연명으로 된 문서를 위조한 때에는 작성명의인의 수대로 수개의 문서위조죄가 성립하고 또 그 연명문서를 위조하는 행위는 자연적 관찰이나 사회통념상 하나의 행위라 할 것이어서 위 수개의 문서위조죄는 형법 제40조가 규정하는 상상적 경합범에 해당한다(대판 87도564).

오답풀이 ▶

① 타인의 대표자 또는 대리자가 그 대표명의 또는 대리명의를 써서 또는 직접 본인의 명의를 사용하여 문서를 작성할 권한을 가지는 경우에 그 지위를 남용하여 단순히 자기 또는 제3자의 이익을 도모할 목적으로 마음대로 문서를 작성한 때라고 할지라도 문서위조죄는 성립하지 아니한다(대판 83도332).

② 명의인을 기망하여 문서를 작성케 하는 경우는 서명 날인이 정당히 성립된 경우에도 기망자는 명의인을 이용하여 서명 날인자의 의사에 반하는 문서를 작성케 하는 것이므로 사문서위조죄가 성립한다(대판 2000도778).

④ 피고인 갑이 공소외 을과의 동업계약에 따라 갑의 명의로 변경하기 위하여 을의 인장이 날인된 백지의 건축주명의변경신청서를 받아 보관하고 있던 중 그 위임의 취지에 반하여 피고인이 병 명의로 건축주명의를 변경하는 건축주명의변경신청서를 작성하여 구청에 제출하였다면 사문서위조 및 그 행사죄가 성립한다(대판 83도2408).

정답 및 해설

| 1 ③ | 2 ② | 3 ② | 4 ③ | 5 ③ | 6 ① | 7 ③ | 8 ① | 9 ② | 10 ① |
| 11 ③ | 12 ④ | 13 ② | 14 ④ | 15 ② | 16 ③ | 17 ③ | 18 ② | 19 ① | 20 ② |

1

핵심풀이 ▶

상상적 경합 - ㉠㉣

㉠ 피해자의 재물을 강취한 후 그를 살해할 목적으로 현주건조물에 방화하여 사망에 이르게 한 경우 피고인의 위 행위는 강도살인죄와 현주건조물방화치사죄에 모두 해당하고 그 두 죄는 상상적 경합관계에 있다고 할 것이다(대판 98도3626).

㉣ 피고인 2는 소속대 병기과 전임하사직에 있는 자인데 1976.1월경 동 중대 인사계인 상사 공소외 4로부터 부족된 총기문제 해결방법을 모색해 달라는 취지의 부탁을 받았으나 이를 거절하고 있던 중 위 총기부족은 행정착오로서 그 총기는 같은 1중대에 있다는 것을 알고 있음에도 불구하고 그 총기가 분실된 것으로만 알고 있는 피고인 정창길이가 분실된 총기 문제를 해결해주면 돈을 얼마든지 주겠다고 제의하자 위 행정착오인 사실을 감추고 막연히 다른 곳에서 같은 총기1정을 구입 보충해서 해결해 줄 것 같은 태도를 취하여 동인으로 하여금 그 취지를 오신케하여서 2차례에 걸쳐 돈 6만원을 교부받아 편취하였다는 것이고 위 인정은 원심판결에서 인용한 증거관계에 비추어 능히 시인될 수 있으며 동 사실에 의하면 피고인 2는 공소외 4의 착오상태를 위법하게 이용하고 거짓태도를 취하여서 돈을 교부받은 것이니 그에 대하여 형법 347조 1항 30조를 적용처단한 원심의 의율은 정당하고 원래 1개의 행위가 뇌물죄와 사기죄의 각 구성요건에 해당될 수 있는 바이므로 이런 경우에는 형법 40조에 의하여 상상적 경합으로 처단하여야 할 것이다(대판 77도1069).

오답풀이 ▶

㉡ 대판 78도1787

㉢ 대판 78도840

㉤ 대판 96도485

㉥ 대판 92도917

2 **핵심풀이 ▶**

㉠ 틀림. 형법 제3조는 '본법은 대한민국 영역 외에서 죄를 범한 내국인에게 적용한다.'고 하여 형법의 적용 범위에 관한 속인주의를 규정하고 있는 바, 필리핀국에서 카지노의 외국인 출입이 허용되어 있다 하여도 형법 제3조에 따라 필리핀국에서 도박을 한 피고인에게 우리나라 형법이 당연히 적용된다(대판 99도3337).

㉡ 옳음. 캐나다 시민권자인 피고인이 캐나다에서 위조사문서를 행사하였다는 내용으로 기소된 경우, 형법 제234조의 위조사문서행사죄는 형법 제5조 제1호 내지 제7호에 열거된 죄에 해당하지 않고, 위조사문서행사를 형법 제6조의 대한민국 또는 대한민국 국민의 법익을 직접적으로 침해하는 행위라고 볼 수도 없으므로 피고인의 행위에 대하여는 우리나라에 재판권이 없는데도, 위 행위가 외국인의 국외범으로서 우리나라에 재판권이 있다고 보아 유죄를 인정한 원심판결에 재판권 인정에 관한 법리오해의 위법이 있다(대판 2011도6507).

㉢ 옳음. 형법 제239조 제1항의 사인위조죄는 형법 제6조의 대한민국 또는 대한민국 국민에 대하여 범한 죄에 해당하지 아니하므로 중국 국적자가 중국에서 대한민국 국적 주식회사의 인장을 위조한 경우에는 외국인의 국외범으로서 그에 대하여 재판권이 없다(대판 2002도4929).

㉣ 옳음. 대판 99도3403

3 **핵심풀이 ▶**

② 명의수탁자가 신탁받은 부동산의 일부에 대한 토지수용보상금 중 일부를 소비하고, 이어 수용되지 않은 나머지 부동산 전체에 대한 반환을 거부한 경우, 부동산의 일부에 관하여 수령한 수용보상금 중 일부를 소비하였다고 하여 객관적으로 부동산 전체에 대한 불법영득의 의사를 외부에 발현시키는 행위가 있었다고 볼 수는 없으므로, 그 금원 횡령죄가 성립된 이후에 수용되지 않은 나머지 부동산 전체에 대한 반환을 거부한 것은 새로운 법익의 침해가 있는 것으로서 "별개의" 횡령죄가 성립하는 것이지 불가벌적 사후행위라 할 수 없다(대판 2000도3463).

4 **핵심풀이 ▶**

③ 구체적 부합설은 구체적 사실의 착오의 경우 객체의 착오(甲으로 알고 사살하였으나 실은 乙인 경우)의 경우에는 인식과 사실이 구체적으로 일치한다 하여 발생사실에 대한 고의기수를 인정하나, 방법의 착오는 구체적으로 일치하지 아니하므로 인식사실의 미수와 발생사실의 과실간의 상상적 경합이 된다고 한다. 사례의 경우 구체적 사실의 착오 중 방법의 착오로서 구체적 부합설은 B에 대한 살인미수와 C에 대한 과실치사의 상상적 경합이 성립한다.

5 **핵심풀이 ▶**

③ 대법원은, "그 의무는 교통사고를 발생시킨 당해 차량의 운전자에게 그 사고발생에 있어서 고의, 과실 혹은 유책, 위법의 유무에 관계없이 부과된 의무라고 해석함이 상당할 것이므로, 당해 사고에 있어 귀책사유가 없는 경우에도 위 의무가 없다 할 수 없다"고 판시하였다(대판 2000도1731).

오답풀이 ▶

① 형법상 방조행위는 정범의 실행을 용이하게 하는 직접, 간접의 모든 행위를 가리키는 것으로서 작위에 의한 경우뿐만 아니라 부작위에 의하여도 성립되는 것이다(대판 95도456).

② 대판 93도1731

④ 부진정부작위범에서 보증인의 작위의무는 법령, 계약 뿐만아니라 선행행위, 조리까지 넓게 인정하나, 유기죄에서 보호의무자의 작위의무의 발생근거는 법령, 계약상 의무로 한정된다.

6 **핵심풀이 ▶**

① 초지조성공사를 도급받은 수급인 甲이 불경운작업(산불작업)의 하도급을 乙에게 준 이후에 계속하여 그 작업을 감독하지 아니하였는데 乙이 산림실화를 낸 경우, 甲이 乙의 작업을 감독하지 아니한 잘못이 있다 하더라도 이는 도급자에 대한 도급계약상의 책임이지 乙의 과실로 인하여 발생한 산림실화에 상당인과관계가 있는 과실이라고는 할 수 없다(대판 87도297).

오답풀이 ▶

② 대판 96도2030

③ 대판 96도776

④ 대판 66도758

7 **핵심풀이 ▶**

③ 합동범의 공동정범 인정여부에 대해서는 견해가 대립되나, 합동범에 대한 교사 또는 방조가 가능하다는 점에 대해서는 이견이 없다.

오답풀이 ▶

① 제331조(특수절도죄 : 1년 이상 10년 이하의 징역), 제334조(특수강도죄 : 무기 또는 5년 이상의 징역), 제146조(특수도주죄 : 7년 이하의 징역)

② 대판 2001도4013

④ 합동범의 공동정범에 대해서 부정하는 견해도 있으나(다수설), 판례는 이를 인정한다(대판[全] 98도321).

8

㉤ 피고인 또는 그와 공모한 자가 자신이 토지의 소유자라고 허위의 주장을 하면서 소유권보존등기 명의자를 상대로 보존등기의 말소를 구하는 소송을 제기한 경우 그 소송에서 위 토지가 피고인 또는 그와 공모한 자의 소유임을 인정하여 보존등기 말소를 명하는 내용의 승소확정판결을 받는다면, 이에 터 잡아 언제든지 단독으로 상대방의 소유권보존등기를 말소시킨 후 위 판결을 부동산등기법 제130조 제2호 소정의 소유권을 증명하는 판결로 하여 자기 앞으로의 소유권보존등기를 신청하여 그 등기를 마칠 수 있게 되므로, 이는 법원을 기망하여 유리한 판결을 얻음으로써 '대상 토지의 소유권에 대한 방해를 제거하고 그 소유명의를 얻을 수 있는 지위'라는 재산상 이익을 취득한 것이고, 그 경우 기수시기는 위 판결이 확정된 때이다(대판(全) 2005도9858). → 피고인의 말소등기청구의 소제기를 소송사기의 실행의 착수로 보고 있음

오답풀이 ❱

실행의 착수의 착수가 아닌 경우(예비단계에 불과) – ㉠㉡㉢㉣

㉠ 국외로 반출하는 행위에 근접·밀착하는 행위가 있었다고 볼 수 없어 비지정문화재수출미수죄가 성립하지 않는다(대판 99도2461).

㉡ 대판 82도2944

㉢ 대판 86도1109

㉣ 대판 98도3443

9 **핵심풀이 ❱**

일반 사인의 현행범체포는 '법령에 의한 행위'로서 정당행위에 해당한다(형법 제20조).

10 **핵심풀이 ❱**

① 사실의 착오의 경우에 '구체적 사실의 착오 중 객체의 착오'는 어떠한 견해(구체적·법정적·추상적 부합설)에 의하더라도 발생사실의 고의, 기수를 인정한다.

오답풀이 ❱

② 인과관계의 착오는 견해가 일치하지 않는다. 즉, 이런 사례를 살인기수로 보는 견해와 살인미수와 과실치사로 보는 견해도 있다. 다만, 이 경우 판례는 살인기수죄에 해당할 뿐 과실범 문제는 발생하지 않는 것으로 보고 있다.

③ 구체적 사실의 착오 중 방법의 착오이다. 법정적 부합설과 추상적 부합설에서는 丙에 대해서만 살인기수의 죄책을 지나, 구체적 부합설에서는 乙에 대한 살인미수, 丙에 대한 과실치사의 상상적 경합의 죄책을 진다.

④ 이를 미필적 고의에 의한 고의범으로 보아 살인죄로 물을 것인가, 아니면 인식있는 과실에 의한 과실치사죄로 취급할 것인가에 대해서는 견해 대립이 있다.

※구성요건적 착오에 관한 학설

		구체적 부합설	법정적 부합설	추상적 부합설
구체적 사실의 착오	객체의 착오	발생사실에 대한 고의기수	발생사실에 대한 고의기수	발생사실에 대한 고의기수
	방법의 착오	인식사실의 미수와 발생사실의 과실의 상상적 경합	발생사실에 대한 고의기수	발생사실에 대한 고의기수
추상적 사실의 착오	객체의 착오	인식사실의 불능미수와 발생사실의 과실의 상상적 경합	인식사실의 불능미수와 발생사실의 과실의 상상적 경합	• 경죄고의로 중죄결과→ 경죄기수와 중죄과실의 상상적 경합 • 중죄고의로 경죄결과→ 중죄미수와 경죄고의의 상상적 경합
	방법의 착오	인식사실의 미수와 발생사실의 과실의 상상적 경합	인식사실의 미수와 발생사실의 과실의 상상적 경합	

11 **핵심풀이 ▶**

강간죄의 성립에 언제나 직접적으로 또 필요한 수단으로서 감금행위를 수반하는 것은 아니므로 감금행위가 강간미수죄의 수단이 되었다 하여 감금행위는 강간미수죄에 흡수되어 범죄를 구성하지 않는다고 할 수는 없는 것이고, 그때에는 감금죄와 강간미수죄는 일개의 행위에 의하여 실현된 경우로서 형법 제40조의 상상적 경합관계에 있다(대판 83도323). 지문의 경우 감금행위가 강간미수죄의 수단으로 사용된 경우, 감금죄와 강간미수죄는 모두 성립하고 하나의 행위에 의한 경우이므로 상상적 경합관계가 된다.

12 **핵심풀이 ▶**

④ 사자 명예훼손죄는 사자에 대한 사회적, 역사적 평가를 보호법익으로 하는 것이므로 그 구성요건으로서의 사실의 적시는 허위의 사실일 것을 요하는 바 피고인이 피해자 A의 사망사실을 알면서 "A는 사망한 것이 아니고 빚 때문에 도망 다니며 죽은 척 하는 나쁜 놈"이라고 함은 공연히 허위의 사실을 적시한 행위로서 사자의 명예를 훼손하였다고 볼 것이다(대판 83도1520).
ⓐ 사자로 오인하고 허위사실 적시, 생존자였던 경우→사자명예훼손죄가 성립
ⓑ 사자로 오인하고 진실한 사실을 적시, 생존자였던 경우→과실범처벌규정이 없으므로 무죄
ⓒ 생존자로 오인하고 진실한 사실을 적시, 사자였던 경우→미수범 처벌규정이 없으므로 무죄이다.
ⓓ 생존자로 오인하고 허위사실을 적시, 사자였던 경우→사자명예훼손죄가 성립

13 **핵심풀이 ▶**

② 부동산에 대한 공갈죄는 그 부동산에 관하여 소유권이전등기를 경료받거나 또는 인도를 받은 때에 기수로 되는 것이고, 소유권이전등기에 필요한 서류를 교부받은 때에 기수로 되어 그 범행이 완료되는 것은 아니다(대판 92도1506).

① 대판 96도1959

③ 대판 91도1824

④ 대판 94도2528

14 핵심풀이 ❱

④ 투기적 사업에 참여하는 행위가 종료된 후 경제사정의 변동 등으로 인하여 당초의 예상과는 달리 그 사업 참여로 아무런 이득을 얻지 못한 경우라도 뇌물수수죄의 성립에는 영향이 없다(대판 2002도3539)

오답풀이 ❱

① 대판 2002도3539

② 뇌물약속죄에 있어서 뇌물을 약속한다 함은 뇌물의 수수를 장래에 기약하는 것이므로 뇌물의 목적물인 이익은 약속당시에 현존할 필요는 없는 것이고 약속 당시에 있어서 예기할 수 있는 것이라도 무방하며 뇌물의 목적물이 재산상의 이익인 경우에는 그 가액이 확정되어 있지 않아도 뇌물약속죄가 성립하는데 영향이 없다(대판 81도698).

③ 대판 2000도5438

15 핵심풀이 ❱

② 살인죄는 일신전속적인 개인적법익을 보호하는 범죄이므로, 불을 놓은 집에서 빠져나오려는 피해자들을 막아 소사케 한 행위는 1개의 행위가 수개의 죄명에 해당하는 경우라고 볼 수 없고, 위 방화행위와 살인행위는 법률상 별개의 범의에 의하여 별개의 법익을 해하는 별개의 행위라고 할 것이니, 현주건조물에 방화하여 기수에 이른 후 동 건조물로부터 탈출하려는 피해자들을 가로막아 소사케 한 피고인의 소위는 현주건조물방화죄와 살인죄의 경합범으로 처단되어야 한다(대판 82도2341).

16 핵심풀이 ❱

③ 고속도로에서 승용차를 손괴하거나 타인에게 상해를 가하는 등의 행패를 부리던 자가 이를 제지하려는 경찰관에 대항하여 공중 앞에서 알몸이 되어 성기를 노출한 경우, 음란한 행위에 해당하고 그 인식도 있었다고 할 것이다(대판 91도1550).

오답풀이 ❱

① 음란성의 존부는 작성자의 주관적인 의도가 아니라 객관적으로 도서 자체에 의하여 판단하여야 한다(대판 2003도988).

② 대판 98도679

④ 대판 2000도4372

17 핵심풀이 ▶

③ 강도살인죄가 성립하려면 먼저 강도죄의 성립이 인정되어야 하고, 강도죄가 성립하려면 불법영득(또는 불법이득)의 의사가 있어야 하며, 형법 제333조 후단 소정의 이른바 강제이득죄의 성립요건인 '재산상 이익의 취득'을 인정하기 위하여서는 재산상 이익이 사실상 피해자에 대하여 불이익하게 범인 또는 제3자 앞으로 이전되었다고 볼 만한 상태가 이루어져야 하는데, 채무의 존재가 명백할 뿐만 아니라 채권자의 상속인이 존재하고 그 상속인에게 채권의 존재를 확인할 방법이 확보되어 있는 경우에는 비록 그 채무를 면탈할 의사로 채권자를 살해하더라도 일시적으로 채권자측의 추급을 면한 것에 불과하여 재산상 이익의 지배가 채권자측으로부터 범인 앞으로 이전되었다고 보기는 어려우므로, 이러한 경우에는 강도살인죄가 성립할 수 없다(대판 2010도7405 ; 대판 2004도1098).

오답풀이 ▶

① 대판 84도2263

② 대판 81도2621

④ 대판 2002도4089

18 핵심풀이 ▶

② 형법 제161조의 사체은닉이라 함은 사체의 발견을 불가능 또는 심히 곤란하게 하는 것을 구성요건으로 하고 있으나 살인, 강도살인 등의 목적으로 사람을 살해한 자가 그 살해의 목적을 수행함에 있어 사후 사체의 발견이 불가능 또는 심히 곤란하게 하려는 의사로 인적이 드문 장소로 피해자를 유인하거나 실신한 피해자를 끌고 가서 그곳에서 살해하고 사체를 그대로 둔 채 도주한 경우에는 비록 결과적으로 사체의 발견이 현저하게 곤란을 받게 되는 사정이 있다 하더라도 별도로 사체은닉죄가 성립되지 아니한다(대판 86도891).

오답풀이 ▶

① 대판 4293형상859

③ 대판 84도2263

④ 대판 2003도1331

19 핵심풀이 ▶

① 경찰청 정보과 근무 경찰관의 직무와 중소기업협동조합중앙회장의 외국인산업연수생에 대한 국내 관리업체 선정업무는 직무관련성이 없다(대판 99도275).

오답풀이 ▶

② 대판 98도3584
③ 대판 2012도9417
④ 대판 2013도1357

20 핵심풀이 ▶

② 민사소송을 제기함에 있어 피고의 주소를 허위로 기재하여 법원공무원으로 하여금 변론기일소환자 등을 허위조소로 송달케 하였다는 사실만으로는 이로 인하여 법원공무원의 구체적이고 현실적인 어떤 직무집행이 방해되었다고 할 수는 없으므로, 이로써 바로 위계에 의한 공무집행방해죄가 성립한다고 볼 수는 없다(대판 96도312).

오답풀이 ▶

① 대판 2002도2131
③ 대판 2005도1731
④ 대판 2003도1609

정답 및 해설

| 1 ① | 2 ④ | 3 ③ | 4 ④ | 5 ① | 6 ④ | 7 ① | 8 ④ | 9 ④ | 10 ④ |
| 11 ③ | 12 ③ | 13 ② | 14 ④ | 15 ③ | 16 ④ | 17 ① | 18 ② | 19 ① | 20 ① |

1

핵심풀이 ▶

① 甲의 시공 및 공사현장의 점유를 방해하는 것으로서 甲의 법익에 대한 현재의 부당한 침해라고 할 수 있으므로 甲이 그 현수막을 찢고 간판 및 담장에 씌어진 글씨를 지운 것은 그 침해를 방어하기 위한 행위로서 상당한 이유가 있다(대판 87도3674).

오답풀이 ▶

② 과잉방위이다(대판 85도2642).

③ 과잉방위이다(대판 83도1467).

④ 정당방위나 정당행위에 해당하지 아니한다(대판 93도766).

2

핵심풀이 ▶

④ 과잉자구행위의 경우 '야간 기타 불안스러운 상태 하에서 공포, 경악, 흥분 또는 당황으로 인한 때에는 벌하지 아니한다'라는 특례가 인정되지 아니한다. 즉 형법 제21조 제3항을 준용하지 않는다.

오답풀이 ▶

① 행위자에 대해서는 가벌성이 탈락되어 형벌, 보안처분을 받지 아니하고 교사범, 종범의 가벌성도 공범의 종속성의 따라 탈락된다. 또한 위법성조각사유가 존재하게 되면 이는 적법한 행위이므로 상대방은 이에 대해 정당방위를 할 수 없다.

② 통설·판례는 위법성이 조각되기 위해서는 객관적 정당화상황 이외에 주관적 정당화요소가 필요하다는 입장을 취한다.

③ 고의·과실을 불문하며 책임 없는 행위도 포함된다. 또한 작위 이외에 부작위에 의한 침해도 가능하다. 단 부작위에 의한 침해가 성립하기 위해서는 작위의무가 존재해야 하며 동시에 부작위가 가벌적이여야 한다.

3 **핵심풀이 ▶**

미수범 처벌규정이 있는 범죄 – ㉠㉢㉤

오답풀이 ▶

미수범 처벌규정이 없는 범죄 – ㉡㉣㉥

4 **핵심풀이 ▶**

④ 인질강요죄는 예비·음모의 처벌규정이 없다.

오답풀이 ▶

① 대판 99도424
② 형법 제120조 제1항, 형법 제150조
③ 대판 75도1549

5 **핵심풀이 ▶**

* 국기에 관한 죄에 해당하는 국기·국장 모독죄(㉠)와 국기·국장 비방죄(㉡)는 반의사불벌죄가 아니다.
* 국교에 관한 죄에 해당하는 외국원수폭행죄(㉢), 외국원수모욕죄(㉣), 외국사절폭행죄(㉤), 외국사절모욕죄(㉥), 외국국기·국장모독죄(㉦) 등은 반의사불벌죄에 해당한다.

6 **핵심풀이 ▶**

④ '기차'는 자동차 등 불법사용죄의 객체가 아니다.

오답풀이 ▶

① 대판 2001도4759
② 형법 제344조
③ 대판 2004노309

7 **핵심풀이 ▶**

① 폭행 또는 협박으로 사람에 대하여 구강, 항문 등 신체(성기는 제외한다)의 내부에 성기를 넣거나 성기, 항문에 손가락 등 신체(성기는 제외한다)의 일부 또는 도구를 넣는 행위를 한 사람은 2년 이상의 유기징역에 처한다(형법 제297조의2).

오답풀이 ▶

② 형량 : 강간치사죄 ≠ 강간살인죄, 강간치상죄 = 강간상해죄
③ 형법상 체벌 규정이 없다.
④ 형법 제305조의2

8 **핵심풀이 〉**

모두 옳음

㉠ 건축법의 관계규정을 알지 못한 법률의 부지

㉡ 병역법의 효력에 관한 착오

㉢ '손괴'의 포섭범위를 그르친 포섭의 착오. 포섭의 착오는 구성요건적 사실이 어떤 법률적 의미를 가지느냐에 대하여 착오를 일으켜 법률을 자신에게 유리하게 해석하여 자신의 행위가 죄가 되지 않는다고 믿고 행위를 하는 것을 말한다.

㉣ 정당방위의 상황에 대한 착오

㉤ 환각범으로 반전된 금지착오

9 **핵심풀이 〉**

④ 대판 99도4341

오답풀이 〉

① 정당방위는 '不正 대 正'의 관계이므로, 방위행위의 상대방은 원칙적으로 '부당한 침해를 가하는 자'이어야 한다. 공격과 무관한 제3자에 대한 반격은 정당방위가 될 수 없고 긴급피난만이 가능하다.

② 형법상 정당방위는 부당한 침해의 '현재성'이 인정되어야만 하므로, 장래의 침해에 대한 '예방적 정당방위'는 원칙적으로 인정되지 않는다. 다만 특별법인 폭력행위 등 처벌에 관한 법률(제8조 제1항)에서는 '이 법에 규정된 죄를 범한 자가 흉기 기타 위험한 물건 등으로 사람에게 위해를 가하거나 가하려 할 때 이를 예방 또는 방위하기 위하여 한 행위는 벌하지 아니한다.'라고 규정하여 예방적 정당방위가 예외적으로 허용되고 있다.

③ 정당방위는 '不正 대 正'의 관계이므로 정당방위의 상대방은 '부당한 침해를 가하는 자(不正)'이어야 하고 위법성이 조각되는 긴급피난이나 정당방위(正)에 대한 정당방위는 인정되지 않는다(대판 2003도3606).

10 **핵심풀이 〉**

④ 유가증권변조죄에서 '변조'는 진정하게 성립된 유가증권의 내용에 권한 없는 자가 유가증권의 동일성을 해하지 않는 한도에서 변경을 가하는 것을 의미하고, 이와같이 권한 없는 자에 의해 변조된 부분은 진정하게 성립된 부분이라 할 수 없다. 따라서 유가증권의 내용 중 권한 없는 자에 의하여 이미 변조된 부분을 다시 권한 없이 변경하였다고 하더라도 유가증권변조죄는 성립하지 않는다(대판 2010도15206).

오답풀이 〉

① 대판 2007도10100

② 대판 2001도2832

③ 대판 2006도7120

11 **핵심풀이 〉**

③ 틀림. 피고인이 그가 경영하던 공장을 공소외 (갑)에게 양도하면서 미수 외상대금 채권의 수금권을 포기하기로 약정하고도 이를 외상채무자들에게 고지하지 아니하고 외상대금을 수령하였다 하여 이로써 위계로 위 공소외인의 공장경영의무를 방해한 것이라 할 수 없다(대판 83도2270).

오답풀이 〉

① 대판 71도399

② 대판(全) 2009도4166

④ 대판(全) 2007도482

12 **핵심풀이 〉**

공무집행방해죄는 공무원의 직무집행이 적법한 경우에 한하여 성립하는 것이고 여기서 적법한 공무집행이라고 함은 그 행위가 공무원의 추상적 권한에 속할 뿐 아니라 구체적 직무집행에 관한 법률상 요건과 방식을 갖춘 경우를 가리키는 것이다(대판 96도2673).

13 **핵심풀이 〉**

② 몰수는 특정된 물건에 대한 것이고 추징은 본래 몰수할 수 있었음을 전제로 하는 것임에 비추어 뇌물에 공할 금품이 특정되지 않았던 것은 몰수할 수 없고 그 가액을 추징할 수도 없다(대판 96도221).

오답풀이 〉

① 대판 94도852

③ 대판 2006도735

④ 대판 99도4940

14 **핵심풀이 〉**

④ 대판 2007도7920

오답풀이 〉

① 법인의 직원 또는 사용인이 위반행위를 하여 양벌규정에 의하여 법인이 처벌받는 경우, 법인에게 자수경감에 관한 형법 제52조 제1항의 규정을 적용하기 위하여는 법인의 이상 기타 대표자가 수사책임이 있는 관서에 자수한 경우에 한하고, 그 위반행위를 한 직원 또는 사용인이 자수한 것만으로는 위 규정에 의하여 형을 감경할 수 없다(대판 95도391).

② 고소는 범죄의 피해자 또는 그와 일정한 관계가 있는 고소권자가 수사기관에 대하여 범죄사실을 신고하여 범인의 처벌을 구하는 의사표시이므로, 고소인은 범죄사실을 특정하여 신고하면 족하고 범인이 누구인지 나아가 범인 중 처벌을 구하는 자가 누구인지를 적시할 필요도 없는 바, 저작권법 제103조의 양벌규정은 직접 위법행위를 한 자 이외에 아무런 조건이나 면책조항 없

이 그 업무의 주체 등을 당연하게 처벌하도록 되어 있는 규정으로서 당해 위법행위와 별개의 범죄를 규정한 것이라고는 할 수 없으므로, 친고죄의 경우에 있어서도 행위자의 범죄에 대한 고소가 있으면 족하고, 나아가 양벌규정에 의하여 처벌받는 자에 대하여 별도의 고소를 요한다고 할 수는 없다(대판 94도2423).

③ 형법 제355조 제2항의 배임죄에 있어서 타인의 사무를 처리할 의무의 주체가 법인이 되는 경우라도 법인은 다만 사법상의 의무주체가 될 뿐 범죄능력이 없는 것이며 그 타인의 사무는 법인을 대표하는 자연인인 대표기관의 의사결정에 따른 대표행위에 의하여 실현될 수 밖에 없어 그 대표기관은 마땅히 법인이 타인에 대하여 부담하고 있는 의무내용 대로 사무를 처리할 임무가 있다 할 것이므로 법인이 처리할 의무를 지는 타인의 사무에 관하여는 법인이 배임죄의 주체가 될 수 없고 그 법인을 대표하여 사무를 처리하는 자연인인 대표기관이 바로 타인의 사무를 처리하는 자 즉 배임죄의 주체가 된다(대판(全) 82도2595).

15 **핵심풀이 ▶**

③ 범인이 자신을 위하여 타인으로 하여금 허위의 자백을 하게 하여 범인도피죄를 범하게 하는 행위는 방어권의 남용으로 범인도피교사죄에 해당한다(대판 2000도20).

오답풀이 ▶

① 대판 2000도4078
② 대판 2003도8226
④ 대판 85도897

16 **핵심풀이 ▶**

④ 감금에 있어서의 사람의 행동의 자유의 박탈은 반드시 전면적이어야 할 필요가 없으므로 감금된 특정구역 내부에서 일정한 생활의 자유가 허용되어 있었다고 하더라도 감금죄의 성립에는 아무 지장이 없다(대판 84도655)

오답풀이 ▶

① 활동의 자유를 갖는 이상 활동의 자유가 일시적으로 정지된 경우에도 본죄의 객체가 되므로, 정신병자·명정자·수면자·불구자는 본죄의 객체가 된다(대판 2002도4315).
② 감금죄에서 행동의 자유를 구속하는 수단과 방법에는 아무런 제한이 없고, 사람이 특정한 구역에서 벗어나는 것을 불가능하게 하거나 매우 곤란하게 하는 장애는 물리적·유형적 장애뿐만 아니라 심리적·무형적 장애에 의하여서도 가능하므로 감금죄의 수단과 방법은 유형적인 것이거나 무형적인 것이거나를 가리지 아니한다(대판 98도1306).
③ 대판 84도655

17 핵심풀이 ▶

① 형법 제370조 경계침범죄에서 말하는 경계는 법률상의 정당한 경계인지와는 관계없다(대판 2008도8973).

오답풀이 ▶

② 대판 2001도6903

③ 대판 94도2112

④ 형법 제370조의 경계침범죄에서 말하는 '경계'는 반드시 법률상의 정당한 경계를 가리키는 것은 아니고, 비록 법률상의 정당한 경계에 부합되지 않는 경계라 하더라도 그것이 종래부터 일반적으로 승인되어 왔거나 이해관계인들의 명시적 또는 묵시적 합의에 의하여 정해진 것으로서 객관적으로 경계로 통용되어 왔다면 이는 본조에서 말하는 경계라 할 것이다(대판 2007도9181).

18 핵심풀이 ▶

② 사람이 거주하는 가옥의 일부로 되어 있는 우사(외양간)에 대한 방화는 현주건조물방화죄의 실행에 착수가 된다(대판 67도925).

오답풀이 ▶

① 형법 제164조 제2항의 현주건조물방화치사상죄는 동조 제1항의 죄에 대한 일종의 가중처벌규정으로서 사상에 대하여 과실이 있는 경우뿐만 아니라 고의가 있는 경우에도 포함된다고 볼 것이므로, 사람을 살해할 목적으로 현주건조물에 방화하여 사망에 이르게 한 경우에는 현주건조물방화치사죄로 의율하여야 하고 이와 더불어 살인죄와의 상상적경합범으로 의율할 것은 아니다(대판 96도485).

③ 홧김에 서적 등을 뒷마당에 내놓고 불태우는 과정에서 가옥에 불이 번진 때에 현주건조물방화의 범의를 인정하기 어렵다(대판 84도1245).

④ 장애미수가 성립하고, 중지미수로 볼 수 없다(대판 97도957).

19 **핵심풀이 ▶**

① 위계에 의한 공무집행방해죄가 성립한다(대판 2001도6349).

오답풀이 ▶

② 위계에 의한 공무집행방해죄가 성립하지 아니한다(대판 2001도7045).

③ 행정관청이 출원에 의한 인허가처분을 함에 있어서는 그 출원사유가 사실과 부합하지 않는 경우가 있음을 전제로 하여 인허가여부를 심사, 결정하는 것이므로 행정관청이 사실을 충분히 확인하지 아니한 채 출원자가 제출한 허위의 출원사유나 소명자료만을 경신하고 인가 또는 허가를 하였다면 이는 행정관청의 불충분한 심사에 기인한 것으로서 출원자의 위계에 의한 것이라고 할 수 없어 위계에 의한 공무집행방해죄를 구성하지 않는다(대판 88도898).

④ 이 경우 폭행에 의한 공무집행방해죄가 성립한다. 불법주차 차량에 불법주차 스티커를 붙였다가 이를 다시 떼어 낸 직후에 있는 주차단속 공무원을 폭행한 경우, 폭행 당시 주차단속 공무원은 일련의 직무수행을 위하여 근무 중인 상태에 있었다고 보아야 한다(대판 99도383).

20 **핵심풀이 ▶**

ⓒ 형법 제127조는 공무원 또는 공무원이었던 자가 법령에 의한 직무상 비밀을 누설하는 것을 구성요건으로 하고 있는 바, 여기서 법령에 의한 직무상 비밀이란 반드시 법령에 의하여 비밀로 규정되었거나 비밀로 분류 명시된 사항에 한하지 아니하고, 정치, 군사, 외교, 경제, 사회적 필요에 따라 비밀로 된 사항은 물론 정부나 공무소 또는 국민이 객관적, 일반적인 입장에서 외부에 알려지지 않는 것에 상당한 이익이 있는 사항도 포함하나, 실질적으로 그것을 비밀로서 보호할 가치가 있다고 인정할 수 있는 것이어야 하고, 한편, 공무상비밀누설죄는 기밀 그 자체를 보호하는 것이 아니라 공무원의 비밀엄수의무의 침해에 의하여 위험하게 되는 이익, 즉 비밀의 누설에 의하여 위협받는 국가의 기능을 보호하기 위한 것이다(대판 2004도5561).

오답풀이 ▶

㉠ 대판 2004도5561

ⓛ 대판 2009도3642

㉣ 대판 2004도5561

정답 및 해설

1 ②	2 ④	3 ④	4 ②	5 ②	6 ④	7 ④	8 ③	9 ④	10 ④
11 ①	12 ③	13 ④	14 ④	15 ②	16 ①	17 ④	18 ④	19 ②	20 ②

1

핵심풀이 ▶

② 대판 75도1205

오답풀이 ▶

① 그 가해행위는 방어행위인 동시에 공격행위의 성격을 가지므로 정당방위 또는 과잉방위행위라고 볼 수 없다(대판 2000도228).

③ 피해자가 이를(돈을 꺼내가는 것을) 허용하는 묵시적 의사가 있었다고 봄이 상당하여 이는 절도죄를 구성하지 않는다(대판 85도1487). 지문의 경우 처음부터 절도죄의 구성요건에도 해당하지 아니한다.

④ 간통 현장을 직접 목격하고 그 사진을 촬영하기 위하여 상간자의 주거에 침입한 행위는 정당행위에 해당하지 않는다(대판 2003도3000).

* 2015년 2월 26일 간통죄에 관한 위헌판결로 인해 간통은 더 이상 형사처벌 대상이 아니게 되었음에 주의.

2

핵심풀이 ▶

④ 도의적 책임론은 책임능력을 '범죄능력'으로 파악하나, 사회적 책임론은 책임능력을 '형벌능력'으로 이해한다.

오답풀이 ▶

① 심리적 책임론은 책임능력의 전제하에 고의 또는 과실만 있으면 책임은 인정되므로 책임조각사유(예, 강요된 행위나 일정한 조건하의 과잉방위 등)가 있을 경우를 설명하기 곤란하다는 비판이 있다.

② 순수한 규범적 책임론은 고의·과실은 구성요건요소이고, 책임능력, 위법성의 인식, 기대가능성만이 책임의 구성요소가 된다.

③ 도의적 책임론은 자유의사를 인정하기 때문에 비결정론에 근거하고, 사회적 책임론은 의사자유에 관해 결정론을 취한다.

3 **핵심풀이** ▶

④ 법률의 착오에 정당한 이유가 있다(대판 2005도835).

오답풀이 ▶

① 법률의 착오에 정당한 이유가 없다(대판 2001도1429).

② 법률의 착오에 정당한 이유가 없다(대판 2003도4128).

③ 법률의 착오에 정당한 이유가 없다(대판 94도780).

4 **핵심풀이** ▶

② 형법상 사기죄의 성질은 특정경제범죄 가중처벌 등에 관한 법률 제3조 제1항에 의해 가중처벌되는 경우에도 그대로 유지되고, 특별법인 특정경제범죄 가중처벌 등에 관한 법률에 친족상도례에 관한 형법 제354조, 제328조의 적용을 배제한다는 명시적인 규정이 없으므로, 형법 제354조는 특정경제범죄 가중처벌 등에 관한 법률 제3조 제1항 위반죄(사기)에도 그대로 적용된다(대판 99오1).

오답풀이 ▶

① 대판 91도3149

③ 형법 제365조 제2항

④ 친족상도례는 강도, 손괴, 점유강취, 준점유강취, 강제집행면탈죄에는 적용되지 않는다.

5 **핵심풀이** ▶

② '음란성'과 관련하여 이를 판단함에 있어서는 표현물 제작자의 주관적 의도가 아니라 사회 평균인의 입장에서 그 전체적인 내용을 관찰하여 건전한 사회통념에 따라 객관적이고 규범적으로 평가하여야 한다(대판 2007도3815). 즉, 일반 보통인들에게 묻는 절차까지 거쳐야만 하는 것은 아니다.

오답풀이 ▶

① 2012년 12월 18일 형법개정으로 음행매개죄의 객체가 기존 "미성년 또는 음행의 상습 없는 부녀"에서 "사람"으로 변경되었다. 따라서 음행매개죄의 행위객체는 남녀불문, 연령불문, 상습성 불문으로 사람이면 모두 그 객체가 된다.

③ 대판 2000도 4372

④ 대판 98도 3140

6 **핵심풀이** ▶

하나의 교회가 두 개 이상으로 분열된 경우 그 재산의 처분에 관하여 교회 장정 등에 규정이 없는 한 분열 당시 교인들의 총의에 따라 그 귀속을 정하여야 하고 그와 같은 절차 없이 위 재산에 대하여 다른 교파의 점유를 배제하고 자기 교파만의 지배에 옮긴다는 인식 아래 이를 가지고 갔다면 절도죄를 구성한다(대판 98도126).

7 **핵심풀이 ▶**

③ '원인에 있어서 자유로운 행위'는 고의 · 과실 · 작위 · 부작위 모두에 대해서 인정된다.

오답풀이 ▶

① 우리 구 형법은 이에 관한 명문규정을 두지 않았으나, 현행형법은 형법 제10조 제3항에서 명문규정을 두고 있다. 형법은 원인에 있어서 자유로운 행위의 가벌성을 입법적으로 해결하고 있다.

② 형법 제10조 제3항은 과실에 의한 원인에 있어서 자유로운 행위에도 적용된다는 것이 판례의 입장이다.

④ 행위자는 책임이 감경 또는 조각되지 않고, 형법 제13조 제3항에 따라 행위에 대한 책임을 부담하게 된다.

8 **핵심풀이 ▶**

③ 경찰관이 장기간에 걸쳐 여러 번 오토바이를 오토바이 상회 운영자에게 보관시키고도 경찰관 스스로 소유자를 찾아 반환하도록 처리하거나 상회 운영자에게 반환 여부를 확인한 일이 전혀 없고, 상회 운영자로부터 오토바이를 보내준 대가 또는 그 처분대가로 돈까지 지급받았다면, 경찰관의 이와 같은 행위는 습득물을 단순히 상회 운영자에게 보관시키거나 소유자를 찾아서 반환하도록 협조를 구한 정도를 벗어나 상회 운영자에게 그 습득물에 대한 임의적인 처분까지 용인한 것으로서 습득물 처리 지침에 따른 직무를 의식적으로 방임 내지 포기하고 정당한 사유 없이 직무를 수행하지 아니한 경우에 해당한다고 한 사례(대판 2001도6170).

오답풀이 ▶

① 대판 2002도6134

② 대판 2008도3

④ 대판 2007도3584

9 **핵심풀이 ▶**

④ 대판 2005도4202

오답풀이 ▶

① 작위범인 범인도피죄만 성립한다(대판 96도51).

② 작위범인 허위공문서작성죄 및 동행사죄만 성립한다(대판 72도722).

③ 작위범인 허위공문서작성죄 및 동행사죄만 성립한다(대판 71도1176).

10 핵심풀이 ▶

④ 부동산에 관하여 신탁자가 수탁자와 명의신탁약정을 맺고 신탁자가 매매예약의 당사자가 되어 매도인과 매매계약을 체결하되 다만 등기를 매도인으로부터 수탁자 앞으로 직접 이전하는 방법으로 명의신탁을 한 경우 명의수탁자가 그 부동산을 임의로 처분하였다면 횡령죄가 성립한다(대판 2002도2926).

* 계약명의신탁이 아니라 3자간 명의신탁유형에 해당하는 사안이다.

오답풀이 ▶

① 대판 2008도10096

② 대판 2003도5519

③ 대판 88도1368

11 핵심풀이 ▶

① 갑이 피고인의 유인행위로 간음행위나 추행행위 자체에 대한 착오에 빠졌다거나 이를 알지 못하게 되었다고 할 수 없으므로, 피고인의 행위는 위 특례법에서 정한 장애인에 대한 위계에 의한 간음죄 또는 추행죄에 해당하지 않는다(대판 2014도8423).

오답풀이 ▶

② 대판 2005도6791

③ 대판 2013도5856

④ 대판 2011도8805

12 핵심풀이 ▶

③ 가치중립적인 표현을 사용하였다 하여도 사회통념상 그로 인하여 특정인의 사회적 평가가 저하되었다고 판단된다면 명예훼손죄가 성립할 수 있다(대판 2008도6728).

오답풀이 ▶

① 대판 2007도8155

② 대판 96도1007

④ 대판 83도1017

13

핵심풀이 〉

④ 명예훼손 사실을 발설한 것이 정말이냐는 질문에 대답하는 과정에서 타인의 명예를 훼손하는 사실을 발설하게 된 것이라면, 그 발설내용과 동기에 비추어 명예훼손의 범의를 인정할 수 없다 (대판 2020도2877).

오답풀이 〉

① 대판 2010도17237
② 대판 2008다53812
③ 대판 2007다3483

14

핵심풀이 〉

④ 형법 제279조

오답풀이 〉

① 중체포·감금죄는 체포·감금행위와 가혹행위가 결합된 결합범이다(구체적 위험범×, 결과적 가중범×).
② 체포·감금죄는 해방감경규정이 없다.
③ 주거침입죄는 미수범 처벌규정이 있다(형법 제322조).

15

핵심풀이 〉

② 대판 2002도631

오답풀이 〉

① 근로자는 원칙적으로 헌법상 보장된 기본권으로서 근로조건 향상을 위한 자주적인 단결권·단체교섭권 및 단체행동권을 가지므로(헌법 제33조 제1항), 쟁의행위로서 파업이 언제나 업무방해죄에 해당하는 것으로 볼 것은 아니고, 전후 사정과 경위 등에 비추어 사용자가 예측할 수 없는 시기에 전격적으로 이루어져 사용자의 사업운영에 심대한 혼란 내지 막대한 손해를 초래하는 등으로 사용자의 사업계속에 관한 자유의사가 제압·혼란될 수 있다고 평가할 수 있는 경우에 비로소 집단적 노무제공의 거부가 위력에 해당하여 업무방해죄가 성립한다고 보는 것이 타당하다(대판(全) 2007도482).
③ 의료인이나 의료법인이 아닌 자가 의료기관을 개설하여 운영하는 행위는 그 위법의 정도가 중하여 사회생활상 도저히 용인될 수 없는 정도로 반사회성을 띠고 있으므로 업무방해죄의 보호대상이 되는 '업무'에 해당하지 않는다(대판 2001도2015).
④ 인터넷 자유게시판 등에 실제의 객관적인 사실을 게시하는 행위는, 설령 그로 인하여 피해자의 업무가 방해된다고 하더라도, 형법조항 소정의 '위계'에 해당하지 않는다(대판 2006도3839).

16 **핵심풀이 ▶**

① 사용자의 직장폐쇄가 정당한 쟁의행위로 인정되지 아니하는 때에는 다른 특별한 사정이 없는 한 근로자가 평소 출입이 허용되는 사업장 안에 들어가는 행위가 주거침입죄를 구성하지 아니한다(대판 2002도2243).

오답풀이 ▶

② 대판 94다1561
③ 대판 85도122
④ 대판 88도1897

17 **핵심풀이 ▶**

④ 손괴죄에 대해서는 친족상도례가 적용되지 아니한다.

오답풀이 ▶

① 대판 80도131
② 통설의 입장이다.
③ 대판 96도1731

18 **핵심풀이 ▶**

④ 판례는 강간하는 과정에서 피해자들이 도망가지 못하게 하기 위해 손가방을 빼앗은 사건에서 불법영득의 의사를 부정한다(대판 85도1170). – 강간죄만 성립

오답풀이 ▶

① 대판 91도643
② 대판 2010도9630
③ 대판 93도428

19 핵심풀이 〉

② 부동산의 명의수탁자가 부동산을 제3자에게 매도하고 매매를 원인으로 한 소유권이전등기까지 마쳐 준 경우, 명의신탁의 법리상 대외적으로 수탁자에게 그 부동산의 처분권한이 있는 것임이 분명하고, 제3자로서도 자기 명의의 소유권이전등기가 마쳐진 이상 무슨 실질적인 재산상의 손해가 있을 리 없으므로 그 명의신탁 사실과 관련하여 신의칙상 고지의무가 있다거나 기망행위가 있었다고 볼 수도 없어서 그 제3자에 대한 사기죄가 성립될 여지가 없고, 나아가 그 처분시 매도인(명의수탁자)의 소유라는 말을 하였다고 하더라도 역시 사기죄가 성립하지 않으며, 이는 자동차의 명의수탁자가 처분한 경우에도 마찬가지이다(대판 2006도4498).

오답풀이 〉

① 대판 95도2828

③ 대판 2009도7052

④ 대판 2001도1289

20 핵심풀이 〉

② 위계에 의한 공무집행방해죄는 행위목적을 이루기 위하여 상대방에게 오인, 착각, 부지를 일으키게 하여 이를 이용함으로써 법령에 의하여 위임된 공무원의 적법한 직무에 관하여 그릇된 행위나 처분을 하게 하는 경우에 성립하고, 여기에서 공무원의 직무집행이란 법령의 위임에 따른 공무원의 적법한 직무집행인 이상 공권력의 행사를 내용으로 하는 권력적 작용뿐만 아니라 사경제주체로서의 활동을 비롯한 비권력적 작용도 포함되는 것으로 봄이 상당하다(대판 2001도6349).

오답풀이 〉

① 공무원에 대한 간접적유형력의 행사도 폭행에 해당한다.

③ 대판 98도662

④ 대판 81도326

정답 및 해설

| 1 ② | 2 ① | 3 ① | 4 ① | 5 ② | 6 ① | 7 ② | 8 ④ | 9 ④ | 10 ③ |
| 11 ② | 12 ① | 13 ③ | 14 ③ | 15 ③ | 16 ② | 17 ③ | 18 ② | 19 ① | 20 ④ |

1 핵심풀이 ▶

② 부정경쟁방지 및 영업비밀보호에 관한 법률 제18조 제2항에서 정하고 있는 영업비밀부정사용죄에 있어서는, 행위자가 당해 영업비밀과 관계된 영업활동에 이용 혹은 활용할 의사 아래 그 영업활동에 근접한 시기에 영업비밀을 열람하는 행위(영업비밀이 전자파일의 형태인 경우에는 저장의 단계를 넘어서 해당 전자파일을 실행하는 행위)를 하였다면 그 실행의 착수가 있다(대판 2008도9433).

오답풀이 ▶

① 대판 2009도9667

③ 대판 2010도9330

④ 대판 2009도3452

2 핵심풀이 ▶

모든 항목이 옳은 설명이다. 정당방위는 위법한 침해에 대해서만 인정되지만, 긴급피난은 그 위난의 적법 여부를 불문하고 인정된다. 따라서 '적법한 행위인 정당방위 또는 긴급피난'에 대해서 정당방위는 인정되지 않지만, 긴급피난은 인정될 수 있다.

3 핵심풀이 ▶

(1) 형법 제158조에 규정된 예배방해죄는 공중의 종교생활의 평온과 종교감정을 그 보호법익으로 하는 것이므로, 예배 중이거나 예배와 시간적으로 밀접불가분의 관계에 있는 준비단계에서 이를 방해하는 경우에만 성립한다.

(2) 교회의 교인이었던 사람이 교인들의 총유인 교회 현판, 나무십자가 등을 떼어 내고 예배당 건물에 들어가 출입문 자물쇠를 교체하여 7개월 동안 교인들의 출입을 막은 사안에서, 장기간 예배당 건물의 출입을 통제한 위 행위는 교인들의 예배 내지 그와 밀접불가분의 관계에 있는 준비단계를 계속하여 방해한 것으로 볼 수 없어 예배방해죄가 성립하지 않는다고 한 사례이다(대판 2007도5296). 설문의 경우 재물손괴죄와 건조물침입죄만 성립한다.

4　핵심풀이 〉

점포임차권양도계약을 체결한 후 계약금과 중도금까지 지급받았다 하더라도 잔금을 수령함과 동시에 양수인에게 점포를 명도하여 줄 양도인의 의무는 위 양도계약에 따르는 민사상의 채무에 지나지 아니하여 이를 타인의 사무로 볼 수 없으므로 비록 양도인이 위 임차권을 2중으로 양도하였다 하더라도 배임죄를 구성하지 아니한다(대판 86도811). 설문의 경우 甲은 무죄이다.

5　핵심풀이 〉

② 군 피엑스(PX)에서 공무원인 군인이 그 권한에 의하여 작성한 월간판매실적보고서의 내용에 일부 허위기재된 부분이 있더라도 이는 공무소인 소관 육군부대의 소유에 속하는 것이므로 이를 허위공문서 작성의 범행으로 인하여 생긴 물건으로 누구의 소유도 불허하는 것이라 하여 형법 제48조 제1항 제1호를 적용, 몰수하였음은 부당하다(대판 83도808).

오답풀이 〉

① 대판 2006도3302
③ 대판 83도2680
④ 대판 2001도5158

6　핵심풀이 〉

① 피고인이 현금 등이 들어 있는 피해자의 지갑을 가져갈 당시에 피해자의 승낙을 받지 않았다면 가사 피고인이 후일 변제할 의사가 있은 경우에도 불법영득의사를 인정한다(대판 99도519).

오답풀이 〉

② 대판 89도1679
③ 권리자(국가)를 배제할 의사를 가지고 한 것이 아니므로, 영득의사에 의한 행위라고는 할 수 없다(대판 77도1069).
④ 대판 96도8

7 **핵심풀이 》**

② 대판 2002도2518

오답풀이 》

① 사례의 경우 도박장소 등 개설죄는 이미 기수에 이르렀다고 본다(대판 2008도5282).

③ 도박이란 2인 이상의 자가 상호간에 재물을 도(賭)하여 우연한 승패에 의하여 그 재물의 득실을 결정하는 것이므로, 이른바 사기도박과 같이 도박당사자의 일방이 사기의 수단으로써 승패의 수를 지배하는 경우에는 도박에서의 우연성이 결여되어 사기죄만 성립하고 도박죄는 성립하지 아니한다(대판 2010도9330).

④ 사례의 경우 상습도박방조의 죄는 무거운 상습도박의 죄에 포괄시켜 1죄로서 처단해야 한다 (대판 84도195).

8 **핵심풀이 》**

④ 형법 제245조 소정의 '음란한 행위'라 함은 일반 보통인의 성욕을 자극하여 성적 흥분을 유발하고 정상적인 성적 수치심을 해하여 성적 도의관념에 반하는 것을 가리킨다고 할 것이고, 위 죄는 주관적으로 성욕의 흥분, 만족 등의 성적인 목적이 있어야 성립하는 것은 아니고 그 행위의 음란성에 대한 의미의 인식이 있으면 족하다(대판 2003도6514).

오답풀이 》

① 대판 2003도6514

② 대판 2003도2911

③ 대판 78도2327

9 **핵심풀이 》**

④ 작위범인 증거인멸죄만이 성립하고 부작위범인 직무유기(거부)죄는 따로 성립하지 아니한다(대판 2005도3909 전합).

오답풀이 》

① 대판 2005도4202

② 대판 2001도6170

③ 대판 2008도11226

10 **핵심풀이 》**

③ 준강도죄의 미수범은 처벌한다(형법 제342조).

오답풀이 》

① 피고인들이 폭행·협박으로 피해자로 하여금 매출전표에 서명을 하게 한 다음 이를 교부받아 소지함으로써 이미 외관상 각 매출전표를 제출하여 신용카드회사들로부터 그 금액을 지급받을

수 있는 상태가 되었는 바, 피해자가 각 매출 전표에 허위 서명한 탓으로 피고인들이 신용카드회사들에게 각 매출전표를 제출하여도 신용카드회사들이 신용카드 가맹점 규약 또는 약관의 규정을 들어 그 금액의 지급을 거절할 가능성이 있다 하더라도, 그로 인하여 피고인들이 각 매출전표 상의 금액을 지급받을 가능성이 완전히 없어져 버린 것이 아니고 외견상 여전히 그 금액을 지급받을 가능성이 있는 상태이므로, 결국 피고인들이 '재산상 이익'을 취득하였다고 볼 수 있다(대판 96도3411).

② 실행행위 이전에 이탈한 경우에는 특수강도의 공동정범이 성립하지 않는다(대판 84도2956).

④ 준강도는 절도가 재물의 탈환을 항거하거나 체포를 면탈하거나 죄적을 인멸한 목적으로 폭행 또는 협박을 가함으로써 성립하는 범죄이다(형법 335조).

11 핵심풀이 ▶

ⓒ 절도죄가 성립(대판 88도409)

오답풀이 ▶

㉠, ㉡, ㉣ 절도죄 불성립

㉠ 대판 2000도3655

㉡ 상사와의 의견 충돌 끝에 항의의 표시로 사표를 제출한 다음 평소 피고인이 전적으로 보관, 관리해 오던 이른바 비자금 관계 서류 및 금품이 든 가방을 들고 나온 경우 불법영득의 의사가 없다(대판 94도3033).

㉣ 신용카드회원이 이를 사용하여 현금자동지급기에서 현금을 인출하였다 하더라도 신용카드 자체가 가지는 경제적 가치가 인출된 예금액만큼 소모되었다고 할 수 없으므로, 이를 일시 사용하고 곧 반환한 경우에는 불법영득의 의사가 없다(대판 99도857).

12 핵심풀이 ▶

① ○○작가협회 회원이 타인의 명의를 도용하여 협회 교육원장을 비방하는 내용의 호소문을 작성한 후 이를 협회 회원들에게 우편으로 송달한 경우, 사문서위조죄와 명예훼손죄가 각 성립하고, 이는 실체적 경합관계에 있다(대판 2008도8527).

오답풀이 ▶

② 집단의 모든 구성원의 명예가 집합명칭에 의하여 침해될 경우에는 구성원 각자의 명예훼손이 될 수 있다. 다만 이를 위해서는 집단구성원이 일반인과 명백히 구별될 정도로 집합명칭이 특정되어야 한다. 예컨대 서울시민 또는 경기도민이라 함과 같은 막연한 표시에 의해서는 명예훼손죄를 구성하지 아니한다(대판 99도5407).

③ 일반적으로 '무능교수'라는 표현은 '사실의 적시'라기보다는 그 사람에 대한 평가이기 때문에 모욕죄가 성립할 수 있을 뿐이다.

④ 단순한 확인에 불과하고 사실의 적시라고 할 수 없어, 피고인에게 명예훼손의 고의 또는 미필적 고의가 없다고 할 것이다(대판 85도588).

13 핵심풀이 ▶

③ 경찰청 민원실에서 말똥을 책상 및 민원실 바닥에 뿌리고 소리를 지르는 등 난동을 부린 행위가 '위력'으로 경찰관의 민원접수 업무를 방해한 것이라는 이유로 업무방해죄에 해당한다고 본 원심판결에 법리오해의 위법이 있다(대판 2008도9049).

오답풀이 ▶

① 대판 2004도1256

② 대판 2001도2015

④ 대판 2004도4467

14 핵심풀이 ▶

③ 앞의 주거침입죄에 대한 유죄의 확정판결 이후의 행위가 별도의 주거침입죄를 구성한다(대판 2007도11322).

오답풀이 ▶

① 형법 제319조

② 형법 제322조

④ 대판 95도997

15 핵심풀이 ▶

③ 매매의 목적물이 동산일 경우, 매도인은 매수인에게 계약에 정한 바에 따라 그 목적물인 동산을 인도함으로써 계약의 이행을 완료하게 되고 그때 매수인은 매매목적물에 대한 권리를 취득하게 되는 것이고, 매도인에게 자기의 사무인 동산인동채무 외에 별도로 매수인의 재산의 보호 내지 관리 행위에 협력할 의무가 있다고 할 수 없다. 동산매매계약에서의 매도인은 매수인에 대하여 그의 사무를 처리하는 지위에 있지 아니하므로, 매도인이 목적물을 매수인에게 인도하지 아니하고 이를 타에 처분하였다 하더라도 형법상 배임죄가 성립하는 것은 아니다(대판(全) 2008도10479).

오답풀이 ▶

① 대판 2007도2484

② 대판 2009도5655

④ 대판 2009도3143

16 핵심풀이 〉

② 위조문서행사죄에 있어서의 행사는 위조된 문서를 진정한 것으로 사용함으로써 문서에 대한 공공의 신용을 해칠 우려가 있는 행위를 말하므로, 행사의 상대방에는 아무런 제한이 없고 위조된 문서의 작성 명의인이라고 하여 행사의 상대방이 될 수 없는 것은 아니다(대판 2004도4663).

오답풀이 〉

① 위조된 문서를 법원에 제출하는 것도 위조문서행사죄가 성립한다(대판 87도1217).
③ 대판 2004도4664
④ 이미지화한 파일은 문서에 해당하지 않는다(대판 2007도7480).

17 핵심풀이 〉

③ 형법 제334조 제1항

오답풀이 〉

① 형법 제330조(야간주거침입절도)에는 '항공기'는 규정되어 있지 않다.
② 형법 제336조(인질강도)에 대한 해방감경 규정을 준용하는 규정은 없다. 인질강도죄는 인질강요죄와는 달리 해방감경 규정의 적용이 없다.
④ 형법 제324조의3(인질상해ㆍ치상)에 대한 해방감경규정은 있다.

18 핵심풀이 〉

금융기관 직원이 전산단말기를 이용하여 다른 공범들이 지정한 특정계좌에 돈이 입금된 것처럼 허위의 정보를 입력하는 방법으로 위 계좌로 입금되도록 한 경우, 이러한 입금절차를 완료함으로써 장차 그 계좌에서 이를 인출하여 갈 수 있는 재산상 이익을 취득하였으므로 형법 제347조의2에서 정하는 컴퓨터 등 사용사기죄는 기수에 이르렀고, 그 후 그러한 입금이 취소되어 현실적으로 인출되지 못하였다고 하더라도 이미 성립한 컴퓨터 등 사용사기죄에 어떤 영향이 있다고 할 수는 없다(대판 2006도4127).

19

모두 틀림

㉠ 부동산의 공유자 중 1인이 다른 공유자의 지분을 임의로 처분하거나 임대하여도 그에게는 그 처분권능이 없어 횡령죄가 성립하지 아니한다(대판 2003도6988).

㉡ 범인과 피해물건의 소유자 및 위탁자 쌍방 사이에 같은 조문에 정한 친족관계가 있는 경우에 적용된다(대판 2008도3438).

㉢ 횡령죄가 되지 아니한다(대판 71도2032).

㉣ 횡령죄를 구성하지 않는다(대판 86도2349).

㉤ 배임죄가 성립된다(대판 90도414).

20

④ 형법 제140조의2 부동산강제집행효용침해죄의 입법취지와 체제 및 내용과 구조를 살펴보면, 부동산강제집행효용침해죄의 객체인 강제집행으로 명도 또는 인도된 부동산에는 강제집행으로 퇴거집행된 부동산을 포함한다고 해석된다(대판 2001도3212).

① 대판 2001도6349

② 대판 94도886

③ 대판 2004도4731

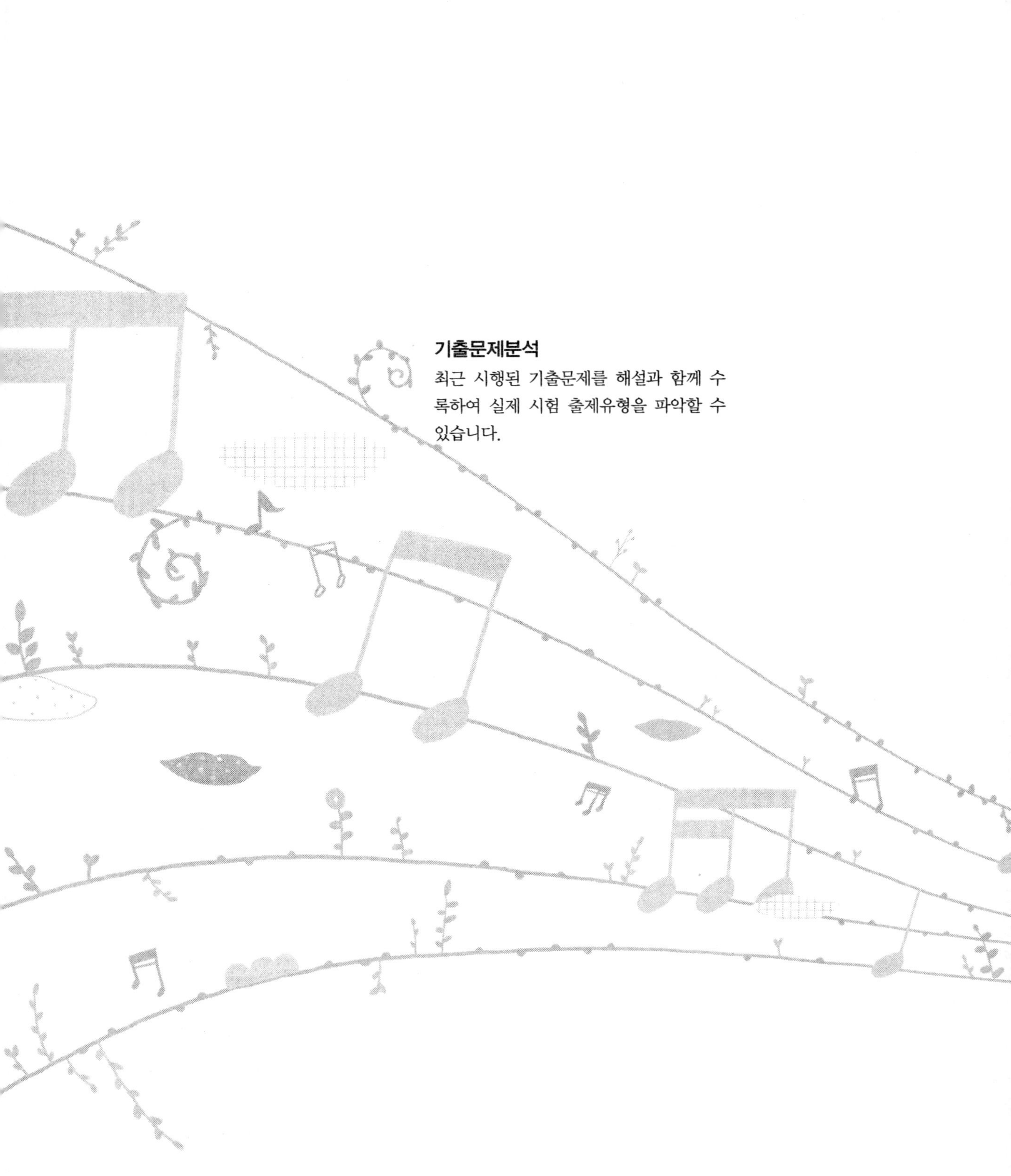

기출문제분석

최근 시행된 기출문제를 해설과 함께 수
록하여 실제 시험 출제유형을 파악할 수
있습니다.

03 기출문제분석

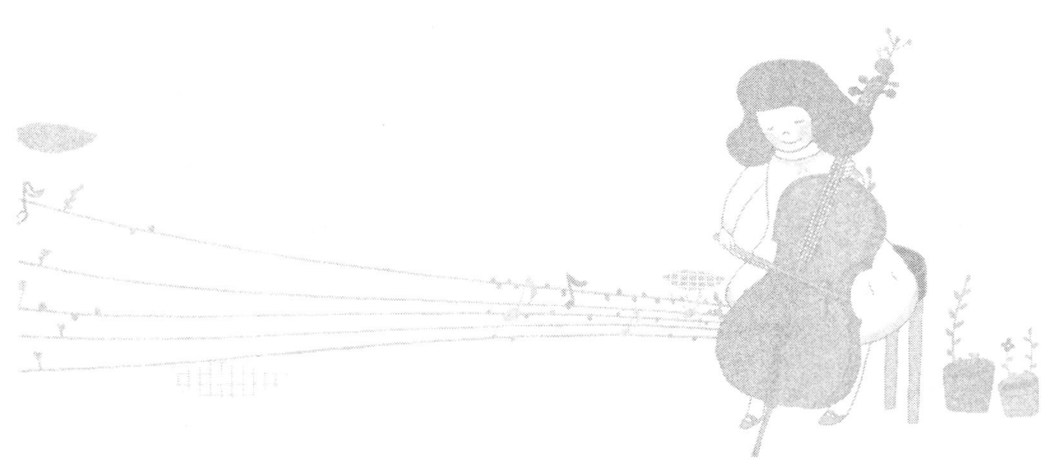

1 죄형법정주의에 관한 아래의 판례 중 옳은 것은 모두 몇 개인가?

> ㉠ 음란표현과 저속표현의 헌법적 평가와 관련하여 '음란'은 언론 · 출판의 자유에 의한 보장을 받지 않는 반면, '저속'은 이러한 정도에 이르지 않는 성표현 등을 의미하는 것으로서 헌법적인 보호영역 안에 있다.
>
> ㉡ '공익'을 해할 목적으로 전기통신설비에 의하여 공연히 허위의 통신을 한 자를 형사처벌하는 전기통신기본법 제47조 제1항은 죄형법정주의의 명확성원칙에 위배되지 않는다.
>
> ㉢ 복사한 문서의 사본은 문서위조 및 동 행사죄의 객체인 문서에 해당한다.
>
> ㉣ 구 정보통신망 이용촉진 및 정보보호 등에 관한 법률 제65조 제1항 제3호에서 규정하는 '불안감'이란 구성요건요소는 명확성의 원칙에 반한다.
>
> ㉤ 자신의 뇌물수수 혐의에 대한 결백을 주장하기 위하여 제3자로부터 사건 관련자들이 주고받은 이메일 출력물을 교부받아 징계위원회에 제출하는 행위는 '정보통신망에 의하여 처리 · 보관 또는 전송되는 타인의 비밀'인 이메일의 내용을 '누설하는 행위'에 해당한다.

① 1개   ② 2개

③ 3개   ④ 4개

핵심풀이 ▶ ㉢ 대판 2000도2855

       ㉤ 대판 2006도8644

오답풀이 ▶ ㉠ 음란표현도 헌법 제21조가 규정하는 언론 · 출판의 자유의 보호영역 안에 있고, 다만 헌법 제37조 제2항에 따라 국가안전보장 · 질서유지 또는 공공복리를 위하여 제한할 수 있는 것이다(헌재 2006헌바109).

       〈주의〉 '음란표현은 헌법 제21조가 규정하는 언론 · 출판의 자유의 보호영역에 해당하지 아니한다'는 취지의 헌법재판소의 판례(헌재 95헌가16)는 본 판례에 의해 변경되었다.

       ㉡ '공익'이라는 개념은 매우 추상적인 것이어서 어떠한 표현행위가 과연 '공익'을 해하는 것인지 아닌지에 관한 판단은 사람마다 지닌 가치관과 윤리관에 따라 크게 달라질 수밖에 없다. 확정될 수 없는 막연한 '공익' 개념을 구성 요건 요소로 삼아서 표현 행위를 규제하고 형벌을 부과하는 것은 명확성의 원칙에 위배하여 헌법에 위반된다(헌재 2009헌바88).

       ㉣ '불안감'은 평가적 · 정서적 판단을 요하는 규범적 구성요건요소이고, '불안감'이란 개념이 사전적으로 '마음이 편하지 아니하고 조마조마한 느낌'이라고 풀이되고 있어 이를 불명확하다고 볼 수는 없으므로, 위 규정 자체가 죄형법정주의 및 여기에서 파생된 명확성의 원칙에 반한다고 볼 수 없다(대판 2008도9581).

2 형법의 적용범위와 관련된 다음 설명 중 옳지 않은 것은? (다툼이 있는 경우 판례에 의함)

① 자동차운수사업법 제75조, 제56조에 의한 제재가 벌금형에서 과태료로 변경된 경우 별다른 규정이 없는 한 이는 법령의 개폐로 형이 폐지된 경우에 해당한다.

② 누설된 군사기밀 사항이 누설행위 이후 평문으로 저하되었거나 군사기밀이 해제된 경우는 법률의 변경으로 볼 수 없다.

③ 구 형법의 같은 조항의 법정형이 "5년 이하의 징역"이었던 것이 "5년 이하의 징역 또는 1천만원 이하의 벌금"이 되어 벌금형이 추가된 것은 형이 무겁게 변경되었음이 분명하다.

④ 도로교통법의 지정차로 제도가 한때 폐지된 것은 특수한 필요에 대처하기 위한 정책적 조치에 따른 것이므로 가벌성은 소멸되지 않는 것이다.

> **핵심풀이 ▶** ③ 1996.7.1.부터 시행되는 형법 제231조, 제234조에 의하면 구 형법의 같은 조항의 법정형이 '5년 이하의 징역'이었던 것이 '5년 이하의 징역 또는 1천만 원 이하의 벌금'이 되어 벌금형이 추가되었으므로 형이 가볍게 변경되었음이 분명하다(대판 96도1158).

> **오답풀이 ▶** ① 대판 88도47
> ② 대판 99도4022
> ④ 대판 99도3567

3 양벌규정에 관한 설명으로 옳지 않은 것은? (다툼이 있는 경우 판례에 의함)

① 종업원이 법인의 업무에 관하여 위반행위를 한 경우 법인도 처벌하는 양벌조항은 위반행위가 발생한 업무와 관련하여 법인이 상당한 주의 또는 관리감독의무를 게을리한 때에 한하여 적용된다.

② 종업원의 위반행위에 대하여 법인이 선임감독상의 주의의무를 다한 경우까지도 법인에게 형벌을 부과하는 것은 법치국가원리 및 책임주의원칙에 위반된다.

③ 지방자치단체라도 국가로부터 위임받은 기관위임사무가 아니라 그 고유의 자치사무를 처리하는 경우에는 국가기관의 일부가 아니라 국가기관과는 별도로 독립한 공법인으로서 양벌규정에 의한 처벌대상이 되는 법인에 해당한다.

④ 영업주의 과실을 별도로 규정하지 않은 양벌규정을 합헌적 법률해석을 통해 선임감독상의 과실 있는 영업주만을 처벌하는 규정으로 보게 되면, 영업주를 종업원과 동일한 법정형으로 처벌하는 것은 책임주의에 반하지 않는다.

> **핵심풀이 ▶** ④ 보건범죄특별법 제5조는 종업원의 업무 관련 무면허의료행위가 있으면 이에 대해 영업주가 비난받을 만한 행위가 있었는지 여부와는 관계없이 자동적으로 영업주도 처벌하도록 규정하고 있으므로 형사법의 기본원리인 '책임없는 자에게 형벌을 부과할 수 없다'는 책임주의에 반한다. 위 법률조항을 종업원에 대한 선임감독상의 과실 있는 영업주만을 처벌하는 규정으로 보더라도, 과실밖에 없는 영업주를 고의의 본범(종업원)과 동일하게'무기 또는 2년 이상의 징역형'이라는 법정형으로 처벌하는 것은 그 책임의 정도에 비해 지나치게 무거운 법정형을 규정하는 것이므로, 두 가지 점을 모두 고려하면 형벌에 관한 책임원칙에 반한다(헌재 2005헌가10).

> **오답풀이 ▶** ① 대판 2009도5824
> ② 헌재 2008헌가14
> ③ 대판 2004도2657

Q ANSWER 1.② 2.③ 3.④

4 다음 중 인과관계가 인정되는 것은 모두 몇 개인가? (다툼이 있는 경우 판례에 의함)

> ㉠ 교사인 피고인이 피해자의 **뺨**을 때리는 순간, 피해자의 두개골이 비정상적으로 얇고 뇌수종 등으로 인한 평소의 허약상태에서 온 급격한 뇌압상승으로 뒤로 넘어지며 사망한 경우
> ㉡ 피고인에게 강간당한 피해자가 집에 돌아가 음독자살한 경우
> ㉢ 의사인 피고인이 피해자를 전원조치하면서 전원받는 병원 의료진에게 피해자가 고혈압 환자이고 제왕절개수술 후 대량출혈이 있었던 사정을 설명하지 않아 피해자가 사망한 경우

① 없음   ② 1개
③ 2개   ④ 3개

핵심풀이 ▶ ㉢ 대판 2009도7070

오답풀이 ▶ ㉠ 피고인의 소위와 피해자의 사망간에는 인과관계가 없거나 결과발생에 대한 예견가능성이 없었다고 할 것이다(대판 78도1961).
㉡ 강간을 당한 피해자가 집에 돌아가 음독자살하기에 이르른 원인이 강간을 당함으로 인하여 생긴 수치심과 장래에 대한 절망감 등에 있었다 하더라도 강간행위와 피해자의 자살행위 사이에 인과관계를 인정할 수는 없다(대판 82도1446).

5 다음 설명 중 옳지 않은 것은? (다툼이 있는 경우 판례에 의함)

① 규범적으로 요구 또는 기대된 일정한 동작을 하지 아니한다는 소극적 태도로서 부작위는 작위와 함께 형법상 행위의 한 유형으로서, 부작위가 작위에 의한 법익침해와 동등한 형법적 가치가 있는 것이어서 그 범죄의 실행행위로 평가될 만한 것이어야 부작위범으로 처벌된다.
② 하나의 행위가 직무유기죄와 허위공문서작성 및 동행사죄의 구성요건을 동시에 충족하는 경우, 공소제기권자는 재량에 의하여 작위범인 허위공문서작성·행사죄로 공소를 제기하지 않고 부작위범인 직무유기죄로만 공소제기할 수 있다.
③ 행위자가 자신의 신체적 활동이나 물리적·화학적 작용을 통하여 적극적으로 타인의 법익상황을 악화시킴으로써 결국 그 타인의 법익을 침해하기에 이르렀다면, 이는 작위에 의한 범죄로 봄이 원칙이다.
④ 생존가능성이 있는 환자를 보호자의 요구로 치료중단하고 퇴원을 지시하여 사망하게 한 의사의 경우에는 행위 전체를 규범적으로 평가할 때 치료중단이라는 행위수행에 비난의 중점이 있기 때문에 부작위범으로 평가된다.

핵심풀이 ▶ ④ 보호자의 강청에 따라 치료를 요하는 환자에 대하여 치료중단 및 퇴원을 허용하는 조치를 취함으로써 환자를 사망에 이르게 한 경우에, 당해 의사는 작위에 의한 살인방조의 죄책을 진다(대판 2002도995).

오답풀이 ▶ ① 대판 95도2551
② 대판 2005도4202
③ 대판 2002도995

6 과실범에 대한 설명으로 옳지 않은 것은? (다툼이 있는 경우 판례에 의함)

① 형법 제268조의 업무상 과실의 유무를 판단함에는 같은 업무와 직무에 종사하는 일반적 보통인의 주의의무 정도를 표준으로 한다.

② 술을 마시고 찜질방에 들어온 피해자가 찜질방 직원 몰래 후문으로 나가 술을 더 마신 다음 후문으로 다시 들어와 발한실에서 잠을 자다가 사망한 경우 찜질방 직원 및 영업주에게 업무상과실치사죄가 성립한다.

③ 간호사에게 정맥주사를 주도록 처방한 의사는 자신의 지시를 받은 간호사가 자신의 기대와는 달리 간호실습생에게 단독으로 주사하게 하리라는 사정을 예견할 수 없었고, 그 스스로 직접 주사를 하거나 또는 직접 주사하지 않더라도 현장에 입회하여 간호사의 주사행위를 직접 감독할 주의의무가 있다고 보기 어렵다.

④ 의료과오사건에 있어서 의사의 과실을 인정하려면 결과발생을 예견할 수 있고 또 회피할 수 있었음에도 이를 하지 못한 점이 인정되어야 한다.

> **핵심풀이 ▶** ② 피해자가 처음 찜질방에 들어갈 당시 술에 만취하여 목욕장의 정상적 이용이 곤란한 상태였다고 단정하기 어렵고, 찜질방 직원 및 영업주에게 손님이 몰래 후문으로 나가 술을 더 마시고 들어올 경우까지 예상하여 직원을 추가로 배치하거나 후문으로 출입하는 모든 자를 통제·관리하여야 할 업무상 주의의무가 있다고 보기 어렵다(대판 2009도9807).

> **오답풀이 ▶** ① 대판 2006도294
> ③ 대판 2001도3667
> ④ 대판 2006도294

7 다음 중 옳지 않은 것은? (다툼이 있는 경우 판례에 의함)

① 甲은 실내 어린이 놀이터 벽에 기대어 앉아 자신의 딸(4세)이 노는 모습을 보고 있었는데, A(2세)가 다가와 딸이 가지고 놀고 있는 블록을 발로 차고 손으로 집어 들면서 쌓아놓은 블록을 무너뜨리고, 이에 딸이 울자 甲이 A에게 '하지 마, 그러면 안 되는 거야'라고 말하면서 몇 차례 A를 제지하자 A는 甲의 딸을 한참 쳐다보고 있다가 갑자기 딸의 눈 쪽을 향해 오른손을 뻗었고 이를 본 甲이 왼손을 내밀어 A의 행동을 제지하는 과정에서 A가 바닥에 넘어져 엉덩방아를 찧은 경우, 성인인 甲이 자신의 딸을 잡아끌지 않고 2세의 유아에게 얼굴에 대한 폭행을 통하여 그 침해를 방위하는 것은 그 수단이 상당한 범위를 벗어나 정당행위에 해당하지 않는다.

② 甲이 A로부터 며칠간에 걸쳐 집요한 괴롭힘을 당해 온데다가 A가 甲이 교수로 재직하고 있는 대학교의 강의실 출입구에서 甲의 진로를 막아서면서 甲을 물리적으로 저지하려 하자 극도로 흥분된 상태에서 그 행패에서 벗어나기 위하여 A의 팔을 뿌리쳐서 A가 상해를 입게 된 경우, 甲의 행위는 A의 부당한 행패를 저지하기 위한 본능적인 소극적 방어행위에 지나지 아니하여 사회통념상 허용될 만한 정도의 상당성이 있어 정당행위라고 봄이 상당하다.

③ 甲은 수지침의 전문가로서 일반인들에게 수지침요법을 보급하고, 수지침을 통한 무료의료봉사활동을 하는 중, 乙이 스스로 수지침 한 봉지를 사 가지고 甲을 찾아와서 수지침 시술을 부탁하므로, 甲은 아무런 대가를 받지 아니하고 수지침 시술행위를 한 경우, 甲의 행위는 사회통념상 허용될 만한 정도의 상당성이 있는 것으로서 정당행위에 해당한다.

④ 대표이사인 甲은 '회사의 직원이 회사의 이익을 빼돌린다'는 소문을 확인할 목적으로, 비밀번호를 설정함으로써 비밀장치를 한 전자기록인 A가 사용하던 '개인용 컴퓨터의 하드디스크'를 떼어내어 다른 컴퓨터에 연결한 다음 의심이 드는 단어로 파일을 검색하여 메신저 대화내용, 이메일 등을 출력한 경우, 甲의 그러한 행위는 사회통념상 허용될 수 있는 상당성이 있는 행위로서 정당행위에 해당한다.

핵심풀이▶ ① 피고인의 이러한 행위는 피해자의 갑작스런 행동에 놀라서 자신의 어린 딸이 다시 얼굴에 상처를 입지 않도록 보호하기 위한 것으로 딸에 대한 피해자의 돌발적인 공격을 막기 위한 본능적이고 소극적인 방어행위라고 평가할 수 있고, 따라서 이를 사회상규에 위배되는 행위라고 보기는 어렵다고 할 것이다(대판 2012도11204).

오답풀이▶ ② 대판 95도936
③ 대판 98도2389
④ 대판 2007도6243

8 다음 중 판례가 정당한 이유를 인정한 경우는 모두 몇 개인가?

> ㉠ 이복동생 이름으로 군복무 중 휴가를 얻어 귀가하여 자기는 다른 호적에 입적되어 있고 이복동생은 군복무를 필한 사실을 알고 다른 사람의 이름으로 군대생활을 할 필요가 없다고 생각하고 귀대하지 않은 경우
>
> ㉡ 한국교통사고 상담센타 직원이 교통사고 피해자의 위임을 받아 회사와의 사이에 화해의 중재나 알선을 하고 피해자로부터 교통부장관이 승인한 조정수수료를 받은 경우
>
> ㉢ 중국 국적 선박을 구입한 피고인이 외환은행 담당자의 안내에 따라 매도인인 중국해운 회사에 선박을 임대하여 받기로 한 용선료를 재정경제부장관에게 미리 신고하지 아니하고 선박 매매대금과 상계함으로써 구 외국환거래법을 위반한 경우
>
> ㉣ 채권자가 관할 공무원과 변호사에게 문의·확인하여 자기의 채권이 신고해야 할 기업사채에 해당하지 않는다고 믿고 신고를 하지 않은 경우
>
> ㉤ 유선비디오 방송설비는 허가대상이 되지 않는다는 체신부장관의 회신을 믿고 당국의 허가 없이 유선비디오 방송설비를 설치한 경우

① 1개   ② 2개

③ 3개   ④ 4개

핵심풀이▶ 정당한 이유 인정 – ㉠㉡㉣
- ㉠ 대판 74도1399
- ㉡ 대판 74도2882
- ㉣ 대판 74도3680

오답풀이▶ ㉢ 설령 외환은행 담당자의 안내에 따라 그대로 신고를 하였다고 하더라도 그러한 사정만으로 이 사건 선박의 매매대금 지급의 신고에 관하여 피고인이 자신의 행위가 죄가 되지 아니하는 것으로 오인하였거나 그와 같은 오인에 정당한 이유가 있었다고 할 수 없다(대판 2011도2136).

㉤ 유선비디오 방송업자들의 질의에 대하여 체신부장관이 유선비디오 방송은 자가통신설비로 볼 수 없어 같은 법 제15조 제1항 소정의 허가대상이 되지 않는다는 견해를 밝힌 바 있다 하더라도 그 견해가 법령의 해석에 관한 법원의 판단을 기속하는 것은 아니므로 그것만으로 피고인에게 범의가 없었다고 할 수 없다(대판 87도1860).

Q ANSWER   7.① 8.③

9 다음 중 미수범이 처벌되는 경우는 모두 몇 개인가?

> ㉠ 영아살해 ㉡ 중상해
> ㉢ 특수체포 ㉣ 존속협박
> ㉤ 인질치사

① 2개 ② 3개
③ 4개 ④ 5개

핵심풀이▶ 미수범이 처벌되는 경우 – ㉠㉢㉣㉤

> ㉠ 형법 제254조
> ㉢ 형법 제280조
> ㉣ 형법 제286조
> ㉤ 형법 제324조의5

10 교사범에 대한 설명 중 가장 옳지 않은 것은? (다툼이 있는 경우 판례에 의함)

① 피무고자의 교사·방조 하에 제3자가 피무고자에 대한 허위의 사실을 신고한 경우에는 제3자를 교사·방조한 피무고자는 교사·방조범의 죄책을 진다.

② 형법 제127조는 공무원 또는 공무원이었던 자가 법령에 의한 직무상 비밀을 누설하는 행위만을 처벌하고 있을 뿐 직무상 비밀을 누설받은 상대방을 처벌하는 규정이 없으므로, 직무상 비밀을 누설받은 자를 공무상비밀누설죄의 교사범 또는 방조범으로 처벌할 수 없다.

③ 甲이 乙을 교사하여 丙을 살해하려 하였으나 乙이 살인의 실행에 착수하지 않은 경우, 甲은 살인죄의 예비·음모에 준하여 처벌된다.

④ 甲이 乙에게 A의 자동차를 강취할 것을 교사하였으나 乙이 A의 자동차를 절취한 경우 甲은 절도죄의 교사범으로 처벌된다.

핵심풀이▶ ④ 교사내용보다 적게 실행한 경우로서, 공범의 종속성상 공범은 정범이 실행한 범위 내에서 책임진다. 다만 실행한 범죄의 교사죄보다 교사한 범죄의 예비·음모죄의 형이 더 중한 경우에는 상상적 경합으로 취급하여, 교사한 범죄의 예비·음모죄로 처벌한다. 甲은 절도교사와 강도예비·음모의 상상적 경합의 죄책을 지고, 형이 중한 강도예비·음모로 처벌된다(형법 제40조, 형법 제343조).

오답풀이▶ ① 대판 2008도4852
② 대판 2009도544
③ 효과 없는 교사(형법 제31조 제2항)

11 다수의 행위자가 범죄에 가담하는 형태와 방식에 대한 다음 설명 중 옳지 않은 것끼리 묶인 것은?
(다툼이 있는 경우 판례에 의함)

> ㉠ 강간의 범행을 함께 공모한 자 중 다른 한 명이 피해자를 강간하는 동안 피해자가 반항하지 못하도록 피해자 입을 틀어막고 얼굴을 때린 자는, 강간 실행행위를 직접 하지 않았더라도 공동정범의 죄책을 질 수 있다.
>
> ㉡ 필요적 공범의 내부참가자에게는 형법총칙상의 공범규정이 적용되지 않는다.
>
> ㉢ 과실행위의 공동이란 존재할 수 없으므로, 고의의 기본범죄 이후 과실로 중한 결과가 발생하는 결과적 가중범에 대해서는 공동정범이 성립할 수 없다.
>
> ㉣ 판례는 '2인 이상이 합동하여' 범죄를 행하는 합동범의 성립요건에 대하여 주관적 요건으로서의 공모와 객관적 요건으로서의 범행현장에서의 범행의 실행의 분담을 요구하므로, 합동하여 범행하기로 공모하였으나 현장에 가지 않은 자는 합동범의 공동정범이 될 수 없다.

① ㉠㉡ ② ㉡㉢
③ ㉢㉣ ④ ㉡㉣

핵심풀이 ▶ ㉢ 결과적 가중범인 상해치사죄의 공동정범은 폭행 기타 신체침해행위를 공동으로 할 의사가 있으면, 결과를 공동으로 할 의사는 필요 없고 결과적 가중범의 공동정범을 인정한다(대판 2000도745).

㉣ 3인 이상의 범인이 합동절도의 범행을 공모한 후 적어도 2인 이상의 범인이 범행 현장에서 시간적, 장소적으로 협동관계를 이루어 절도의 실행행위를 분담하여 절도 범행을 한 경우에, 그 공모에는 참여하였으나 현장에서 절도의 실행행위를 직접 분담하지 아니한 다른 범인에 대하여도 그가 현장에서 절도 범행을 실행한 위 2인 이상의 범인의 행위를 자기 의사의 수단으로 하여 합동절도의 범행을 하였다고 평가할 수 있는 정범성의 표지를 갖추고 있는 한 공동정범의 일반 이론에 비추어 그 다른 범인에 대하여 합동절도의 공동정범으로 인정할 수 있다(대판 2011도2021).

오답풀이 ▶ ㉠ 대판 84도780
㉡ 대판 2001도5158

12 다음 중 상상적 경합관계에 해당하는 경우는? (다툼이 있는 경우 판례에 의함)

① 강도범행의 실행에 착수하였으나 강취할 만한 재물이 없어 미수에 그치자, 그 자리에서 항거불능의 상태에 빠진 피해자를 간음할 것을 결의하고 실행에 착수하였으나 역시 미수에 그쳤지만 반항을 억압하기 위한 폭행으로 피해자에게 상해를 입힌 경우, 강도강간미수죄와 강도치상죄

② A에게 수표금액을 지급할 의사나 능력이 없는 상태에서 부도가 예상되는 당좌수표를 발행하여 주고 A로부터 금원을 차용하였으며, 그 당좌수표가 지급기일에 부도처리된 경우, 사기죄와 부정수표단속법위반죄

③ 초병이 일단 그 수소를 이탈한 후 다시 부대에 복귀하기 전에 별도로 군무를 기피할 목적을 일으켜 그 직무를 이탈한 경우, 초병의 수소이탈죄와 군무이탈죄

④ 위조통화를 행사하여 재물을 불법영득한 경우, 위조통화행사죄와 사기죄

핵심풀이 ▶ ① 대판 88도820

오답풀이 ▶ ② 부정수표단속법위반죄와 사기죄는 그 행위의 태양과 보호법익을 달리하므로 실체적 경합범의 관계에 있다(대판 2004도1751).
③ 초병의 수소이탈죄와 군무이탈죄가 각각 독립하여 성립하고, 그 두 죄는 서로 실체적 경합범의 관계에 있다(대판 81도2397).
④ 양죄는 그 보호법익을 달리하고 있으므로 위조통화를 행사하여 재물을 불법영득한 때에는 위조통화행사죄와 사기죄의 양죄의 경합범이 성립한다(대판 79도840).

13 누범에 대한 다음의 설명 중 옳지 않은 것은? (다툼이 있는 경우 판례에 의함)

① 누범에 해당하더라도 그 법정형에서 무기징역을 선택하였다면 무기징역형으로만 처벌하고 따로 누범가중을 할 수 없다.

② 포괄일죄의 일부 범행이 누범기간 내에 이루어진 이상 나머지 범행이 누범기간 경과 이후에 이루어졌더라도 그 범행 전부가 누범에 해당한다고 보아야 한다.

③ 누범이 경합범인 경우에는 각 죄에 대하여 먼저 누범 가중을 한 후에 경합범 가중을 하여야 한다.

④ 형법 제35조는 누범에 대하여 형의 장기 및 단기 모두 2배까지 가중하도록 규정하고 있다.

핵심풀이 ▶ ④ 누범의 형은 그 죄에 정한 형의 '장기'의 2배까지 가중한다(형법 제35조 제2항). '단기'는 가중하지 않는다(대판 69도1129).

오답풀이 ▶ ① 대판[全] 92도1428
② 대판 2011도14135
③ 형법 제56조(가중감경의 순서) 형을 가중감경할 사유가 경합된 때에는 '각칙 본조에 의한 가중 → 제34조 제2항의 가중 → 누범가중 → 법률상 감경 → 경합범 가중 → 작량감경' 순에 의한다.

14 다음 중 甲에게 업무상 과실치상죄가 성립하는 것은 모두 몇 개인가? (다툼이 있는 경우 판례에 의함)

> ㉠ 한의사인 甲이 피해자에게 문진하여 과거 봉침을 맞고도 별다른 이상반응이 없었다는 답
> 변을 듣고 알레르기 반응검사를 생략한 채 환부에 봉침시술을 하였는데, 피해자가 위
> 시술 직후 쇼크반응을 나타내는 등 상해를 입은 경우
> ㉡ 甲이 화물차를 주차하고 적재함에 적재된 토마토 상자를 운반하던 중 적재된 상자 일부
> 가 떨어지면서 지나가던 피해자에게 상해를 입힌 경우
> ㉢ 환자의 주치의 겸 정형외과 전공의 甲이 같은 과 수련의 乙의 처방에 대한 감독의무를
> 소홀히 한 나머지, 환자가 수련의 乙의 잘못된 처방으로 인하여 상해를 입게 된 경우
> ㉣ 지하철 공사구간 현장안전업무 담당자인 甲이 공사현장에 인접한 기존의 횡단보도 표시
> 선 안쪽으로 돌출된 강철빔 주위에 라바콘 3개를 설치하고 신호수 1명을 배치하였는데,
> 피해자가 위 횡단보도를 건너면서 강철빔에 부딪혀 상해를 입은 경우

① 1개
② 2개
③ 3개
④ 4개

핵심풀이▶ 업무상과실치상죄가 성립 – ㉡㉢
　　㉡ 대판 2009도2390
　　㉢ 대판 2005도9229

오답풀이▶ ㉠ 피고인에게 과거 알레르기 반응검사 및 약 12일 전 봉침시술에서도 이상반응이 없었던 피해자를
　　상대로 다시 알레르기 반응검사를 실시할 의무가 있다고 보기는 어렵고, 설령 그러한 의무가
　　있다고 하더라도 제반 사정에 비추어 알레르기 반응검사를 하지 않은 과실과 피해자의 상해
　　사이에 상당인과관계를 인정하기 어렵다(대판 2010도10104).
　　㉣ 제반 사정에 비추어 피고인이 안전조치를 취하여야 할 업무상 주의의무를 위반하였다고 보기
　　어렵고, 일부 도로 지점에서 기존의 횡단보도 표시선이 제대로 지워지지 않고 드러나 있었다
　　거나 라바콘을 3개만 설치하고 신호수 1명을 배치하는 외에 별다른 조치를 취하지 아니하였다고
　　하더라도 그것과 이 사건 사고 발생 사이에 상당인과관계에 있다고 보기도 어렵다(대판 2012
　　도11361).

Q ANSWER　　12.① 13.④ 14.②

15 자유에 대한 죄에 관한 다음 설명 중 옳은 것은? (다툼이 있는 경우 판례에 의함)

① 신문기자인 피고인이 고소인에게 2회에 걸쳐 증여세 포탈에 대한 취재를 요구하면서 이에 응하지 않으면 취재한 내용대로 보도하겠다고 말한 것은 협박죄에서 말하는 해악의 고지로서 사회상규에 반하는 행위라고 보는 것이 타당하다.

② 감금행위가 단순히 강도상해의 수단이 되는데 그치지 아니하고 강도상해의 범행이 끝난 후에도 계속된 경우, 감금죄와 강도상해죄는 경합범 관계에 있다.

③ 술에 만취한 피고인이 초등학교 5학년 여학생의 소매를 잡아끌면서 "우리 집에 같이 자러 가자"고 한 행위는 상대방을 실력적 지배하에 둘 수 있는 정도의 폭행행위라고 평가할 수 없어 추행 등 목적 약취행위의 수단인 폭행에 해당하지 않는다.

④ 피고인이 아파트 엘리베이터 내에 13세 미만인 피해자와 단둘이 탄 다음 피해자를 향하여 성기를 꺼내어 잡고 여러 방향으로 움직이다가 이를 보고 놀란 피해자 쪽으로 가까이 다가간 경우 피고인이 피해자의 신체에 직접적인 접촉을 하지 아니하였고 엘리베이터가 멈춘 후 피해자가 위 상황에서 바로 벗어날 수 있었으므로 위력에 의한 추행에 해당한다고 볼 수 없다.

핵심풀이 ▶ ② 대판 2002도4380

오답풀이 ▶ ① 위 행위가 설령 협박죄에서 말하는 해악의 고지에 해당하더라도 특별한 사정이 없는 한 기사 작성을 위한 자료를 수집하고 보도하기 위한 것으로서 신문기자의 일상적 업무 범위에 속하여 사회상규에 반하지 아니하는 행위라고 보는 것이 타당하다(대판 2011도639).

③ 술에 만취한 피고인이 초등학교 5학년 여학생의 소매를 잡아끌면서 "우리 집에 같이 자러 가자"고 한 행위가 형법 제288조의 약취행위의 수단인 '폭행'에 해당한다(대판 2009도3816).

④ 피고인의 행위는 甲의 성적 자유의사를 제압하기에 충분한 세력에 의하여 추행행위에 나아간 것으로서 위력에 의한 추행에 해당한다(대판 2011도7164).

16 다음 중 우리 판례가 공연성을 인정한 경우와 인정하지 않은 경우를 올바르게 짝지어 놓은 것은?

> ㉠ 개인 블로그의 비공개 대화방에서 상대방으로부터 비밀을 지키겠다는 말을 듣고 일대일로 대화를 한 경우
>
> ㉡ 피고인이 자신의 아들 등에게 폭행을 당하여 입원한 피해자의 병실로 찾아가 그의 어머니 A와 대화하던 중 A의 이웃 B 및 피고인의 일행 C 등이 있는 자리에서 '학교에 알아보니 피해자에게 원래 정신병이 있었다고 하더라.'라고 허위사실을 말한 경우
>
> ㉢ 피고인이 행정서사 사무실에서 피해자와 같은 교회에 다니는 세 사람에게 '피해자가 처자식이 있는 남자와 살고 있다는데 아느냐.'고 한 경우
>
> ㉣ 직장의 전산망에 설치된 전자게시판에 타인의 명예를 훼손하는 내용의 글을 게시한 행위
>
> ㉤ 피고인이 평소 A가 자신의 일에 간섭하는 것에 기분이 나쁘다는 이유로 B로부터 취득한 A의 범죄경력기록을 같은 아파트에 거주하는 C에게 보여주면서 '전과자이고 나쁜 년'이라고 사실을 적시한 경우
>
> ㉥ 어느 사람에게 귀엣말 등 그 사람만 들을 수 있는 방법으로 그 사람 본인의 사회적 가치 내지 평가를 떨어뜨릴 만한 사실을 이야기하고, 그 말을 들은 피해자 스스로 다른 사람에게 전파한 경우

① 공연성을 인정한 경우 – ㉠, 공연성을 인정하지 않은 경우 – ㉡
② 공연성을 인정한 경우 – ㉠, 공연성을 인정하지 않은 경우 – ㉢
③ 공연성을 인정한 경우 – ㉡, 공연성을 인정하지 않은 경우 – ㉣
④ 공연성을 인정한 경우 – ㉤, 공연성을 인정하지 않은 경우 – ㉥

핵심풀이▶ ※ 공연성을 인정한 경우 – ㉠㉢㉣

㉠ 대판 2007도8155

㉢ 대판 85도431

㉣ 대판 99도5734

※ 공연성을 인정하지 않은 경우 – ㉡㉤㉥

㉡ 대판 2010도7497

㉤ 대판 2010도8265

㉥ 대판 2004도2880

17 다음 중 주거침입죄의 성립여부에 대한 설명으로 옳지 않은 것은?(다툼이 있는 경우 판례에 의함)

① 사인이 현행범을 추격하는 가운데 임의로 타인의 집에 들어가는 경우에도 주거침입죄가 성립하게 된다.

② 연립주택 아래층에 사는 피해자가 위층 피고인의 집으로 통하는 상수도관의 밸브를 임의로 잠근 후 이를 피고인에게 알리지 않아 하루 동안 수돗물이 나오지 않는 고통을 겪었던 피고인이 상수도관의 밸브를 확인하고 이를 열기 위하여 부득이 피해자의 집에 들어간 행위는 사회상규에 위배되지 아니하는 행위로서 정당행위에 해당하여 주거침입죄가 성립하지 않는다.

③ 간통 현장을 직접 목격하고 그 사진을 촬영하기 위하여 상간자의 주거에 들어간 행위는 정당행위에 해당하여 주거침입죄가 성립하지 않는다.

④ 사용자의 직장폐쇄가 정당한 쟁의행위로 인정되지 아니하는 때에는 다른 특별한 사정이 없는 한 근로자가 평소 출입이 허용되는 사업장 안에 들어가는 행위는 주거침입죄를 구성하지 아니한다.

> **핵심풀이** ③ 간통 현장을 직접 목격하고 그 사진을 촬영하기 위하여 상간자의 주거에 침입한 행위가 정당행위에 해당하지 않는다(대판 2003도3000).

> **오답풀이** ① 대판 65도899
> ② 대판 2003도7393
> ④ 대판 2002도2243

18 다음 중 우리 판례가 업무방해를 인정한 경우만으로 짝지어 놓은 것은?

> ㉠ 도로관리청으로부터 권한을 위임받아 과적단속 업무를 담당하는 피해자의 적재량 재측정을 거부하면서, 재측정의 목적으로 피고인의 차량에 올라탄 피해자를 그대로 둔 채 차량을 진행한 사안
>
> ㉡ 전국철도노동조합이 파업을 예고한 상황에서 파업 예정일 하루 전에 사용자인 한국철도공사 측 교섭위원 甲이 산하 차량정비단 직원들을 상대로 설명회 등 특별교육을 실시하려고 하자, 노동조합 간부인 피고인 등이 직원들의 교육장 진입을 막는 등 위력으로 甲의 업무를 방해한 행위
>
> ㉢ 폭력조직 간부인 피고인이 조직원들과 공모하여 甲이 운영하는 성매매업소 앞에 속칭 '병풍'을 치거나 차량을 주차해 놓는 등 위력으로써 업무를 방해한 경우
>
> ㉣ 법원의 직무집행정지 가처분결정에 의하여 그 직무집행이 정지된 자가 법원의 결정에 반하여 직무를 수행함으로써 업무를 계속 행하는 것을 방해한 경우
>
> ㉤ 백화점 입주상인들이 영업을 하지 않고 매장 내에서 점거 농성만을 하면서 매장 내의 기존의 전기시설에 임의로 전선을 연결하여 각종 전열기구를 사용함으로써 화재위험이 높아 백화점 경영회사의 대표이사인 피고인이 부득이 단전조치를 취한 경우
>
> ㉥ 주차장이 원래 소유자이었던 乙로부터 丙, 丁, 戊에게 순차 임대 또는 전대되어 戊가 주차장을 운영해 오고 있었는데, 정당한 소유자로부터 위 주차장을 새로 임대받은 甲이 戊의 주차장 영업을 방해한 경우

① ㉠㉣   ② ㉡㉂
③ ㉢㉣   ④ ㉤㉂

핵심풀이 ▷ 업무방해를 인정한 경우 – ㉡㉂

    ㉡ 대판 2012도3475

    ㉂ 대판 2007도11181

오답풀이 ▷ ㉠ 도로관리청 또는 그로부터 권한을 위임받아 과적차량 단속을 위한 적재량 측정의 업무를 수행
하는 자라고 하더라도, 적재량 측정을 강제할 수 있는 법령상의 근거가 없는 한, 측정에 불응
하는 자를 고발하는 것은 별론으로 하고, 측정을 강제하기 위한 조치를 취할 권한은 없으므로,
이를 위한 조치가 정당한 업무집행이라고 볼 수는 없다(대판 2010도935).

    ㉢ 성매매업소 운영업무는 업무방해죄의 보호대상이 되는 업무라고 볼 수 없어 업무방해죄는 성립
하지 않는다(대판 2011도7081).

    ㉣ 법원의 직무집행정지 가처분결정에 의하여 그 직무집행이 정지된 자가 법원의 결정에 반하여
직무를 수행함으로써 업무를 계속 행하는 경우 그 업무자체는 법의 보호를 받을 가치를 상실
하였다고 하지 않을 수 없어 업무방해죄에서 말하는 업무에 해당하지 않는다(대판 2001도5592).

    ㉤ 피고인이 부득이 단전조치를 취하였다면, 그 단전조치 당시 보호받을 업무가 존재하지 않았을
뿐만 아니라 화재예방 등 건물의 안전한 유지 관리를 위한 정당한 권한 행사의 범위 내의 행
위에 해당하므로 피고인의 단전조치가 업무방해죄를 구성한다고 볼 수 없다(대판 94도3136).

19 사기죄에 관한 설명 중 옳지 않은 것은? (다툼이 있는 경우판례에 의함)

① 종전에 출하한 일이 없던 신상품에 대하여 첫 출하시부터 종전가격 및 할인가격을 비교표시
하여 곧바로 세일에 들어가는 이른바 변칙세일은 진실규명이 가능한 구체적 사실인 가격조
건에 관하여 기망이 이루어진 경우로서 사기죄이다.

② 판매하다 남은 식품에 부착되어 있는 바코드와 비닐랩 포장을 뜯어내고 다시 포장을 하면서
가공일이 당일로 기재된 바코드와 백화점 상표를 부착하여 진열대에 진열하여 마치 위 상품
이 판매 당일 구입·가공되어 신선한 것처럼 고객에게 판매한 행위는 사기죄이다.

③ 사기도박과 같이 도박당사자의 일방이 사기의 수단으로써 승패의 수를 지배하는 경우에는
도박에서의 우연성이 결여되어 사기죄만 성립하고 도박죄는 성립하지 아니한다.

④ 타인의 명의를 모용하여 발급받은 신용카드를 이용하여 현금자동지급기에서 현금을 인출한
행위와 ARS 전화서비스 등으로 신용대출을 받은 행위는 포괄적으로 카드회사에 대한 사기
죄가 된다.

핵심풀이 ▷ ④ [1] 피고인이 타인의 명의를 모용하여 발급받은 신용카드를 사용하여 현금자동지급기에서 현금
대출을 받는 행위는 절도죄에 해당한다.

    [2] 타인의 명의를 모용하여 발급받은 신용카드의 번호와 그 비밀번호를 이용하여 ARS 전화서비
스나 인터넷 등을 통하여 신용대출을 받는 방법으로 재산상 이익을 취득하는 행위 는 컴퓨터 등
사용사기죄에 해당한다(대판 2006도3126).

오답풀이 ▷ ① 대판 91도2994

    ② 대판 95도1157

    ③ 대판 2010도9330

Q ANSWER   17.③ 18.② 19.④

20 공갈죄에 관한 설명 중 옳은 것은? (다툼이 있는 경우 판례에 의함)

① 甲이 乙의 돈을 절취한 다음 다른 금전과 섞거나 교환하지 않고 쇼핑백 등에 넣어 자신의 집에 숨겨두었는데, 피고인이 乙의 지시로 폭력조직원 丙과 함께 甲에게 겁을 주어 쇼핑백 등에 들어 있던 절취된 돈을 교부받아 갈취하였다면 공갈죄가 성립된다.

② 주점의 종업원에게 신체에 위해를 가할 듯한 태도를 보여 이에 겁을 먹은 위 종업원으로부터 주류를 제공받은 경우에, 위 종업원은 주류에 대한 사실상의 처분권자이므로 공갈죄의 피해자에 해당되고 공갈죄가 성립한다.

③ 피고인이 피해자가 운전하는 택시를 타고 간 후 최초의 장소에 이르러 택시요금의 지급을 면할 목적으로 다른 장소에 가자고 하였다면서 택시에서 내린 다음 택시요금 지급을 요구하는 피해자를 때리고 달아나자, 피해자가 피고인이 말한 다른 장소까지 쫓아가 기다리다 그곳에서 피고인을 발견하고 택시요금 지급을 요구하였는데 피고인이 다시 피해자의 얼굴 등을 주먹으로 때리고 달아났다면 공갈죄가 성립한다.

④ 공무원이 직무집행의 의사 없이 또는 직무처리와 대가적 관계없이 타인을 공갈하여 재물을 교부하게 한 경우에는 공갈죄가 성립하고, 이러한 경우 재물의 교부자는 공갈자가 공무원이라는 사실을 알았으며 해악의 고지로 인하여 외포의 결과 금품을 제공한 것이어서 그는 공갈죄의 피해자임과 동시에 뇌물공여자가 된다.

핵심풀이 ▶ ② 대판 2005도4738

오답풀이 ▶ ① 피고인 등이 甲에게서 되찾은 돈은 절취 대상인 당해 금전이라고 구체적으로 특정할 수 있어 객관적으로 甲의 다른 재산과 구분됨이 명백하므로 이를 타인인 甲의 재물이라고 볼 수 없고, 따라서 비록 피고인 등이 甲을 공갈하여 돈을 교부받았더라도 타인의 재물을 갈취한 행위로서 공갈죄가 성립된다고 볼 수 없다(대판 2012도6157).

③ 피해자가 피고인에게 계속해서 택시요금의 지급을 요구하였으나 피고인이 이를 면하고자 피해자를 폭행하고 달아났을 뿐, 피해자가 폭행을 당하여 외포심을 일으켜 수동적·소극적으로라도 피고인이 택시요금 지급을 면하는 것을 용인하여 이익을 공여하는 처분행위를 하였다고 할 수 없으므로 공갈죄는 성립하지 않는다(대판 2011도16044).

④ 재물의 교부자가 공무원의 해악의 고지로 인하여 외포의 결과 금품을 제공한 것이라면 그는 공갈죄의 피해자가 될 것이고 뇌물공여죄는 성립될 수 없다(대판 94도2528).

21 강도죄에 관한 설명 중 옳은 것은? (다툼이 있는 경우 판례에 의함)

① 강간범인이 부녀를 강간할 목적으로 폭행, 협박에 의하여 반항을 억압한 후 반항억압 상태가 계속 중임을 이용하여 재물을 탈취하는 경우에는 재물탈취를 위한 새로운 폭행, 협박이 없더라도 강도죄가 성립한다.

② 피고인이 주점 도우미인 피해자에게 화대를 지급하고 성관계를 하던 중에 피해자가 피고인의 성교행위가 너무 과격하다는 이유로 항의를 하면서 성교를 중단하는 바람에 말다툼이 벌어져 이에 화가 난 피고인이 피해자에 대한 폭행을 시작하면서 피해자가 이불을 뒤집어쓴 후에도 계속해서 주먹과 발로 피해자를 구타한 후 이불 속에 들어 있는 피해자를 두고 옷을 입고 방을 나가다가 탁자 위의 피해자 손가방 안에서 현금 20만원 등이 든 피해자의 키홀더를 가져갔다면 강도죄가 성립한다.

③ 피고인이 술집 운영자 甲으로부터 술값의 지급을 요구받자 甲을 유인·폭행하고 도주하였다면, 甲에게 지급해야 할 술값의 지급을 면하여 재산상 이익을 취득하였으므로 준강도죄가 성립한다.

④ 준강도죄의 주체는 절도이고 여기에는 기수는 물론 형법상 처벌규정이 있는 미수도 포함되는 것이지만, 준강도죄의 기수·미수의 구별은 구성요건적 행위인 폭행 또는 협박이 종료되었는가 하는 점에 따라 결정된다.

핵심풀이▶ ① 대판 2010도9630

오답풀이▶ ② 위 폭행이나 협박이 재물 탈취의 방법으로 사용된 것이 아님은 물론, 그 폭행 또는 협박으로 조성된 피해자의 반항억압의 상태를 이용하여 재물을 취득하는 경우에도 해당하지 아니하여 양자 사이에 인과관계가 존재하지 아니한다 할 것이므로, 강도죄의 성립을 인정하여서는 안 될 것이다(대판 2008도10308).

③ [1] 준강도죄의 주체는 절도범인이고, 절도죄의 객체는 재물이다.

  [2] 피고인이 술값의 지급을 면하여 재산상 이익을 취득하고 상해를 가하였다고 하여 강도상해로 기소되었는데, 원심이 인정한 범죄사실에는 그 자체로 절도의 실행에 착수하였다는 내용이 포함되어 있지 않으므로 준강도죄는 성립하지 않는다(대판 2014도2521).

④ 준강도죄의 입법 취지, 강도죄와의 균형 등을 종합적으로 고려해 보면, 준강도죄의 기수 여부는 절도행위의 기수 여부를 기준으로 하여 판단하여야 한다(대판[全] 2004도5074).

22 횡령죄에 관한 설명 중 옳지 않은 것은 모두 몇 개인가? (다툼이 있는 경우 판례에 의함)

> ⊙ 타인의 부동산을 명의신탁 받아 보관 중인 자가 개인 채무변제에 사용할 돈을 차용하기 위해 위 토지에 근저당권을 설정하여 횡령죄가 성립한 후, 같은 부동산을 다른 사람에게 매도하면 위 선행처분행위와는 별도로 횡령죄를 구성한다.
>
> ⓛ 신탁자와 수탁자가 명의신탁약정을 맺고, 그에 따라 수탁자가 당사자가 되어 명의신탁약정이 있다는 사실을 알지 못하는 소유자와 사이에서 부동산에 관한 매매계약을 체결한 계약명의신탁에 있어, 수탁자가 신탁자와의 신임관계에 기하여 신탁자를 위하여 신탁부동산을 관리한다거나 신탁자의 허락 없이 이를 처분하여서는 아니되는 의무를 부담하는 등으로 타인의 사무를 처리하는 자의 지위에 있다고 볼 수 없어 배임죄는 성립하지 않는다.
>
> ⓒ 명의신탁자와 명의수탁자가 이른바 계약명의신탁약정을 맺고 명의수탁자가 당사자가 되어 그러한 명의신탁약정이 있다는 사실을 알고 있는 소유자로부터 부동산을 매수하는 계약을 체결하였다면, 명의수탁자 명의의 소유권이전등기는 유효하여 당해 부동산의 소유권은 명의수탁자가 보유하게 되므로 명의신탁자에 대한 관계에서 횡령죄에서 '타인의 재물을 보관하는 자'의 지위에 있다.
>
> ② 위 ⓒ 사안에서 명의수탁자가 명의신탁자에 대하여 매매대금 등을 부당이득으로 반환할 의무를 부담하므로 명의수탁자는 배임죄에서 '타인의 사무를 처리하는 자'의 지위에 있다.

① 1개 ② 2개
③ 3개 ④ 4개

핵심풀이 ▶ ⓒ② 부동산 실권리자명의 등기에 관한 법률 제4조 제2항 본문에 의하여 수탁자 명의의 소유권이전등기는 무효이고 부동산의 소유권은 매도인이 그대로 보유하게 되므로, 명의수탁자는 부동산 취득을 위한 계약의 당사자도 아닌 명의신탁자에 대한 관계에서 횡령죄에서 '타인의 재물을 보관하는 자'의 지위에 있다고 볼 수 없고, 또한 명의수탁자가 명의신탁자에 대하여 매매대금 등을 부당이득으로 반환할 의무를 부담한다고 하더라도 이를 두고 배임죄에서 '타인의 사무를 처리하는 자'의 지위에 있다고 보기도 어렵다(대판 2011도7361).

오답풀이 ▶ ⊙ 대판[全] 2010도10500
　　　　　ⓛ 대판 2003도6994

23 횡령죄에 관한 다음 설명 중 옳은 것을 모두 고른 것은? (다툼이 있는 경우 판례에 의함)

> ㉠ 마을 이장이 경로당 화장실 개·보수 공사를 위하여 업무상 보관 중이던 공사비를 그
>   용도 외에 다른 용도로 사용하였다면, 과거에 마을을 위하여 자신의 개인 돈을 지출하
>   였다고 하여도 횡령죄가 성립한다.
> ㉡ 공유물의 매각대금도 정산하기까지는 각 공유자의 공유에 귀속한다고 할 것이므로, 공
>   유자 1인이 그 매각대금을 임의로 소비하였다면 횡령죄가 성립한다.
> ㉢ 주권은 유가증권으로서 재물에 해당하지 않으므로 횡령죄의 객체가 될 수 없지만, 자본
>   의 구성단위 또는 주주권을 의미하는 주식은 재물에 해당하므로 횡령죄의 객체가 될 수
>   있다.
> ㉣ 광업권은 재물인 광물을 취득할 수 있는 권리에 불과하지, 재물 그 자체는 아니므로 횡
>   령죄의 객체가 된다고 할 수 없다.

① ㉠㉡㉢　　　　　　　　　　　　② ㉠㉡㉣
③ ㉠㉢㉣　　　　　　　　　　　　④ ㉡㉢㉣

핵심풀이 ▶ ㉠ 대판 2010도7012
　　　　　㉡ 대판 80도1161
　　　　　㉣ 대판 93도2272

오답풀이 ▶ ㉢ 주권(株券)은 유가증권으로서 재물에 해당되므로 횡령죄의 객체가 될 수 있으나, 자본의 구성
　　　　　단위 또는 주주권을 의미하는 주식은 재물이 아니므로 횡령죄의 객체가 될 수 없다(대판 2002도
　　　　　2822).

24 절도죄에 관한 설명 중 옳지 않은 것은? (다툼이 있는 경우 판례에 의함)

① 동네 선배의 차량을 빌렸다가 반환하지 아니한 보조열쇠를 이용하여 3차례에 걸쳐 2~3시간
   정도 운행한 후 주차된 곳에 갖다 놓은 경우 절도죄가 성립하지 않는다.
② 후일 변제할 의사로 피해자의 승낙 없이 현금이 들어있는 지갑을 가져간 경우 절도죄가 성
   립한다.
③ 피해자의 인감도장을 몰래 꺼내서 가지고 가서 차용금증서의 연대보증인란에 날인한 후 제
   자리에 갖다 놓은 경우 절도죄가 성립한다.
④ 주점 점원의 초청을 받고 주점에 온 자가 주점주인이 잠가둔 샷타문을 열고 그곳 주방 안에
   있는 맥주를 꺼내 마신 경우 절도죄가 성립한다.

핵심풀이 ▶ ③ 이와 같은 사실만으로는 위 도장에 대한 불법영득의 의사가 있었다고 인정할 수 없다(대판 87
　　　　　도1959).

오답풀이 ▶ ① 대판 92도118
　　　　　② 대판 99도519
　　　　　④ 대판 86도1439

Q ANSWER　　22.② 23.② 24.③

25 다음 중 판례가 배임행위로 인정한 경우를 모두 고른 것은?

> ㉠ 상호지급보증 관계에 있는 회사 간에 보증회사가 채무변제능력이 없는 피보증회사에 대하여 합리적인 채권회수책 없이 새로 금원을 대여하거나 예금담보를 제공한 경우
> ㉡ 대기업의 회장 등이 경영상의 판단이라는 이유로 甲계열회사의 자금으로 재무구조가 상당히 불량한 상태에 있는 乙계열회사가 발생하는 신주를 액면가격으로 인수한 경우
> ㉢ 대기업 또는 대기업의 회장 등 개인이 정치적으로 난처한 상황에서 벗어나기 위하여 자회사 및 협력회사 등으로 하여금 특정 회사의 주식을 매입수량, 가격 및 매입시기를 미리 정하여 매입하게 한 경우
> ㉣ 재벌그룹 소속 甲회사가 골프장 건설 사업을 진행 중인 비상장회사 乙의 주식전부를 보유하고 乙회사를 위하여 수백억원의 채무보증을 한 상태에서 甲회사의 대표이사와 이사들이 乙회사의 주식 전부를 주당 1원으로 계산하여 그룹 회장인 위 대표이사와 그룹 계열사에 매도한 경우

① ㉠

② ㉠㉡

③ ㉠㉡㉢

④ ㉠㉡㉢㉣

핵심풀이▶ 모두 인정
　　㉠ 대판 2004도810
　　㉡ 대판 2004도520
　　㉢ 대판 2004도5742
　　㉣ 대판 2005도7911

26 다음 중 피해자를 안전한 장소로 풀어준 때에는 형을 감경할 수 있다는 "해방감경규정"의 적용이 없는 범죄는 모두 몇 개인가?

> ㉠ 체포 · 감금죄　　　　　　　　㉡ 인질강도죄
> ㉢ 인신매매죄　　　　　　　　　㉣ 인질상해죄
> ㉤ 미성년자약취 · 유인죄

① 1개

② 2개

③ 3개

④ 4개

핵심풀이▶ 해방감경규정의 적용이 없는 범죄 – ㉠㉡

27 다음 장물죄에 대한 설명 중 옳지 않은 것은? (다툼이 있는 경우 판례에 의함)

① 장물인 정을 모르고 매매계약을 체결하였다가 그 후 매매목적물을 인도받을 때에 장물인 정을 알게 되었다면 장물취득죄는 성립하지 않는다.

② 이중매도로 인한 배임죄에 제공된 부동산을 취득한 때에는 장물취득죄가 성립하지 않는다.

③ 횡령 교사를 한 후 그 횡령한 물건을 취득한 때에는 횡령교사죄와 장물취득죄의 경합범이 성립된다.

④ 자전거의 인도를 받은 후에 비로소 장물이 아닌가 의구심을 가진 경우 장물취득죄를 구성하지 않는다.

> **핵심풀이▶** ① 매수인이 매매계약 체결시에는 장물의 정을 몰랐다 하더라도 그 후 그 정을 알고 인도를 받았다면 장물취득죄가 성립한다(대판 4292형상496).

> **오답풀이▶** ② 대판 74도2804
> ③ 대판 69도692
> ④ 대판 71도468

28 현주건조물방화치사상죄에 관한 설명 중 옳은 것과 틀린 것을 올바르게 표기한 것은? (다툼이 있는 경우 판례에 의함)

> ㉠ 현주건조물 내에 있는 피해자를 구타하여 실신케 한 후 건조물에 방화하여 소사케 한 경우 현주건조물방화죄와 살인죄의 상상적 경합으로 처벌된다.
>
> ㉡ 존속을 살해할 의도로 현주건조물에 방화하여 존속을 사망하게 한 때에는 존속살해죄와 현주건조물방화치사죄는 상상적 경합관계에 있다.
>
> ㉢ 불을 놓은 집에서 빠져 나오려는 피해자들을 막아 소사케 한 경우 방화행위와 살인행위는 법률상 별개의 고의에 의하여 별개의 법익을 해하는 별개의 행위라고 할 것이므로 현주건조물방화죄와 살인죄의 실체적 경합으로 처벌된다.
>
> ㉣ 공범 중의 일부가 사람을 상해 또는 살해할 의도로 현주건조물에 방화하여 사람을 상해 또는 사망하게 한 경우 상해 또는 사망의 결과에 대한 예견가능성이 인정되더라도 다른 공범은 현주건조물방화치사상죄의 죄책을 지지 아니한다.

① ㉠(X), ㉡(O), ㉢(O), ㉣(O)　　　② ㉠(O), ㉡(X), ㉢(O), ㉣(O)

③ ㉠(X), ㉡(O), ㉢(O), ㉣(X)　　　④ ㉠(O), ㉡(O), ㉢(X), ㉣(X)

> **핵심풀이▶** ㉠ 현주건조물방화치사죄가 성립한다(대판 82도2341). 틀림
> ㉡ 존속살인죄와 현주건조물방화치사죄는 상상적경합범 관계에 있으므로, 법정형이 중한 존속살인죄로 의율함이 타당하다(대판 96도485). 옳음
> ㉢ 대판 82도2341. 옳음
> ㉣ 사람이 현존하는 건조물을 방화하는 집단행위의 과정에서 일부 집단원이 고의행위로 살상을 가한 경우에도 다른 집단원에게 그 사상의 결과가 예견 가능한 것이었다면 다른 집단원도 그 결과에 대하여 현존건조물방화치사상의 책임을 면할 수 없다(대판 96도215). 틀림

ANSWER　　25.④　26.②　27.①　28.③

29 다음 문서에 관한 죄에 대한 설명 중 옳지 않은 것으로 짝지어진 것은? (다툼이 있는 경우 판례에 의함)

> ㉠ 공문서부정행사죄는 사용권한 있는 자라도 정당한 용법에 반하여 부정하게 행사하였다면 본죄가 성립한다고 보아야 한다.
>
> ㉡ 운전면허증의 본래 용도는 '신분확인용'이 아니므로 타인의 운전면허증을 신분확인용으로 제시하였다면 공문서부정행사죄가 성립하지 않는다.
>
> ㉢ 공정증서원본등부실기재죄에 있어서 권리·의무와 관계없는 사항에 관한 부실기재가 있다거나 절차상의 흠이 있는 부실기재라고 하더라도 실체적 권리관계에 부합한다면 본죄의 부실기재에 해당하지 않는다.
>
> ㉣ 대리인이 대리권을 단순히 남용하여 사문서를 작성한 경우에도 자격모용에 의한 사문서작성죄가 성립한다.

① ㉠㉡   ② ㉡㉢

③ ㉡㉣   ④ ㉠㉣

핵심풀이▶ ㉡ 운전면허증은 주민등록증과 같이 내보이는 사람이 바로 그 사람이라는 '동일인증명'의 기능을 가지고 있다. 따라서 제3자로부터 신분확인을 위하여 신분증명서의 제시를 요구받고 다른 사람의 운전면허증을 제시한 행위는 그 사용목적에 따른 행사로서 공문서부정행사죄에 해당한다고 보는 것이 옳다(대판[全] 2000도1985).

㉣ 타인의 대표자 또는 대리자가 그 대표 또는 대리명의로 문서를 작성할 권한을 가지는 경우에 그 지위를 남용하여 단순히 자기 또는 제3자의 이익을 도모할 목적으로 문서를 작성하였다 하더라도 자격모용 사문서작성죄는 성립하지 아니한다(대판 2007도5838).

오답풀이▶ ㉠ 대판 98도1701

㉢ 대판 98도105

30 다음 사례 중 공문서위조죄가 성립하는 것은? (다툼이 있는 경우 판례에 의함)

① 식당의 주·부식 구입업무를 담당하는 공무원이 계약 등에 의하여 공무소의 주·부식 구입·검수 업무 등을 담당하는 조리장·영양사 등의 명의를 위조하여 검수결과 보고서를 작성한 경우

② 행사의 목적으로 타인의 주민등록증의 사진을 떼고 자신의 사진을 붙여 복사한 경우

③ 공문서의 작성권한자가 직접 이에 서명하지 않고 타인에게 지시하여 자기서명을 흉내내어 결재란에 대신 서명하게 한 경우

④ 건설업자가 공무원에게 내용이 허위인 수주실적증명원을 제출하여 이 사실을 모르는 공무원으로부터 증명원 내용과 같은 공사실적증명서를 발급받은 경우

핵심풀이 ▶ ② 대판 2000도2855

오답풀이 ▶ ① 형법 제225조의 공문서변조나 위조죄의 객체인 공문서는 공무원 또는 공무소가 그 직무에 관하여 작성하는 문서이고, 그 행위주체가 공무원과 공무소가 아닌 경우에는 형법 또는 기타 특별법에 의하여 공무원 등으로 의제되는 경우를 제외하고는 계약 등에 의하여 공무와 관련되는 업무를 일부 대행하는 경우가 있다 하더라도 공무원 또는 공무소가 될 수는 없다(대판 2007도6987).

③ 피고인의 기안문서 작성행위는 작성권자의 지시 또는 승낙에 의한 것으로서 공문서위조죄의 구성요건해당성이 조각된다(대판 82도1426).

④ 공무원 아닌 자가 관공서에 허위 내용의 증명원을 제출하여 그 내용이 허위인 정을 모르는 담당 공무원으로부터 그 증명원 내용과 같은 증명서를 발급받은 경우 공문서위조죄의 간접정범으로 의율할 수는 없다(대판 2000도938).

---

31 다음 중 유가증권이라고 볼 수 있는 것은 모두 몇 개인가? (다툼이 있는 경우 판례에 의함)

> ㉠ 신용카드업자가 발행한 신용카드
> ㉡ 전자복사기를 사용해 복사한 유가증권 사본
> ㉢ 문방구 약속어음 용지로 작성된 주권
> ㉣ 리프트 탑승권
> ㉤ 정기예탁금 증서

① 2개 ② 3개
③ 4개 ④ 5개

핵심풀이 ▶ 유가증권이라고 볼 수 있는 것 - ㉢㉣

㉢ 대판 2001도2832

㉣ 대판 98도2967

오답풀이 ▶ ㉠ 신용카드업자가 발행한 신용카드는 그 자체에 경제적 가치가 화체되어 있거나 특정의 재산권을 표창하는 유가증권이라고 볼 수 없다(대판 99도857).

㉡ 위조유가증권행사죄에 있어서의 유가증권이라 함은 위조된 유가증권의 원본을 말하는 것이지 전자복사기 등을 사용하여 기계적으로 복사한 사본은 이에 해당하지 않는다(대판 97도2922).

Q ANSWER   29.③ 30.② 31.①

32 다음 중 공정증서원본등부실기재죄가 성립할 수 있는 경우는 모두 몇 개인가? (다툼이 있는 경우 판례에 의함)

> ㉠ 주민등록증을 위조하여 자신의 신분을 허위로 대고 그 정을 모르는 공무원으로부터 사업자등록증을 발부받은 경우
> ㉡ 법원에 허위 내용의 조정신청서를 제출하여 판사로 하여금 조정조서에 부실의 사실을 기재한 경우
> ㉢ 해외이주의 목적으로 위장결혼을 하고 혼인신고를 하여 그 사실이 호적부에 기재된 경우
> ㉣ 토지거래 허가구역 안의 토지에 관하여 실제로는 매매계약을 체결하고서도 처음부터 토지거래허가를 잠탈하려는 목적으로 등기원인을 '증여'로 하여 소유권이전등기를 경료한 경우

① 1개
② 2개
③ 3개
④ 4개

핵심풀이▶ ㉢ 대판 85도1481
㉣ 대판 2005도9922

오답풀이▶ ㉠ 사업자등록증은 단순한 사업사실의 등록을 증명하는 증서에 불과하고 그에 의하여 사업을 할 수 있는 자격이나 요건을 갖추었음을 인정하는 것은 아니라고 할 것이어서 형법 제228조 제1항에 정한 '등록증'에 해당하지 않는다(대판 2003도6934).
㉡ 조정절차에서 작성되는 조정조서는 그 성질상 허위신고에 의해 불실한 사실이 그대로 기재될 수 있는 공문서로 볼 수 없어 공정증서원본에 해당하는 것으로 볼 수 없다(대판 2010도3232).

33 다음 중 간통죄에 있어서 종용을 인정할 수 있는 경우는? (다툼이 있는 경우 판례에 의함)

① 배우자를 상대로 이혼심판청구를 한 경우
② 협의이혼 의사확인 신청서를 제출한 후 숙려기간 진행 중에 그 신청을 취하한 경우
③ 甲이 이혼소송을 제기하자 배우자 乙이 이혼을 청구하는 반소를 제기하면서 본소(甲의 이혼소송)청구에 응할 수 없다고 다투는 경우
④ 이혼소송 계속 중 위자료·재산분할 등에 관하여 의견차이가 있었으나 쌍방이 이혼에 대하여 명백히 뜻을 같이 한 경우

핵심풀이▶ ④ 대판 2008도3599

오답풀이▶ ① 피고인의 배우자가 피고인을 상대로 이혼심판청구를 하였다 하여 그 이후 피고인에게 간통을 종용 또는 유서하였다고 볼 수 없다(대판 89도501).
② 협의이혼 의사확인 신청서를 제출하였더라도 혼인 당사자 일방이 협의이혼 전 숙려기간 진행 중에 그 신청을 취하한 경우에는 이혼의사의 합치가 있었다고 보기 어렵다(대판 2008도984).
③ 고소인과 피고소인 사이에 서로 다른 이성과의 정교관계가 있어도 묵인한다는 의사가 포함된 이혼의사의 합치가 있었다고 보기는 어렵다(대판 2000도868).

34 도박개장죄에 대한 설명 중 옳은 것은? (다툼이 있는 경우 판례에 의함)

① 영리의 목적을 필요로 하는 목적범이다.

② 도박개장죄는 현실적으로 그 이익을 얻었을 것을 요한다.

③ 피씨방 업주들이 가맹점을 모집하여 인터넷 도박게임이 가능하도록 시설 등을 설치하고 도박게임 프로그램을 가동하던 중 문제가 발생하여 더 이상의 영업으로 나아가지 못한 경우 도박개장죄는 미수에 그친 것이다.

④ 인터넷 게임사이트의 온라인 게임에서 통용되는 사이버 머니를 구입하고자 하는 사람을 유인하여 돈을 받고 위 게임사이트에 접속하여 일부러 패하는 방법으로 사이버머니를 판매한 사람에 대하여, 정범인 위 게임사이트 개설자의 도박개장행위를 인정할 수 없다고 하더라도 종범인 도박개장방조죄는 성립한다.

> **핵심풀이▶** ① 도박개장죄는 '영리의 목적으로' 도박을 하는 장소나 공간을 개설한 경우 성립하는 범죄이다(형법 제247조).
>
> **오답풀이▶** ② 목적범에 있어서 목적 달성여부는 범죄성립에 영향이 없으므로, 도박개장죄 역시 현실적으로 그 이익을 얻었을 것을 요하지 않는다(대판 2001도5802).
>
> ③ 피고인이 단순히 가맹점만을 모집한 상태에서 도박게임 프로그램을 시험가동한 정도에 그친 것이 아니라, 가맹점을 모집하여 인터넷 도박게임이 가능하도록 시설 등을 설치하고 도박게임 프로그램을 가동하던 중 문제가 발생하였다면 이로써 도박개장죄는 이미 '기수'에 이르렀다(대판 2008도5282).
>
> ④ 정범인 위 게임사이트 개설자의 도박개장행위를 인정할 수 없는 이상 종범인 도박개장방조죄도 성립하지 않는다(대판 2007도8050).

35 뇌물죄에 대한 다음 설명 중 옳지 않은 것은? (다툼이 있는 경우 판례에 의함)

① 공무원이 증뢰자로부터 뇌물인지 모르고 수수하였다가 뇌물임을 알고 즉시 반환한 경우 단순수뢰죄가 성립하지 아니한다.

② 공무원이 증뢰자로부터 뇌물을 받고 부정한 행위를 한 경우에는 수뢰후부정처사죄가 성립한다.

③ 공무원으로 의제되는 정비사업전문관리업체의 대표이사인 피고인이 여러 회사들에게서 재개발정비사업 시공사로 선정되도록 도와달라는 취지의 부탁을 받고 자신이 실질적으로 장악하고 있는 컨설팅회사 명의 계좌로 돈을 교부받은 경우 제3자 뇌물공여죄가 성립한다.

④ 공무원이었던 자가 그 재직 중에 청탁을 받고 직무상 부정한 행위를 한 후 퇴직하고 뇌물을 수수한 경우에는 사후수뢰죄가 성립한다.

> **핵심풀이▶** ③ 건설회사들이 형식적인 용역계약 상대방인 컨설팅회사 계좌로 뇌물을 입금한 것은 사회통념상 피고인에게 직접 뇌물을 공여한 것과 동일하게 평가할 수 있다고 보아 형법 제129조 제1항 뇌물수수죄(제3자 뇌물공여죄 ×)가 성립한다(대판 2011도9585).
>
> **오답풀이▶** ① 대판 2006도9182
>
> ② 형법 제131조 제1항
>
> ④ 대판 2010도387

ANSWER 32.② 33.④ 34.① 35.③

36 공무상 비밀표시무효죄에 관련된 다음 설명 중 옳지 않은 것은? (다툼이 있는 경우 판례에 의함)

① 공무상 비밀표시무효죄가 성립하기 위해서는 행위 당시에 강제처분의 표시가 현존할 것을 요한다.

② 집행관이 영업방해금지 가처분결정의 취지를 고시한 공시서를 게시하였을 뿐 구체적인 집행행위를 하지 아니하였다면 피신청인이 가처분의 부작위명령을 위반하였다는 것만으로는 공무상 표시의 효용을 해하는 행위에 해당하지 않는다.

③ 가처분의 채무자가 아닌 제3자가 가처분상의 부작위명령을 위반한 것은 가처분 집행 표시의 효용을 해한 행위에 해당하지 아니한다.

④ 채무자가 불가피한 사정으로 채권자의 승낙을 얻어 압류물을 이동시켰으나 집행관의 승인을 얻지 못한 경우 공무상 비밀표시무효죄가 성립한다.

> **핵심풀이〉** ④ 채무자가 이를 다른 장소로 이동시켜야 할 특별한 사정이 있고, 그 이동에 앞서 채권자에게 이동사실 및 이동장소를 고지하여 승낙을 얻은 때에는 비록 집행관의 승인을 얻지 못한 채 압류물을 이동시켰다 하더라도 형법 제140조 제1항 소정의 '기타의 방법으로 그 효용을 해한' 경우에 해당한다고 할 수 없다고 할 것이다(대판 2004도3029).

> **오답풀이〉** ① 대판 96도2801
> ② 대판 2010도3364
> ③ 대판 2007도5539

37 약취와 유인의 죄에 관한 설명 중 가장 옳지 않은 것은? (다툼이 있는 경우 판례에 의함)

① 미성년자유인죄라 함은 기망 또는 유혹을 수단으로 하여 미성년자를 꾀어 현재의 보호상태로부터 이탈하게 하여 자기 또는 제3자의 사실적 지배 하로 옮기는 행위를 말한다.

② 베트남 국적 여성인 피고인이 남편의 동의 없이 생후 13개월 된 자녀를 베트남의 친정으로 데려간 행위는 실력을 행사하여 자녀를 평온하던 종전의 보호·양육 상태로부터 이탈시킨 것으로서 국외이송약취죄 및 피약취자국외이송죄에 해당한다.

③ 미성년자를 유인한 자가 계속하여 미성년자를 불법하게 감금하였을 때에는 미성년자유인죄 이외에 감금죄가 별도로 성립한다.

④ 국외이송 목적 약취·유인죄의 경우 예비·음모를 처벌한다.

> **핵심풀이〉** ② 피고인이 乙을 데리고 베트남으로 떠난 행위는 어떠한 실력을 행사하여 乙을 평온하던 종전의 보호·양육 상태로부터 이탈시킨 것이라기보다 친권자인 모(母)로서 출생 이후 줄곧 맡아왔던 乙에 대한 보호·양육을 계속 유지한 행위에 해당하여, 이를 폭행, 협박 또는 불법적인 사실상의 힘을 사용하여 乙을 자기 또는 제3자의 지배하에 옮긴 약취행위로 볼 수는 없다(대판[숲] 2010도14328).

> **오답풀이〉** ① 대판 95도2980
> ③ 대판 98도1036
> ④ 형법 제296조

38 예비·음모에 대한 다음의 설명 중 옳지 않은 것은? (다툼이 있는 경우 판례에 의함)

① 예비의 중지 시에는 중지미수의 규정이 적용될 수 없다.

② 예비행위 이후 실행의 착수로 나아간 행위자에게 미수 또는 기수의 죄가 적용될 경우, 예비행위는 별도로 처벌되지 않는다.

③ 강도의 고의를 가진 정범이 예비에 그쳐 강도예비죄가 성립한다면, 예비단계에서 집의 내부평면도를 제공하는 방조행위는 강도예비죄의 종범에 해당한다.

④ 과실에 의한 예비나 과실범의 예비는 불가벌이다.

> **핵심풀이▶** ③ 정범이 실행의 착수에 이르지 아니한 예비의 단계에 그친 경우에는 이에 가공하는 행위가 예비의 공동정범이 되는 경우를 제외하고는 종범의 성립을 부정한다(대판 75도1549).

> **오답풀이▶** ① 대판 99도424
> ② 대판 65도695
> ④ 통설

39 위증죄에 대한 다음 설명 중 옳지 않은 것은? (다툼이 있는 경우 판례에 의함)

① 증인이 선서를 하고서 진술한 증언내용이 자신이 그 증언내용사실을 잘 알지 못하면서도 잘 아는 것으로 증언한 것이라면 위증죄가 성립한다.

② 자기의 형사사건에 관하여 타인을 교사하여 위증죄를 범하게 한 경우에는 방어권남용으로서 위증죄의 교사범이 성립한다.

③ 이미 유죄판결이 확정된 증인이 증언에 앞서 증언거부권을 고지받지 못한 상황에서 허위진술을 하면 위증죄가 성립하지 아니한다.

④ 甲이 A를 모해할 목적으로 B에게 위증을 교사하여 B가 위증을 한 경우, B에게 모해의 목적이 없었던 경우에도 甲을 모해위증교사죄로 처단할 수 있다.

> **핵심풀이▶** ③ 이미 유죄의 확정판결을 받은 경우에는 일사부재리의 원칙에 의해 다시 처벌받지 아니하므로 자신에 대한 유죄판결이 확정된 증인은 공범에 대한 사건에서 증언을 거부할 수 없고 증언에 앞서 증언거부권을 고지받지 못하였더라도 위증죄가 성립한다(대판 2011도11994).

> **오답풀이▶** ① 대판 86도57
> ② 대판 2003도5114
> ④ 대판 93도1002

ANSWER   36.④ 37.② 38.③ 39.③

40 무고죄에 대한 설명으로 옳은 것은? (다툼이 있는 경우 판례에 의함)

① 무고죄가 성립하기 위해서는 신고자가 진실하다는 확신 없는 사실을 신고하면 족하고 신고사실이 허위라는 점을 확신할 필요까지는 없다.

② 피고인이 구타를 당했으나 입지 않은 상해사실을 포함하여 고소한 경우 무고죄에 해당한다.

③ 신고사실이 진실하더라도 형사책임을 부담할 자를 잘못 신고한 경우 무고죄에 해당한다.

④ 형사처분을 받게 할 목적으로 허위사실을 신고한 경우 그 사실 자체가 범죄가 되지 않는 경우에도 무고죄가 성립한다.

핵심풀이▶ ① 대판 2002도2822

오답풀이▶ ② 고소내용의 정황의 과장에 지나지 않으므로 위 상해부분만이 따로이 무고죄를 구성한다고는 할 수 없다(대판 73도2771).

③ 허위사실을 신고한 것이 아닌 이상, 그 신고된 사실에 대한 형사책임을 부담할 자를 잘못 택하였다고 하여 무고죄가 성립한다고는 할 수 없다(대판 81도2341).

④ 허위의 사실을 신고하였다 하더라도 그 사실 자체가 형사범죄로 구성되지 아니한다면 무고죄는 성립하지 아니한다(대판 2013도6862).

1 죄형법정주의에 관한 다음 설명 중 옳고 그름의 표시(O, X)가 바르게 된 것은? (다툼이 있으면 판례에 의함)

> ㉠ 견인료납부를 요구하는 교통관리직원을 승용차 앞범퍼 부분으로 들이받아 폭행한 행위를 폭력행위 등 처벌에 관한 법률 제3조 제1항의 '위험한 물건을 휴대한' 행위로 처벌하는 것은 유추해석금지원칙에 반하지 않는다.
> ㉡ 행위 당시의 판례에 의하면 처벌대상이 되지 아니하는 것으로 해석되었던 행위를 재판 시에 해석을 달리하여 처벌할 수 있다.
> ㉢ 폭력행위 등 처벌에 관한 법률 제4조 제1항에서 규정하고 있는 범죄단체 구성원으로서의 '활동'의 개념은 추상적이고 포괄적이므로 명확성의 원칙에 반한다.
> ㉣ 인터넷 화상채팅을 통하여 실시간으로 전송받은 피해자의 유방, 음부 등 신체부위 영상을 휴대전화의 카메라로 촬영하였다면 성폭력범죄의 처벌 등에 관한 특례법상 다른 사람의 신체를 촬영한 행위에 해당한다.
> ㉤ 가축분뇨 배출시설을 설치한 자가 설치 당시에 신고대상자가 아니었다면 그 후 법령의 개정에 따라 그 시설이 신고대상에 해당하게 되었더라도, 가축분뇨의 관리 및 이용에 관한 법률상 신고대상자인 '배출시설을 설치하고자 하는 자'에 해당한다고 볼 수 없다.

① ㉠(O) ㉡(O) ㉢(X) ㉣(X) ㉤(O)
② ㉠(O) ㉡(O) ㉢(O) ㉣(X) ㉤(O)
③ ㉠(X) ㉡(O) ㉢(X) ㉣(O) ㉤(X)
④ ㉠(O) ㉡(X) ㉢(X) ㉣(X) ㉤(O)

핵심풀이 ▶ ㉠ 본래 살상용·파괴용으로 만들어진 것뿐만 아니라 다른 목적으로 만들어진 칼·가위·유리병·각종공구·자동차 등은 물론 화학약품 또는 사주된 동물 등도 그것이 사람의 생명·신체에 해를 가하는 데 사용되었다면 본조의 '위험한 물건'이라 할 것이며, 한편 이러한 물건을 '휴대하여'라는 말은 소지 뿐만 아니라 널리 이용한다는 뜻도 포함하고 있다(대판 97도597). 옳음

Q ANSWER　　40.① / 1.①

ⓛ 형법 조항에 관한 판례의 변경은 그 법률조항의 내용을 확인하는 것에 지나지 아니하여 이로써 그 법률조항 자체가 변경된 것이라고 볼 수는 없으므로, 행위 당시의 판례에 의하면 처벌대상이 되지 아니하는 것으로 해석되었던 행위를 판례의 변경에 따라 확인된 내용의 형법 조항에 근거하여 처벌할 수 있다(대판[全] 95도2870). 옳음

ⓒ 어떠한 행위가 위 "활동"에 해당할 수 있는지는 구체적인 사건에 있어서 위 규정의 입법 취지 및 처벌의 정도 등을 고려한 법관의 합리적인 해석과 조리에 의하여 보충될 수 있는 점 등을 종합적으로 판단하면, 이 사건 법률조항 중 "활동" 부분이 죄형법정주의의 명확성의 원칙에 위배된다고 할 수 없다(대판 2008도1857). 틀림

ⓔ 피고인이 촬영한 대상은 갑의 신체 이미지가 담긴 영상일 뿐 갑의 신체 그 자체는 아니라고 할 것이어서 법 제13조 제1항의 구성요건에 해당하지 않는다. 다른 사람의 신체 이미지가 담긴 영상도 위 규정의 '다른 사람의 신체'에 포함된다고 해석하는 것은 죄형법정주의 원칙상 허용될 수 없다 (대판 2013도4279). 틀림

ⓜ 대판 2009도7776. 옳음

2 법인의 범죄능력과 양벌규정에 관한 다음 설명 중 가장 적절하지 않은 것은? (다툼이 있으면 판례에 의함)

① 형사범에 대해서는 법인의 범죄능력을 부정하고, 행정범에 대해서는 법인의 범죄능력을 긍정하는 견해는 법인의 범죄능력에 관한 부분적 긍정설(절충설)의 입장이다.

② 법인이 처리할 의무를 지는 타인의 사무에 관하여는 법인이 배임죄의 주체가 될 수는 없고 그 법인을 대표하여 사무를 처리하는 자연인인 대표기관이 바로 타인의 사무를 처리하는 자 즉 배임죄의 주체가 된다.

③ 양벌규정이 있는 경우에는 당해 양벌규정에 법인격 없는 사단이나 재단이 명시되어 있지 않더라도 그 법인격 없는 사단이나 재단에 양벌규정을 적용할 수 있다.

④ 지방자치단체가 그 고유의 자치사무를 처리하는 경우 지방자치단체는 국가기관의 일부가 아니라 국가기관과는 별도의 독립한 공법인으로서 양벌규정에 의한 처벌대상이 되는 법인에 해당한다.

핵심풀이▶ ③ 법인격 없는 사단에 대하여서도 위 양벌규정을 적용할 것인가에 관하여는 아무런 명문의 규정을 두고 있지 아니하므로, 죄형법정주의의 원칙상 법인격 없는 사단에 대하여는 같은 법 제74조에 의하여 처벌할 수 없다(대판 94도3325).

오답풀이▶ ① 법인의 범죄능력을 인정하는 학설 중 부분적 긍정설(절충설)에는 형사범에 대해서는 법인의 범죄능력을 부정하고, 행정범에 대해서는 법인의 범죄능력을 긍정하는 이분설과 양벌규정이 존재하는 경우에 한하여 범죄능력을 인정하는 양벌규정설이 있다.

② 대판[全] 82도2595

④ 대판 2004도2657

3 인과관계에 관한 다음 설명 중 가장 적절하지 않은 것은? (다툼이 있으면 판례에 의함)

① 어떤 행위라도 죄의 요소되는 위험발생에 연결되지 아니한 때에는 그 결과로 인하여 벌하지 아니한다.

② 과실범에서는 미수가 성립될 여지가 없으므로 인과관계를 논할 실익이 없다.

③ 甲이 주먹으로 피해자의 복부를 1회 강타하였는데, 이로 인하여 피해자는 장파열이 되어 병원에 입원하였다. 그런데 의사 乙의 과실에 의한 수술지연이 공동원인이 되어 피해자가 사망한 경우 甲의 상해행위와 피해자의 사망 사이에는 인과관계가 인정된다.

④ 甲은 부동산 대지에 대한 전매사실을 숨기고 지주명의로 위장하여 학교법인 乙과 대지에 관한 매매계약을 체결하였으나 그 이행에 아무런 영향이 없었다. 이 경우 피고인들의 위 기망행위와 위 법인의 처분행위 사이에는 인과관계가 없다.

> **핵심풀이▶** ② 과실범에서는 미수가 성립될 여지가 없으나 인과관계를 논할 실익이 있다. 고의범뿐만 아니라 과실범에 있어서도 인과관계는 요구된다.

> **오답풀이▶** ① 어떤 행위라도 죄의 요소되는 위험발생에 연결되지 아니한 때에는 그 결과로 인하여 벌하지 아니한다(형법 제17조).
> ③ 비록 의사의 수술지연 등 과실이 피해자의 사망의 공동원인이 되었다 하더라도 피고인의 행위가 사망의 결과에 대한 유력한 원인이 된 이상 그 폭력행위와 치사의 결과 간에는 인과관계가 있다 할 것이다(대판 84도831).
> ④ 대판 84도2751

4 정당방위에 관한 다음 설명 중 가장 적절하지 않은 것은? (다툼이 있으면 판례에 의함)

① 정당방위의 성립요건으로서의 방어행위는 순수한 수비적 방어뿐 아니라 적극적 반격을 포함하는 반격방어의 형태도 포함한다.

② 정당방위에 있어서는 반드시 방위행위에 보충의 원칙은 적용되지 않으나 방위에 필요한 한도 내의 행위로서 사회윤리에 위배되지 않는 상당성이 있는 행위임을 요한다.

③ 서로 공격할 의사로 싸우다가 먼저 공격을 받고 이에 대항하여 가해하게 된 경우 그 가해행위는 정당방위가 될 여지는 없으나 과잉방위가 될 수는 있다.

④ 이혼소송 중인 남편이 찾아와 가위로 폭행하고 변태적 성행위를 강요하는 데에 격분하여 처가 칼로 남편의 복부를 찔러 사망에 이르게 한 경우는 정당방위나 과잉방위에 해당되지 않는다.

> **핵심풀이▶** ③ 서로 공격할 의사로 싸우다가 먼저 공격을 받고 이에 대항하여 가해하게 된 것이라고 봄이 상당하고 이와 같은 싸움의 경우 가해행위는 방어행위인 동시에 공격행위의 성격을 가지므로 정당방위 또는 과잉방위행위라고 볼 수 없다(대판 92도1329).

> **오답풀이▶** ① 대판 92도2540
> ② 대판 91다19913
> ④ 방위행위로서의 한도를 넘어선 것으로 사회통념상 용인될 수 없어 정당방위나 과잉방위에 해당하지 않는다(대판 2001도1089).

Q ANSWER　　2.③　3.②　4.③

5 심신장애에 관한 다음 설명 중 가장 적절하지 않은 것은? (다툼이 있으면 판례에 의함)

① 형법 제10조에 규정된 심신장애의 유무 및 정도의 판단은 사실적 판단으로서 반드시 전문감정인의 의견에 기속되어야 하는 것은 아니다.

② 정신적 장애가 있는 자라고 하여도 범행 당시 정상적인 사물판별능력 또는 행위통제능력이 있었다면 심신장애로 볼 수 없다.

③ 무생물인 옷 등을 성적 각성과 희열의 자극제로 믿고 이를 성적 흥분을 고취시키는 데 쓰는 성주물성애증이라는 정신질환이 있다고 하더라도 그러한 사정만으로는 절도 범행에 대한 형의 감면사유인 심신장애에 해당한다고 볼 수 없다.

④ 음주운전을 할 의사를 가지고 음주 만취한 후 운전을 결행하여 교통사고를 일으킨 경우 피고인은 음주시에 교통사고를 일으킬 위험성을 예견하였는데도 자의로 심신장애를 야기한 경우에 해당하므로 형법 제10조 제3항에 의하여 심신장애로 인한 감경 등을 할 수 없다.

핵심풀이▶ ① 형법 제10조에 규정된 심신장애의 유무 및 정도의 판단은 법률적 판단으로서 반드시 전문감정인의 의견에 기속되어야 하는 것은 아니고, 여러 사정을 종합하여 법원이 독자적으로 판단할 수 있다(대판 99도1194).

오답풀이▶ ② 대판 92도1425
③ 대판 2012도12689
④ 대판 92도999

6 형법상 착오에 관한 다음 설명 중 가장 적절하지 않은 것은? (다툼이 있으면 판례에 의함)

① 불능미수의 문제는 사실의 착오가 반전된 경우이지만, 환각범의 문제는 법률의 착오가 반전된 경우이다.

② 일반인이 현행범인을 체포하여 48시간 동안 감금하는 것이 허용되는 것으로 착오하고 감금하였더라도 책임설에 의하면 감금죄의 고의는 인정된다.

③ 공무원이 그 직무에 관하여 실시한 봉인 등의 표시를 손상 또는 은닉 기타의 방법으로 그 효용을 해함에 있어서 그 봉인 등의 표시가 법률상 효력이 없다고 믿은 경우, 그와 같이 믿은 데에 정당한 이유가 없는 이상 공무상표시무효죄의 죄책을 면할 수 없다.

④ 산모가 자기가 분만한 적출영아를 사생아로 오인하고 치욕을 은폐하기 위하여 분만 직후 살해한 경우는 보통살인죄로 처벌된다.

핵심풀이▶ ④ 산모가 자기가 분만한 적출영아를 치욕을 은폐하기 위하여 분만 직후 살해한 경우는 영아살해죄의 구성요건을 충족하고, 적출영아를 사생아로 오인한 착오는 구성요건충족에 영향이 없다(다수설).

오답풀이▶ ① 불능미수는 반전된 사실의 착오이고, 환각범은 반전된 법률의 착오에 해당한다.
② 위법성조각사유의 한계에 대한 착오로써 책임설에 따를 경우 금지의 착오에 해당한다. 따라서 착오에 정당한 사유가 있는 경우 책임이 조각될 수는 있지만 고의 자체는 인정된다.
③ 대판 99도5563

7 미수범에 관한 다음 설명 중 가장 적절한 것은? (다툼이 있으면 판례에 의함)

① 금품을 절취할 생각으로 타인의 주머니에 몰래 손을 넣은 경우는 비록 그 주머니 속에 실제로 금품이 들어있지 않았더라도 절도미수죄를 구성한다.

② 일반적으로 사람에게 공포심을 일으킬 수 있는 정도의 해악의 고지가 상대방에게 도달하여 상대방이 그 의미를 인식했지만 현실적으로 공포심을 일으키지 않은 경우는 협박미수죄를 구성한다.

③ 주거침입의 고의로 야간에 타인의 집 창문을 열고 집 안으로 얼굴을 들이민 것만으로는 사실상 주거의 평온을 해하였더라도 주거침입미수죄를 구성한다.

④ 금융기관 직원이 전산단말기를 이용하여 다른 공범들이 지정한 특정계좌에 돈이 입금된 것처럼 허위의 정보를 입력하는 방법으로 위 계좌로 입금되도록 한 경우, 그 후 그러한 입금이 취소되어 현실적으로 인출되지 못한 경우는 컴퓨터등사용사기미수죄를 구성한다.

핵심풀이▶ ① 위 소위는 절도라는 결과 발생의 위험성을 충분히 내포하고 있으므로 이는 절도미수에 해당한다(대판 86도2090).

오답풀이▶ ② 일반적으로 사람으로 하여금 공포심을 일으킬 정도의 해악을 고지함으로써 상대방이 그 의미를 인식한 이상, 상대방이 현실적으로 공포심을 일으켰는지 여부와 관계없이 그로써 구성요건은 충족되어 협박죄의 기수에 이르는 것으로 해석하여야 한다(대판[全] 2007도606).

③ 신체의 일부만 타인의 주거 안으로 들어갔다고 하더라도 거주자가 누리는 사실상의 주거의 평온을 해할 수 있는 정도에 이르렀다면 기수에 이르렀다고 보아야 할 것이다(대판[全] 2007도606).

④ 입금절차를 완료함으로써 장차 그 계좌에서 이를 인출하여 갈 수 있는 재산상 이익을 취득하였으므로 형법 제347조의2에서 정하는 컴퓨터등사용사기죄는 기수에 이르렀다고 할 수 있다(대판 2006도4127).

ANSWER   5.① 6.④ 7.①

8 교사범에 관한 다음 설명 중 가장 적절하지 않은 것은? (다툼이 있으면 판례에 의함)

① 교사자의 교사행위에도 불구하고 피교사자가 범행을 승낙하지 아니하거나 피교사자의 범행 결의가 교사자의 교사행위에 의하여 생긴 것으로 보기 어려운 경우에는 이른바 실패한 교사로서 형법 제31조 제3항에 의하여 교사자를 음모 또는 예비에 준하여 처벌할 수 있을 뿐이다.

② 교사범이 공범관계로부터 이탈하기 위해서는 피교사자가 범죄의 실행행위에 나아가기 전에 교사범에 의하여 형성된 피교사자의 범죄 실행의 결의를 해소하는 것이 필요하다.

③ 당초의 교사행위에 의하여 형성된 피교사자의 범죄 실행의 결의가 더 이상 유지되지 않는 것으로 평가할 수 있다면, 설사 그 후 피교사자가 범죄를 저지르더라도 이는 당초의 교사행위에 의한 것이 아니라 새로운 범죄 실행의 결의에 따른 것이므로 교사자는 형법 제31조 제2항에 의한 죄책을 부담함은 별론으로 하고 형법 제31조 제1항의 교사범으로서의 죄책을 부담하지는 않는다.

④ 교사범이 성립하기 위해서는 교사자가 피교사자에게 범행의 일시, 장소, 방법 등의 세부적인 사항까지를 특정하여 교사하여야 한다.

> **핵심풀이 ▶** ④ 교사범이 성립하기 위하여는 범행의 일시, 장소, 방법 등의 세부적인 사항까지를 특정하여 교사할 필요는 없는 것이고, 정범으로 하여금 일정한 범죄의 실행을 결의할 정도에 이르게 하면 교사범이 성립된다.
>
> 교사행위에 의하여 정범이 실행을 결의하게 된 이상 비록 정범에게 범죄의 습벽이 있어 그 습벽과 함께 교사행위가 원인이 되어 정범이 범죄를 실행한 경우에도 교사범의 성립에 영향이 없다(대판 91도542).
>
> **오답풀이 ▶** ① 대판 2012도2744
> ②③ 대판 2012도7407

9 집행유예에 관한 다음 설명 중 가장 적절하지 않은 것은? (다툼이 있으면 판례에 의함)

① 집행유예시 받은 사회봉사명령 또는 수강명령은 집행유예기간 내에 집행한다.

② 형의 집행유예를 선고받은 사람이 형법 제65조에 의하여 그 선고가 실효 또는 취소됨이 없이 정해진 유예기간을 무사히 경과하여 형의 선고가 효력을 잃게 되었더라도 이는 형의 선고의 법률적 효과가 없어진다는 것일 뿐, 형의 선고가 있었다는 기왕의 사실 자체까지 없어지는 것은 아니므로 형법 제59조 제1항 단행에서 정한 선고유예 결격사유인 '자격정지 이상의 형을 받은 전과가 있는 자'에 해당한다고 보아야 한다.

③ 집행유예 선고를 받은 자가 유예기간 중 고의로 범한 죄로 금고 이상의 실형을 선고받아 그 판결이 확정된 때에는 집행유예의 선고를 취소할 수 있다.

④ 하나의 자유형 중 일부에 대해서는 실형을, 나머지에 대해서는 집행유예를 선고하는 것은 허용되지 않는다.

> **핵심풀이 ▶** ③ 집행유예의 선고를 받은 자가 유예기간 중 고의로 범한 죄로 금고 이상의 실형을 선고받아 그 판결이 확정된 때에는 집행유예의 선고는 효력을 잃는다(형법 제63조).
>
> **오답풀이 ▶** ① 형법 제62조의2 제3항
> ② 대판 2003도3768
> ④ 대판 2006도8555

10 살인죄에 관한 다음 설명 중 가장 적절하지 않은 것은? (다툼이 있으면 판례에 의함)

① 제왕절개 수술의 경우'의학적으로 제왕절개 수술이 가능하였고 규범적으로 수술이 필요하였던 시기'를 분만의 시기로 볼 수 없다.

② 사람을 살해한 다음 이를 은폐하기 위하여 사체를 유기한 경우에는 살인죄와 사체유기죄의 경합범에 해당한다.

③ 강도가 베개로 피해자의 머리부분을 약 3분간 누르던 중 피해자가 저항을 멈추고 사지가 늘어졌음에도 계속 눌러 사망하게 한 경우 살인죄의 고의가 인정되지 않는다.

④ 간첩이 간첩행동을 저해하는 자를 살해할 의도로 권총을 휴대하고 남하하였다 하더라도 살해대상인물이 결정되지 않은 이상 살인 예비죄로 처단할 수 없다.

> **핵심풀이▶** ③ 강도가 베개로 피해자의 머리부분을 약 3분간 누르던 중 피해자가 저항을 멈추고 사지가 늘어졌음에도 계속하여 누른 행위에 살해의 고의가 있었다(대판 2001도6425).

> **오답풀이▶** ① 제왕절개 수술의 경우 '의학적으로 제왕절개 수술이 가능하였고 규범적으로 수술이 필요하였던 시기'는 판단하는 사람 및 상황에 따라 다를 수 있어, 분만개시 시점 즉, 사람의 시기도 불명확하게 되므로 이 시점을 분만의 시기로 볼 수는 없다(대판 2005도3832).
> ② 대판 84도2263
> ④ 대판 4292형상387

11 강제추행죄에 관한 다음 설명 중 가장 적절하지 않은 것은? (다툼이 있으면 판례에 의함)

① 초등학교 4학년 담임교사(남자)가 교실에서 자신이 담당하는 반의 남학생의 성기를 만진 행위는 미성년자의제강제추행죄에서 말하는 '추행'에 해당한다.

② 피고인이 甲에게 정신장애가 있음을 알면서 인터넷 쪽지를 이용하여 甲을 피고인의 집으로 유인한 후 성교행위와 제모행위를 한 경우, 구 성폭력범죄처벌특례법에서 정한 장애인에 대한 위계에 의한 간음죄 또는 추행죄에 해당한다.

③ 피고인이 알고 지내던 여성이 자신의 머리채를 잡아 폭행을 가하자 보복의 의미에서 여성의 입술, 귀, 유두, 가슴 등을 입으로 깨무는 등의 행위를 한 경우는 강제추행죄의 '추행'에 해당한다.

④ 단순히 피고인이 바지를 벗어 자신의 성기를 보여준 것만으로는 폭행 또는 협박으로 '추행'을 하였다고 볼 수 없다.

> **핵심풀이▶** ② 갑이 피고인의 유인행위로 간음행위나 추행행위 자체에 대한 착오에 빠졌다거나 이를 알지 못하게 되었다고 할 수 없으므로, 피고인의 행위는 위 특례법에서 정한 장애인에 대한 위계에 의한 간음죄 또는 추행죄에 해당하지 않는다(대판 2014도8423).

> **오답풀이▶** ① 대판 2005도6791
> ③ 대판 2013도5856
> ④ 대판 2011도8805

Q ANSWER   8.④ 9.③ 10.③ 11.②

12 명예훼손죄에 관한 다음 설명 중 가장 적절한 것은? (다툼이 있으면 판례에 의함)

① 신문기자에게 경쟁자의 명예를 훼손하는 내용의 사실을 알려주었으나 신문기자는 기사거리가 넘쳐 이를 기사화하지 않은 경우 출판물에 의한 명예훼손죄의 미수범이 성립한다.

② 개인 블로그의 비공개 대화방에서 상대방으로부터 비밀을 지키겠다는 말을 듣고 일대일로 대화하였다고 하더라도, 그 사정만으로 대화 상대방이 대화내용을 불특정 또는 다수에게 전파할 가능성이 없다고 할 수 없으므로 공연성을 인정할 여지가 있다.

③ 진실인 사실을 공연히 유포하여 타인의 신용을 훼손한 경우 명예훼손죄와 신용훼손죄의 상상적 경합범이 성립한다.

④ 지방의회 선거를 앞두고 현역 시의회의원이 후보자가 되려는 자에 대해서 특별한 친분관계도 없는 한 사람 한 사람에게 비방의 말을 한 경우라면 공연성이 없다.

핵심풀이 ▷ ② 개인 블로그의 비공개 대화방에서 상대방으로부터 비밀을 지키겠다는 말을 듣고 일대일로 대화하였다고 하더라도, 그 사정만으로 대화 상대방이 대화내용을 불특정 또는 다수에게 전파할 가능성이 없다고 할 수 없으므로, 명예훼손죄의 요건인 공연성을 인정할 여지가 있다(대판 2007도8155).

오답풀이 ▷ ① 기자를 통해 사실을 적시하는 경우에는 기사화되어 보도되어야만 적시된 사실이 외부에 공표된다고 보아야 할 것이므로 기자가 취재를 한 상태에서 아직 기사화하여 보도하지 아니한 경우에는 전파가능성이 없다고 할 것이어서 공연성이 없다고 봄이 상당하다(대판 99도5622).

③ 신용훼손죄는 허위사실의 유포를 구성요건으로 하는 범죄이다(형법 제313조). 따라서 진실한 사실 유포한 경우에는 명예훼손죄가 성립할 수는 있어도 신용훼손죄는 성립될 수 없다.

④ 비록 개별적으로 한 사람에 대하여 사실을 유포하더라도 이로부터 불특정 또는 다수인에게 전파될 가능성이 있다면 이미 공연성을 갖추었다(대판 96도1007).

13 주거침입죄에 관한 다음 설명 중 옳은 것은 모두 몇 개인가? (다툼이 있으면 판례에 의함)

> ㉠ 다가구용 단독주택인 빌라의 잠기지 않은 대문을 열고 들어가 공용 계단으로 빌라 3층까지 올라갔다가 1층으로 내려온 경우 주거침입죄를 구성한다.
>
> ㉡ 불법선거운동 적발 목적으로 도청기를 설치하기 위하여 타인의 주거에 들어간 행위는 주거침입죄에 해당하지 않는다.
>
> ㉢ 피고인이 피해자와 이웃 사이어서 평소 그 주거에 무상출입하던 관계에 있었다 하더라도 범죄의 목적으로 피해자의 승낙 없이 그 주거에 들어간 경우에는 주거침입죄가 성립된다.
>
> ㉣ 피고인들이 건물신축 공사현장에 무단으로 들어간 뒤 타워크레인에 올라가 이를 점거한 경우 주거침입죄가 성립하지 않는다.

① 1개   ② 2개

③ 3개   ④ 4개

핵심풀이▶ ㉠ 주거인 공용 계단에 들어간 행위가 거주자의 의사에 반한 것이라면 주거에 침입한 것이라고 보아야 한다(대판 2009도3452).

㉢ 범죄의 목적으로 피해자의 승락없이 그 주거에 들어간 경우에는 주거침입죄가 성립된다(대판 83도1394).

㉣ 타워크레인은 건조물침입죄의 객체인 건조물에 해당하지 아니한다(대판 2005도5351).

오답풀이▶ ㉡ 타인의 주거에 침입한 행위가 비록 불법선거운동을 적발하려는 목적으로 이루어진 것이라고 하더라도, 타인의 주거에 도청장치를 설치하는 행위는 그 수단과 방법의 상당성을 결하는 것으로서 정당행위에 해당하지 않는다(대판 95도2674).

14 친족상도례에 관한 다음 설명 중 가장 적절한 것은? (다툼이 있으면 판례에 의함)

① 사돈지간인 자를 기망하여 재물을 편취한 경우에 대해서는 친족상도례가 적용된다.

② 친족관계에 있는 자에 대해 흉기를 휴대해서 공갈죄를 범한 경우에 대해서는 친족상도례가 적용된다.

③ 특정경제범죄 가중처벌 등에 관한 법률에는 형법상의 친족상도례의 규정을 준용하는 규정이 없으므로 동 법률 제3조 제1항에 의해 가중처벌되는 사기죄의 경우에는 친족상도례가 적용되지 아니한다.

④ 횡령범인이 피해물건의 소유자와 위탁자 중 한쪽과 친족관계가 있는 경우에 대해서도 친족상도례가 적용된다.

핵심풀이▶ ② 흉기 기타 위험한 물건을 휴대하고 공갈죄를 범하여 '폭력행위 등 처벌에 관한 법률' 제3조 제1항, 제2조 제1항 제3호에 의하여 가중처벌되는 경우에도 형법상 공갈죄의 성질은 그대로 유지되는 것이고, 형법 제354조는 '폭력행위 등 처벌에 관한 법률 제3조 제1항 위반죄'에도 그대로 적용된다(대판 2010도5795).

오답풀이▶ ① 피고인과 피해자가 사돈지간이라고 하더라도 민법상 친족으로 볼 수 없다(대판 2011도2170).

③ 형법상 사기죄의 성질은 특정경제범죄 가중처벌 등에 관한 법률 제3조 제1항에 의해 가중처벌되는 경우에도 그대로 유지되고 같은 법률에 친족상도례의 적용을 배제한다는 명시적인 규정이 없으므로, 형법 제354조는 같은 법률 제3조 제1항 위반죄에도 그대로 적용된다(대판 2009도12627).

④ 친족상도례에 관한 규정은 범인과 피해물건의 소유자 및 위탁자 쌍방 사이에 같은 조문에 정한 친족관계가 있는 경우에만 적용되고, 단지 횡령범인과 피해물건의 소유자간에만 친족관계가 있거나 횡령범인과 피해물건의 위탁자간에만 친족관계가 있는 경우에는 적용되지 않는다(대판 2008도3438).

15 강도죄에 관한 다음 설명 중 가장 적절한 것은? (다툼이 있으면 판례에 의함)

① 甲과 乙, 丙이 타인의 재물을 절취하기로 공모한 다음 甲은 망을 보고 乙과 丙이 재물을 절취한 다음 달아나려다가 피해자에게 발각되자 체포를 면탈할 목적으로 피해자를 때려 상해를 입혔다면 甲도 이를 전혀 예견하지 못했다고 볼 수 없어 강도치상죄의 죄책을 면할 수 없다.

② 피고인이 술집 운영자 甲으로부터 술값의 지급을 요구받자 술값의 지급을 면하기로 마음먹고 甲을 유인·폭행하고 도주함으로써 술값의 지급을 면하여 재산상 이득을 취득한 경우 준강도죄가 성립하지 아니한다.

③ 피고인들이 피해자들의 재물을 강취한 후 그들을 살해할 목적으로 현주건조물에 방화하여 사망에 이르게 한 경우, 피고인들의 행위는 강도살인죄와 현주건조물방화치사죄에 모두 해당하고 그 두 죄는 실체적 경합범 관계에 있다.

④ 피고인 甲, 乙이 공모하여 채무를 면탈할 의사로 채권자 丙을 살해한 사안에서, 甲의 丙에 대한 채무의 존재가 명백할 뿐만 아니라 丙의 상속인이 존재하고 그 상속인에게 채권의 존재를 확인할 방법이 확보되어 있지만 재산상 이익이 채권자 측으로부터 甲 앞으로 이전되었다고 볼 수 있으므로 강도살인죄가 성립한다.

핵심풀이▶ ② 절도죄의 실행의 착수가 없고, 재물을 객체로 한 것이 아니므로 준강도죄가 성립하지 않는다(대판 2014도2521).

오답풀이▶ ① 공모합동하여 절도를 한 경우 범인 중의 하나가 체포를 면탈할 목적으로 폭행을 하여 상해를 가한 때에는 나머지 범인도 이를 예기하지 못한 것으로 볼 수 없다면 강도상해죄의 죄책을 면할 수 없다(대판 83도3321).

③ 피고인들의 행위는 강도살인죄와 현주건조물방화치사죄에 모두 해당하고 그 두 죄는 상상적 경합범관계에 있다(대판 98도3416).

④ 채무의 존재가 명백할 뿐만 아니라 채권자의 상속인이 존재하고 그 상속인에게 채권의 존재를 확인할 방법이 확보되어 있는 경우에는 비록 그 채무를 면탈할 의사로 채권자를 살해하더라도 일시적으로 채권자측의 추급을 면한 것에 불과하여 재산상 이익의 지배가 채권자측으로부터 범인 앞으로 이전되었다고 보기는 어려우므로, 이러한 경우에는 강도살인죄가 성립할 수 없다(대판 2004도1098).

16 사기죄에 관한 다음 설명 중 가장 적절하지 않은 것은? (다툼이 있으면 판례에 의함)

① 수입소고기를 사용하는 식당영업주가 한우만을 취급한다는 취지의 상호를 사용하고 식단표 등에도 한우만을 사용한다고 기재한 경우는 사기죄의 기망행위에 해당한다.

② 허위의 증거를 이용하지 않더라도 허위의 내용으로 지급명령을 신청하여 지급명령이 확정된 경우에는 사기죄가 성립한다.

③ 피고인들이 타인과 공모하여 그 공모자를 상대로 제소한 경우나 피고인들이 법원을 기망하여 얻으려고 한 판결의 내용이 소송 상대방의 의사에 부합하는 것일 때에는 착오에 의한 재물의 교부행위가 있다고 할 수 없어 소송사기죄가 성립되지 아니한다.

④ 타인의 폭행으로 상해를 입고 병원에서 치료를 받으면서 상해를 입은 경위에 관하여 거짓말을 하여 국민건강보험관리공단으로부터 보험급여 처리를 받은 경우 위 상해가 '전적으로 또는 주로 피고인의 범죄행위에 기인하여 입은 상해'라고 할 수 없다고 하더라도 사기죄는 성립한다.

> **핵심풀이▶** ④ 피고인이 폭행으로 입은 상해가 '전적으로 또는 주로 피고인의 범죄행위에 기인하여 입은 상해'라고 할 수 없다면 사기죄가 성립하지 않는다(대판 2010도1777).

> **오답풀이▶** ① 대판 97도1561
> ② 대판 2002도4151
> ③ 대판 96도1265

17 횡령죄에 관한 다음 설명 중 가장 적절하지 않은 것은? (다툼이 있으면 판례에 의함)

① 원래 사립학교의 교비회계에 속하는 자금으로 지출할 수 있는 항목에 관한 차입금을 상환하기 위하여 교비회계 자금을 지출한 경우 횡령죄가 성립한다.

② 주상복합상가의 매수인들로부터 우수상인 유치비 명목으로 금원을 납부받아 보관하던 중 그 용도와 무관하게 일반경비로 사용한 경우 횡령죄가 성립한다.

③ 임야의 진정한 소유자와는 전혀 무관하게 신탁자로부터 임야지분을 명의신탁받아 지분이전등기를 경료한 수탁자가 신탁받은 지분을 임의로 처분한 경우 횡령죄가 성립하지 아니한다.

④ 보험을 유치하면서 특별이익 제공과는 무관한 통상적인 실적급여로서의 시책비를 지급 받아 그 중 일부를 개인적인 용도로 사용한 경우 횡령죄가 성립하지 아니한다.

> **핵심풀이▶** ① 사립학교에 있어서 학교교육에 직접 필요한 시설, 설비를 위한 경비 등과 같이 원래 교비회계에 속하는 자금으로 지출할 수 있는 항목에 관한 차입금을 상환하기 위하여 교비회계 자금을 지출한 경우, 이러한 차입금 상환행위에 관하여 교비회계 자금을 임의로 횡령하고자 하는 불법영득의 의사가 있다고 보기는 어렵다(대판 2005도4085).

> **오답풀이▶** ② 대판 2002도366
> ③ 대판 2007도1082
> ④ 대판 2003도6733

Q ANSWER   15.②   16.④   17.①

18 장물죄에 관한 다음 설명 중 가장 적절하지 않은 것은? (다툼이 있으면 판례에 의함)

① 장물죄에 있어서 본범의 행위에 관한 법적 평가는 그 행위에 대하여 우리 형법이 적용되지 아니하는 경우에도 우리 형법을 기준으로 하여야 한다.

② 장물인 귀금속의 매도를 부탁받은 피고인이 그 귀금속이 장물임을 알면서도 매매를 중개하고 매수인에게 이를 전달하려다가 매수인을 만나기 전에 체포되었다면 장물알선죄가 성립하지 아니한다.

③ 장물인 정을 모르고 장물을 보관하였다가 그 후에 장물인 정을 알게 된 경우 그 정을 알고서도 이를 계속하여 보관하는 행위는 장물죄를 구성하는 것이나, 이 경우에도 점유할 권한이 있는 때에는 이를 계속 보관하더라도 장물보관죄가 성립하지 않는다.

④ 컴퓨터등사용사기죄의 범행으로 예금채권을 취득한 다음 자기의 현금카드를 사용하여 현금자동지급기에서 현금을 인출한 경우 그 인출된 현금은 장물이 될 수 없다.

> **핵심풀이▶** ② 장물인 귀금속의 매도를 부탁받은 피고인이 그 귀금속이 장물임을 알면서도 매매를 중개하고 매수인에게 이를 전달하려다가 매수인을 만나기도 전에 체포되었다 하더라도, 위 귀금속의 매매를 중개함으로써 장물알선죄가 성립한다(대판 2009도1203).

> **오답풀이▶** ① 대판 2010도15350
> ③ 대판 85도2472
> ④ 대판 2004도353

19 다음 중 공문서부정행사죄가 성립하지 않는 것은 모두 몇 개인가? (다툼이 있으면 판례에 의함)

> ㉠ 습득한 타인의 주민등록증을 가족의 것이라고 제시하면서 그 주민등록증상의 명의로 이동전화가입신청을 한 경우
> ㉡ 경찰서에서 조사를 받는 과정에서 인적사항을 확인하는 경찰관에게 자신의 것인 양 타인의 운전면허증을 제시한 경우
> ㉢ 타인의 주민등록표등본을 그와 아무런 관련없는 사람이 마치 자신의 것인 양 행사한 경우
> ㉣ 甲선박에 의해 발생한 사고를 마치 乙선박에 의해 발생한 것처럼 허위신고를 하면서 그에 대한 검정용 자료로서 乙선박의 선박국적증서와 선박검사증서를 제출한 경우

① 1개 　　　　　　　② 2개
③ 3개 　　　　　　　④ 4개

핵심풀이 ▶ ㉠ 타인의 주민등록증을 본래의 사용용도인 신분확인용으로 사용한 것이라고 볼 수 없어 공문서부정행사죄가 성립하지 않는다(대판 2002도4935).

㉢ 주민등록표등본은 그 사용권한자가 특정되어 있다고 할 수 없고, 또 용도도 다양하며, 반드시 본인이나 세대원만이 사용할 수 있는 것이 아니므로, 타인의 주민등록표등본을 그와 아무런 관련 없는 사람이 마치 자신의 것인 것처럼 행사하였다고 하더라도 공문서부정행사죄가 성립되지 아니한다(대판 99도206).

㉣ 어떤 선박이 사고를 낸 것처럼 허위로 사고신고를 하면서 그 선박의 선박국적증서와 선박검사증서를 함께 제출하였다고 하더라도, 선박국적증서와 선박검사증서는 위 선박의 국적과 항행할 수 있는 자격을 증명하기 위한 용도로 사용된 것일 뿐 그 본래의 용도를 벗어나 행사된 것으로 보기는 어려우므로, 이와 같은 행위는 공문서부정행사죄에 해당하지 않는다(대판 2008도10851).

오답풀이 ▶ ㉡ 대판[全] 2000도1985

20 공무집행방해죄에 관한 다음 설명 중 가장 적절하지 않은 것은? (다툼이 있으면 판례에 의함)

① 공무집행방해죄는 공무원의 적법한 공무집행이 전제로 되는데, 추상적 권한에 속하는 공무원의 어떠한 공무집행이 적법한지 여부는 행위 당시의 구체적 상황에 기하여 객관적·합리적으로 판단하여야 하고 사후적으로 순수한 객관적 기준에서 판단할 것은 아니다.

② 직무수행에 직접 필요한 행위를 현실적으로 행하고 있는 공무원뿐만 아니라 직무수행을 위하여 근무 중인 공무원에 대한 폭행도 공무집행방해죄를 구성한다.

③ 직무를 집행하는 공무원에게 해악을 고지하였더라도 상대방이 전혀 개의치 않을 정도의 경미한 것인 때에는 공무집행방해죄를 구성하는 협박에 해당되지 않는다.

④ 동일한 공무를 집행하는 수인(數人)의 공무원에 대하여 폭행을 가한 경우에 그 폭행이 동일한 장소 및 기회에 이루어진 때에는 여럿의 공무집행방해죄는 실체적 경합의 관계에 있다 할 것이다.

핵심풀이 ▶ ④ 범죄 피해 신고를 받고 출동한 두 명의 경찰관에게 욕설을 하면서 차례로 폭행을 하여 신고 처리 및 수사 업무에 관한 정당한 직무집행을 방해한 사안에서, 동일한 장소에서 동일한 기회에 이루어진 폭행 행위는 사회관념상 1개의 행위로 평가하는 것이 상당하다는 이유로, 위 공무집행방해죄는 형법 제40조에 정한 상상적 경합의 관계에 있다고 한 사례이다(대판 2009도3505).

오답풀이 ▶ ① 대판 2008도4721
② 대판 99도383
③ 대판 2006도4449

1 죄형법정주의에 관한 다음 설명 중 옳은 것은 모두 몇 개인가? (다툼이 있으면 판례에 의함)

> ㉠ 자신의 뇌물수수 혐의에 대한 결백을 주장하기 위하여 제3자로부터 사건 관련자들이 주고받은 이메일 출력물을 교부받아 징계위원회에 제출한 행위를 '정보통신망에 의하여 처리·보관 또는 전송되는 타인의 비밀'인 이메일의 내용을 누설하는 행위에 해당한다고 보는 것은 죄형법정주의 원칙에 반하는 확장해석이라고 할 수 없다.
>
> ㉡ 군형법 제64조 제1항의 상관면전모욕죄의 구성요건의 해석에 있어 '전화통화'를 면전에서의 대화라고 해석하여 처벌하는 것은 유추해석에 해당되어 죄형법정주의에 반한다.
>
> ㉢ '약국개설자가 아니면 의약품을 판매하거나 판매 목적으로 취득할 수 없다'고 규정한 구 약사법 제44조 제1항의 '판매'에 무상으로 의약품을 양도하는 '수여'를 포함시키는 해석은 죄형법정주의에 위배되지 아니한다.
>
> ㉣ 일반음식점 영업자인 피고인이 주로 술과 안주를 판매함으로써 구 식품위생법상 준수사항을 위반하였다는 내용으로 기소된 사안에서 위 준수사항 중 '주류만을 판매하는 행위'에 안주류와 함께 주로 주류를 판매하는 행위도 포함된다고 해석하는 것은 죄형법정주의에 위배되지 아니한다.
>
> ㉤ 식품 판매자가 식품을 판매하면서 특정 구매자에게 그 식품이 질병의 치료에 효능이 있다고 설명하고 상담한 행위는 구 식품위생법 제13조 제1항에서 금지하는 '식품에 관하여 의약품과 혼동할 우려가 있는 광고'에 해당한다고 보는 것은 죄형법정주의에 위배되지 아니한다.

① 2개

② 3개

③ 4개

④ 5개

핵심풀이 ▶ ㉠ 징계위원회에 제출하는 행위는 '정보통신망에 의하여 처리·보관 또는 전송되는 타인의 비밀'인 이메일의 내용을 '누설하는 행위'에 해당한다(대판 2006도8644).

㉡ '전화통화'를 면전에서의 대화라고 해석할 수 없다(대판 2002도2539).

㉢ 국내에 있는 불특정 또는 다수인에게 무상으로 의약품을 양도하는 수여행위도 구 약사법 제44조 제1항의 '판매'에 포함된다고 보는 것이 체계적이고 논리적인 해석이라 할 것이다(대판 2011도6287).

오답풀이 ▶ ㉣ 일반음식점 영업자인 피고인이 주로 술과 안주를 판매함으로써 구 식품위생법상 준수사항을 위반하였다는 내용으로 기소된 사안에서, 위 준수사항 중 '주류만을 판매하는 행위'에 안주류와 함께 주로 주류를 판매하는 행위도 포함된다고 해석하여 유죄를 인정한 원심판결에 죄형법정주의에 관한 법리오해 등의 위법이 있다(대판 2011도15097).

㉤ 식품 판매자가 식품을 판매하면서 특정 구매자에게 그 식품이 질병의 치료에 효능이 있다고 설명하고 상담하였다고 하더라도 이를 가리켜 법 제13조 제1항에서 금지하는 '광고'를 하였다고 볼 수 없고, 그와 같은 행위를 반복하였다고 하여 달리 볼 것은 아니다(대판 2013도15002).

2. 부작위범에 관한 다음 설명 중 가장 적절하지 않은 것은? (다툼이 있으면 판례에 의함)

① 작위의무는 법령, 법률행위, 선행행위로 인한 경우는 물론, 기타 신의성실의 원칙이나 사회상규 또는 조리상 작위의무가 기대되는 경우에도 인정된다.

② 구 도로교통법 제50조 제1항, 제2항이 규정한 교통사고발생 시의 구호조치의무 및 신고의무는 교통사고의 결과가 피해자의 구호 및 교통질서의 회복을 위한 조치가 필요한 상황인 이상 교통사고를 발생시킨 당해 차량의 운전자에게 그 사고발생에 있어서 고의, 과실 혹은 유책, 위법의 유무에 관계없이 부과된 의무라고 해석함이 상당할 것이므로, 당해 사고에 있어 귀책사유가 없는 경우에도 위 의무가 없다고 할 수 없다.

③ 일정한 기간 내에 잘못된 상태를 바로잡으라는 행정청의 지시를 이행하지 않았다는 것을 구성요건으로 하는 범죄는 이른바 진정부작위범으로서 그 의무이행기간의 경과에 의하여 범행이 기수에 이른다.

④ 판례에 의하면 부작위에 의한 유기죄의 작위의무는 법률 또는 계약뿐만 아니라 신의성실·조리에 의해서도 발생할 수 있다.

핵심풀이 ▶ ④ 현행 형법상 유기죄의 주체는 법률상 또는 계약상 보호의무 있는 자에 한하고, 조리 또는 사회상규상의 보호의무 있는 자는 포함되지 않는다(대판 76도3419).

오답풀이 ▶ ① 대판 95도2551

② 대판 2000도1731

③ 대판 93도1731

Q ANSWER   1.② 2.④

3 인과관계에 관한 다음 설명 중 가장 적절하지 않은 것은? (다툼이 있으면 판례에 의함)

① 피고인들이 공동으로 피해자를 폭행하여 당구장 3층에 있는 화장실에 숨어 있던 피해자를 다시 폭행하려고 피고인 甲은 화장실을 지키고, 피고인 乙은 당구큐대로 화장실 문을 내려쳐 부수자 위협을 느낀 피해자가 화장실 창문 밖으로 숨으려다가 실족하여 떨어짐으로써 사망한 경우, 피고인들의 위 폭행행위와 피해자 사망 사이에는 인과관계가 인정된다.

② 초지조성공사를 도급받은 수급인 甲이 불경운작업(산불작업)의 하도급을 乙에게 준 이후에 계속하여 그 작업을 감독하지 아니하였는데 乙이 산림실화를 낸 경우, 수급인 甲이 감독하지 아니한 잘못과 산림실화 사이에는 인과관계가 인정된다.

③ 임산부를 강타한 것이 그 이후 낙태로 이어지고, 그에 따른 심근경색으로 임산부가 사망한 경우, 피고인의 구타행위와 피해자의 사망 사이에는 인과관계가 인정된다.

④ 임차인이 자신의 비용으로 설치·사용하던 가스설비의 휴즈콕크를 아무런 조치 없이 제거하고 이사를 간 후 가스공급을 개별적으로 차단할 수 있는 주밸브가 열려져 가스가 유입되어 폭발사고가 발생한 경우, 임차인의 과실과 가스폭발 사이에는 인과관계가 인정된다.

> **핵심풀이▶** ② 초지조성공사를 도급받은 수급인이 불경운작업(산불작업)을 하도급을 준 이후에 계속하여 그 작업을 감독하지 아니한 잘못이 있다 하더라도 이는 도급자에 대한 도급계약상의 책임이지 위 하수급인의 과실로 인하여 발생한 산림실화에 상당인과관계가 있는 과실이라고는 할 수 없다(대판 87도297).
>
> **오답풀이▶** ① 대판 90도1786
> ③ 대판 72도296
> ④ 대판 99도5086

4 고의에 관한 다음 설명 중 가장 적절하지 않은 것은? (다툼이 있으면 판례에 의함)

① 유흥업소 업주가 고용대상자가 성인이라는 말만 믿고, 타인의 건강진단결과서만 확인한 채 청소년을 청소년유해업소에 고용한 경우 청소년 고용에 관한 미필적 고의가 있다.

② 공무집행방해죄에 있어서의 범의는 상대방이 직무를 집행하는 공무원이라는 사실, 그리고 이에 대하여 폭행 또는 협박을 한다는 사실을 인식하는 것을 그 내용으로 하며, 그 직무집행을 방해할 의사를 필요로 하지 아니한다.

③ 새로 목사로 부임한 자가 전임목사에 관한 교회 내의 불미스러운 소문의 진위를 확인하기 위하여 이를 교회집사들에게 물어본 경우 명예훼손에 대한 미필적 고의가 있다.

④ 제1종 운전면허 소지자인 피고인이 정기적성검사기간 내에 적성검사를 받지 아니한 경우 피고인이 적성검사기간 도래 여부에 관한 확인을 게을리하여 기간이 도래되었음을 알지 못하였더라도 적성검사기간 내에 적성검사를 받지 않는 데 대한 고의가 있다.

핵심풀이▶ ③ 명예훼손의 고의 없는 단순한 확인에 지나지 아니하여 사실의 적시라고 할 수 없다 할 것이므로 명예훼손의 고의 또는 미필적 고의를 인정할 수 없다(대판 85도588).

오답풀이▶ ① 대판 2002도2425

② 대판 94도1949

④ 피고인이 적성검사기간 도래 여부에 관한 확인을 게을리하여 기간이 도래되었음을 알지 못하였더라도 적성검사기간 내에 적성검사를 받지 않는 데 대한 미필적 고의는 인정된다(대판 2012도8374).

5 정당행위에 관한 다음 설명 중 가장 적절하지 않은 것은? (다툼이 있으면 판례에 의함)

① '회사의 직원이 회사의 이익을 빼돌린다'는 소문을 확인할 목적으로, 비밀번호를 설정한 피해자의 '개인용 컴퓨터의 하드디스크'를 떼어내어 다른 컴퓨터에 연결한 다음, 의심이 드는 단어로 파일을 검색하여 메신저 대화 내용, 이메일 등을 출력한 행위는 정당행위에 해당하지 않는다.

② 신문기자가 기사 작성 자료를 수집하기 위해 취재에 응해줄 것을 요청하고 취재한 내용을 관계 법령에 저촉되지 않는 범위 내에서 보도하는 것은 정당행위에 해당한다.

③ 국회의원인 피고인이 구 국가안전기획부 내 정보수집팀이 대기업 고위관계자와 중앙일간지 사주 간의 사적 대화를 불법 녹음한 자료를 입수한 후 그 대화내용과 위 대기업으로부터 이른바 떡값 명목의 금품을 수수하였다는 검사들의 실명이 게재된 보도자료를 작성하여 자신의 인터넷 홈페이지에 게재한 경우, 정당행위에 해당한다고 볼 수 없다.

④ 사용자가 제3자와 공동으로 관리하는 공간을 관리자의 의사에 반하여 침입·점거한 경우, 비록 사용자에 대하여 정당한 쟁의행위로 평가되더라도 이를 공동으로 관리하는 제3자에 대하여서까지 위법성이 조각된다고 볼 수는 없다.

핵심풀이▶ ① 피해자의 범죄혐의를 구체적이고 합리적으로 의심할 수 있는 상황에서 피고인이 긴급히 확인하고 대처할 필요가 있었고, 그 열람의 범위를 범죄혐의와 관련된 범위로 제한하였으며, 피해자가 입사시 회사 소유의 컴퓨터를 무단사용하지 않고 업무관련 결과물을 모두 회사에 귀속시키겠다고 약정하였고, 검색결과 범죄행위를 확인할 수 있는 여러 자료가 발견된 사정 등에 비추어, 피고인의 그러한 행위는 사회통념상 허용될 수 있는 상당성이 있는 행위로서 형법 제20조의 '정당행위'에 해당한다(대판 2007도6243).

오답풀이▶ ② 대판 2011도639

③ 대판 2009도14442

④ 대판 2009도5008

6 법률의 착오에 관한 다음 설명 중 가장 적절하지 않은 것은? (다툼이 있으면 판례에 의함)

① 정당한 이유가 있는지 여부는 행위자가 자기 행위의 위법성에 대해 심사숙고하거나 조회할 수 있는 계기가 있었는데도 자신의 지적 능력을 다하여 진지한 노력을 다하지 못한 결과 위법성을 인식하지 못한 것인지 여부에 따라 판단하여야 한다.

② 일본 영주권을 가진 재일교포가 영리를 목적으로 관세물품을 구입한 것이 아니라거나 국내 입국시 관세신고를 하지 않아도 되는 것으로 착오한 경우 정당한 이유가 있다.

③ '탐정업이 인·허가 또는 등록사항이 아니다'는 민원사무 담당공무원의 말을 듣고 신용조사 업법이 금지하는 소재탐지나 사생활조사 등을 한 경우 위 행위가 죄가 되지 않는다고 믿은 데에 정당한 이유가 있었다고 할 수 없다.

④ 자기의 행위가 법령에 의하여 죄가 되지 아니하는 것으로 오인한 행위는 그 오인에 정당한 이유가 있는 때에 한하여 벌하지 아니한다.

핵심풀이▶ ② 단순한 법률의 부지(不知)로서 형법 제16조의 법률의 착오에 해당하지 않는다(대판 2006도1993).

오답풀이▶ ① 대판 2005도3717
③ 대판 94도780
④ 형법 제16조

7 공동정범에 관한 다음 설명 중 가장 적절하지 않은 것은? (다툼이 있으면 판례에 의함)

① 공동가공의 의사는 타인의 범행을 인식하면서도 이를 제지하지 아니하고 용인하는 것만으로는 부족하고 공동의 의사로 특정한 범죄행위를 하기 위하여 일체가 되어 서로 다른 사람의 행위를 이용하여 자기의 의사를 실행에 옮기는 것을 내용으로 하는 것이어야 한다.

② 이른바 딱지어음을 발행하여 매매한 이상 사기의 실행행위에 직접 관여하지 아니하였다고 하더라도 공동정범으로서의 책임을 면하지 못하고, 딱지어음의 전전유통경로나 중간소지인들 및 그 기망방법을 구체적으로 몰랐다고 하더라도 공모관계를 부정할 수는 없다.

③ 공범자의 범인도피행위 도중에 그 범행을 인식하면서 그와 공동의 범의를 가지고 기왕의 범인도피상태를 이용하여 스스로 범인도피행위를 계속한 자는 범인도피죄의 공동정범이 성립한다.

④ 우연히 만난 자리에서 서로 협력하여 공동의 범의를 실현하려는 의사가 암묵적으로 상통하여 범행에 공동가공한 것이라면 공동정범은 성립하지 않는다.

핵심풀이▶ ④ 공동정범이 성립하기 위하여는 반드시 공범자 간에 사전에 모의가 있어야 하는 것은 아니며, 우연히 만난 자리에서 서로 협력하여 공동의 범의를 실현하려는 의사가 암묵적으로 상통하여 범행에 공동가공하더라도 공동정범은 성립된다(대판 82도1373).

오답풀이▶ ① 대판 97도1940
② 대판 97도1706
③ 대판 95도577

8 실행의 착수에 관한 다음 설명 중 가장 적절하지 않은 것은? (다툼이 있으면 판례에 의함)

① 장애인단체의 지회장이 지방자치단체로부터 다음해의 보조금을 더 많이 지원받기 위하여 참고자료로 이용되는 허위의 보조금 정산보고서를 제출한 경우에는 보조금 편취범행의 실행에 착수한 것으로 보기 어렵다.

② 소매치기가 피해자의 양복 상의(上衣) 주머니에 있는 금품을 절취하려고 그 호주머니에 손을 뻗쳐 그 겉을 더듬은 경우 절도의 범행은 실행에 착수하였다고 봄이 상당하다.

③ 피고인이 노상에 세워 놓은 자동차 안에 있는 물건을 훔칠 생각으로, 유리창을 따기 위해 면장갑을 끼고 칼을 소지한 채 자동차의 유리창을 통하여 그 내부를 손전등으로 비추어 보았다면 절도의 실행의 착수에 이른 것이다.

④ 사기도박에서 사기적인 방법으로 도금을 편취하려고 하는 자가 상대방에게 도박에 참가할 것을 권유하는 때에는 실행에 착수하였다고 할 것이다.

> **핵심풀이▶** ③ 타인의 재물에 대한 지배를 침해하는데 밀접한 행위를 한 것이라고 볼 수 없어 절취행위의 착수에 이른 것이라고 볼 수 없다(대판 85도464).

> **오답풀이▶** ① 대판 2003도1279
> ② 대판 84도2524
> ④ 대판 2010도9330

9 죄수(罪數)에 관한 다음 설명 중 가장 적절하지 않은 것은? (다툼이 있으면 판례에 의함)

① 직계존속인 피해자를 폭행하고 상해를 가한 것이 존속에 대한 동일한 폭력 습벽의 발현에 의한 것으로 인정되는 경우 중한 상습존속상해죄에 나머지 행위들을 포괄시켜 하나의 죄만이 성립한다.

② 위조통화를 행사하여 재물을 불법영득한 경우에는 위조통화행사죄와 사기죄의 실체적 경합이다.

③ 피고인이 예금통장을 강취하고 예금자 명의의 예금청구서를 위조한 다음 이를 은행원에게 제출, 행사하여 예금 인출금 명목의 금원을 교부받았다면 강도, 사문서위조, 동행사, 사기의 각 범죄가 성립하고 이들은 실체적 경합관계에 있다 할 것이다.

④ 범죄 피해신고를 받고 출동한 두 명의 경찰관에게 욕설을 하면서 차례로 폭행을 하여 신고 처리 및 수사 업무에 관한 정당한 직무집행을 방해한 경우 두 경찰관에 대한 공무집행방해죄는 실체적 경합관계에 있다.

> **핵심풀이▶** ④ 동일한 장소에서 동일한 기회에 이루어진 폭행행위는 사회관념상 1개의 행위로 평가하는 것이 상당하므로, 위 공무집행방해죄는 형법 제40조에 정한 상상적 경합의 관계에 있다(대판 2009도3505).

> **오답풀이▶** ① 대판 2002도7335
> ② 대판 79도840
> ③ 대판 91도1722

Q ANSWER   6.② 7.④ 8.③ 9.④

10 상해와 폭행의 죄에 관한 다음 설명 중 가장 적절한 것은? (다툼이 있으면 판례에 의함)

① 상해죄의 성립에는 상해의 원인인 폭행에 대한 인식만으로는 부족하고 상해를 가할 의사의 존재까지 필요하다.

② 1~2개월간 입원할 정도로 다리가 부러진 상해 또는 3주간의 치료를 요하는 우측흉부자상은 중상해에 해당하지 않는다.

③ 피고인의 구타행위로 상해를 입은 피해자가 정신을 잃고 빈사상태에 빠지자 사망한 것으로 오인하고 자신의 행위를 은폐하고 피해자가 자살한 것처럼 가장하기 위하여 피해자를 베란다 아래의 바닥으로 떨어뜨려 사망케 한 경우 포괄하여 단일의 살인죄에 해당한다.

④ 난소의 제거로 이미 임신불능 상태에 있는 피해자의 자궁을 적출했다 하더라도 그 경우 자궁을 제거한 것이 신체의 완전성을 해한 것이거나 생활기능에 아무런 장애를 주는 것이 아니고 건강상태를 불량하게 변경한 것도 아니라고 할 것이므로 상해에 해당한다고 볼 수 없다.

핵심풀이▶ ② 대판 2005도7527

오답풀이▶ ① 상해죄의 성립에는 상해의 원인인 폭행에 대한 인식이 있으면 충분하고 상해를 가할 의사의 존재까지는 필요하지 않다(대판 99도4341).

③ 피고인의 행위는 단일의 상해치사죄에 해당한다(대판 94도2361).

④ 자궁을 제거한 것이 신체의 완전성을 해한 것이 아니라거나 생활기능에 아무런 장애를 주는 것이 아니라거나 건강상태를 불량하게 변경한 것이 아니라고 할 수 없고 이는 업무상 과실치상죄에 있어서의 상해에 해당한다(대판 92도2345).

11 체포ㆍ감금죄에 관한 다음 설명 중 가장 적절하지 않은 것은? (다툼이 있으면 판례에 의함)

① 체포ㆍ감금죄는 행동의 자유와 의사를 가질 수 있는 자연인을 대상으로 하므로 정신병자나 영아는 본죄의 객체가 되지 못한다.

② 감금의 본질은 사람의 행동의 자유를 구속하는 것으로 행동의 자유를 구속하는 그 수단과 방법에는 아무런 제한이 없다.

③ 감금을 하기 위한 수단으로서 행사된 단순한 협박행위는 감금죄에 흡수되어 따로 협박죄를 구성하지 않는다.

④ 수용시설에 수용 중인 부랑인들의 야간도주 방지를 위해 취침시간 중 출입문을 안에서 잠근 경우 감금죄가 성립하지 않는다.

핵심풀이▶ ① 영아가 감금죄의 객체가 되는지 여부에 대해서는 견해대립이 있으나(본죄의 객체가 될 수 없다는 것이 다수설의 입장), 정신병자는 감금죄의 객체가 될 수 있다는 것이 통설과 판례의 입장이다(대판 2002도4315).

오답풀이▶ ② 대판 98도1036

③ 대판 82도705

④ 대판 88도1580

12 업무방해죄에 관한 다음 설명 중 옳은 것은 모두 몇 개인가? (다툼이 있으면 판례에 의함)

> ㉠ 욕설을 하고 소란을 피우는 등 위력을 행사하여 공무원의 직무집행을 방해하였다면 업무방해죄가 성립한다.
>
> ㉡ 업무방해죄의 성립에는 업무방해의 결과가 실제로 발생함을 요하지 않고 업무방해의 결과를 초래할 위험이 발생하면 족하며, 업무수행 자체가 아니라 업무의 적정성 내지 공정성이 방해된 경우에도 업무방해죄가 성립한다.
>
> ㉢ 종중 정기총회를 주재하는 종중 회장의 의사진행업무는 업무방해죄에 의하여 보호되는 업무에 해당하지 않는다.
>
> ㉣ 甲 정당의 국회의원 비례대표 후보자 추천을 위한 당내 경선과정에서 피고인들이 선거권자들로부터 인증번호만을 전달받은 뒤 그들 명의로 특정 후보자에게 전자투표를 하였다면 업무방해죄가 성립한다.

① 1개   ② 2개

③ 3개   ④ 4개

핵심풀이 ▶ ㉡ 대판 2006도1721

㉣ 위계에 의한 업무방해죄가 성립한다(대판 2013도5117).

오답풀이 ▶ ㉠ 공무원이 직무상 수행하는 공무를 방해하는 행위에 대해서는 업무방해죄로 의율할 수는 없다(대판[全] 2009도4166).

㉢ 종중 정기총회를 주재하는 종중 회장의 의사진행업무 자체는 1회성을 갖는 것이라고 하더라도 그것이 종중 회장으로서의 사회적인 지위에서 계속적으로 행하여 온 종중 업무수행의 일환으로 행하여진 것이라면, 그와 같은 의사진행업무도 업무방해죄에 의하여 보호되는 업무에 해당된다(대판 95도1589).

Q ANSWER   10.② 11.① 12.②

13 주거침입죄에 관한 다음 설명 중 가장 적절한 것은? (다툼이 있으면 판례에 의함)

① 비록 사실상 주거의 평온을 해하였다고 하더라도 신체의 일부만이 집 안으로 들어가는데 그쳤다면 주거침입죄는 기수에 이르지 않았다.

② 출입문이 열려 있으면 안으로 들어가겠다는 의사 아래 출입문을 당겨보았다고 하더라도 그것만으로는 주거침입의 실행에 착수한 것이라고 할 수 없다.

③ 사용자의 직장폐쇄가 정당한 쟁의행위로 인정되지 아니하는 때에는 다른 특별한 사정이 없는 한 근로자가 평소 출입이 허용되는 사업장 안에 들어가는 행위는 주거침입죄를 구성하지 아니한다.

④ 다른 사람의 주택에 무단 침입한 범죄사실로 이미 유죄판결을 받은 사람이 그 판결이 확정된 후에도 퇴거하지 않은 채 계속하여 당해 주택에 거주한 경우 위 판결 확정 이후의 행위는 별도의 주거침입죄를 구성하지 아니한다.

핵심풀이 〉 ③ 대판 2002도2243

오답풀이 〉 ① 비록 신체의 일부만이 집 안으로 들어갔다고 하더라도 사실상 주거의 평온을 해하였다면 주거침입죄는 기수에 이르렀다(대판 94도2561).
② 출입문이 열려 있으면 안으로 들어가겠다는 의사 아래 출입문을 당겨보는 행위는 주거침입의 실행에 착수한 것으로 보아야 한다(대판 2006도2824).
④ 판결 확정 이후의 행위는 별도의 주거침입죄를 구성한다(대판 2007도11322).

14 절도죄에 관한 다음 설명 중 가장 적절하지 않은 것은? (다툼이 있으면 판례에 의함)

① 피고인이 甲의 영업점 내에 있는 甲 소유의 휴대전화를 허락 없이 가지고 나와 이를 이용하여 통화를 하고 문자메시지를 주고받은 다음 약 1~2시간 후 甲에게 아무런 말을 하지 않고 위 영업점 정문 옆 화분에 놓아두고 간 경우 절도죄를 구성한다.

② 피고인이 자신의 모(母)인 甲의 명의로 구입·등록하여 甲에게 명의신탁한 자동차를 乙에게 담보로 제공한 후 乙 몰래 가져간 경우 乙에 대한 관계에서 자동차의 소유자는 甲이고 피고인은 소유자가 아니므로 乙이 점유하고 있는 자동차를 임의로 가져간 이상 절도죄가 성립한다.

③ 임차인이 임대계약 종료 후 식당 건물에서 퇴거하면서 종전부터 사용하던 냉장고의 전원을 켜둔 채 그대로 두었다가 약 1개월 후 철거해 가는 바람에 그 기간 동안 전기가 소비된 경우 임차인의 행위는 전기에 대한 절도죄가 성립한다.

④ 결혼예식장에서 신부측 축의금 접수인인 것처럼 행세하여 축의금을 교부받아 가로챈 행위는 절도죄에 해당한다.

핵심풀이 〉 ③ 냉장고를 통하여 전기를 계속 사용하였다고 하더라도 이는 당초부터 자기의 점유·관리하에 있던 전기를 사용한 것일 뿐 타인의 점유·관리 하에 있던 전기가 아니어서 절도죄가 성립하지 않는다(대판 2008도3252).

오답풀이 〉 ① 대판 2012도1132
② 대판 2010도11771
④ 대판 96도2227

15 강도죄에 관한 다음 설명 중 가장 적절한 것은? (다툼이 있으면 판례에 의함)

① 날치기 수법의 점유탈취 과정에서 이를 알아채고 재물을 뺏기지 않으려는 상대방의 반항에 부딪혔음에도 계속하여 피해자를 끌고 가면서 억지로 재물을 빼앗은 행위는 피해자의 반항을 억압하지 못한 경우이므로 강도에 해당하지 않는다.

② 준강도죄의 기수 여부는 절도행위의 기수 여부를 기준으로 하여 판단할 것이 아니라 폭행 또는 협박이 종료되었는가 하는 점에 따라 결정되어야 한다.

③ 피고인이 술집 운영자 甲으로부터 술값의 지급을 요구받자 甲을 유인·폭행하고 도주하였다면, 甲에게 지급해야 할 술값의 지급을 면하여 재산상 이익을 취득하였으므로 준강도죄가 성립한다.

④ 절도범인이 처음에는 흉기를 휴대하지 아니하였으나, 체포를 면탈할 목적으로 폭행 또는 협박을 가할 때에 비로소 흉기를 휴대 사용하게 된 경우에는 형법 제334조의 예에 의한 준강도(특수강도의 준강도)가 된다.

핵심풀이▶ ④ 대판[全] 73도1553

오답풀이▶ ① 날치기 수법의 점유탈취 과정에서 이를 알아채고 재물을 뺏기지 않으려는 상대방의 반항에 부딪혔음에도 계속하여 피해자를 끌고 가면서 억지로 재물을 빼앗은 행위는 피해자의 반항을 억압한 후 재물을 강취한 것으로서 강도에 해당한다(대판 2007도7601).

② 준강도행위의 기수 여부는 절도행위의 기수 여부를 기준으로 판단하여야 한다(대판[全] 2004도5074).

③ 준강도죄의 주체는 절도범인이고, 절도죄의 객체는 재물이다. 피고인이 술값의 지급을 면하고자 피해자를 폭행한 경우, 절도죄의 실행의 착수가 없고, 재물을 객체로 한 것이 아니므로 준강도죄가 성립하지 않는다(대판 2014도2521).

16 사기죄에 관한 다음 설명 중 가장 적절하지 않은 것은? (다툼이 있으면 판례에 의함)

① 타인의 폭행으로 상해를 입고 병원에서 치료를 받으면서 상해를 입은 경위에 관하여 거짓말을 하여 국민건강보험공단으로부터 보험급여 처리를 받은 경우 위 상해가 '전적으로 또는 주로 피고인의 범죄행위에 기인하여 입은 상해'라고 할 수 없다면 사기죄가 성립하지 않는다.

② 식육식당을 경영하는 자가 음식점에서 한우만을 취급한다는 취지의 상호를 사용하여 광고선전판, 식단표 등에도 한우만을 사용한다고 기재하면서 이를 보고 찾아온 손님들에게 수입소갈비를 판매한 경우 사기죄가 성립한다.

③ 송금의뢰인과 수취인 사이에 계좌이체 등의 원인이 되는 법률관계가 존재하지 않음에도 계좌이체에 의하여 수취인이 이체금액 상당의 예금채권을 취득한 경우, 수취인이 은행에 예금반환을 청구하여 지급받는 행위는 은행을 피해자로 한 사기죄에 해당한다.

④ 중고 자동차 매매에 있어서 매도인의 할부금융회사 또는 보증보험에 대한 할부금 채무는 매수인에게 당연히 승계되는 것이 아니므로 그 할부금 채무의 존재를 매수인에게 고지하지 아니한 것은 부작위에 의한 기망에 해당하지 아니한다.

핵심풀이▶ ③ 은행이 착오에 빠져 처분행위를 한 것이라고 볼 수 없으므로 은행을 피해자로 한 사기죄에 해당하지 않는다(대판 2010도3498).

오답풀이▶ ① 대판 2010도1777
② 대판 97도1561
④ 대판 98도231

17 일반교통방해죄에 관한 다음 설명 중 가장 적절하지 않은 것은? (다툼이 있으면 판례에 의함)

① 소유자가 토지인도소송의 승소판결을 받아 그 집행을 하여 그 토지를 공터로 두었는데 인근주민들이 일시 지름길로 이용하자 그 통행을 방해한 경우 일반교통방해죄가 성립한다.

② 법률에 따라 옥외집회신고를 마쳤어도, 신고의 범위와 법률상의 제한을 현저히 일탈하여 주요도로 전차선을 점거하여 행진 등을 함으로써 교통소통에 현저한 장해를 일으켰다면 일반교통방해죄가 성립한다.

③ 불특정 다수인의 통행로로 이용되어 오던 도로의 토지 일부의 소유자 하더라도 그 도로의 중간에 바위를 놓아두거나 이를 파헤침으로써 차량의 통행을 못하게 한 행위는 일반교통방해죄가 성립한다.

④ 우리 형법에는 업무상 과실, 중과실에 의한 일반교통방해를 처벌하는 조항이 있다.

핵심풀이▶ ① 소유자가 토지인도소송의 승소판결을 받아 그 집행을 하여 그 토지를 공터로 두었는데 인근주민들이 일시 지름길로 이용한 적이 있다하여도 이를 일반공중의 내왕에 공용되는 도로라고 할 수 없으므로 형법 제185조 소정의 육로로 볼 수 없다(대판 84도2192).

오답풀이▶ ② 대판 2006도755
③ 대판 2001도6903
④ 형법 제189조 제2항

18 배임죄에 관한 다음 설명 중 가장 적절하지 않은 것은? (다툼이 있으면 판례에 의함)

① 금융기관의 임직원이 보통예금계좌에 입금된 예금주의 예금을 무단으로 인출한 경우 그 임직원은 예금주와의 사이에서 그의 재산관리에 관한 사무를 처리하는 자의 지위에 있다고 할 것이므로, 그러한 예금인출행위는 예금주에 대한 관계에서 업무상배임죄를 구성한다.

② 업무상배임죄의 재산상 손해의 유무에 관한 판단 가운데 소극적 손해는 재산증가를 객관적·개연적으로 기대할 수 있음에도 임무위배행위로 이러한 재산증가가 이루어지지 않은 경우를 의미한다.

③ 피고인이 자신의 모(母) 명의를 빌려 자동차를 매수하면서 피해자 甲주식회사에서 필요한 자금을 대출받고 자동차에 저당권을 설정하였는데, 저당권자인 甲회사의 동의 없이 이를 성명불상의 제3자에게 양도담보로 제공하였다면 피고인의 행위는 甲회사의 담보가치를 실질적으로 상실시키는 것으로서 배임죄가 성립한다.

④ 배임죄에 있어서 타인의 사무를 처리하는 자라 함은 양자 간의 신임관계에 기초를 둔 타인의 재산보호 내지 관리의무가 있음을 그 본질적 내용으로 하는 것이므로, 배임죄의 성립에 있어 행위자가 대외관계에서 타인의 재산을 처분할 적법한 대리권이 있음을 요하지 아니한다.

> **핵심풀이 ▶** ① 금융기관의 임직원은 예금주와의 사이에서 그의 재산관리에 관한 사무를 처리하는 자의 지위에 있다고 할 수 없다. 따라서 임직원에게 업무상 배임죄가 성립하지 않는다(대판 2008도1408).

> **오답풀이 ▶** ② 대판 2011도6798
> ③ 대판 2010도11665
> ④ 대판 97도3219

19 유가증권의 죄에 관한 다음 설명 중 가장 적절하지 않은 것은? (다툼이 있으면 판례에 의함)

① 이미 타인에 의하여 위조된 약속어음의 기재사항을 권한 없이 변경하였다고 하더라도 유가증권변조죄는 성립하지 않는다.

② 유가증권이 되기 위해서는 재산권이 증권에 화체된다는 것과 그 권리의 행사와 처분에 증권의 점유를 필요로 한다는 두 가지 요소 외 증권의 유통성까지 필요로 한다.

③ 위조된 유가증권을 그 정을 알고 있는 자에게 교부하였더라도 피교부자가 이를 유통시킬 것임을 인식하고 교부하였다면 위조유가증권행사죄가 성립한다.

④ 판매하려는 의도를 가지고 폐공중전화카드의 자기기록 부분에 전자정보를 조작하여 사용가능한 공중전화카드로 만든 경우 유가증권위조죄가 성립한다.

> **핵심풀이 ▶** ② 유가증권이 되기 위해서는 재산권이 증권에 화체된다는 것과 그 권리의 행사와 처분에 증권의 점유를 필요로 한다는 두 가지 요소를 갖추면 족하지 반드시 유통성을 가질 필요는 없다(대판 2001도2832).

> **오답풀이 ▶** ① 대판 2005도4764
> ③ 대판 81도2492
> ④ 대판 97도2483

Q ANSWER   16.③ 17.① 18.① 19.②

20 뇌물죄에 관한 다음 설명 중 가장 적절하지 않은 것은? (다툼이 있으면 판례에 의함)

① 뇌물죄에서 뇌물의 내용인 이익이라 함은 금전, 물품 기타의 재산적 이익뿐만 아니라 사람의 수요·욕망을 충족시키기에 족한 일체의 유형·무형의 이익을 포함하며, 제공된 것이 성적 욕구의 충족이라고 하여 달리 볼 것이 아니다.

② 수의계약을 체결하는 공무원이 해당 공사업자와 적정한 금액 이상으로 계약 금액을 부풀려서 계약하고 부풀린 금액을 자신이 되돌려 받기로 사전에 약정한 다음 그에 따라 수수한 돈은 성격상 뇌물이 아니고 횡령금에 해당한다.

③ 뇌물죄에 있어서 금품을 수수한 장소가 공개된 장소이고, 금품을 수수한 공무원이 이를 개인적 용도가 아닌 회식비나 직원들의 휴가비로 소비하였을 뿐 자신의 사리를 취한 바 없다 하더라도 뇌물죄가 성립한다.

④ 공무원이 직무집행의 의사 없이 타인을 공갈하여 재물을 교부하게 한 경우에도 재물의 교부자는 뇌물공여죄로 처벌된다.

핵심풀이▶ ④ 공무원이 직무집행의 의사 없이 또는 직무처리와 대가적 관계없이 타인을 공갈하여 재물을 교부하게 한 경우에는 공갈죄만이 성립하고, 이러한 경우 재물의 교부자가 공무원의 해악의 고지로 인하여 외포의 결과 금품을 제공한 것이라면 그는 공갈죄의 피해자가 될 것이고 뇌물공여죄는 성립될 수 없다고 하여야 할 것이다(대판 94도2528).

오답풀이▶ ① 대판 2013도13937
② 대판 2005도7112
③ 대판 83도2050

상식키우기

▲ 공사공단 일반상식

▲ 박학다식 시사일반상식

▲ MAC을 짚어주는 일반상식

▼ 한눈에 쏙! 시리즈
경제 용어사전/시사 용어사전/부동산 용어사전

경제 용어사전 - 단기간에 완성하는 경제용어 및 금융상식
시사 용어사전 - 시사용어 및 시사 상식을 한눈에 쏙
부동산 용어사전 - 부동산과 관련된 핵심 용어를 쉽고 간결하게 정리

▼ 공기업/공공기관 채용 일반상식
기본서/문제집

- 공사공단 기출유형문제로 구성한 한국사 포함
- 중요도 높은 시사 상식 및 빈출용어 수록